GARTEN REISEFÜHRER SCHWEIZ

Sarah Fasolin

GARTEN REISEFÜHRER SCHWEIZ

300 Gärten und Parks

unter Mitarbeit
von Markus Häfliger

CALLWEY

Der Gartenreiseführer Schweiz
ist auch als App für iPhone/iOS 7 erhältlich.

© 2014 Verlag Georg D. W. Callwey GmbH & Co. KG
Streitfeldstraße 35, 81673 München
www.callwey.de
E-Mail: buch@callwey.de

2. Auflage 2014

Bibliografische Information der Deutschen Nationalbibliothek:
Die Deutsche Nationalbibliothek verzeichnet diese Publikation
in der Deutschen Nationalbibliografie; detaillierte bibliografische
Daten sind im Internet über ‹http://dnb.d-nb.de› abrufbar.

ISBN 978-3-7667-2043-6

Lektorat: Sabrina Kuchlbauer
Umschlaggestaltung: Heike Wagner
Layout und Satz: Alexander Stix, Vanessa Große
Foto Umschlagvorderseite: Schloss Greyerz
Fotos Umschlagrückseite v.l.n.r.: Franz Grossenbacher (SO 5), Sarah Fasolin
(GL 5), Reto Guntli (VD 5)
Foto hintere Klappe: Karl-Heinz Hug
Druck und Bindung: Konrad Triltsch Print und digitale Medien GmbH,
Ochenfurt-Hohestadt

Printed in Germany 2014

Von Goethe bis heute – Gartenreisen in der Schweiz

Die Schweiz als Tourismusziel wurde im 18. Jahrhundert entdeckt. Schon zu Ende dieses Jahrhunderts erschienen von William Coxe (1789) und Gottfried Ebel (1793) die ersten Reiseführer in Buchform, denen viele weitere in deutscher, französischer und englischer Sprache folgten. Im Jahre 1836 prägte der englische Verleger John Murray in einem seiner Reiseführer für die Schweiz einen Begriff, der bis heute untrennbar mit dem touristischen Reisen verbunden wird: „die Sehenswürdigkeit".

Welches waren die Sehenswürdigkeiten, für welche die frühen Touristen im 18. und 19. Jahrhundert die Strapazen einer Schweiz-Reise auf sich nahmen? Es war – weit vor allen andern Beweggründen – die Naturlandschaft, die die Besucher anzog: das furchterregende, aber auch faszinierende Hochgebirge mit Eis und Schnee, die Felsen, Höhlen und Grotten, die Seen, Flüsse, Wildbäche, Wasserfälle, die Hügel und Täler mit Wiesen und Wäldern, aber auch die reiche Kulturlandschaft mit Äckern, Wein- und Obstgärten.

Anlässlich seiner vierten und letzten Schweiz-Reise beschrieb der wohl berühmteste Besucher der Schweiz des 18. Jahrhunderts, Johann Wolfgang von Goethe, am 8. Oktober 1797 in einem Brief an einen Freund die Landschaft von Stäfa am Zürichsee und schloss seine detaillierte Schilderung mit der Feststellung: „Was man sonst von Ökonomen wünschen hört, das sieht man hier vor Augen, den höchsten Grad von Kultur, mit einer gewissen mässigen Wohlhabenheit." Oft wurden die Landschaften der Schweiz ihrer Vielfalt wegen von Reisenden mit einem Garten verglichen. So auch von Goethe, der am 24. Oktober 1797 in einem weiteren Brief seine Eindrücke kurz und knapp auf den Punkt brachte: „Wenn man einen rechten Park sehen will, so muss man nur vier Wochen in der Schweiz umherziehen."

Foto: Sarah Fasolin (TG 5)

Angesichts dieser Bewunderung, ja Überhöhung der Natur- und Kulturland-schaft musste sich die Gartenkultur der Schweiz in den Reiseberichten und Reiseführern mit einer bescheideneren Rolle zufriedengeben. Bei Goethe fin-den sich keine Gartenbeschreibungen, aber als der preußische Fürst Hermann von Pückler-Muskau, einer der bedeutendsten Parkgestalter des 19. Jahrhun-derts, 1808 als Dreiundzwanzigjähriger die Schweiz bereiste, berichtete er in seiner ersten literarischen Arbeit „Briefe aus der Schweiz" auch über Gärten und öffentliche Anlagen. In Schaffhausen, dem ersten Halt in der Schweiz, be-suchte er einen jüngst angelegten „Englischen Garten". Von weiteren Statio-nen berichtete er über schöne Fußwege, Alleen, städtische Promenaden und erwähnt Gärten im „alt-französischen" und im „englischen Geschmack". Aber auch bei ihm übertreffen die gefühlvollen Schilderungen der Landschaftser-lebnisse jene der Gärten bei Weitem.

Der aufmerksamste und kundigste Berichterstatter zum Stand der Gartenkul-tur der Schweiz des späten 18. Jahrhunderts war der deutsche Gartentheoreti-ker Christian Cay Lorenz Hirschfeld. Nach seiner Schweiz-Reise im Jahre 1783 fasste er seine Eindrücke in folgender Beschreibung zusammen: „Weil die Na-tur sich so mild gegen die Schweizer beweiset, so folgen sie auch ihrem Wink. Ihre Gärten sind fast durchgehends Schauplätze wahrer natürlicher Schönhei-ten, entfernt von leeren Zierrathen und kleinen Künsteleyen. Ausgedehnte Aussichten, die schönsten Wiesen in der Nähe rings umher, viel springendes Gewässer, Fruchtbäume, Weinreben, zuweilen ein Blumenbeet, erhöhte Ra-sensitze, von welchen das Auge frey in die umherliegende Gegend schweifen kann, einige schattigen Lauben, nur selten eine Statue. (...) Indem Natur und Fleiss die Landschaft umher zu verschönern wetteifern, so begnügt man sich mit dem Genuss dieser Reizungen, und verachtet die eitlen Bemühungen, den Gartenplatz mit Tändeleyen zu füllen."

Zu den wichtigsten gartenkünstlerischen Sehenswürdigkeiten gehörte der 1785 eröffnete Landschaftsgarten Ermitage in Arlesheim bei Basel, damals zum Fürstbistum Basel gehörend. Im Jahre 1987 entdeckte der Denkmalpfle-ger und Gartenhistoriker Hans-Rudolf Heyer durch einen Zufall das die Jahre 1787 bis 1792 betreffende Gästebuch dieses überaus facettenreichen, 40 Hek-tar großen und auch heute noch weitgehend erhaltenen sentimentalen Land-schaftsgartens, der hier in diesem neuen Gartenreiseführer ebenfalls vor-gestellt wird. Es werden Herkunft, Status und Beruf der nicht selten illustren Besucher genannt. Es finden sich aber auch aufschlussreiche statistische An-gaben. So erfahren wir, dass 1789, im Jahr der Französischen Revolution (!), 1332 Personen aus dem Ausland die Ermitage besuchten.

Auch im 19. Jahrhundert enthalten die zahlreichen Reiseführer der Schweiz Hinweise auf Gärten, Promenaden und Parks. Nach wie vor sind es jedoch die spektakulären Orte und Szenerien der Naturlandschaft, denen das Hauptinte-resse gilt.

Die eigentliche Entdeckung des Gartens als „sehenswürdiges", das heißt beachtenswertes und schützenswertes Kulturphänomen erfolgte in der Schweiz erst im 20. Jahrhundert. Ab 1915 erschienen erste größere Publikationen zur Geschichte der Gärten in der Schweiz. Diese wissenschaftliche und historische Auseinandersetzung gipfelte 1980 in der ersten und bisher unübertroffenen Gesamtdarstellung der Gartenkultur der Schweiz unter dem Titel „Historische Gärten der Schweiz" vom Gartenhistoriker und Denkmalpfleger Hans-Rudolf Heyer. Im gleichen Jahr legte die Gartenhistorikerin Eva Ruoff einen ersten „Gartenführer der Schweiz" vor.

Die neuere publizistische Arbeit zur Gartenkultur wird stark von der 1993 gegründeten Arbeitsgruppe Gartendenkmalpflege von ICOMOS Schweiz geprägt. 2006 erschien „Nutzen und Zierde – Fünfzig historische Gärten der Schweiz", herausgegeben von Brigitt Sigel, Catherine Waeber und Katharina Medici-Mall. Das jüngste Unternehmen ist die Eröffnung einer Gartenführer-Reihe unter dem Titel „Gartenwege der Schweiz" mit bisher zwei Ausgaben. Die ICOMOS-Arbeitsgruppe Gartendenkmalpflege war es schließlich auch, die als ihr erstes Projekt die „Liste der historischen Gärten und Anlagen der Schweiz" in Angriff nahm, ein eindrückliches Vorhaben, das die Erfassung des Gartenerbes der Schweiz zum Ziel hat und das demnächst seinen Abschluss finden wird. All diese Forschungen und Bücher zeigen, dass die Schweiz nicht nur – wie die ersten Schweiz-Reisenden fanden – als Ganzes ein Garten ist, sondern auch Gärten besitzt, die hinter jenen anderer Länder kaum zurück zu stehen brauchen – ein vielfältiges Gartenerbe, das sich zu bereisen und entdecken lohnt.

Eine Einladung zu einer solchen Entdeckungsreise durch die Gärten der Schweiz ist der neue „Gartenreiseführer Schweiz", den der Callwey Verlag in München und die Schweizer Gartenjournalistin Sarah Fasolin dem interessierten Publikum nun vorlegen. Das Buch will Reisebegleiter zu über dreihundert besonders wichtigen oder interessanten Gärten in allen Landesteilen der Schweiz sein und auch dazu beitragen, die historischen Gärten und Anlagen als Kulturgut dieses Landes vorzustellen, bekannt zu machen und damit auch zu schützen.

Ich wünsche dem neuen „Gartenreiseführer Schweiz" eine gute Aufnahme und danke dem Verlag und der Autorin für ihr wertvolles Engagement.

Peter Paul Stöckli, Landschaftsarchitekt BSLA

Einführung

Zum ersten Mal liegt für die Schweiz ein umfassender Gartenreiseführer vor, der das gesamte Spektrum der Gartenkultur abbildet. Am Anfang stand die Frage, ob in der Schweiz überhaupt genügend zugängliche Gärten zu finden sind für ein solches Buch. Schon nach den ersten Recherchen zeigte sich, dass es mehr als genug gibt. Mehr, als je in einem Buch Platz finden würden. Bald standen über 600 Gärten auf einer Liste, die nach und nach bearbeitet wurde. 380 Gärten haben wir besucht, rund 300 stellen wir in diesem Buch vor. Bei der Auswahl wurde Wert darauf gelegt, die große Vielfalt an Gartenanlagen und an gärtnerischem Schaffen zu zeigen. Es fanden deshalb auch neuere Gartenformen Eingang, etwa urbane Gärten und Gemeinschaftsgärten.

Viele der in diesem Buch vorgestellten Gärten sind in Privatbesitz. Die Besitzer sind bereit, ihre Gärten für Interessierte zu öffnen – im Rahmen ihrer Möglichkeiten. Halten Sie sich deshalb unbedingt an die Vorgaben, melden Sie sich vorher an und gehen nicht einfach spontan vorbei.

Die Informationen zu den Gärten wurden sorgfältig recherchiert. Falls sich trotzdem Fehler eingeschlichen haben oder Sie eine Gartenperle kennen, die in diesem Buch fehlt – Hinweise sind willkommen: gartenreisefuehrer@ gartentexte.ch

Die aufwendige Recherche und die lange Reise zu den Gärten der Schweiz wären nicht möglich gewesen ohne die große Unterstützung von verschiedener Seite.

Foto: Gaston Wicky (AG 7)

So durften wir auf das Wissen und die Ratschläge vieler Experten zählen, denen hier in alphabetischer Reihenfolge gedankt sei: Christine Amsler, Fridolin Beglinger, Jane Bihr-de Salis, Stefan Blank, Roberto Bolge, Clemens Bornhauser, Fritz Braun, Renaud Bucher, Julie Dové, Toni Durrer, Otto Eisenhut, Marlene Fasciati, Niklaus von Fischer, Diego Giovanoli, Christian Gubler, Felix Guhl, Büro Hager Partner AG, Roman Häne, Irene Hochreutener, Theo Keller, René A. Koelliker, Walter Kradolfer, Gabi Lerch, Peter Lippus, Claire Mejean, Eduard Müller, Steffen Oseogawa, Heiner Rodel, Christoph Schärer, Denis Schneuwly, Johannes Stoffler, Emanuel Trueb, Catherine Waeber, Emil Wiesli, Peter Witschi, Peter Wullschleger, Jochen Philipp Ziegelmann, Alois Zuber.

Ein besonderer Dank geht an Peter Paul Stöckli für das Vermitteln wichtiger Kontakte und für das Vorwort, sowie an Werner Fasolin fürs Überprüfen der Einführungskapitel zu den einzelnen Kantonen. Auch Markus Häfliger gebührt ein spezieller Dank für die Mitarbeit bei der Recherche, die Begleitung bei Gartenbesuchen, fürs Fotografieren und Verfassen einzelner Texte.

Mit finanziellen Beiträgen gefördert wurde das Projekt von: Burgergemeinde Bern; Kulturamt Thurgau; SWISSLOS/Lotteriefonds Kanton Glarus; SWISSLOS/Kulturförderung Kanton Graubünden; Kulturförderung Kanton St. Gallen.

Logistisch unterstützt wurde die Recherche-Reise durch: Appenzellerland Tourismus, Interlaken Tourismus, Graubünden Ferien, Neuchâtel tourisme, Schaffhauserland Tourismus, St. Gallen-Bodensee Tourismus, Thurgau Tourismus, Uri Tourismus, Valais/Wallis Promotion, Winterthur Tourismus, Zürich Tourismus.

Herzlichen Dank!
Sarah Fasolin

BOSSARD ASW LUZERN

traumgaerten.ch

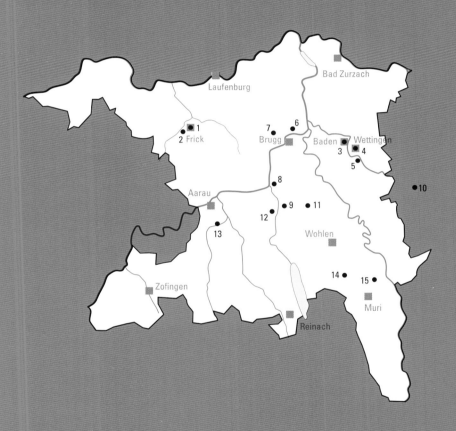

Klöster, Schlösser und Panzerhöcker

Ein einmaliges Ereignis in der Schweiz geschah 1841 im Kanton Aargau, als dieser beschloss, sämtliche Klöster aufzuheben. Den Nonnen und Mönchen wurden Fristen gesetzt, um die Klostergebäude zu verlassen. Unter ihnen war im Zisterzienserkloster Wettingen auch der Priester Alberik Zwyssig. Er zog zu seinem Bruder auf dessen Hof im Kanton Zug und schrieb nur wenige Monate nach der Vertreibung aus dem Kloster die Melodie für die Schweizer Nationalhymne. Währenddessen nahm der Kanton Aargau die Reichtümer und Gebäude der Klöster an sich. Es war die Zeit des Kulturkampfes im Kanton zwischen den katholischen und den reformierten Regionen. Doch die eidgenössische Tagsatzung intervenierte, weil das Vorgehen im Aargau dem Bundesvertrag widersprach. Schließlich willigte der Kanton Aargau ein, wenigstens die vier Frauenklöster wieder zuzulassen. In einem davon, im Kloster Fahr (siehe AG 10), wird noch immer eine ausgeprägte Gartenkultur gepflegt. Es unterhält einige der letzten intakten Klostergärten der Schweiz. Im Kloster Wettingen (siehe AG 4) sind immerhin große Teile der Gartenanlagen erhalten geblieben, zum Teil wiederhergestellt worden und werden heute gepflegt und genutzt.

Die Geschichte des Kantons widerspiegelt sich noch in anderen Anlagen und Gärten: So hinterließen die Habsburger, die im Mittelalter Teile des Aargaus beherrschten, ihre Spuren. Sie gründeten zum Beispiel das Schloss Wildegg (siehe AG 8), besaßen Schloss Lenzburg (siehe AG 9) und gründeten das Benediktinerkloster Muri, dessen Gartenanlage ebenfalls zugänglich ist. Im ersten Drittel des 20. Jahrhunderts prägte die Industrialisierung den Kanton. Der Aargau war der am drittstärksten industrialisierte Kanton der Schweiz. Dies war vor allem der stark wachsenden Brown, Boveri & Cie. in Baden zu verdanken, dem damals größten Konzern der Schweizer Maschinenindustrie. Der Firmengründer Walter Boveri hinterließ einen einzigartigen Garten, der sich aus einem Landschaftsgarten und einem neobarocken Architekturgarten zusammensetzt (siehe AG 3). Die Panzersperren aus dem Zweiten Weltkrieg, aufgestellt um eine Invasion der deutschen Wehrmacht zu verhindern, illustrieren schließlich eine andere Facette der Gartenkultur: der Nutzgarten, angelegt für die Selbstversorgung, da, wo gerade Platz zur Verfügung stand – zum Beispiel zwischen den Panzerhöckern in Frick (siehe AG 1).

AG 1
Panzerhöckergarten Frick
Gartenstrasse, 5070 Frick

Foto: Werner Fasolin

Es war kurz nach dem Zweiten Weltkrieg, als die Panzersperre in Frick eine neue, friedliche Funktion bekam: als Terrain für Gärten. 1940 hatte die Schweizer Armee die Sperre errichtet, um einen möglichen Angriff der deutschen Wehrmacht abzuwehren. Kaum war der Krieg zu Ende, wuchsen Kartoffeln, Salate, Kürbisse, Beeren und Blumen zwischen den Höckern. Bis heute haben die gleichen beiden Familien die Parzellen vom Bund gepachtet – und bewirtschaften auf einer Länge von rund 200 Metern die kleinen Flächen zwischen den Betonhöckern. In früheren Jahren pflanzten hier noch mehr Familien Gemüse. Damals führte die Panzersperre auch über das Gelände, wo heute eine Garage steht. Jenseits der Autobahn führt der Streifen mit den Panzerhöckern weiter, doch die Gärten sind verschwunden, Wald ist gewachsen. Gärtnern zwischen diesen Betonblöcken mag mühsam aussehen, hat jedoch auch einen Vorteil: Die Sperren sind unterirdisch mit Eisenstangen verbunden. So wird Wärme in den Boden geleitet – das Gemüse dankt's mit üppigem Wachstum.

➜ Eigentümer/in: Schweizerische Eidgenossenschaft. Größe: 0,12 ha. Eintritt frei. Keine Anmeldung. Von der Gartenstrasse aus gut einsehbar. **SBB** Frick. ➜ Vom Bahnhofplatz in die Ziegeleistrasse einbiegen. Dann immer rechts halten bis zur Garage Hasler. Straße überqueren. 🚗 A3 Ausfahrt Eiken. Richtung Frick. Bei Garage Hasler links abbiegen. 🅿 🐕 ♿

AG 2
Privatgarten Fasolin
Unterdorf 19, 5073 Gipf-Oberfrick

Foto: Werner Fasolin

Verwunschen sollte es werden. Romantisch. Ein Lebensraum für Vögel, Amphibien, Insekten. Ein Lebensraum auch für den Menschen, mit Sitzecken da und dort, eine Märchenwelt. Nachdem Rosmarie und Werner Fasolin 2003 die Totalrenovierung ihres Bauernhauses aus dem späten 16. Jahrhundert abgeschlossen hatten, widmeten sie sich der Umgebung, die sie durch einen lokalen Gartenplaner entwerfen ließen. Nach und nach nahmen dessen Ideen Gestalt an: Ein Teich mit einer Brücke, Mauern aus historischen Baumaterialien, spätgotische Fenstergewände und Bruchsteine aus abgerissenen Bauernhäusern fanden zu einem kreativen Werk zusammen. Wege aus Pflastersteinen oder Mergel – Rasen sucht man hier vergebens – führen durch das langgezogene Grundstück, schlängeln sich zwischen Stauden und Sträuchern hindurch zu mehreren Sitzplätzen und einem Pavillon. Für die Bepflanzung ließen sich Fasolins von Freunden inspirieren (siehe AG 7) und wählten eine Mischung aus Wild- und Gartenstauden. Das Resultat gefällt nicht nur den Gartenbesuchern, sondern auch Mauerseglern, Distelfinken und sogar dem seltenen Eisvogel.

➡ Eigentümer/in: Rosmarie und Werner Fasolin, Unterdorf 19, 5073 Gipf-Oberfrick. Tel. 061/8710438. wfg@bluewin.ch. Größe: 700 qm. Eintritt frei. Anmeldung erforderlich. Führungen: Nach Voranmeldung. Attraktionen: Historische Baumaterialien. ➡ Wegbeschreibung bei Anmeldung. 🅿 🐾 ♿ Teilweise.

Aargau

Foto: ABB Wohlfahrtsstiftung

Dieser Garten gehört nicht nur zu den schönsten im Kanton Aargau, sondern der ganzen Schweiz. Es ist der Garten der ehemaligen Villa von Walter Boveri, der Industriegeschichte von nationaler Bedeutung schrieb. 1891 gründete Boveri zusammen mit Charles Brown in Baden die Brown Boveri & Cie. (BBC), die mit der Fabrikation von Generatoren bald international erfolgreich wurde. Nur gerade vier Jahre nach der Firmengründung kaufte Walter Boveri das Grundstück am Ländliweg und beauftragte den Architekten Karl Moser für den Bau der Villa. Für die Gestaltung des Gartens engagierte er den damals bedeutendsten Gartenarchitekten der Schweiz, Evariste Mertens. Man betritt den Garten durch ein Eisentor beim Ländliweg und steht im ältesten Gartenteil. Linker Hand lässt eine Trauerbuche ihre Äste hängen, rechter Hand stehen Infotafeln. Nach und nach öffnet sich der Park, der als Landschaftsgarten der französischen Schule mit geschwungenen, aber geometrisch angelegten Wegen konzipiert wurde. Auf der Treppe unter der Terrasse wird der Blick auf eine mächtige Farnbuche gezogen, die mit ihrem Blätterkleid den Boden berührt. Links begrüßt die Marmor-Skulptur „Salambo" des Künstlers Paul Eugène Breton die Sonne. Um in den Park einzutauchen, steigt man jetzt ein paar Treppenstufen hinunter und geht dabei an einem kleinen Alpinum vorbei. Baumgruppen und Staudenrabatten gliedern das leicht abfallende Gelände, schaffen Räume und Nischen, lassen den Besucher aber niemals alles auf einen Blick erfassen. Walter Boveri und seine Frau Victoire haben bei der Pflanzung selber mitgeholfen. So sorgfältig die Anlage an der Schwelle zum 20. Jahrhundert geplant wurde, so sorgfältig wird sie auch heute noch gepflegt. Müssen Gehölze altershalber ersetzt werden, lässt der Gärtner Christoph Dallmaier vom noch bestehenden Baum einen Steckling in der Baumschule veredeln und groß ziehen, damit später wieder ein identischer Baum im Garten steht. Zu Beginn des 20. Jahrhunderts konnte Walter Boveri ein zusätzliches Stück Land neben seinem Grundstück erwerben. Hier ließ er einen weiteren Garten anlegen, diesmal einen Architekturgarten, der ihn an sein barock geprägtes Umfeld im fränkischen Bamberg erinnerte. Der Münchner Architekt Carl Sattler entwarf diesen Garten. Ein später hinzu gekommenes Badehaus liegt im unteren Teil zwischen den beiden Gärten. Durch eine Platanenallee erreicht man vom Badehaus den Architekturgarten und gelangt zu einer Aussichtskanzel. Von hier führt die Längsachse über verschiedene Terrassen bis ans obere Ende des Grundstückes. Sie führt vorbei an Rosenrabatten und durchschneidet die Querachse mit den Winterlinden und den Statuen der vier Jahreszeiten. Die nächste Terrasse zeichnet sich aus durch ein Buchsparterre mit über hundertjährigen Buchskugeln. Hier ist auf der einen Seite die Grabnische des Ehepaars Boveri zu sehen und unterhalb des Gartensaales die Grabplatte ihres Sohnes Walter Eugen Boveri. Er hatte die Villa 1943 einer Stiftung vermacht. In Baden ist noch ein weiterer Villenpark aus der BBC-Gründerzeit erhalten geblieben. Sidney Brown, der Bruder des BBC-Gründers, war als Konstrukteur und technischer Direktor ein Jahr nach Firmengründung bei BBC eingestiegen. Er ließ die Villa Langmatt an der Römerstrasse 30 errichten und beauftragte für die Umgebung den bekannten Zürcher Gartenarchitekten Otto Froebel. Auch dieser Garten ist eine Mischung aus landschaftlichen und formalen Elementen. Der Garten ist ebenfalls öffentlich zugänglich: www.langmatt.ch

➡ Eigentümer/in: ABB Wohlfahrtsstiftung. kontakt@abb-wfs.ch. www.abb-wfs.ch. Größe: 1,9 ha. Eintritt frei. Öffnungszeiten: Täglich 7–21 Uhr. Führungen: Von April bis Oktober jeweils einmal monatlich Führungen zu bestimmten Themen. Individuelle Führungen nach Vereinbarung. Veranstaltungen: Konzerte, Serenade etc., siehe Website. Attraktionen: Zwei Gartenstile direkt nebeneinander. **SBB** Baden. 🚌 Ab Baden West Nr. 6 und 7 oder ab Postautostation Nr. 320, 321, 322, 332, 334 bis „Baden, Lindenplatz". ➡ Von der Haltestelle in die Neuhofstrasse einbiegen, erste Straße links. 🚗 A1 Ausfahrt Baden, Richtung Parkhaus Ländli. Die Villa Boveri befindet sich gleich daneben. 🅿 Parkhaus Ländli. ✖ Anmeldung erforderlich. ☎ Anmeldung erforderlich. ♿

Foto: Christine Seiler

AG 4
Klostergarten Wettingen
Klosterstrasse 11, 5430 Wettingen

Über 700 Jahre lang hatten die Zisterzienser auf der Limmathalbinsel in Wettingen gelebt und gewirkt, bevor sie 1841 aus dem Kanton vertrieben wurden (siehe Einführungskapitel S.14). Sie hinterließen nicht nur eine reiche Musik- und Theaterkultur, sondern auch mehrere Gärten innerhalb der Klostermauern. Einige davon sind erhalten geblieben oder rekonstruiert worden. Vom Parkplatz kommend erreicht man über das Klostergässli als Erstes den Kreuzgang. Schon seit 1720 existiert der Rundweg in dieser Form. Der Weg führt um eine Eibe und an zwölf Rosenbäumchen vorbei, die an die zwölf Apostel erinnern. Weiter dem Klostergässli folgend erreicht man den Konventgarten. Dieser ist auf drei zur Limmat hin abfallenden Terrassen angelegt. Man steht auf der obersten Ebene, die kurz vor Aufhebung des Klosters noch im Stil des englischen Landschaftsgarten mit Baumgruppen, Teich und Kieswegen angelegt wurde. Auf der mittleren Terrasse liegt der Gemüsegarten in der Form eines Hippodroms mit Brunnen in Vierpass-Form in der Mitte. Das Gemüse findet zum Teil in der Küche der Kantonsschule Verwendung, die heute in den Klosterräumlichkeiten untergebracht ist. Auf der untersten Gartenterrasse spaziert man durch eine Platanenallee und kommt auf halbem Weg an einer beeindruckenden Grotte vorbei, aus deren Decke Wasser tropft, das aus einer drei Kilometer entfernten Quelle hergeleitet wird. Der Abtgarten befindet sich an der westlichen Seite der mittleren Terrasse. Er ist meist abgeschlossen, der Schlüssel kann bei der Gärtnerei geholt werden. Der Abtgarten wurde vor wenigen Jahren aufgrund von Plänen aus dem Jahr 1845 rekonstruiert. In diesem Garten erholten sich die Äbte im Sommer und empfingen Gäste. In den ornamentalen, mit Holz eingefassten Beeten sind Stauden angepflanzt, die zu Beginn des 19. Jahrhunderts in der Schweiz bereits bekannt waren. An den Wänden werden vorwiegend Birnbäume als Spalier gezogen. Hier sieht man die verschiedenen Stadien, die es für die Erziehung zu einer Palmette, einer Doppel-U-Form oder einer Gabel-Palmette braucht. Verlässt man die Klosteranlagen ostwärts und nimmt die Treppe, die seitlich an der Gärtnerei nach oben führt, kommt man zum jüngsten Garten im Kloster, dem Kräutergarten. In von Eichbalken umfassten Hochbeeten wachsen gut beschriftet Kräuter, wie sie in Klosterapotheken während Jahrhunderten zum Einsatz kamen.

➡ Eigentümer/in: Kanton Aargau, Kantonsschule Wettingen, Klosterstrasse 11, 5430 Wettingen. Tel. 056/4372440. sekretariat@kswe.ch. www.klostergaertnerei.ch. Größe: 1 ha. Eintritt frei. Öffnungszeiten: April–September 8–21.45 Uhr, Oktober–März 8–20 Uhr. Führungen: Nach Voranmeldung. Attraktionen: Garten der Äbte. SBB Baden. 🚌 Baden West Nr. 4 bis „Wettingen, Kloster". 🚗 A1 Ausfahrt Neuenhof. Richtung Wettingen. Beschildert. 🅿 ✕ 🍴 🐴 ♿ Teilweise. ✿

AG 5
Privatgarten Sommerhalder
Hardstrasse 16, 5432 Neuenhof

Foto: Heinz Sommerhalder

Heinz Sommerhalder beweist, dass Fuchsien zu Unrecht oft als Großmutter-Blumen abgestempelt werden. Der Buschauffeur aus Neuenhof ist seit 20

Jahren ein leidenschaftlicher Fuchsiensammler. Man sieht es schon beim Eingang: Fuchsien wachsen als Sträucher im Boden, stehen als Stämmchen gezogen eine Etage höher und hängen von der Decke. Doch das ist erst der Anfang: Hinter dem Haus begegnet man zuerst seiner Agavensammlung, von denen einige über 30 Jahre alt sind. Anschließend steht man auf dem Rasen, der von Fuchsienbeeten gesäumt ist. Hier hat er die nicht winterharten Sorten eingepflanzt, die er im Herbst alle ausgräbt und im Keller überwintert. Besonders eindrücklich ist ein Wäldchen mit den winterharten Fuchsien, durch das ein schmaler Pfad führt. Über 400 Fuchsien blühen hier, die im Herbst einer Staude gleich oberirdisch abfrieren und im Frühling aus dem Wurzelstock neu austreiben. Sommerhalder macht jedes Jahr eine Fuchsienreise und besorgt sich in Belgien neue Züchtungen.

➡ Eigentümer/in: Heinz Sommerhalder, Hardstrasse 16, 5432 Neuenhof. shalder10@ hotmail.com. Größe: 0,3 ha. Eintritt frei. Anmeldung erforderlich. Blütezeit der Fuchsien ab Juli. Führungen: Nach Voranmeldung. Attraktionen: Über 400 verschiedene winterharte Fuchsien. ➡ Wegbeschreibung bei Anmeldung. 🅿 🐎 ♿

AG 6
Schaugarten Gärtnerei Dietwyler
Haselweg 3, 5235 Rüfenach

Dass man sich hier in einer Gärtnerei befindet, erkennt man erst, wenn man die Produktionsflächen mit den Pflanzentöpfchen erreicht. Alles davor, darum herum und dazwischen ist ein Garten mit Schlangenwegen, Sitznischen, Hecken, Rabatten – ein Garten voller Leben. In den Trockensteinmauern hausen Eidechsen, in den Wildbienenhotels herrscht Hochbetrieb, Vögel aller Art zwitschern und seltene Schmetterlinge lassen sich auf den blühenden Wildstauden nieder. Martin Dietwyler hat die Gärtnerei 1980 gegründet und sich auf Wildpflanzen spezialisiert. Seine kreative Ader zeigt sich nicht nur in der Gestaltung seines Gartens, sondern auch an vielen Dekogegenständen, die er aus Weiden, Töpfen oder alten Möbeln selbst herstellt. Obwohl er sich auf die einheimische Flora fokussiert, experimentiert er auch gerne mit Exoten. So wachsen in seinem Garten zum Beispiel eine Indianerbanane mit ihren essbaren Früchten oder die Gojibeere. 2009 begann Dietwyler, mit Naturfreunden neben seiner Gärtnerei einen weiteren Garten anzulegen. Hier werden Nahrungsmittel angebaut und weitere Lebensräume für Wildtiere geschaffen. Gleichzeitig ist es ein Lebensraum für Menschen, denn dieser Garten mit dem Namen „Amalthea" bietet geschützte Arbeitsplätze für verschiedene Stiftungen.

➡ Eigentümer/in: Martin Dietwyler, Die Erlebnisgärtnerei, Haselweg 3, 5235 Rüfenach. Tel. 056/2841570. www.dieerlebnisgaertnerei.ch. Größe: 0,5 ha. Eintritt frei. Öffnungszeiten: Mo–Fr 8–12 Uhr, 13–18 Uhr, Sa –16 Uhr. Führungen: Nach Voranmeldung.

Veranstaltungen: Kurse zu Gartenthemen (siehe Website). **SBB** Brugg. 🚌 Nr. 374 bis „Rüfenach, Dorf". → In Fahrtrichtung des Buses 600 m weitergehen bis zum Restaurant Hasel. Gärtnerei gleich dahinter. 🚗 A3 Ausfahrt Brugg, Richtung Koblenz. Nach 4 km zweimal links Richtung Remigen, nach 2 km beim Restaurant Hasel rechts. 🅿 ♿ ❶ ✿

AG 7
Privatgarten Massler
Linn 7, 5225 Bözberg

Foto: Gaston Wicky

„Garten der Sinne" nennt Hans Massler seinen Garten, den er am Hang neben seinem umgebauten Bauernhaus angelegt hat. Ein Garten, der wirklich alle Sinne anspricht: Das Auge streift über Stauden, die auf Kiesflächen und neben vielen Trockensteinmauern gedeihen. Was auch immer gerade blüht, Farben und Formen passen zusammen. Irgendwoher kommt der Duft einer Blüte, der Kies knirscht bei jedem Schritt. Wege bahnen sich durch die Staudenpflanzungen, enden bei Sitzplätzen, beim Gartenhäuschen, ziehen zum Teich oder hoch zum Pavillon mit den weißen Blumen. Mit alten Torbögen, Fenstergittern und Eisenzäunen hat Hans Massler einzelne Räume seines Gartens gestaltet. Wurzelstöcke liegen scheinbar zufällig zwischen den Stauden und da und dort wächst etwas zum Naschen, ein paar Beeren oder Kirschen am Baum. Zusammen mit einem Gartenbauer hat Hans Massler die ehemalige, von Brombeeren dominierte Weide im Jahr 2000 neu geplant. Die Grundstruktur mit Teich und Trockenmauern erstellte der Gartenbauer, für die Bepflanzung legte Massler selbst Hand an. Er probiert aus, machte Fehler, sah Pflanzen eingehen und an anderen Orten wieder wachsen. Er wollte sie immer näher kennenlernen, studierte im Winter Botanikbücher und kennt nun all seine Pflanzen beim Namen. Sein Garten mit den stimmigen Staudenkombinationen ist in weiten Kreisen bekannt und Massler wird von Freunden und Bekannten bei der Wahl der Pflanzen zu Rate gezogen.

➡ Eigentümer/in: Hans Massler und Yvonne Biri Massler, Linn 7, 5225 Bözberg. Tel. 079/6401599 oder 056/4414251. hans.massler@bluewin.ch. Größe: 0,19 ha. Eintritt frei. Anmeldung erforderlich. Führungen: Nach Voranmeldung. Attraktionen: Historisches Baumaterial. Große Vielfalt an Stauden. Beim Dorfeingang steht die Linner Linde, der mächtigste Baum im Kanton Aargau. ➜ Wegbeschreibung bei Anmeldung.

AG 8
Schlossgarten Wildegg
Effingerweg 5, 5103 Wildegg

Foto: Museum Aargau

Ein besonderes Garten-Schmuckstück im Kanton Aargau liegt auf dem westlichen Ausläufer des Kestenberges. Die Anlage wurde in den 1990er Jahren komplett saniert und zeichnet sich durch eine ungewöhnliche Anordnung aus: Auf dem Gipfel thront das Schloss, das bis 1912 der adligen Familie Effinger gehörte. Im Westen liegt ein paar Treppenstufen tiefer eine Terrasse mit Lindenbäumen. Eine weitere Treppe führt, flankiert von kegelförmigen Eiben, über den Rebberg zu einem rund 30 Meter tiefer liegenden Nutzgarten. Er befindet sich auf einer natürlichen Terrasse im Hang, von den Gebäuden komplett losgelöst. Dieser Garten existierte bereits im 18. Jahrhundert, wie Pläne belegen. Schon damals war er Lust- und Nutzgarten zugleich. Zwei Eckpavillons und Blumenbanden stehen für den Genuss des Gartens, Gemüsebeete und Obstbäume für das Nützliche. Die Schlossbibliothek der Familie Effinger zeigt eine große Auswahl von Gartenbüchern zu Gemüseanbau, Kräuterverwendung und Ackerpflanzen. Aus den Haushaltungsbüchern der Familie ist bekannt, welch große Vielfalt an verschiedenen Beeren, Früchten und Gemüse in der Schlossküche Verwendung fanden. Der Nutzgarten erlebte im 20. Jahrhundert mehrere Renovierungsetappen, die 1998 abgeschlossen wurden. Seither dient er der Stiftung Pro Specie Rara als Sortengarten. Ein Rundgang im Garten führt zu fast vergessenem Gemüse wie Schabzigerklee oder Mairübe. Im nordwestlichen Sektor stehen mehrjährige Pflanzen wie Beeren, Spargel oder Kardy. Im südöstlichen Teil wachsen Kräuter und in den übrigen Beeten sind einjährige Gemüsekulturen zu finden. Alle Pflanzen sind beschriftet. Unmittelbar beim Schloss liegt ein Rosengarten, der zu Beginn des 19. Jahrhunderts auf Schloss Wildegg dazu kam. Die Gebäude neben dem Rebhaus wurden in dieser Zeit abgerissen, der Boden eingeebnet. Ludwig Albrecht Effinger ließ an dieser Stelle einen Rosengarten anlegen mit streng symmetrischen Beeten und einem Seerosenteich in der Mitte. Die zahlreichen historischen Kletter- und Strauchrosen sowie die Englischen Rosen werden von der Aargauer Gruppe der Gesellschaft Schweizerischer Rosenfreunde gepflegt. Die Gärten auf Schloss Wildegg haben nationale Aufmerksamkeit erlangt, seit Pro Specie Rara hier einen Setzlingsmarkt durchführt. Tausende von Hobbygärtnern decken sich jeweils Anfang Mai mit Setzlingen ein.

➡ Eigentümer/in: Museum Aargau. schlosswildegg@ag.ch. www.schlosswildegg.ch. www.prospecierara.ch. Größe: 0,33 ha. Eintritt: Rosengarten frei, Nutzgarten Erwachsene: CHF 7.- Kinder 6–16 Jahre CHF 2.-. Öffnungszeiten: April–Oktober, Di–So und allg. Feiertage 10–17 Uhr. Führungen: Nach Voranmeldung. Veranstaltungen: Setzlingsmarkt immer Anfang Mai. **SBB** Möriken. 🚌 Nr. 380 oder 381 bis „Möriken, Schloss Wildegg". 🚗 A1 Ausfahrt Mägenwil, Richtung Lenzburg. Oder Ausfahrt Aarau Ost, Richtung Wildegg. Beschildert. 🅿 🍴 Bistro mit Selbstbedienung. ♿

AG 9
Schlossgarten Lenzburg
Schloss Lenzburg, 5600 Lenzburg

Über tausend Jahre alt ist das größte Schloss im Kanton Aargau. In welcher Art schon nach der Bauzeit Gärten bestanden, ist nicht bekannt. Die früheste Erwähnung eines Gartens geht auf das Jahr 1560 zurück. Von 1624 und 1780 bestehen Zeichnungen, die auch die Gartenanlagen zeigen. Der Plan von 1780 zeigt einen barocken Garten mit Wegkreuz und Rondell in der Mitte. Auch der Gartenpavillon, der nördlich anstelle des Bollwerkes erstellt wurde, ist darauf bereits zu sehen. An dieser Grundstruktur orientierten sich die Landschaftsarchitekten Stöckli und Kienast, als sie diesen Teil des Gartens Anfang der 1980er Jahre auf der Lenzburg neu planten. Für die zweimal jährlich wechselnde Bepflanzung werden Blumen verwendet, die im 18. Jahrhundert schon bekannt waren wie etwa Vergissmeinnicht oder Stiefmütterchen. Der Schlosswart hat 15 verschiedene Pläne zur Verfügung, nach denen er die Blumenbanden bepflanzt. Auch Zeugnisse von späteren Gartenkulturepochen sind zu sehen, etwa das Rokokogitter zum Schlosshof oder der Springbrunnen in der Mitte des Gartens, der erst bei der Renovierung Anfang der 1980er Jahre platziert wurde. Im Schlosscafé mit seiner reizvollen Rosenfassade lässt es sich nach einem Besuch gut ausruhen. Das Schloss Lenzburg ist Bestandteil eines Gartenpfades durch die ganze Stadt. Dieser ist auf www.lenzburg.ch/de/gartenpfad zu finden und führt zu verschiedenen Gärten der Stadt. In dieser Broschüre ist auch die gartengeschichtlich interessante Anlage beim Haus Sonnenberg beschrieben. Hier lebte der Schriftsteller, Maler und Komponist Peter Mieg. Heute gehört das Anwesen der Peter-Mieg-Stiftung. Haus und Garten können im Rahmen von Führungen nach Voranmeldung besichtigt werden: www.petermieg.ch.

Foto: Sarah Fasolin

➡ Eigentümer/in: Stiftung Schloss Lenzburg. schlosslenzburg@ag.ch. www.ag.ch/lenzburg. Größe: 0,13 ha. Eintritt: Nur Garten, Hof und Ritterhaus (ohne Museum): Erwachsene: CHF 5.-, Berufslernende und Studierende (bis 26): CHF 4.50, Kinder (4–16): CHF 2.50. Bei Gruppen ab 10 Personen Anmeldung erwünscht 0848 871 200 oder Reservierung. lenzburg@ag.ch. Öffnungszeiten: Di–So und allg. Feiertage 10-17 Uhr. Attraktionen: Rokoko-Rosengitter von 1900. **SBB** Lenzburg. 🚌 Nr. 391 bis „Lenzburg, Schloss". 🚗 A1 Ausfahrt Lenzburg. Bei der Kreuzung geradeaus Richtung Berufsschule. Nach ca. 100 m rechts in den Steinbrüchliweg abbiegen. 🅿 ☕ ♿ Teilweise.

AG 10
Klostergarten Fahr
Priorat, 8109 Kloster Fahr

Die Gärten des Klosters Fahr sind Ausdruck von herzhaft gelebter Klostergartenkultur, wie man sie in der Schweiz nur noch sehr selten antrifft (siehe Einführungskapitel S. 204). Mit großem Einsatz wird hier gegärtnert. Gleich vor der Pforte, umgeben von den Klostergebäuden, liegt der große Propsteigarten, mit einem Wegkreuz traditionell in vier Felder eingeteilt. Bis 2013 bildete das Kloster Fahr Bäuerinnen aus, und dieser Garten diente vor allem dem Unterricht. Seither wird er weiter als Lehrgarten betrieben: Mischkultur, alte Gemüsesorten und Blumen für die Schmetterlinge sind hier zu sehen. Und vielleicht auch die eine oder andere Klosterfrau bei der Arbeit, etwa die passionierte Gärtnerin Schwester Beatrice, die sich dem Garten angenommen hat und auf viele Fragen eine Antwort weiß. Das Benediktinerinnen-Kloster Fahr existiert seit 1130. Die Kapelle unmittelbar beim Propsteigarten geht auf diese Zeit zurück. Seit Beginn gehört auch die Selbstversorgung zum Klosteralltag. Noch heute wird ein großer Teil des Gemüses, der Früchte und des Blumenschmucks für die Kirche selbst angebaut – in einer großen Gemüsepflanzung mit Schnittblumenbeeten hinter dem Kloster. Diese sind für die Öffentlichkeit nicht zugänglich. Traditionell gehören auch Kräutergärten zu einem Kloster. In Fahr sind gleich drei unterschiedliche Formen zu sehen: Neben dem Schulhaus trifft man auf eine große Kräuterspirale. Auf der Gartenterrasse des Restaurants gibt es seit wenigen Jahren einen Hilde-Garten: Ein Kräutergarten zu Ehren der Heilkundigen Hildegard von Bingen, die im 12. Jahrhundert ebenfalls als Benediktinerin in Deutschland gelebt hatte. Der dritte Kräutergarten, ein eigentliches Gartenjuwel, ist nur bei Führungen zu sehen, denn er liegt im Innenhof des Klostergebäudes. In barocker Manier sind hier 40 runde und eckige Buchsbeete mit Kräutern und Blumen angelegt. Ein Springbrunnen liegt in der Mitte. Dieser Garten existierte bereits im 17. Jahrhundert, wurde 1978 wiederhergestellt und erhielt 1995 den aargauischen Kulturpreis. Die Gärten der gesamten Anlage erhielten 2011 den Dr.-Rudolf-Maag-Preis.

➡ Eigentümer/in: Benediktinerinnenkloster Fahr. info@kloster-fahr.ch. ww.kloster-fahr.ch. Größe: 0,15 ha. Eintritt: Propsteigarten frei. Barocker Kräutergarten wird bei Kloster-führungen gezeigt. Öffnungszeiten: Frei zugänglich. Führungen: Nach Voranmeldung. **SBB** Schlieren. 🚌 Nr. 308 oder 302 von der Brücke über die Geleisen bis „Engstringen, Eckstein". → Bei Haltestelle auf der anderen Straßenseite ca. 30 Meter zurück gehen. Nach der Autobahnbrücke die Treppe hinuntersteigen zum Wanderweg. 10 Minuten Fußmarsch flussabwärts. 🚗 A1 Ausfahrt Weiningen. Richtung Unterengstringen, Wegweiser. A1 Ausfahrt Dietikon. Rechts Richtung Oetwil → Geroldswil → Weiningen → Unterengstringen, Wegweiser. A4 Ausfahrt Urdorf Nord. Richtung Baden/Basel. Nach Limmatbrücke rechts. 🅿 ✕ ☕ ♿ Teilweise. ✿ Klosterladen.

AG 11
Schaugarten Rosen Huber
Rotenbühlstrasse 10, 5605 Dottikon

Foto: Rosen Huber AG

Die Welt der Rosen liegt einem im Schaugarten der Richard Huber AG zu Fü-ßen. Strauch-, Kletter-, Edel- und Bodendeckerrosen, englische und histori-sche Rosen – alle existierenden Rosengruppen und verschiedenste Züchtungen. Insgesamt sind es 700 Sorten, die auf dem leicht abfallenden Gelände unterhalb der Rosenproduktionsfelder der Gärtnerei zu sehen sind. Durch einen Laubengang tritt man ein in den Schaugarten, der zugleich auch Testgarten ist. Denn jene Beete, wo die Rosen lediglich eine Nummer tragen, sind Neuzüchtungen. Mindestens fünf Jahre werden die neuen Rosen beobachtet, ehe entschieden wird, ob diese Sorte auf den Markt kommt. Beim Rundgang durch den Schaugarten erhält man also gleichzeitig Einblick in das züchterische Schaffen der Richard Huber AG. Bis zu seinem Tod im Oktober 2013 hatte der bekannte Rosenzüchter Richard Huber zusammen mit seinem Team an neuen Rosensorten gearbeitet. Huber hat sich während seines Lebens vom Baumschulisten zu einem Rosenzüchter mit internationalem Renommé entwickelt. Von ihm sind über 50 Sorten registriert und viele davon wurden national und international ausgezeichnet. Sehr beliebt ist seine Rose „Glückskette". Für Huber persönlich eine besondere Bedeutung hatte die Rose „Lady Di", die er seiner Tochter Diana widmete und mit der er 1982 zum ersten Mal eine Goldmedaille gewann an der internationalen Rosenschau in Genf. Bereits Ende der 1950er Jahre begann Richard Huber, einen Schaugarten anzulegen. Um dem Garten Struktur zu geben, verwendete er verschiedene Nadelgehölze. Er verzichtete auf Laubgehölze, da diese dem Boden mehr Nährstoffe entziehen als Koniferen. Ins Auge stechen der Mammutbaum sowie die Kletterose „Multiflora", die auf einer Weißtanne eine Höhe von 15 Metern erreicht hat.

➡ Eigentümer/in: Richard Huber AG, Rotenbühlstrasse 10, 5605 Dottikon. Tel. 056/6241828. info@rosen-huber.ch. www.rosen-huber.ch. Größe: 20 ha. Eintritt frei. Öffnungszeiten: Frei zugänglich. Führungen: Für Gruppen ab 20 Personen. Veranstaltungen: Rosenfest immer zweites Wochenende im Juni. Konzerte. **SBB** Dottikon–Dintikon. 🚌 Nr. 346 bis „Dottikon, Sternenplatz". ➡ Bei Sternenplatz Richtung Restaurant „Güggel". Rechts in die Rotenbühlstrasse einbiegen und 1 km zu Fuß gehen. 🚗 A1 Ausfahrt Mägenwil. Richtung Wohlen. Eingangs Dottikon links abbiegen. 🅿 🐕 ♿ Teilweise. ❶ ✿

AG 12
Schaugarten Gärtnerei Labhart
Alte Seonerstrasse 26, 5503 Schafisheim

Die lieblos gestalteten Steingärten, die aussehen, als hätte ein Lastwagen eine Ladung gehackte Steine verloren – sie sind dem Gärtner Daniel Labhart ein Gräuel. Er will dagegen ein Zeichen setzen und zeigen, dass auch Staudenpflanzungen ohne viel Gartenerfahrung möglich sind. Seit dem Jahr 2000 entwickelt er eigene Kombinationen. Zwiebelblumen, Gräser und Blütenstauden setzt er so neben- und ineinander, dass sie farblich harmonieren. Und unterschiedlich hoch müssen sie wachsen, damit das Staudenbeet eine Struktur bekommt. 27 verschiedene Kombinationen sind in seinem Schaugarten zu sehen, darunter auch die sechs bekannten Staudenmischungen von der Zürcher

Hochschule für Angewandte Wissenschaften (siehe ZH 34). Auf je 10 bis 12 qm sind die einzelnen Arrangements ausgepflanzt und beschriftet. Zu sehen sind auch Versuchsbeete, in denen das Zusammenspiel einzelner Stauden noch geprüft und beobachtet wird. Die Gärtnerei wird in der dritten Generation geführt. Labharts Großvater begann 1933 mit Sommerflor. Sein Vater spezialisierte sich auf Bodendecker. Und er selbst setzt nun auf seine eigene große Leidenschaft, die Stauden.

Foto: Daniel Labhart

➡ Eigentümer/in: Daniel Labhart, Schafisheim. daniel.labhart@d-labhart.ch. www.blumenmeile.ch. Größe: 800 qm. Eintritt frei. Öffnungszeiten: Frei zugänglich. Führungen: Nach Voranmeldung. Veranstaltungen: Stauden-Weiterbildungstage alle zwei Jahre (siehe Website). Attraktionen: Hecke aus Stauden. **SBB** Lenzburg. 🚌 Nr. 390 Richtung Bettwil bis „Schafisheim, Milchgasse". Beschildert. 🚗 A1 Aarau Ost, Richtung Lenzburg, 2. Kreuzung Richtung Luzern, Schafisheim. Ab Ende Dorf beschildert. 🅿 🐴 ♿ ❶ Eine Broschüre zu den Staudenmischungen ist bei Öffnungszeiten der Gärtnerei 8–12 Uhr, 13.15–17 Uhr gratis erhältlich oder kann bestellt werden.

AG 13
Privatgarten Grundmann
Lättweg 12, 5034 Suhr

Foto: Sarah Fasolin

Keine Fassadenseite ohne Glyzinie. Das Haus der Grundmanns wird umrankt von Wisteria-Sorten aller Art. Sie ziehen sich über die Pergola, das Balkongerüst oder an den Stützen des Vordaches hoch. Der Garten von Barbara und Hans Grundmann liegt an einem steilen Südhang und wurde 1997 mit Schwimmteich, Bruchsteinmauern, Terrassen und Kieswegen angelegt. Mehrere Englandreisen weckten die Gartenleidenschaft der beiden und liefern noch heute immer wieder Ideen für den eigenen Garten. Dieser ist eine spannende Mischung zwischen Natur- und Ziergarten. Das Gerippe eines gestürzten Kirschbaums liegt wie eine Skulptur am Boden und wird von einer Kletterrose „Himalayan Musk" erobert. Insektizide oder Schneckenkörner sind in diesem Garten noch nie zum Einsatz gekommen. Die Rosen sind einfach so, wie sie sind nach der Blüte. Und den vom Zünsler befallenen Buchs stachen Grundmanns aus und setzten stattdessen Eiben. Der Zierwert kommt trotzdem nicht zu kurz. Staudenrabatten sind rund um das Haus angelegt mit Schattenpflanzen an der Nordseite, Clematisweg an der Ostseite, Terrassengarten an der Süd- und Südwestseite. Beim Aufstieg zum höchsten Punkt des Gartens schlängelt sich der Weg zwischen sieben Säuleneiben durch – eine für jedes der fünf Kinder und die Eltern.

→ Eigentümer/in: Barbara und Hans Grundmann, Lättweg 12, 5034 Suhr. Tel. 062/ 8428484 oder 079/7528358. grund@ziksuhr.ch. Größe: 0,17 ha. Eintritt frei. Anmeldung erforderlich. Führungen: Nach Voranmeldung. → Wegbeschreibung bei Anmeldung. 🅿 🚆 Erfrischungen auf Wunsch. 🐕 ♿ Teilweise.

AG 14
Privatgarten Jane Bihr-de Salis
Unterniesenbergstrasse 45b, 5625 Kallern

Foto: Jane Bihr-de Salis

Der Garten der Landschaftsarchitektin Jane Bihr zeigt auf seinen bescheidenen 120 Quadratmetern das Ineinandergehen der Geschichte eines Ortes und der Geschichte des Menschen, der diesem Ort begegnet. Jane Bihr ist in England aufgewachsen, dem Land der Gärten. 1986 zog sie mit ihrem Mann auf den Lindenberg im Kanton Aargau, in das ehemalige Jagdhaus des Klosters Muri, einen stattlichen Bau von 1594 weit ab vom Dorf. Vor dem Haus lag ein Gärtchen, das scheinbar bis wenige Jahre zuvor ein traditioneller Bauerngarten mit Buchsborduren, Gemüse und Blumen gewesen war. Die Landschaftsarchitektin ließ die Grundstruktur, wie sie war: Die Größe, den alten Maschendrahtzaun aus den 50er Jahren, den Flieder in der einen Ecke. Sie nahm den Buchs als Gestaltungselement auf und zog damit geschwungene, segmentierte Linien durch den Garten. Sie führen vom Sitzplatz weg, unterschiedlich breit, verzweigen sich, kommen wieder zusammen. Die Kieswege dazwischen sind teils so schmal, dass sie kaum zu erkennen sind. Vier Topiari mit Etagenschnitt setzen vertikale Akzente. In den Zwischenräumen hat Bihr Stauden und Rosen gepflanzt. Die Farben wechseln von Blau und Rosa im Frühjahr zu Weiß, Gelb und Orange im Laufe des Sommers. Nicht nur der Blick in den Garten lohnt sich, sondern auch jener an die Hausfassade mit dem Sichtfachwerk und den Quader-Malereien. Farblich passend rankt sich an der Hausecke die Rose „Goldfinch" mit ihren hellgelben Blüten empor.

➡ Eigentümer/in: Jane Bihr-de Salis, Unterniesenbergstrasse 45b, 5625 Kallern. Tel. 056/6661034. janebihr@bluewin.ch. Größe: 120 qm. Eintritt frei. Anmeldung erforderlich. Führungen: Nach Voranmeldung. ➔ Wegbeschreibung bei Anmeldung. 🅿 🚃 ♿ Teilweise.

AG 15
Privatgarten Lukoschus/Dinter
Mattenacker 2, 5628 Aristau

Als es darum ging, den Garten vor ihrem neugebauten Haus anzulegen, sagte sich die Pfarrerin Bettina Lukoschus: „Mein Schreibtisch ist so chaotisch, im Garten soll es geordnet aussehen." Sie ließ die Landschaftsarchitektin Jane Bihr (siehe AG 13) ans Werk und gab ihr ein paar Ideen mit: Eine schöne Wiese für das Pferd, das in der Nähe eingestellt ist und hin und wieder hier zu Besuch kommt. Einen Tee-Pavillon. Keine Rabatten. Da das Grundstück am Rande des Dorfes liegt und der Blick bis in die Luzerner Alpen wandern kann, wurde die Landschaft in die Gestaltung miteinbezogen. Elf dreieckig geschnittene Hainbuchenelemente leiten den Blick. Elf als unteilbare Zahl symbolisiert für Bettina Lukoschus die Einheit. Zwischen den Hecken blüht eine Wildblumenwiese. Und in einer kastenförmig geschnittenen Hainbuche entdeckt man den Tee-Pavillon mit Tischchen und Stühlen Der Boden ist mit Knochenscheiben ausgelegt, unter dem Dach ist das Sternbild des großen Wagens mit goldenen Sternen auf Blech abgebildet. Das Gestalten mit Hainbuchen und Symboliken hat Bettina Lukoschus so fasziniert, dass sie im Jahr 2005 auf einem ungenutzten schmalen Streifen Land einen weiteren, bloß 80 qm großen Garten plante. Der Eingang ist so schmal, dass man ihn leicht übersieht. Ein paar Stufen führen zu einem irischen Kreuz, an dessen Fuß Irischer Klee wächst. Drei Holunderbüsche ragen dahinter in die Höhe. Drei Holzhocker stehen davor. Drei für die Trinität des christlichen Glaubens.

➡ Eigentümer/in: Bettina Lukoschus, Mattenacker 2, 5628 Aristau. Tel. 056/6645074. lukoschus@swissonline.ch. Größe: 800 qm. Eintritt frei. Anmeldung erforderlich. Führungen: Nach Voranmeldung. Attraktionen: Tee-Pavillon mit Rinderknochen-Boden.
➡ Wegbeschreibung bei Anmeldung. 🅿 🐴 ♿

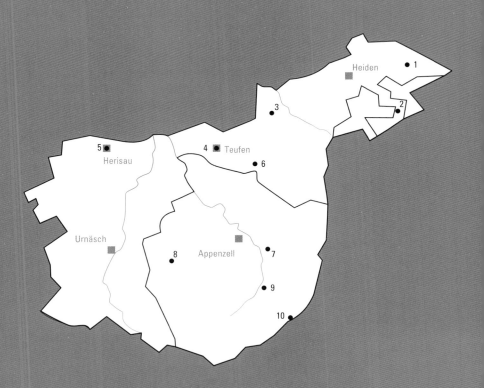

Heiden ● 1

● 2

3 ●

5 ● 4 ● Teufen
Herisau ● 6

Urnäsch 7 ●
8 ● Appenzell

9 ●

10 ●

Hügelig, lieblich und mit Kräuterduft

Ist es ein Zufall, dass im Appenzellerland so viele Kräutergärten anzutreffen sind? Von zehn in diesem Führer porträtierten Gärten in den Kantonen Appenzell Ausserrhoden und Appenzell Innerrhoden hat fast die Hälfte ihren Schwerpunkt in Kräutern oder Heilpflanzen (siehe AP 4, AP 7, AP 8, AP 9). In keiner anderen Region ist eine ähnliche Affinität festzustellen.

Dafür gibt es durchaus Gründe: Während in vielen anderen ländlichen Regionen der Schweiz die Bedeutung der Kräuterheilkunde im 20. Jahrhundert sank, hielt man im Appenzellerland stark daran fest. In Ausserrhoden wurde im Jahr 1871 sogar ein Gesetz verabschiedet, das Heilpraktikern die freie Berufsausübung garantierte. Diese Regelung zog viele Naturheilärzte an (siehe AP 4). Auch wenn heute freie Heiltätige für die Ausübung ihres Berufes eine Prüfung ablegen und eine Bewilligung einholen müssen, gelten für Naturmediziner noch immer liberale Bedingungen. Auf Kräuterwanderungen mit dem Drogisten und Heilpraktiker Hanspeter Horsch können Besucher die Appenzeller Kräuterwelt kennenlernen: www.appenzellerland.ch.

Typisch für das Appenzellerland ist aber auch seine liebliche, kleinräumige Hügellandschaft. Traditionellerweise wird hier kaum Ackerbau, sondern Viehzucht betrieben. Die Höfe liegen verstreut in der Landschaft, und wer auf einer Reise durchs Appenzellerland darauf achtet, wird mehrere wiederkehrende Gartenmerkmale erkennen: An der Westseite der Häuser steht oft ein einzelner großer Laubbaum, der sogenannte Wetterbaum, der ursprünglich unter anderem als Blitzableiter dienen sollte. Ein Obstspalier und ein Blumenbrett für Blumenkistchen zieren die Südseite der Hausfassade. Irgendwo beim Haus wächst ein Holunderbusch, und das Gemüsegärtchen ist vom Haus abgesetzt als kleines umzäuntes Geviert. Im 18. und 19. Jahrhundert verdiente sich ein Großteil der Bevölkerung ihr Brot in Heimarbeit für die Textilindustrie. Im Auftrag der Unternehmer stickten und woben die Appenzeller, wobei die Webstühle im Keller eingerichtet waren, damit der Faden feucht und geschmeidig blieb. Damit das Licht möglichst ungehindert durch die Kellerfenster fließen konnte, befand sich der Garten nicht direkt vor dem Haus, sondern versetzt im mit Wiesen bewachsenen Land. Das Geviert für Gemüse und Beeren war klein, damit möglichst viel Weideland für das Vieh übrig blieb und die Frauen bei der Gartenarbeit keine rauen Hände bekamen – was für die Textilarbeit hinderlich gewesen wäre.

Im 20. Jahrhundert gewannen Gärten im Appenzellerland zunehmend an Bedeutung. Heute wird insbesondere in Privatgärten rege und leidenschaftlich gegärtnert (siehe AP 1, AP 2, AP 3, AP 6, AP 7).

AP 1

Privatgarten Tobler
Grusegg 314, 9428 Walzenhausen

Rund ums Haus hat Ruth Tobler jede freie Fläche „begärtnert", wie sie sagt. 800 qm Erde und wo möglich noch ein wenig in die Höhe, zum Beispiel an der Hausfassade. Hier wachsen Reben, eine Glyzinie und der für Appenzellerhäuser typische Birnenspalier, der sogenannte „Trüeter". Die Aussicht reicht weit über das Rheintal nach Voralberg – eine traumhafte Lage, die manchmal auch ihren Preis fordert. Etwa wenn die Föhnstürme über den Hang blasen und die Pflanzen derart schütteln, dass sie manchmal sogar die Knospen verlieren. Ruth Tobler hat in den über 45 Jahren, in denen sie hier lebt und gärtnert, gelernt, damit umzugehen. So gestaltet sie den exponierten Gartenbereich mit starken, nicht allzu hoch wachsenden Pflanzen. Hinter dem Haus, wo das Grundstück an ein Wäldchen grenzt und der Garten geschützt ist, wachsen auch größere Stauden. Hier stößt man auch auf einen kleinen Weiher und eine selbst gebastelte Pergola mit einer purpurnen Akebie. Ruth Tobler findet für viele ausgediente Gegenstände eine neue, originelle Verwendung. In alten Emailtöpfen und Pfannen wurzeln Hosta oder Hauswurz. In Bratbehältern aus Großmutters Zeiten ist Ruth Toblers Pflanzenkindergarten untergebracht – Ableger oder aus Samen gezogene Jungpflanzen, die sie bei sich setzt oder mit Gartenfreunden tauscht. Weil sie rund ums Haus keinen Platz mehr fand, befindet sich der Kompost an einem steilen Hang im Wald. Mit Kübeln trägt sie Grüngut hinunter und sechs Monate später den fertigen Kompost zum Sieben wieder hoch.

➡ Eigentümer/in: Ruth Tobler, Grusegg 314, 9428 Walzenhausen. Tel. 071/8883624. ruth.tobler2@bluewin.ch. Größe: 800 qm. Eintritt frei. Anmeldung erforderlich. Führungen: Nach Voranmeldung. Attraktionen: Viele Raritäten. ➜ Wegbeschreibung bei Anmeldung.

AP 2

Privatgarten Weder
Bellevue 256, 9411 Reute

In einem ehemaligen Hotel mit vielen Zimmern und einem großen Garten leben und gärtnern Annemarie und Hugo Weder. Der einstige Hotelgarten des Bellevue ist auf vier Terrassen angelegt und wartet mit dem Höhepunkt bis zum Schluss der Saison: Im Herbst, wenn die Tage kürzer werden und die Dunkelheit die Blütenbildung der Kurztagspflanzen anregt, dann blühen hier viele Chrysanthemen-Sorten. Löffelförmige, spinnenförmige, pomponförmige und viele andere. Die Leidenschaft für die Chrysanthemen haben Weders sozusagen geerbt. Als das Paar vor rund 30 Jahren in das Bellevue zog und das

Haus von Hugos Familie übernahm, war auch das Garteninventar inbegriffen. Ein Onkel von Hugo Weder hatte mit der Chrysanthemen-Sammlung begonnen, da er auf dem Arbeitsweg stets an einer spezialisierten Gärtnerei vorbeigekommen war. Weders haben die Sammlung Jahr für Jahr erweitert oder neu zusammengestellt. Die Erbstücke des Onkels, etwa die „Salmon Loveliness", hüten sie sorgsam. Für neue Sorten fahren Weders zu Spezialgärtnereien oder nach Lahr im Schwarzwald an die Chrysanthemenschau. Der Bellevue-Garten ist jedoch nicht nur im Herbst einen Besuch wert. Die vielen Stauden, Sträucher und der grandiose Ausblick machen diesen Garten zu etwas ganz Besonderem.

➡ Eigentümer/in: Hugo und Annemarie Weder, Bellevue 256, 9411 Reute. Tel. 071/8911332. Größe: 0,15 ha. Eintritt frei. Anmeldung erforderlich. Führungen: Nach Voranmeldung. Attraktionen: Große Chrysanthemen-Sammlung. → Wegbeschreibung bei Anmeldung. **P** 🐾

AP 3
Privatgarten Cuorad
Flecken 3, 9042 Speicher

Foto: Ursi Behrens

„Leben in einer Pflanzenschale", titelte ein Lokalredakteur, als er ein Porträt über Claire Cuorad und ihren Garten schrieb. Die pensionierte Floristin und noch immer aktive Malerin hat vor 50 Jahren angefangen, die Umgebung ihres hübschen Appenzeller Weberhäuschens zu bepflanzen: Der schmale Streifen jenseits der Straße, der Vorgarten, die Flächen an den Seiten und hinter dem

Haus, das steile Bord bis zum Bach. Stauden und Gehölze arrangiert sie so, dass eine spannungsvolle Abfolge von unterschiedlichen Höhen, Blattformen und Blattfarben entsteht. Hosta, Silberkerzen, Rodgersia, Hortensien und viele mehr reihen sich rund um das Haus. Dabei sind Farbe und Blüte der Pflanzen zweitrangig. Im Vordergrund steht die Struktur, das Bild, das sich aus der Distanz präsentiert. Zum Beispiel aus einem Fenster vom Haus oder der kleinen Brücke über dem Bach. Breitet sich eine Pflanze zu stark aus und „stimmt" das Bild nicht mehr, wird umgesetzt. Und weil Pflanzen sich verändern, mal verkümmern oder gar eingehen, ist das Bild des Gartens niemals fertig. Im Gegensatz zu Cuorads Kunstwerken, die auch oft überarbeitet, aber irgendwann abgeschlossen sind.

➡ Eigentümer/in: Claire Cuorad, Flecken 3, 9042 Speicher. Tel. 071/3442381. Größe: 800 qm. Eintritt frei. Anmeldung erforderlich. Führungen: Nach Voranmeldung.
➜ Wegbeschreibung bei Anmeldung. 🅿 🚌 ♿ Teilweise.

AP 4
Schaugarten A. Vogel
Hätschen, 9053 Teufen

Mit mehreren tausend Besuchern pro Jahr gehört der Garten des Naturheilpioniers Alfred Vogel zu den bestbesuchten Gärten der Ostschweiz. Dabei hatte es hier auf dem Hätschen karg und einsam begonnen, als Vogel 1937 aus Aesch BL hierher zog. Er versuchte dem lehmigen Boden jene Heilkräuter abzutrotzen, die er für seine Forschungen und die Kuren seiner Patienten brauchte. Es dauerte viele Jahre, ehe der Garten soweit war, dass er sich für die Kultivierung verschiedenster Kräuter eignete. Zu Vogels Zeiten zeichnete sich der Garten aus durch große Flächen von Rotem Sonnenhut – jener Pflanze, die ihm zum Durchbruch und damit zu seinem großen Erfolg verholfen hat. Auf einer seiner zahlreichen Reisen zu den Naturvölkern der Welt hatte ihm ein Indianerhäuptling in Süd-Dakota ein paar Samen der Echinacea-Pflanze geschenkt und erklärt, diese sei gut für die Abwehrkräfte. Daraus entwickelte Vogel seine heute international bekannten Echinaceamittel zur Stärkung des Immunsystems. Der Rote Sonnenhut ist auch heute noch im Garten anzutreffen. Doch im Schaugarten sind viele weitere Heilpflanzen zu sehen, die Vogel für seine Heilmittel verwendete und die heute im großen Stil von Vertragsbauern kultiviert und in der Bioforce-Heilmittelfabrik in Roggwil TG verarbeitet werden. Infotafeln erklären die Geschichte zu einzelnen Vogel-Produkten, etwa, wie Vogel es schaffte, die äußerst anspruchsvolle Arnika auch im Flachland zu kultivieren. Unterhalb des Schaugartens liegen reihenweise Hügelbeete mit einjährigen Kräutern, zum Beispiel rund zehn Basilikumsorten, und verschiedenem Gemüse. Diese Beete werden von Geschäftsführer Remo Vetter bepflanzt, der durch sein Buch „The Lazy Gardener" bekannt geworden ist.

➡ Eigentümer/in: Alfred-Vogel-Stiftung. r.vetter@avogel.ch. www.avogel.ch. Größe:
1 ha. Eintritt frei. Für Gruppen kostenpflichtig, inkl. Führung. Anmeldung für Gruppen
erforderlich, Spontanbesucher jederzeit willkommen. Öffnungszeiten: Mo–Fr 8–12 Uhr,
13.30–17 Uhr. Führungen: Nach Voranmeldung. Veranstaltungen: Verschiedene Kräu-
terkurse (siehe Website). Attraktionen: Großer Heilpflanzengarten. SBB Teufen. ➜ Vom
Bahnhof in die Dorf-Strasse einbiegen. Rechts in die Gremmstrasse abbiegen und
dieser bergwärts folgen. Ca. 15 Min. Fußmarsch. Abholdienst für Gruppen ab Bahnhof
Teufen. 🚗 A1 Ausfahrt St. Gallen, Kreuzbleiche. Richtung Appenzell Lustmühle →
Niederteufen → Teufen. Kurz vor dem Dorfkern beschildert. Straße mit 24 % Steigung!
🅿 ♿ Teilweise. ❶

AP 5
Rosengarten Herisau
Windegg, 9100 Herisau

Foto: Brigitte Bawart/Beatrice Schadegg

„Ein Garten der Muse", steht beim Eingang zum Rosengarten in Herisau. In
diesem Sinn und mit diesem Zweck wurde der Garten 2005 renoviert und vom
Landschaftsarchitekten Andres Sulzer aus Teufen neu interpretiert. Gleich
beim Eingang trifft man auf ein großes Rosenmedaillon oder geht gerade links
unter den Rosenbögen hindurch. Auf der Parkbank vor dem Pavillon aus dem
18. Jahrhundert liegen in einer Box Magazine und anderer Lesestoff, damit
man es sich auf einer der Bänke gemütlich machen kann. Hinter dem Pavillon
gelangt man über Treppen auf zwei tiefer gelegene Terrassen mit Sitznischen
und einem Schachfeld. Der Park gehörte ursprünglich zum Haus zur Rose, einem Patrizierhaus, das nicht weit entfernt liegt. 1694 wurde der Garten angelegt, damals am Rande des Dorfes. Das Haus erlebte mehrere Bewohner, bis

Mitte des 20. Jahrhunderts Garten und Haus voneinander getrennt wurden. 2004 erwarb die Steinegg-Stiftung das Areal, ließ die bestehenden historischen Elemente wie Pavillon, Springbrunnen und Pergola restaurieren und machte den Garten der Öffentlichkeit zugänglich.

➡ Eigentümer/in: Steinegg-Stiftung. Kontakt: Jakob Schadegg, Tel. 071/3514654. schadegg@bluewin.ch. Größe: 0,13 ha. Eintritt frei. Öffnungszeiten: März–Oktober 8–18 Uhr; Juni, Juli, August 8–20 Uhr. Führungen: Nach Voranmeldung. Veranstaltungen: Rosenfest immer am letzten Samstag im August. Attraktionen: Pavillon mit Régence-Stukkaturen. Der Rosengarten ist auch Teil des Kulturpfades in Herisau, zu dem am Bahnhof Prospekte ausliegen. **SBB** Herisau. 🚌 Nr. 174 Richtung Säge oder 176 Richtung Rohren. Bis „Herisau, Obstmarkt". ➡ Von der Bushaltestelle rechts das Sträßchen hoch zum Kirchenplatz. Beschildert. 🚗 A1 Ausfahrt St. Gallen Winkeln. Richtung Herisau Bahnhof → Zentrum. Beim Kirchenplatz beschildert. 🅿 Parkhaus Obstmarkt. ✖ Angrenzend an den Garten. 🐕 ♿ Teilweise.

AP 6

Privatgarten Steiner
Mempfel 33, 9055 Bühler

Foto: Ruedi Steiner

Wenn man eine Pflanze nicht kennt, dann vergisst man sie. Und wenn man sie vergisst, verschwindet sie. Dass es sich so verhält in einem Garten, davon sind Ruedi und Ursula Steiner überzeugt. Von ihrer großen Sammlung kennen sie deshalb jede Pflanze mit Namen. Kärntner Kuhtritt, Japanische Dach-Iris, Kalifornischer Germer. 1500 verschiedene Pflanzen wachsen auf nur 600 qm rund um das Haus. Hier wird nicht viel Boden für Wege oder Sitzplätze verschwendet – zum Ausruhen und Beobachten reicht eine Holzterrasse neben dem Haus mit Blick über einen Teil der Pflanzensammlung. Päonien, Christrosen, Clematis und Glockenblumen gehören zu ihren besonderen Sammelleidenschaften. Auch viele Raritäten sind hier zu sehen, etwa verschiedene Arten vom Amerikanischen Dreiblatt oder das kleinste Salomonssiegel. Weil in einem Wohnquartier nicht beliebig große Pflanzen gesetzt werden können, sind hier viele kleine und kleinste Exemplare anzutreffen, die man fast übersieht. Zum Beispiel nur wenige Zentimeter große Kugelblumen oder die unscheinbaren Ramondien. Jede einzelne Pflanze haben Steiners in einer Datenbank aufgeführt. Einige sind weit gereist, von Gärtnereien aus ganz Europa, als Samen, Zwiebel oder Jungpflanze, ehe sie hier sesshaft wurden. An diesem Ort, an dem sie nicht vergessen werden.

➡ Eigentümer/in: Ruedi und Ursula Steiner, Mempfel 33, 9055 Bühler. Tel. 071/7932423. rudolf.steiner@bluewin.ch. Größe: 600 qm. Eintritt frei. Anmeldung erforderlich. Führungen: Nach Voranmeldung. Attraktionen: Sehr viele Raritäten. ➡ Wegbeschreibung bei Anmeldung. **P**

AP 7
Privatgarten Saade
Egglistrasse 6, 9050 Appenzell Steinegg

Aus dem ehemaligen kleinen Bauernhof „Bleierli", so der Name dieses Appenzellerhauses, ist ab 1999 ein Garten für Kräuter entstanden. Damals zog Renate Saade mit ihrer Familie ins „Bleierli", das oberhalb von Appenzell Steinegg liegt, mit Sicht auf Berg und Tal. Saade ist ursprünglich Sozialpädagogin, hatte sich als Gartengestalterin weitergebildet und sich ein großes Pflanzen- und Kräuterwissen angeeignet – ideale Voraussetzungen auch für das eigene private Gartenprojekt. Weil die Appenzellerhäuser oft recht ausgestellt in der Landschaft stehen, wollte sie ein paar ruhige Rückzugsorte ohne Einblicke von außen schaffen. Zur Straße hin setzte sie deshalb lose verteilt ein paar einheimische Sträucher. Der für Appenzellerhäuser typische Wetterbaum an der Westseite des Hauses, eine Linde, war von einem Pilz befallen und hätte gefällt werden müssen. Doch Saade wollte den Baum behalten, bis er abgestorben ist. Seither überwacht sie seinen Gesundheitszustand und zeigt auf ihren Gartenführungen, worauf sie achtet und wie sie Veränderungen erkennt. Rund 200 verschiedene Kräuter wachsen hier, vom Olivenkraut bis zur Süßdolde. Sie werden mit hauseigenem Kompost versorgt und gedeihen üppig, trotz der Höhe von 1000 m ü. M.

Foto: Renate Saade

➡ Eigentümer/in: Renate Saade, Kräuterwerkstatt und Pflanzengestaltung, Egglistrasse 6, 9050 Appenzell Steinegg. info@kraeuteraromen.ch. www.kraeuteraromen.ch. Größe: 800 qm. Eintritt CHF 15.- (immer mit Führung). Öffnungszeiten: Immer am 1. Donnerstag des jeweiligen Monats von Juni–Oktober 14–16 Uhr oder nach Vereinbarung. Führungen: Im Eintritt inbegriffen. Veranstaltungen: Seminare und Kurse zu Kräutern, Herstellung von Naturkosmetik, Gewinnung von ätherischen Ölen durch Wasserdampfdestillation. → Wegbeschreibung bei Anmeldung. ◻ 🐾

AP 8

Klostergarten Jakobsbad
Klosterstrasse 1, 9108 Jakobsbad/Gonten

Auch wenn die Klostergemeinschaft der Kapuzinerinnen im Kloster Leiden Christi kleiner geworden ist, erfüllt der Garten noch heute seinen ursprünglichen Zweck: die Selbstversorgung. Seit bald 60 Jahren ist Schwester Veronika dafür verantwortlich, dass es im Kloster weder an Salat noch an Gemüse mangelt. Kartoffeln und Karotten müssen dazu gekauft werden, alles Übrige gedeiht in geometrisch streng eingeteilten Gartenbeeten. Die Gevierte sind nicht etwa mit Buchs umrandet, sondern mit Erdbeerstöcken. Im Gewächshaus ziehen die Schwestern sämtliche Setzlinge sowie Blumen für den Kirchenschmuck selber. Auch für die Klosterapotheke werden einige Pflanzen gezüchtet: Kohl für die Kohlsalbe gegen Muskelleiden und Kräuter für Teemischungen. Seit der Gründung des Klosters im Jahre 1851 durch die damals 26-jährige Rosa Bättig existiert ein Garten. Zu Beginn war er nur von einem Zaun umgeben, die Klostermauern kamen erst später dazu. Bevor man in den eigentlichen Garten gelangt, kommt man am Klosterfriedhof vorbei, der durch eine dichte Thujahecke vom restlichen Teil abgegrenzt ist. Eine erste Grotte mit Marienstatue findet sich gleich beim Eingang des Gartens. Hier stehen, wie auch bei der zweiten Grotte im Garten, Blutbuchen. Eine der Aufgaben des Klosters ist die ewige Anbetung des Blutes Jesu. Seit der Klostergründung bis heute wird jeden Tag ununterbrochen von morgens bis abends gebetet. In der Mitte des Gartens fällt ein vieleckiger Brunnen neueren Datums auf. Und beim Blick ins Wasser entdeckt man bei der Innenauskleidung ein einzelnes kleines Keramikblättchen aus Gold. Dies hatte der Brunnenbauer zu Ehren von Schwester Veronika eingebaut, die diesen Garten schon so viele Jahre pflegt und bebaut. Die Schwester selbst sagt dazu bloß: „Alles, was wir hier ernten, ist ein Geschenk von oben."

Foto: Kloster Leiden Christi

➡ Eigentümer/in: Kloster Leiden Christi, Klosterstrasse 1, 9108 Jakobsbad/Gonten. Tel. 071/7941150. kloster@klosterleidenchristi.ch. www.klosterleidenchristi.ch. Größe: 1 ha. Eintritt frei. Anmeldung erforderlich. Führungen: Nach Voranmeldung. Attraktionen: Große Klosterapotheke mit im Kloster hergestellten Produkten (zum Teil mit Zutaten aus dem Garten). www.klosterapotheke.ch. **SBB** Jakobsbad/Gonten (Halt auf Verlangen). ➜ Gleich neben dem Bahnhof links in die Kantonsstrasse einbiegen. 🚗 A1 Ausfahrt Gossau. Richtung Herisau → Appenzell → Jakobsbad. 🅿 ♿ Teilweise.

Kräutergarten Hof Weissbad
Hotel Hof Weissbad, im Park 1, 9057 Weissbad

Foto: Alfred Fässler

„Lasst uns einen Garten anlegen", sagte Damaris Lienhard, Direktorin von Hof Weissbad, als sie 2009 vor der ungenutzten Wiese hinter dem Hotel stand. Einen Garten! Aber was für einen? Nach einem Besuch im Garten des Naturheil-Pioniers Alfred Vogel (siehe AP 4) war diese Frage geklärt: ein Kräutergarten. Damit die Gäste des Gesundheitshotels hier flanieren, feine Düfte einatmen und die Schmetterlinge beim Tanz in der Luft beobachten können. Remo und Frances Vetter von der Alfred-Vogel-Stiftung zeichneten die Anlage mit einem großen runden Platz in der Mitte und verteilten 68 von Lärchenholz eingefasste Beete in unterschiedlichsten Formen darum herum. Um die 80 verschiedene Kräuter wachsen darin, meist in Monokultur. So steht man vor einem ganzen Hügelzug voller Lavendel, einem Feld Goldmelisse oder einer Ecke mit gelbem Sonnenhut. Drei bereits bestehende Holunderbüsche wurden so in die Anlage integriert, dass es aussieht, als hätte man sie extra gesetzt. Auch zwei Gemüse-Hügelbeete gehören zum Garten, Rosenstöcke und ein Wildbienenhotel. Eine Reihe mit großen Buchen und Ahornbäumen schließt den Garten gegen die Straße hin ab. Zu den Füßen der Bäume wachsen Hosta dicht an dicht und zwei Hopfen klettern an Schnüren zur Baumkrone hoch. Die Kräuter werden in Küche und Kräuterwerkstatt verwendet. Jeden zweiten Freitag wird die Ernte zu Sirup, Kräutersalz oder Teemischungen verarbeitet.

➡ Eigentümer/in: Hotel Hof Weissbad, im Park 1, 9057 Weissbad. Tel. 071/7988080. hotel@hofweissbad.ch. www.hofweissbad.ch. Größe: 0,1 ha. Eintritt frei. Öffnungszeiten:

Frei zugänglich. Prospekte mit Gartenplan und Legende in hauseigener Gartenbibliothek direkt im Kräutergarten. Führungen: Nach Voranmeldung. Veranstaltungen: Auf Anfrage Sommer-Apéro mit Führung, Herstellen eines Kräuterproduktes mit Fachperson etc. Attraktionen: Jedes Jahr Schwerpunktthema, Beschreibung jeweils in der Gartenbibliothek. **SBB** Weissbad. 🚗 A1 Ausfahrt Gossau. Herisau → Appenzell → Weissbad.
🅿 ✕ 🚻 ❶

AP 10
Alpengarten Hoher Kasten
Bergstation Hoher Kasten

Foto: Walter Messmer

Gärten verbinden. Und auf 1800 m ü. M. umso mehr. Der Alpengarten Hoher Kasten liegt nämlich auf Appenzell Innerrhoder und St. Galler Boden – denn die Kantonsgrenze verläuft über den Berggrat und den Gipfel, also quer durch den Garten. Der Alpengarten wird von einem Verein gepflegt, der zwar von Innerrhodern initiiert wurde, in dem jedoch Mitglieder von beiden Seiten des Berges aktiv sind. 1995 wurde der Alpengarten angelegt, um die Besucher des Hohen Kastens in die Welt der Alpstein-Flora einzuführen und gleichzeitig ein botanisches Reservoir zu schaffen. Hier wachsen über 400 Pflanzenarten, denen man auf Wanderungen im Alpstein-Gebiet begegnet und bei denen man sich vielleicht hin und wieder fragt, wie die Schönheit wohl heißen mag. Alpenhelm, Straussblütige Glockenblume, Leberbalsam und viele mehr sind mit Namensschild versehen. Auf Führungen wird man in die Kalk liebende Flora des Alpsteins eingeführt. Wer auf eigene Faust den Garten erkundet, dem empfiehlt sich der Kauf eines Alpengartenführers. Nebst den Namen sind in dem nach Blütenfarben gegliederten Buch viele zusätzliche Informationen zu finden. Etwa, wo man der Pflanze sonst noch begegnet und wie sie allenfalls verwendet wird.

➡ Eigentümer/in: Alpengartenverein Hoher Kasten, 9050 Appenzell. alpengarten@ hoherkasten.ch. www.hoherkasten.ch. Größe: 0,5 ha. Eintritt frei. Öffnungszeiten: Mitte Juni bis Ende August. Frei zugänglich. Führungen: Mitte Juni–Mitte August jeden Mittwoch öffentliche Gratis-Führungen mit Botanikerinnen, 13.45 Uhr ab Bergstation. Für Gruppen Führungen nach Voranmeldung an allen Wochentagen möglich. **SBB** Weissbad. 🚌 Nr. 192 bis „Brülisau, Kastenbahn". 🚗 A1 Ausfahrt Gossau. Durch Gossau → Herisau → Oberschmendi → Appenzell-Steinegg → Brülisau. 🅿 ✂ 🐴 ♿ Teilweise.
❶ Alpengartenführer „Pflanzenreich Alpstein", erhältlich bei der Talstation, dem Drehrestaurant oder dem Verein für CHF 35.-.

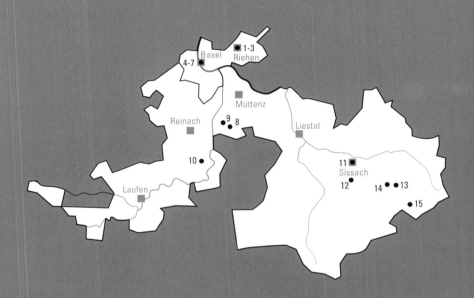

Basel
Riehen 1-3
4-7
Muttenz
Reinach
9 8
Liestal
10
11
Sissach
12
Laufen
14 13
15

Einfallstor für einen neuen Gartenstil

Eine eigentliche Gartenrevolution erlebte Europa im 17. und 18. Jahrhundert. Gartengestalter brachen mit allen bisherigen Regeln. Landschaftsgärten und Landschafsparks lösten die streng formalen und geometrischen Gärten des Barock ab. Seinen Ursprung hatte der neue Gartenstil in England. Bald setzte er sich auf dem Kontinent durch und mit gut hundert Jahren Verspätung auf England erreichte er auch die Schweiz. Dank ihrer grenznahen Lage nahm die Region Basel die ausländischen Einflüsse besonders früh auf. Einer der allerersten und der landesweit größte dieser neuen Gärten war die Ermitage in Arlesheim, die bis heute in weiten Teilen erhalten geblieben ist (siehe BA 8). Die Landschaftsgärten waren Ausdruck eines neuen Naturverständnisses, das in der Aufklärung aufkam. Die freie Natur galt als Symbol für die Freiheit und Unabhängigkeit. Zudem wurden am Vorabend der französischen Revolution die strengen Barockgärten auch als Inbegriff des absolutistischen Herrschaftssystems gesehen. Anstelle der von Menschenhand dominierten Natur traten nun idealisierte Landschaften. Diese waren zwar ebenfalls gestaltet, sollten aber so natürlich wie möglich wirken. „Ziel war, die Natur nachzuahmen und auf natürliche Weise noch schöner zu machen", schreibt Hans-Rudolf Heyer in seinem Standardwerk „Historische Gärten der Schweiz". Ein Garten sollte sein wie ein begehbares Gemälde. Die Architektur, die die barocken Gärten geprägt hat, ist in den Landschaftsgärten nur noch Staffage – sei es in Form von nachgebauten Tempeln oder Statuen aus der antiken Mythologie, lehrreichen Denkmälern oder Einsiedlerhütten.

So wurden ab dem Ende des 18. Jahrhunderts zahlreiche Gärten durch einen Landschaftsgarten ergänzt oder vollständig umgewandelt. In der Region Basel diente die im Jahr 1785 eingeweihte Ermitage als Vorbild für zahlreiche weitere Anlagen. Das Basler Großbürgertum ließ seine Landgüter im Sinne der neuen Gartenmode umgestalten – etwa das Schloss Ebenrain in Sissach (siehe BA 11), das Berowergut (siehe BA 1), den Neuen Wenken in Riehen (siehe BA 2) oder die heutigen Merian Gärten (siehe BA 7). Selbst innerhalb der Stadt setzte sich die englische Gartenmode bis zur Mitte des 19. Jahrhunderts in fast allen Gärten durch. Ein erhaltenes Zeugnis eines solchen Landschaftsgartens in der Stadt ist der Vischer'sche Garten (siehe BA 6).

BA 1
Park Fondation Beyeler
Baselstrasse 101, 4125 Riehen

Wie alt und neu stilvoll verbunden werden können, zeigt der Park der Fondation Beyeler. 1996 entsteht der Bau des Museums im Berowergut in Riehen, einem alten Landgut mit historischem Landschaftsgarten. Dieser war in den 1830er Jahren vom Gartengestalter Franz Caillat entworfen und bepflanzt worden: Verschiedene Gartenräume, ein Aussichtspavillon, Gehölzgruppen aus zum Teil fremdländischen Bäumen und Sträuchern. Das Berowergut erlebte mehrere Besitzerwechsel, bis es 1976 an die Gemeinde Riehen überging. Die Grundstruktur des Landschaftsgartens war bis dahin erhalten geblieben und wurde im Zuge des Museumsbaus restauriert und in die Neuanlage integriert. Das Museum selber schafft mit seinen großen Glasfronten eine Beziehung zur Umgebung. Der nördliche Teil wurde mit einem Weiher neu gestaltet. Im südlichen Teil nähert sich das moderne Gebäude durch verschiedene Elemente dem alten Park an: In der bis an die Museumswand heranreichenden Wasseroberfläche spiegeln sich die Bäume und in den Rasen eingebaute Porphyrschwellen gehen dem Gelände wie eine flache Treppe entgegen. Der alte Pavillon ist noch erhalten, ebenso einige der Baumgruppen. Neue Bäume und Gehölzgruppen wurden so platziert, dass Gebäude in der Umgebung verdeckt sind, aber auch Sichtachsen zur Landschaft frei bleiben. Die alte Villa dient heute als Museumsrestaurant. Gleich auf der anderen Straßenseite befindet sich der Sarasinpark, der aus drei Grundstücken entstanden ist und vor seiner Übergabe an die Gemeinde Riehen der Familie Sarasin gehörte. Über eine Lindenallee erreicht man die Anlage von der Baselstrasse her. Sehenswert sind hier insbesondere die Orangerie von 1836 und die Weiheranlage mit den Tuffsteinformationen.

➡ Eigentümer/in: Gemeinde Riehen/Fondation Beyeler. info@fondationbeyeler.ch. www.fondationbeyeler.ch. Größe: 1,6 ha. Eintritt frei. Öffnungszeiten: Täglich 10–18 Uhr, Mi 10–20 Uhr. **SBB** Basel. 🚋 Nr. 2 bis „Badischer Bahnhof". Dann Nr. 6 bis „Fondation Beyeler". 🚗 A2 Ausfahrt Basel Badischer Bahnhof. Richtung Riehen. Am Ende des Dorfes auf der linken Seite. **P** Parkhaus Baselstrasse. ✘ 🅿 ♿

BA 2
Park und Gärten Villa Wenkenhof
Bettingerstrasse 121, 4125 Riehen

Foto: Sarah Fasolin

Die Geschichte des Wenkenhofs reicht weit zurück und jeder, der hier einmal das Sagen hatte, hinterließ seine Spuren. Beim Alten Wenken handelt es sich um ein Hofgut, das im 8. Jahrhundert entstand. Es erlebte mehrere Besitzerwechsel, bis es 1735 vom reichen Handelsmann Johann Heinrich Zäslin gekauft wurde. Er ließ gegenüber dem Alten Wenken ein Lusthaus nach dem Vorbild des Trianon de Porcelaine, einem Lustschloss in Versailles, errichten. Vor diesem, dem sogenannten Neuen Wenken, entstand passend zur damaligen Zeit ein französischer Barockgarten mit zentralem Springbrunnen, Schmuckparterre, Lindenallee und Formgehölzen. Dieser Teil des Wenkenareals ist nur an bestimmten Tagen geöffnet. Heute sieht man die übriggebliebenen und zum Teil rekonstruierten Reste dieses Gartens mit Sandsteinstatuen, Gusseisenvasen und Buchsparterres. 1917/18 hatten die bekannten Schweizer Gartenarchitekten Gebrüder Mertens den Garten zum Teil wiederhergestellt. Eine Sammlung jener Pflanzen, die die beiden Söhne von Evariste Mertens gerne bei der Gestaltung einsetzten, hat die Stiftung Pro Specie Rara im ehemaligen

Potager angepflanzt. Hinter dem Alten Wenken kann man die 1789 angelegte, heute etwas verwilderte Anlage eines frühromantischen Landschaftsgartens erkunden. In sehr viel besserem Zustand ist der englische Landschaftsgarten östlich des Neuen Wenkens. Diesen größten landschaftlichen Eingriff nahmen die letzten Wenkenhof-Besitzer, das Ehepaar Clavel, vor. Sie waren begeisterte Reiter und ließen Reitplatz, Reithalle und zwei Galopp-Bahnen anlegen. Baumgruppen mit unterschiedlichen Blattfarben wurden gesetzt, wobei bewusst auf blühende Gehölze verzichtet wurde. Eine letzte große Geländemodellierung wurde in den 1950er Jahren vorgenommen, als eine Aussichtsterrasse Richtung Basel gebaut wurde. Zu dieser gelangt man, wenn man wieder zurück durch das Wenkentor mit den beiden goldenen Hirschen von Jean Goujon geht und die Bettingerstrasse überquert. Dort steht man wie auf einer Empore und erkennt zwischen den Baumgruppen Sichtachsen auf die Stadt Basel.

➡ Eigentümer/in: Kanton Basel Stadt/Gemeinde Riehen/Alexander-Clavel-Stiftung. www.wenkenhof.ch. Größe: 7 ha. Eintritt frei. Öffnungszeiten: Frei zugänglich. Ausnahme Neuer Wenken: Vom 11. April–31. Oktober Mi und So von 11–18 Uhr, sowie Auffahrt und Pfingstmontag geöffnet. Bei Anlässen in der Villa Wenkenhof bleibt der Garten geschlossen. Führungen: Für Führungen im Staudengarten info@prospecierara.ch oder Tel. 061/5459911. Tipp: Der Bäumlihof in Riehen ist ein weiterer sehr schöner englischer Landschaftsgarten, der jeweils am ersten Samstag nach Pfingsten besichtigt werden kann. **SBB** Basel. 🚊 Nr. 2 bis „Messeplatz" und von dort Nr. 6 bis „Bettingerstrasse" und zu Fuß rund 1 km die Bettingerstrasse hoch gehen. Oder mit Tram Nr. 6 bis Riehen Dorf und von dort Bus Nr. 32 bis „Wenkenhof". 🚗 A2 Ausfahrt Basel Badischer Bahnhof. Richtung Riehen. Bei der Tramhaltestelle Bettingerstrasse rechts abbiegen. 🅿 🚻 ♿ Teilweise. ❶

BA 3
Park Friedhof Hörnli
Hörnliallee 70, 4125 Riehen

Dieser Friedhof ist so groß, dass er einen eigenen Busbetrieb anbietet, damit Angehörige bequemer von Grab zu Grab kommen. 54 Hektar misst der Friedhof am Hörnli, der 1932 als zentraler Friedhof für Basel eröffnet wurde. Andere Friedhöfe wurden dafür aufgegeben, so etwa der heutige Kannenfeldpark. Bis heute ist der Friedhof am Hörnli die größte letzte Ruhestätte der Schweiz und gleichzeitig ein gern besuchter Park für Spaziergänger. 35 Vollzeit-Gärtner sind im Einsatz für die Pflege von über 20 000 Grabstätten. Rund neun Kilometer Hecke werden jedes Jahr geschnitten, mehrere hunderttausend Pflanzen neu gesetzt. Die von einem fünfköpfigen Architektenteam entworfene Anlage ist in strenger geometrischer Manier gehalten mit einer ausgeprägten Mittelachse, die von Formeiben flankiert wird. Lindenalleen bilden die Längs- und Querachsen, von denen weitere, symmetrisch angelegte Verbindungswege die

Grabfelder erschließen. Die einzelnen Abteile sind von Waldpartien umgeben. Auffallend ist die Konzentration einzelner Gehölze je nach Grabfeld. Birken bei den Reihengräbern, Japanische Zierkirsche bei den Kindergräbern. Wer die Terrassen hoch steigt, an den neoklassizistischen Hauptgebäuden in der Mitte vorbei, passiert die Baum- und Wiesengräber und gelangt schließlich an den höchsten Punkt. Von hier wird man mit einem weiten Ausblick über Basel und die gesamte Hörnli-Anlage belohnt. Der Besuch des Friedhofs lässt sich mit einem Abstecher in die Gärtnerei „Hirtenweg" verbinden. Diese ist seit 15 Jahren auf dem Friedhofsareal eingemietet. Die Gärtnerei bietet einen kleinen Schaugarten und ein ausgewähltes Sortiment an Wildstauden, Kräutern und Feigen.

Foto: Friedhof Hörnli

➡ Eigentümer/in: Stadt Basel. marc.luethi@bs.ch. www.stadtgaertnerei.bs.ch. Größe: 54 ha. Eintritt frei. Öffnungszeiten: Sommerzeit 7–19.30 Uhr, Winterzeit 8–17.30 Uhr. **SBB** Basel. 🚋 Nr. 2 bis „Wettsteinplatz", dann Bus Nr. 31 Richtung Riehen bis „Friedhof Hörnli". 🚗 A2 Ausfahrt Grenzach-Wyhlen. Beschildert. ♿ ✿

BA 4
Gemeinschaftsgarten Landhof
Landhof, 4058 Basel

Foto: Urban Agriculture Netz Basel

Was in anderen Städten guerillamäßig begann, wurde in Basel von der Stadt aktiv gefördert: Gärten auf brach liegenden Flächen, in denen die Anwohner ihr Gemüse ziehen und gemeinsam gärtnern können. 2011 suchte die Stadtgärtnerei Ideen, wie ein ehemaliger Parkplatz beim alten Fußballstadion sinnvoll genutzt werden könnte. Einige junge, begeisterte Gartenfans packten die Chance und bauten den Gemeinschaftsgarten Landhof auf. Der Teerplatz ist einer grünen Oase inmitten der Wohnblöcke gewichen. Menschen unterschiedlichster Herkunft säen Gemüse und Blumen aus, jäten und gießen. Jeder darf kommen und mitmachen. Zweimal wöchentlich wird betreutes Gärtnern angeboten, damit auch Neulinge den Einstieg finden. Der Garten ist nach den Prinzipien der Permakultur angelegt mit Hügelbeeten, Sonnenfallen, Mischkulturen und Gründüngungen. Zudem wird nach biologischen Richtlinien gearbeitet. Bei vielen Gemüsesorten handelt es sich um seltene Kultursorten, von denen jedes Jahr wieder Saatgut geerntet und neu ausgesät wird.

➜ Eigentümer/in: Stadtgärtnerei Basel und Urban Agriculture Basel. landhof@ urbanagriculturebasel.ch. www.urbanagriculturebasel.ch. Größe: 0,12 ha. Eintritt frei. Öffnungszeiten: Frei zugänglich. Führungen: Nach Voranmeldung, insbesondere zum Thema Permakultur. Veranstaltungen: Verschiedene Feste und Kurse, siehe Website. Gemeinsames Gärtnern jeweils Mi und Sa ab 14 Uhr. **SBB** Basel. 🚊 Nr. 2 bis „Messeplatz". ➜ Der Riehenstrasse folgen. Zugang zum Landhof bei Eingang 90 oder 110. 🚌 Anreise mit öffentlichen Verkehrsmitteln empfohlen. 🅿 Parkhäuser. 🛒 ❶ ✿

BA 5
Botanischer Garten Basel
Schönbeinstrasse 6, 4056 Basel

Foto: Manuela Schwendener

Er ist der älteste und kleinste Botanische Garten der Schweiz – aber auch derjenige, der zwischendurch für die größten Schlagzeilen sorgt. 1589 gründete der Basler Professor für Botanik und Anatomie Caspar Bauhin am nördlichen Rheinufer den Botanischen Garten, in dem er vorwiegend Heilpflanzen studierte. Eine herbarisierte Kartoffelstaude Bauhins aus dieser Zeit ist im Archiv des Gartens noch heute erhalten. Dreimal wurde der Garten verlegt, bis er 1898 seinen heutigen Standort neben dem Spalentor fand. Im Laufe der Zeit ging immer wieder Fläche verloren, sodass heute auf kleinem Raum die verschiedenen Aufgaben des Botanischen Gartens erfüllt werden: Forschung, Lehre, Sammlung, Artenschutz und Vermittlung der Botanik für die Öffentlichkeit. Hier wird mit 1800 verschiedenen Wildarten die größte Orchideensammlung der Schweiz gepflegt. Diese Sammlung ist für die Öffentlichkeit nicht zugänglich, die jeweils gerade blühenden Exemplare sind aber in einem Glaskasten neben dem Tropenhaus zu bewundern. Im Tropenhaus begegnet man nicht nur der tropischen Pflanzenwelt mit Kakaobäumen und Palmen, sondern auch exotischen Vögeln wie dem Weißkopf-Bülbül oder dem Blau-Feenvogel. Im historischen Glashaus von 1898 (1996 originalgetreu restauriert) ist die Riesen-Amazonas-Seerose Victoria zu sehen. Die seit einigen Jahren größte Attraktion ist jedoch die Titanwurz, eine Regenwaldpflanze aus Sumatra, die die größte Blüte in der Pflanzenwelt hervorbringt. Sie zum Blühen zu bringen, braucht jedoch Geduld, da die Zwiebelpflanze erst rund zehn Jahre nach der Keimung blüht – sofern viele Faktoren stimmen. Im April 2011 blühte die Basler Titanwurz zum ersten Mal und lockte 28 000 Besucher an. Per Webcam kann die Titanwurz im Internet beobachtet werden.

➡ Eigentümer/in: Universität Basel, Botanischer Garten, Schönbeinstrasse 6, 4056 Basel. bruno.erny@unibas.ch. www.unibas.ch/botgarten. Größe: 0,8 ha. Eintritt frei. Öffnungszeiten: Täglich geöffnet, November–März 8–17 Uhr, April–Oktober 8–19 Uhr, Gewächshäuser ganzes Jahr 9–17 Uhr. Führungen: Nach Voranmeldung. Veranstaltungen: Siehe Website. Attraktionen: Webcam der Titanwurz. Größte Orchideensammlung der Schweiz. Große Gehölzsammlung (Besichtigung auf Anfrage). Historisches Treibhaus. **SBB** Basel. 🚋 Nr. 3 oder Bus Nr. 30 oder 33 bis „Spalentor". 🚌 Anreise mit öffentlichen Verkehrsmitteln empfohlen. 🅿 Parkhaus City. ♿ ❶

BA 6
Vischer'scher Garten
Rittergasse 29a, 4051 Basel

Die Vischer'schen Gärten, mitten in der Altstadt von Basel, sind seit ihrer Entstehung kaum verändert worden. Der wohlhabende Basler Bürger und Handelsmann Johann Vischer Stähelin ließ den Garten 1807 nach den Plänen des deutschen Gartenarchitekten Johann Zeyher anlegen. Das Aufkommen der Romantik in der Gartenarchitektur ist in diesem Garten deutlich spürbar. 1832 wurde das Grundstück unter den beiden Söhnen von Vischer-Stähelin geteilt. Der zu besichtigende größere Gartenteil ist schon seit acht Generationen in der Familie. Geschwungene Kieswege ziehen sich zwischen Rasenflächen,

Sträuchern und mächtigen Eiben hindurch. Im oberen Teil ist das Gelände flach und fällt zum Rhein hin steil ab. Eine Quelle schickt Wasser vom Brunnen im Hof zu einem Teich. Von dort fließt es über einen mit Tuffsteinen ausgekleideten Wasserlauf, zum Teil auch unterirdisch, in den Rhein. Bei einem Spaziergang durch den Garten trifft man auf verschiedene kleine Bauten. Auf der leichten Anhöhe gegen den St.-Alban-Graben steht ein von Glyzinien umrankter Pavillon, an den eine Rosen-Pergola anschließt. Dieser Teil ist beim Bau der aktuellen Wettsteinbrücke 1937 neu gestaltet worden. Eine Grotte aus Tuffstein blieb erhalten – wenn auch unmittelbar neben der Brücke. Über Treppenstufen steigt man hinunter zur neugotischen Kapelle oberhalb des Rheins. Mit ihren typischen Spitzbogenfenstern und den Malereien ist sie ein richtiges Schmuckstück im Garten.

➡ Eigentümer/in: Erbengemeinschaft Vischer, Rittergasse 29a, 4051 Basel. Tel. 061/ 2723405. Eintritt: Nach Vereinbarung. Anmeldung erforderlich. Führungen: Nach Voranmeldung. ➡ Wegbeschreibung bei Anmeldung. ♿ Teilweise.

BA 7
Merian Gärten
Vorder Brüglingen 5, 4052 Basel

Foto: Kathrin Schulthess

Eines sei vorweg gesagt: Für den Besuch dieser Gärten plane man genügend Zeit ein. Denn wie es der Name sagt, setzen sich die Merian Gärten aus verschiedenen Anlagen zusammen, Pflanzensammlungen und Schaugärten, die sich mosaikartig zu einem stimmigen Ganzen zusammenfügen. Es gibt für Gartenfans so viel zu sehen und bestaunen, dass die Zeit leicht vergessen geht. Grob lassen sich die Merian Gärten in drei Zonen einteilen: Der Brüglingerhof, der Englische Garten und Vorder Brüglingen. Der historisch älteste Teil ist der Brüglingerhof mit einer im Jahr 1259 erstmals erwähnten Mühle, einem Pächterhaus aus dem frühen 17. Jahrhundert und einem Gutsbetrieb. Christoph Merian, Sohn einer der wohlhabendsten Familien in Basel, bekam 1824 das Gut mit 50 Hektar Land zur Hochzeit geschenkt. Merian ließ eine Orangerie bauen und entwickelte den Hof zu einem fortschrittlichen Landwirtschaftsbetrieb weiter. Diese Funktion hat der Brüglingerhof noch heute. Hier sind Appenzeller Barthühner oder Bündner Oberländer Schafe zu beobachten – Tierrassen, die von Pro Specie Rara speziell gefördert werden. Die Stiftung für die Erhaltung von alten Tierrassen und Kulturpflanzen hat seit 2012 ihren Hauptsitz in der Herrschaftsremise des Brüglingerhofs. Gleich davor liegt nun ein großer Gemüse- und Beerengarten mit alten Sorten. Vor der Orangerie ist ein Arzneipflanzengarten angelegt, in dem die Heilpflanzen nach Wirkstoffen geordnet sind. Im südlichen Teil des Brüglingerhofs befindet sich ein großer Obstgarten mit 400 verschiedenen Obstbäumen. Christoph Merian erweiterte sein Gut durch Landkäufe stetig und ließ vom Basler Architekten Melchior Berri in Vorder Brüglingen einen weiteren Hof bauen. Rund um diese Gebäude legt sich heute ein Botanischer Garten mit verschiedenen Pflanzensammlungen und Wechselflorrabatten. Auf einem Rundgang durch das Gelände trifft man auf eine Pfingstrosensammlung mit fast 100 verschiedenen Sorten. Eine Clematiskollektion mit 200 Sorten zeigt die Vielfalt der Waldreben. Weiter kommt man an Staudenmischpflanzungen vorbei und trifft schließlich auf einen besonderen Stolz des Gartens, die Irissammlung mit 80 Prozent historischen Irissorten. Die Merian Gärten bekamen diese Sammlung 1969 von der Gräfin von Zeppelin aus Deutschland geschenkt und beherbergen damit die größte, ständig frei zugängliche Irisausstellung Europas. In Vorder Brüglingen sind auch verschiedenste Efeu sowie eine große Zahl von Kübelpflanzen wie Fuchsien oder Zitruspflanzen zu sehen. Christoph Merian hatte eine besondere Affinität zu Kübelpflanzen. Das Inventar seiner Orangerie listet von Orangenbäumen bis Kamelien 672 vorwiegend mediterrane Pflanzen auf. Der dritte große Bereich der Merian Gärten ist der Englische Garten, über dessen Entstehung nicht viel bekannt ist. Auf einem Plan von 1839 ist der Landschaftsgarten bereits ersichtlich, der vor und neben der Villa, in der Christoph Merian lebte, angelegt ist. Die Baumgruppen, die geschwungenen Wege und der große Pleasureground verdeutlichen die zu Beginn des 19. Jahrhunderts einsetzende neue Gartenmode des englischen Landschaftsgartens. Von diesem Teil gelangt man auch in das südlich angrenzende Rhododendron-Tal mit seinen besonders im April bunt blühenden Rhododendren und Azaleen. Von hier wie auch vom Brüglingerhof besteht eine direkte Verbindung zum Park im Grünen, der heute noch „Grün 80" genannt wird. Im Park im Grünen wie auch auf dem Areal der Merian Gärten fand 1980 während mehrerer Monate die Schweizerische Ausstellung für Garten- und Landschaftsbau statt. Der Park im Grünen ist geprägt vom Quellsee und vom St.-Alban-See, die eigens für die Ausstellung künstlich angelegt wurden. Die Merian Gärten können über verschiedene Eingänge erreicht werden. Bei den Gebäuden der einzelnen Gartenbereiche sind Prospekte und Pläne ausgelegt, die einem die Orientierung erleichtern.

➡ Eigentümer/in: Christoph Merian Stiftung. meriangärten@merianstiftung.ch. www.meriangärten.ch. Größe: 18 ha. Eintritt frei. Öffnungszeiten: Täglich 8 Uhr bis zur Dämmerung. Führungen: Nach Voranmeldung. Veranstaltungen: Museumsnacht im Januar, Sonntagsmatinee (Konzerte) im Sommer, Botanica im Juni. Attraktionen: Irissammlung von Gräfin von Zeppelin. Sammlungen von Pfingstrosen, Clematis, Efeu. Mühlemuseum und Museum für Pferdestärke. Englischer Landschaftsgarten. **SBB** Basel. 🚊 Tram Nr. 10 bis „Neue Welt", zu Fuß zum Eingang Neue Welt. Tram Nr. 10, 11 oder S-Bahn bis „Dreispitz", zu Fuß zum Eingang Brüglingerstrasse. Tram Nr. 14 oder Bus Nr. 36, bis „Stadion St. Jakob". Eingang Merian Gärten hinter dem Parkplatz. 🚗 A2/A3 Ausfahrt Basel-Süd/St. Jakob, bis zum Parking St. Jakob. Eingang Merian Gärten hinter dem Parkplatz. 🅿 Umliegende Parkhäuser. 🎥 ♿ ❶

BA 8
Ermitage Arlesheim
Ermitagestrasse 52, 4144 Arlesheim

Foto: Markus Häfliger

Die Ermitage Arlesheim ist der größte englische Landschaftsgarten der Schweiz mit einst internationaler Bedeutung. Wer ihn jedoch unvorbereitet besucht, wird enttäuscht sein. Dann schlendert man auf Waldwegen von Weiher zu Grotte und tut sich schwer daran, die ursprünglichen Ideen des Gartens zu erkennen, obwohl er in weiten Teilen erhalten ist. Es fehlt an Infotafeln und besucherfreundlichen Einrichtungen. Die Ermitage wurde am 28. Juni 1785 von der Adligen Balbina von Andlau und ihrem Vetter Domherr Heinrich von Ligertz eröffnet. Das Tal östlich von Arlesheim eignete sich für die damals aufkommende Gartenmode des englischen Landschaftsgartens bestens: Die Weiher, die vielen Höhlen und Grotten, die bereits vorhandenen Mühlegebäude – all dies ließ sich wunderbar zu einem romantischen Garten verbinden. Ein Garten also, in dem man auf schmalen Wegen an verschiedenen Szenerien vorbeikommt und sich daran ergötzen kann. Grotten, Ruinen und Denkmäler sollen romantische Gefühle auslösen. Eine Einsiedelei mit einer Grotte und einer Rindenhütte gab der Ermitage den Namen. Innerhalb weniger Jahre entwickelte sie sich zu einem beliebten Reiseziel für den europäischen Adel. Nur gerade acht Jahre nach der Eröffnung brannten die Gebäude der Ermitage nieder. Es sollte fast zwanzig weitere Jahre dauern, bis 1810 Heinrich von Ligertz zusammen mit dem Sohn von Balbina von Andlau den Aufbau wieder in die Hand nehmen konnte. 1812 wurde auch das Schloss Birseck in die Anlage integriert. In der Mitte des 19. Jahrhunderts nahm die Bedeutung der Ermitage ab, das stille Tal und seine Gartenszenen wurden immer weniger gepflegt. Im 20. Jahrhundert verwaldete die Ermitage zusehends. Seit 1997 gehört sie einer Stiftung und seit 2006 besteht ein Parkpflegewerk, das dem ursprünglichen Sinn der Ermitage Rechnung tragen soll. Einzelne Szenen wurden wieder restauriert und sind erlebbar.

➡ Eigentümer/in: Stiftung Ermitage, Domplatz 8, 4144 Arlesheim. www.ermitage-arlesheim.ch. Größe: 40 ha. Eintritt frei. Öffnungszeiten: Täglich frei zugänglich. Eremitenklause und Schloss Birseck von Mai–September jeweils am So 13.30–17 Uhr geöffnet. Führungen: Anfragen entweder an Verkehrsverein Arlesheim: jürg@seiberth.ch oder Bauverwaltung: rbu@arlesheim.bl.ch oder Verein „Freunde der Ermitage" Tel. 061/ 7022618. Attraktionen: Rittersaal und Schlosshof auf Schloss Birseck, Waldbruder-Eremitenklause. **SBB** Basel. 🚋 Nr. 10 bis „Arlesheim Dorf". ➡ Der Ermitagestrasse folgen. 10 Min. Fußmarsch. 🚗 A2 oder T18 Ausfahrt Arlesheim. Ab Dorfmitte der Ermitagestrasse folgen. ♿ Teilweise.

BA 9
Bauerngarten Arlesheim
Ermitagestrasse 16, 4144 Arlesheim

Foto: Markus Häfliger

Mitten im historischen Dorfkern von Arlesheim stößt man auf einen wunderschönen Bauerngarten. Das Bauernhaus dazu sucht man allerdings vergeblich – der Garten liegt in einem ehemaligen Friedhof. 1967 wurde die Ruhestätte geschlossen, die Anlage fiel in einen Dornröschenschlaf. Als aus dem Grundstück ein Parkplatz werden sollte, schlossen sich engagierte Gärtnerinnen aus dem Dorf zusammen und setzten sich für einen Garten ein. So entstand hier allen Widerständen zum Trotz im Jahr 1996 ein Bauerngarten, wie er wohl vor 1850 in Arlesheim typisch war. Vom Trotteplatz her führt die Hauptachse des Gartens zu einem von Linden umsäumten Kreuz. Links und rechts des Mittelweges sind Buchscarrés angelegt, die wiederum mit Kreisen und Diagonalen aus Buchs unterteilt sind. Im vorderen Teil wachsen Pro-Specie-Rara-Gemüsesorten, die in Beeten nach Blattgemüse, Wurzelgemüse etc. geordnet sind. Im mittleren und hinteren Bereich sind Kräuter, Zier- und Heilpflanzen zu sehen. Gegärtnert wird nach Maria Thun. Die Artenvielfalt ist groß und gibt dem Garten ein abwechslungsreiches Gesicht. Umgeben von den alten Friedhofsmauern wirkt der Garten behütet und friedlich.

➡ Eigentümer/in: Gemeinde Arlesheim, Domplatz 8, 4144 Arlesheim. Tel. 061/7069555. bauerngarten@arlesheim.bl.ch. www.arlesheim.ch. Größe: 800 qm. Eintritt frei. Öffnungszeiten: Frei zugänglich. Führungen: Nach Voranmeldung. Veranstaltungen: Workshop und weitere Veranstaltungen: Anfrage per Mail. **SBB** Basel. 🚊 Nr. 10 bis „Arlesheim Dorf". 🚗 A2 oder T18 Ausfahrt Arlesheim. Dorfmitte. 🅿 Öffentliche Parkplätze benützen. ♿ ❶

BA 10
Privatgarten Ronco
Moosackerweg 12, 4148 Pfeffingen

Heute lachen Irène und Roland Ronco, wenn sie an die Anfangszeit ihres Gartens denken. Kurz nach dem Hausbau 1983 steckten sie Hunderte von Efeu-, Liguster- und Cotoneaster-Pflanzen in den Boden, damit diese die Umgebung mit einem kniehohen Teppich unter sich begraben. Jahre später rissen sie die Bodendecker wieder aus und fingen an, Stauden und Rosen zu setzen. Heute sitzt man auf der Terrasse und wird vom Garten wie von einer Bühne umgeben. Zuoberst das Hortensienbeet, auf der mittleren Ebene der Pavillon mit der Ramblerrose „Lykkefund", daneben weitere Rosen, Clematis und unterhalb das Staudenbord in Pastelltönen. Irène Ronco ließ sich von Büchern und schließlich auch durch Englandreisen inspirieren. So entstand zum Beispiel der Knotengarten neben dem Haus, den sie auf einem Bild gesehen hatte. Ursprünglich war dieser mit Buchs angelegt, den sie jedoch wegen seiner Anfälligkeit auf Schädlinge entfernt und stattdessen Eibenstecklinge gesetzt hat. In den Zwischenräumen wachsen verschiedene Kräuter für die Küche. Damit sie den Garten im Sommer auch mal sorglos zurücklassen kann, hat sie ein ausgeklügeltes automatisches Bewässerungssystem installiert, das insbesondere die vielen Topfpflanzen stets mit genügend Wasser versorgt.

➡ Eigentümer/in: Irène und Roland Ronco, Moosackerweg 12, 4148 Pfeffingen. Tel. 061/ 7530355. roland.ronco@bluewin.ch. Größe: 700 qm. Eintritt frei. Anmeldung erforderlich. Führungen: nach Voranmeldung. ➡ Wegbeschreibung bei Anmeldung. **P**

BA 11

Schloss und Landwirtschaftliches Zentrum Ebenrain

Ebenrainweg 27, 4450 Sissach

(Eingabe Navigationsgerät: Itingenstrasse 13)

Foto: Sarah Fasolin

Ganze elf Mal wechselte Schloss Ebenrain in seiner Geschichte den Besitzer, bevor es 1951 an den Kanton Baselland ging. Heute ist das Schloss einer der Repräsentationssitze der Kantonsregierung, der ehemalige Gutsbetrieb ist verpachtet und auf dem Gelände befindet sich seit 1957 das Landwirtschaftliche Zentrum Ebenrain. Der Basler Seidenfabrikant Martin Bachofen ließ hier ab 1774 einen Sommer- und Jagdsitz bauen und eine barocke Gartenanlage anlegen. Anfang des 19. Jahrhunderts wurde der Barockgarten nach und nach in einen englischen Landschaftsgarten verändert. Einzig die schnurgerade Lindenallee blieb erhalten. Der zehnte Besitzer ließ 1872 schließlich den gesamten Garten vom damals international bekannten Pariser Landschaftsarchitekten Edouard André umgestalten und erweitern. Große Teile sind durch Landverkauf wieder verloren gegangen. Einer der Höhepunkte der Gestaltung ist jedoch erhalten geblieben: Im Osten führt der Weg zu einem Aussichtspunkt mit vier Linden. Von hier überblickt man eine gestaltete Landschaft mit Ententeich, Baumgruppen und kurz geschnittener Wiese. Einst gehörten noch ein Pavillon, eine Brücke und eine Voliere dazu. Nach der Besichtigung des historischen Teils gelangt man in wenigen Schritten in die heutige Gartenwelt: Beim landwirtschaftlichen Zentrum kann der Kurs- und Schaugarten der in der Schweiz bekannten Gartenberaters Urs Streuli besucht werden. Gleich beim Eingang fällt der Zier- und Kräutergarten in der Form einer Doppelacht auf. Eine große Kräuterspirale, Trockenflächen, Weiher und Gemüsebeete sind weitere Gartenelemente. Bemerkenswert ist insbesondere die große Sammlung an mitteleuropäischen Sträuchern, die den Garten gegen Osten als Hecke abschließt. Eine Liste mit den Namen der Sträucher liegt beim Gartenhaus aus.

➡ Eigentümer/in: Kanton Baselland, Schloss und Landwirtschaftliches Zentrum Ebenrain, Ebenrainweg 27, 4450 Sissach. Tel. 061/5522121. lze@bl.ch. www.ebenrain.ch. Größe: 3,5 ha. Eintritt frei. Öffnungszeiten: Frei zugänglich. **SBB** Sissach. ➜ Ab Bahnhof beschildert. 🚗 A2 Ausfahrt Sissach. Beschildert. 🅿 🐕 ♿ Teilweise. ❶

BA 12
Privatgarten Buser
Hardstrasse 32, 4455 Zunzgen

Foto: Brigitte Buser

Im kleinen Rosenparadies von Brigitte Buser wachsen 180 verschiedene Rosen in Beeten, an Pavillons und Kletterhilfen. Hier wird nicht gespritzt, was gemäß Buser möglich ist, wenn man drei Dinge beachtet: den richtigen Standort;

möglichst robuste, historische Sorten wählen; etwas Toleranz den paar Läusen oder dem einen oder anderen unschönen Blatt entgegen bringen. Gleich beim Eingang zum Garten wächst die „Westerland", eine der Rosen, mit der vor 21 Jahren bei Brigitte Buser die Liebe zu dieser Blume erwachte. Buser hatte einen Gartencenter-Gutschein für ein paar Rosenstöcke eingelöst. Seither klettert die Rose durch Brigitte Busers ganzes Leben: Sie kocht mit Rosen, organisiert Rosenreisen in den Iran, schreibt über Rosen und kreiert aus Zementguss Rosendekorationen. Der Garten besteht jedoch nicht nur aus Rosenstöcken. Auch viel verschiedener Zierlauch, Pfingstrosen und andere Stauden sind miteinander kombiniert. Ein Pavillon steht neben einem kleinen Teich und eine Glyzinie bildet das Dach über einer Laube beim Sitzplatz.

➡ Eigentümer/in: Brigitte Buser, Hardstrasse 32, 4455 Zunzgen. Tel. 061/9715426. info@zumdorfgarten.ch. www.zumdorfgarten.ch. Größe: 600 qm. Eintritt frei. Öffnungszeiten: Mi und Fr 13.30–18 Uhr, Sa 13.30–17 Uhr. Führungen: Nach Voranmeldung. **SBB** Sissach. 🚌 Nr. 107 Richtung Eptingen bis „Zunzgen Post". ➜ Von der Haltestelle zwischen der Post und der Bäckerei hindurch und in Hardstrasse einbiegen. 🚗 Von Bern: A2 Ausfahrt Eptingen oder Diegten → Sissach → Zunzgen. Bei Metzgerei links abbiegen. Von Basel: A2 Ausfahrt Sissach → Sissach → Zunzgen. Rechts abbiegen und etwa 100 m geradeaus fahren. 🅿 ☕ Für Gruppen auf Wunsch Getränke und Gebäck (kostenpflichtig). 🛒 ✿ Shop mit diversen Produkten rund um die Rose.

BA 13
Privatgarten Coletti
Zelgliweg 5B, 4492 Tecknau

Foto: Maja Coletti

Ein Garten für alle. Ein Garten für die Kinder, deren Baumhütte im alten Boskopbaum so gut getarnt ist, dass man sie erst sieht, wenn man darauf aufmerksam gemacht wird. In diesem Garten hat es Platz, damit sie ihre Fantasie-Spiele spielen, Zauberwege erfinden und mit selbst gebastelten Steckenpferden durch einen Parcours hüpfen können. Ein Garten auch für die von Großmutter geerbten Schildkröten und eine kleine Hühnerschar, auf deren weites Gehege mit direktem Bachanstoß so manches Federvieh neidisch wäre. Ein Garten auch für Maja Coletti, die hier die Staudenbeete jedes Jahr ein bisschen größer werden lässt, weil sie da und dort neuen Pflanzen begegnet – oder als gelernte Floristin wieder neue Gestaltungsideen entwickelt. Bei Hosta, Hortensien, Storchenschabel, Zierlauch und Rosen kann sie selten widerstehen. Der Garten ist in verschiedene Räume gegliedert und man hat die Wahl zwischen – inklusive der Terrassen – 32 Sitzplätzen. Für jede Jahres- oder Tageszeit gibt es ein passendes Plätzchen. Ein besonders beliebtes befindet sich unter einem Hochstamm-Birnbaum mit vielen Laternchen in der Krone. Andere trifft man am Bach, zwischen den Staudenbeeten oder vor einem Jagdhäuschen. Meistens sind Stühle oder Bänke in Türkis gehalten. Mehr noch: Auch Hühner- und Gerätehäuschen, ja das Haus selbst inklusive Anbau und Ausbau ist in Türkis gestrichen. Die Familie nennt es selbst augenzwinkernd die „Coletti-Farbe".

➡ Eigentümer/in: Luigi und Maja Coletti, Zelgliweg 5B, 4492 Tecknau. Tel. 061/9812661. maja.coletti@bluewin.ch. Größe: 0,4 ha. Anmeldung erforderlich. Führungen: Nach Voranmeldung. ➜ Wegbeschreibung bei Anmeldung. 🅿 Beim Bahnhof. 🚍 Gerne nach Voranmeldung. ♿

BA 14
Privatgarten Fässler
Hauptstrasse 43, 4492 Tecknau

Die zwei großen Themen dieses Gartens sind schnell erkannt: Formgehölze und Rosen. Eiben, Buchs und Scheinzypressen stehen als Säulen, Kugeln, Pilze, Kuben, Kegel oder Spiralen hinter dem Haus von Erika Fässler. Diese Vorliebe entstand, als sie mit ihrem Mann 1990 in ihr Elternhaus zog. Hier wollte sie einen Rosengarten anlegen und das Grundstück nach außen abschirmen. Keine eintönige Heckenwand sollte als Sichtschutz gepflanzt werden, sondern viele unterschiedliche immergrüne Gehölze. Bald zeigte sich Erika Fässlers Faible für strenge Gärten und sie fing an, die Sträucher in Form zu schneiden. Auch innerhalb des Gartens fanden geformte Gehölze einen Platz, denn die Rosen wollten hier sowieso nicht recht gedeihen. An ihrer Stelle wachsen nun Hostas, Fuchsien und Storchschnabel. Wie praktisch, dass jenseits der Straße nochmals ein Stück Land zum Haus gehört, auf dem Erika Fässler ihren Rosengarten schließlich doch noch gestalten konnte. Denn das Haus war früher der Landgasthof „Eital" – mit Gartenbeiz auf der anderen Straßenseite. Hier nun pflanzte Erika Fässler alle Typen von Rosen, darunter einige Raritäten. Und natürlich dürfen auch auf dieser Seite ein paar Formgehölze nicht fehlen.

Foto: Sarah Fasolin

➡ Eigentümer/in: Erika Fässler, Hauptstrasse 43, 4492 Tecknau. Tel. 061/9811054. Größe: 900 qm. Eintritt frei. Anmeldung erforderlich. Führungen: Nach Voranmeldung.
→ Wegbeschreibung bei Anmeldung. 🅿 🐴 ♿ Teilweise.

BA 15
Landschaftspark Mapprach
Hofgut Mapprach, 4495 Zeglingen

Bei Landschaftsgärten wird die Umgebung mit einbezogen, damit möglichst ein fließender Übergang zwischen Park und Landschaft entsteht. Wird die Umgebung überbaut, verlieren Landschaftsgärten einen Teil ihres Charakters, was in der kleinräumigen Schweiz oft der Fall ist. Eine Ausnahme liegt versteckt in den Hügelkammern des Baselbieter Jura, auf dem Hofgut Mapprach. Hier hat die Basler Familie Zaeslin seit dem 18. Jahrhundert ihren Landsitz. 1866 legte Theodor Zaeslin-Müller den Park nach dem Vorbild des englischen Landschaftsgartens an. Doch im 20. Jahrhundert verwilderte die Anlage komplett, sodass sie 1996 mit viel Aufwand rekonstruiert werden musste. Heute führen die Wege in sanften Schwunglinien durch das Gelände, zwischen Baumgruppen hindurch, die sich aus einheimischen und exotischen Gehölzen zusammensetzen. In der Mitte sprudelt der von einer Quelle gespiesene Springbrunnen im runden Teich. Sehr dominant steht gleich dahinter eine zweistämmige Esche, die wohl schon hier war, als es noch keinen Park gab. Linker

Hand steht ein Rosenkabinett, das aus einem herrschaftlichen Haus in St. Gallen stammt und 2011 hierher kam. Das Rindenkabinett beim Eingang hat seinen Platz seit 1866 im Park. Beim Flanieren auf den Mergelwegen trifft man immer wieder auf Sitzbänke, die zum Verweilen einladen und zeigen, worauf es schon dem Erbauer der Anlage ankam: Erholung und Genuss.

Foto: Sarah Fasolin

➡ Eigentümer/in: Mapprach Familien-Stiftung. settelen.trees@hispeed.ch. www.mapprach.ch. Größe: 1 ha. Eintritt frei. Anmeldung erforderlich. Führungen: Nach Voranmeldung. ➡ Wegbeschreibung bei Anmeldung. 🅿 ♿

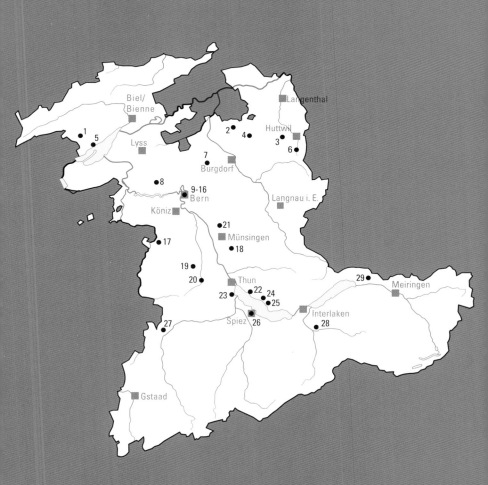

Biel/
Bienne

Langenthal

1
5

2
4
Huttwil
3
6

Lyss

7
Burgdorf

8

9-16
Bern

Langnau i. E.

Köniz

21
Münsingen

17
18

19
20

Thun
29
Meiringen
22
24
23
25
Interlaken
27
Spiez
26
28

Gstaad

Vom Bauerngarten bis zum Schlossgarten

Bern ist flächenmäßig der zweitgrößte Kanton der Schweiz und hat geografisch alles zu bieten: ein Stück Jura, einen Abschnitt Mittelland und die Berner Alpen. Die besten Voraussetzungen also auch für eine vielfältige Gartenkultur. Wie auch in Luzern, Solothurn oder Freiburg hatte sich in Bern im Spätmittelalter ein Patriziat herausgebildet, das die politische und wirtschaftliche Macht innehatte. Diese wohlhabenden Familien ließen im 18. und 19. Jahrhundert in der Stadt und in der Umgebung herrschaftliche Anwesen mit entsprechenden Gartenanlagen entstehen, von denen noch zahlreiche erhalten sind (siehe BE 7, BE 12, BE 13, BE 16, BE 18, BE 22, BE 23).

Eine Gartenreise im Kanton Bern führt aber auch zu vielen anderen Gartentypen: einem Alpengarten, einem Botanischen Garten, zu Schaugärten, Naturgärten und vielen Privatgärten unterschiedlichster Prägung. Typisch und besonders für Bern ist die noch immer ausgeprägte Bauerngartenkultur, insbesondere im Emmental (siehe BE 4). Klassische Emmentaler Bauerngärten zeichnen sich aus durch Holzstaketen-Zäune, die im 19. Jahrhundert aufkamen und Einfriedungen mit Weidenruten ablösten. Bei der Einteilung der Beete ist die Nähe zu Klostergärten festzustellen, die den Bauerngärten seit jeher als Vorbilder dienten. Als im 18. Jahrhundert in den Klostergärten der strenge französische Gestaltungsstil Einzug hielt, passten sich auch die Bauerngärten diesem Trend an. Ein weiteres typisches Bauerngarten-Element sind die Buchseinfassungen: akkurat geschnittene Buchsreihen rund um Zier- oder Gemüsebeete. Bei einigen Höfen wurde zudem darauf geachtet, dass sich bei der Einteilung der Beete die Architektur des Bauernhofes widerspiegelt, zum Beispiel der Giebelbogen oder die Fensterreihen. Während im Emmental noch einige prächtige Beispiele von Bauerngärten zu sehen sind, verschwinden sie in anderen Regionen der Schweiz immer mehr. Die Gründe dafür hängen insbesondere mit den Veränderungen in der Gesellschaft und in der Landwirtschaft zusammen. So sind zum Beispiel die Hofgemeinschaften, die früher die großen Selbstversorger-Gärten bestellt haben, kleiner geworden. Damit fehlen auch helfende Hände für die aufwendige Gartenarbeit. Einige Gartentypen der ländlichen Schweizer Bevölkerung sind heute nur noch als Museumobjekt zu sehen, etwa auf dem Ballenberg, dem größten Freilichtmuseum der Schweiz (siehe BE 29).

Privatgarten Meyer
Derrière Montet 20, 2517 Diesse

Foto: Sarah Fasolin

Hinter diesem Garten ist kein durchgestyltes Konzept erkennbar, es ist viel-
mehr die Aneinanderreihung der außergewöhnlichen Ideen, die Marcel und
Betty Meyer in den mehr als 30 Jahren ihres Gartenlebens hatten. Da ist zum
Beispiel der kleine Wald, den sie anlegten, um darin ihre Shitake-Zucht aufzu-
ziehen. Seit 25 Jahren ernten sie jedes Jahr hundert Kilogramm dieser dun-
kel-weißen Pilze, die an Eichenstämmen wachsen. Trüffel graben sie bei mit
Sporen geimpften Haselsträuchern aus dem Boden. Eine weitere Idee war das
Buchslabyrinth. Die acht ineinander verschachtelten Sterne sieht man nur aus
der Luft – dies macht die Sache um so geheimnisvoller. Aus 1 000 Stecklingen
hat Meyer das Labyrinth vor fast 20 Jahren gestaltet. Man irrt mehrere hundert
Meter durch schmale Korridore, bis man in der Mitte, dem Ziel, angekommen
ist. Ausruhen und die Sicht auf das Plateau von Diesse genießen, kann man auf
der Ruhebank unter der Trauerweide am großen Karpfen-Teich. Das Biotop
wird mit Quellwasser gespiesen. Der Überlauf fließt in weitere kleinere Teiche.
Eine weitere Idee, ein großes Treibhaus aufzustellen und darin allerhand Gemüse und exotische Früchte zu ziehen, verwirklichten Meyers auf eine kosten-
günstige Art: Sie konnten in einer Gärtnerei ein altes Gewächshaus abbrechen
und bei sich im Garten wieder aufstellen. Es gedeiht gut darin. Eine Palme
wuchs so schnell, dass Meyers das oberste Fenster herausbrechen mussten,
so dass die Palme nun ihre Krone aus dem Dach streckt. Ein ungewöhnlicher
Anblick – aber irgendwie passend zu diesem Garten.

➡ Eigentümer/in: Marcel und Betty Meyer, Derrière Montet 20, 2517 Diesse. Tel. 032/ 3151007. Größe: 0,8 ha. Eintritt frei. Anmeldung erforderlich. Führungen: Nach Voranmeldung. Attraktionen: Buchslabyrinth, Pilzproduktion. ➔ Wegbeschreibung bei Anmeldung. 🅿 🐎 ♿ Teilweise.

BE 2
Park Gartenbauschule Oeschberg
Bern-Zürichstrasse 16, 3425 Koppigen

Foto: Sarah Fasolin

Hier erlernen die Gartenprofis von morgen das Handwerk. Die Gartenbauschule Oeschberg in Koppigen ist die wichtigste Ausbildungsstätte im Gartenbereich in der Deutschschweiz. Gärtnerinnen und Gärtner für Zierpflanzen, für Stauden oder für Gehölze, sowie Landschaftsgärtner und Floristinnen werden hier ausgebildet. Entsprechend viel gibt es auf dem Oeschberg zu sehen. 9 Hektar Park und Gärten, eingeteilt in einen architektonischen Teil mit Alleen und verschiedenen Gartenbereichen, sowie in einen Landschaftsgarten mit einem vielfältigen Arboretum. Die Gestaltung geht auf den ersten Gartengestaltungslehrer Albert Baumann zurück. 1920 wurde die Schule gegründet und Baumann selbst zeichnete die Gartenanlage um das Schulhaus, das an ein Berner Landhaus erinnern soll. Auch wenn es einige Anpassungen gab im Laufe der Jahre, sind Baumanns Grundlagen noch immer sichtbar und werden mit einem neuen Parkpflegewerk wieder stärker berücksichtigt. Bei einem Rundgang begegnet man den vielfältigen Möglichkeiten des Gartenbaus: Sommerflorrabatten, ein Senkgarten mit viereckigem Wasserbecken, Zierbeete, Staudenpflanzungen, Sortimentsgärten, ein Rosengarten sowie ein Naturgarten im hinteren Teil mit verschiedenen Teich-Systemen. Oder man stößt auf Experimentelles, neue Formen, die im Rahmen der Ausbildung ausprobiert werden.

➡ Eigentümer/in: Kanton Bern. oeschberg@erz.be.ch. www.oeschberg.ch. Größe: 9 ha. Eintritt frei. Öffnungszeiten: Frei zugänglich. Führungen: Nach Voranmeldung. Veranstaltungen: In den geraden Jahren (Woche 26) findet eine große Gartenbau-Ausstellung statt. www.oega.ch. Tipp: Nicht weit von Koppigen kann in Ferrenberg eine große Zahl Buchs-Formgehölze bestaunt werden. Der Garten der Buchsbäume von Ernst Oppliger ist auf Anfrage zugänglich: Tel. 034/4222888. **SBB** Burgdorf oder Wynigen. 🚌 Nr. 466 bis „Oeschberg". 🚗 Von Zürich: A1 Ausfahrt Kriegstetten. Richtung Koppigen → Bern. Von Bern: A1 Ausfahrt Kirchberg. Richtung Zürich. 🅿 ✗ Mensa der Gartenbauschule. Gruppen voranmelden. 🐎 ♿ ✿

BE 3
Naturlehrpfad Liemberg
Liemberg, 4938 Rohrbachgraben

Foto: Sarah Fasolin

Weil sein Emmentaler Bauernhof zu klein war, um davon leben zu können, arbeitete Hans Zaugg nebenbei stets als Holzfäller. So lernte er all die Bäume und Sträucher des Waldes kennen und vertiefte sich, als Ausgleich zur schweren körperlichen Arbeit, immer mehr in die Botanik. Er suchte, sammelte und setzte die einheimische Flora am steilen Hang gegenüber seines Hofes. 1998 eröffnete er schließlich seinen Naturlehrpfad. Schmale Pfade schlängeln sich an seiner großen, 1 000 Arten zählenden Sammlung vorbei. Darunter sind 250 Heilpflanzen-Arten, auch Gartenpflanzen und ein paar Exoten. Der Weg führt schließlich den Wald entlang und im Schatten zu all jenen Pflanzen, die nicht viel Sonne mögen. Mit einer museumsreifen Maschine stellt Zaugg die Pflanzenschilder alle selber her. Die einjährigen Pflanzen sät er in der Scheune jeden Frühling selber aus, um sie später an den Hang zu setzen.

➡ Eigentümer/in: Hans Zaugg, Liemberg, 4938 Rohrbachgraben. Tel. 062/9652961. Größe: 0,14 ha. Eintritt: Gartenkasse (freiwillig). Öffnungszeiten: Frei zugänglich. Führungen: Nach Voranmeldung. Attraktionen: Sammlung von 1000 Pflanzenarten, vorwiegend einheimische. **SBB** Rohrbach. → 1 h zu Fuß. Fragen nach Liemberg. 🚗 Von Langenthal und Huttwil Richtung Rohrbach → Rohrbachgraben. Ab Käserei beschildert (Naturlehrpfad). 🅿 ☕ Getränke werden auf Anfrage an Gruppen serviert (kostenpflichtig). 🐂 ❶ ✿

BE 4
Bauerngarten Mistelberg
Mistelberg, 3472 Wynigen

Foto: Agrarmedien GmbH

Auf dem Mistelberg, mitten im Emmental, liegt ein äußerst gepflegter Bauerngarten mit Buchsborduren, Gemüse und Blumen. Niemand weiß, wie er entstanden ist. Aber er wurde wie ein Familien-Schmuckstück über Generationen weitervererbt – von der großen Öffentlichkeit unbeachtet. Bis einmal eine deutsche Gartenarchitektin im Emmental recherchierte, weil sie mit einer

Garten-Reisegruppe einen typischen Emmentaler Bauerngarten besuchen wollte. Sie stieß auf den Garten der Schweizers. Und seither steuern jedes Jahr mehrere Reisebusse auf den Mistelberg. Schweizers gewannen bereits verschiedene Preise für ihren tadellos gepflegten Garten. Der Berner Bauerngarten gehört zu den bekanntesten Bauerngarten-Typen der Schweiz (siehe Einführungskapitel S. 70). Auf einer Fahrt durchs Emmental wird die nach wie vor gelebte Gartenkultur sichtbar. Weitere besonders schöne Bauerngärten sind in Alchenstorf am Dorfausgang an der Dorfstrasse Richtung Wynigen auf der rechten Seite zu sehen oder im Weiler Waldhaus in Lützelflüh zu sehen.

➡ Eigentümer/in: Fritz und Vreni Schweizer, Mistelberg, 3472 Wynigen. Tel. 034/ 4151386. info@mistelberg.ch. www.mistelberg.ch. Größe: 110 qm. Eintritt CHF 3.- pro Person. Anmeldung erforderlich. Führungen: Nach Voranmeldung. Attraktionen: Kleines Museum mit alten bäuerlichen Gerätschaften. ➜ Wegbeschreibung bei Anmeldung. 🅿 ✕ Verpflegung nach Voranmeldung. 🐎 ♿ Teilweise.

BE 5
Seegarten Sabine Reber
Fraubrunnenländte, 2513 Twann

Foto: Sarah Fasolin

Acht Jahre lebte Sabine Reber in Irland, wo sie die Freude am Gärtnern entdeckte und bereits Bücher und Texte dazu publizierte. Dann kam sie in die Schweiz zurück. Und noch bevor sie sich eine Wohnung suchte, suchte sie einen Garten. In Twann am See fand sie ein Stück Erde, 60 qm, nicht viel, aber sie nahm es mit Freude. Das ist wiederum zehn Jahre her und mittlerweile ist sie die bekannteste Gartenpublizistin der Schweiz. Das Gärtchen in Twann ist eines von insgesamt vier Gärten von Sabine Reber. Es ist jedoch mit Abstand das Bekannteste: Mehr als einmal war es Schauplatz in ihren Büchern. Fotoshootings für Gartenbücher oder Filmaufnahmen für TV-Sendungen fanden hier statt. Und über viele Pflanzen von hier hat sie schon ausführlich geschrieben. Über den Feigenbaum etwa: Als Steckling in der Provence geschnitten, wuchs er hier in diesem mediterranen Klima zu einem großen Strauch und hängt jedes Jahr voller Früchte. Auch das Gemüse gedeiht üppiger als an anderen Orten. Die warme Lage und das nährstoffreiche Gießwasser aus dem See fördern das Wachstum. Sabines Gärtchen in Twann zeigt aber auch, wie Gartenglück auch auf ganz kleiner Fläche möglich ist.

➡ Mieterin: Sabine Reber. info@sabinesgarten.ch. www.sabinesgarten.ch. Größe: 60 qm. Öffnungszeiten: Von außen einsehbar. Betreten nur im Rahmen von Führungen. Führungen: Nach Voranmeldung. Veranstaltungen: Siehe Website. **SBB** Twann. → Vom Bahnhof Twann aus den See entlang Richtung Biel gehen. Nach wenigen Metern auf der rechten Seite. Angeschrieben. 🚗 In Twann Richtung Bahnhof. 🅿 Beim Bahnhof. 🐾

BE 6
Schaugarten Gartenwerke
Eigen 23, 4952 Eriswil

In einem botanischen Garten in Südafrika haben sie sich kennengelernt, gemeinsam in Spanien Gärten entworfen und betreut und im Aargau schließlich zusammen eine kleine Firma für Gartengestaltung namens Gartenwerke gegründet. Dann zogen sie ins Emmental und ließen hier einen Garten entstehen, der die beiden Leben von Gärtner und Gartendesigner Stephan Aeschlimann und der Landschaftsarchitektin Ursula Yelin widerspiegelt: ein Staudengarten auf verschiedenen Ebenen und voller Erinnerungen. So begegnet man der Flora Südafrikas mit Kniphofien, Schmucklilien und Spaltgriffel. Oder einem mediterranen Gartenteil, der mit Wolfsmilchgewächsen und Kleingehölzen die Pflanzenwelt am Mittelmeer andeutet. In seiner Zeit als Praktikant und Student in England wurde Stephan Aeschlimann besonders sensibilisiert für Staudenpflanzungen. Beete mit Sterndolden, Phlox, Astern und Veronicastrum umgeben den runden Rasenplatz, der das Zentrum des Gartens bildet. Hier, am Holztisch unter der Linde, findet im Sommer auch das Familienleben mit den beiden Kindern Sophie und Johannes statt. Denn der Schaugarten ist auch Privatgarten, Mutterpflanzenquartier für die Vermehrung von besonderen Stauden, sowie Sichtungsgarten um zu beobachten, wie sich einzelne Sorten an unterschiedlichen Standorten verhalten. Ein Garten, weit herum bekannt wegen seinen gelungenen Kombinationen von Farben und Formen. Ein Garten mit fließenden Übergängen, von Pflanzen, Lebensphasen und Lebensbereichen.

➡ Eigentümer/in: Ursula Yelin und Stephan Aeschlimann Yelin Eigen 23, 4952 Eriswil. Tel. 062/9660560. kontakt@gartenwerke.ch. www.gartenwerke.ch. Größe: 0,25 ha. Eintritt frei. Öffnungszeiten: Mitte April–Mitte Oktober: täglich außer Sonntag. Führungen: Nach Voranmeldung. Veranstaltungen: Siehe Website. **SBB** Huttwil. 🚌 Nr. 491 bis „Eriswil Station". 🚕 In Eriswil beschildert. 🅿 🛒 ✿ Während den Öffnungszeiten der Gärtnerei am Freitag und Samstag.

BE 7

Schlosspark Jegenstorf
General-Guisanstrasse 5, 3303 Jegenstorf

Ein selten erhaltenes Merkmal barocker Gärten im Kanton Bern ist im Park von Schloss Jegenstorf zu sehen. Das Wasserbecken entstand wohl in den 1720er Jahren, als der Berner Adlige Albrecht Friedrich von Erlach Schloss Jegenstorf zu einem barocken Landsitz umbauen ließ. Er war weit gereist und hatte sich von verschiedenen Schlössern in Frankreich inspirieren lassen. Die Wassernymphe unter dem an eine Grotte erinnernden Bogen wird erst später dazu gekommen sein. Wo heute die Hecke das Grundstück durchzieht, war früher ein Wassergraben, ein ebenfalls typisches barockes Gartengestaltungselement. Zu Beginn des 20. Jahrhunderts ließ die damalige Besitzerfamilie von Stürler einen Großteil des Parks im Stil eines Landschaftsgartens umgestalten. Die geschwungenen Kieswege und die Baumgruppen zeugen noch immer von dieser Phase. Im Verlaufe des 20. Jahrhunderts kamen weitere Stilrichtungen dazu, etwa der Architekturgartenstil, der in Ansätzen noch nordöstlich vom Schloss zu sehen ist. So ist der Park von Schloss Jegenstorf zu einem vielschichtigen Denkmal der Gartenkultur geworden.

Foto: Stiftung Schloss Jegenstorf

➡ Eigentümer/in: Stiftung Schloss Jegenstorf. info@schloss-jegenstorf.ch. www.schloss-jegenstorf.ch. Eintritt frei. Öffnungszeiten: Frei zugänglich. Führungen: Nach Voranmeldung. Veranstaltungen: Open Air-Kino, Freilufttheater, Ausstellungen. Siehe Website. Attraktionen: Großer barocker Teich, Päoniensammlung. **SBB** Jegenstorf. → Gleich neben dem Bahnhof. 🚗 Von Basel/Zürich: A1 Ausfahrt Kirchberg, Richtung Bern → Hindelbank → Jegenstorf. Von Bern: A1 Ausfahrt Schönbühl, Landstraße Richtung Solothurn. 🅿 🍽 🛒 ♿ ❶ ✿ Verkauf von Früchten und Erzeugnissen aus dem Schlossgarten.

BE 8
Staudengarten Schulz
Schüpfenried, 3043 Uettligen

Zu was für außerordentlichen Werken Autodidakten fähig sind, ist im Garten von Michael Schulz zu bestaunen. Er ist Tänzer von Beruf, trat auf verschiedenen Bühnen in Europa auf – und verbrachte seine Freizeit am liebsten in seinen Gärten. In Bern mietete er eine Parzelle in einem Schrebergarten, dann zwei, dann drei. Dann stellte ihm ein Freund, ein Landwirt, ein Stück Land zur Verfügung, sodass Schulz fortan so richtig aus dem Vollen schöpfen konnte.

Entstanden ist ein Staudengarten, der seinesgleichen sucht. Schulz wollte einen Garten, in dem man den Pflanzen begegnet. Die Wege schlängeln sich durch die Staudenbeete und ziehen den Besucher vorwärts, immer weiter in den Garten zu den vielen Blüten und Gräsern. Unter zwei Apfelbäumen stehen zwei Stühle und ein Tischchen. Das ist alles. Der Rest sind Wege und Stauden. Auch kundige Staudenfans werden hier auf Sorten stoßen, die sie kaum je gesehen haben. Die Suche nach dem Unbekannten treibt Schulz an und lässt ihn Samen in ganz Europa zusammensuchen. Er sät selber aus, will von der Keimung bis zur Blüte sehen, wie sich die Pflanze entwickelt. Erst dann kommt sie in seinem Staudengarten zum Einsatz, bekommt ihren Platz in der Choreografie – und ihren Auftritt.

➡ Eigentümer/in: Biohof Schüpfenried. Kontakt: Michael Schulz, Schüpfenried, 3043 Uettligen. Tel. 079/7071377. michael_schulz@gmx.ch. www.schuepfenried.ch. Größe: 0,12 ha. Eintritt: freiwillig. Öffnungszeiten: Frei zugänglich. Führungen: Nach Voranmeldung. Attraktionen: Große Sammlung von seltenen Stauden. **SBB** Bern. 🚐 Postauto Nr. 102 bis „Schüpfenried". 🚗 A1 Ausfahrt Neufeld. Richtung Aarberg → Säriswil → Uettligen. Ausgang Dorf auf linker Seite. 🅿 💺 🛒 ♿ ✿

BE 9
Rosengarten Bern
Laubeggstrasse 1, 3006 Bern

Foto: Sarah Fasolin

Diese Perle sollte man nicht außer Acht lassen, wenn man sich in Bern auf Gartentour befindet. 1913 machten sich die Frauen des Frauenvereins dafür stark, dass der ehemalige Friedhof zu einem Park umgestaltet wird. Entstanden ist ein Rosengarten, der heute über 220 Rosensorten zeigt, sowie 200 Iris und 28 verschiedene Rhododendren. Die grobe Einteilung des Parks in vier Bereiche mit Wegkreuz und von Krim-Linden gesäumten Alleen geht noch auf die Zeit des Friedhofs zurück. Der Rest kam später dazu. In einem der Viertel liegt ein großer, rechteckiger Seerosen-Teich mit Springbrunnen und zwei Skulpturen „Neptun" und „Europa". Gegenüber liegt das eigentliche Prunkstück, ein ebenfalls rechteckig angelegter Platz mit Rosenbeeten, Pergola und Rasen. Neben der Pergola lässt sich auf einer Tafel die Entwicklung der Rose nachlesen. Die beiden anderen Viertel zeichnen sich aus durch Baumgruppen, Rasen und vielen Rosen. Hier lernen Studenten auf Prüfungen, ruhen sich Touristen von ihrer Stadtbesichtigung aus, fahren Eltern ihre Babys spazieren. Beliebt sind auch der integrierte Lesegarten mit kleiner Bibliothek, die Restaurantterrasse und die Spielgeräte. Im Rosengarten genießt man einen unvergleichlichen Blick auf die von der Aare umflossene Altstadt, auf den Berner Hausberg Gurten, die Kuppeln des Bundeshauses, die Alpen und den Jura.

➡ Eigentümer/in: Stadt Bern. stadtgruen@bern.ch. www.bern.ch/stadtgruen. Größe: 2,3 ha. Eintritt frei. Öffnungszeiten: Frei zugänglich. Führungen: Nach Voranmeldung. Attraktionen: Lesepavillon, Gotthelf-Büste von Arnold Huggler, Bronzestatue „Sinnende Frau" von Hedwig Hayoz-Häfeli. **SBB** Bern. 🚎 Nr. 10 bis „Rosengarten" oder Nr. 12 bis „Bärengraben". 🚗 Anreise mit öffentlichen Verkehrsmitteln empfohlen. ✗ 🍴 🐾 ♿ ❶

Botanischer Garten Bern
Altenbergrain 21, 3013 Bern

Bern

Foto: Botanischer Garten Bern

Seit 1859 befindet sich der Botanische Garten der Universität Bern an dieser Stelle gleich neben der Lorrainebrücke. Die damals gesetzten Bäume – Ginkgo, Österreichische Schwarzkiefer, Platane – sind heute stattliche Exemplare und geben dem Garten seinen Parkcharakter. Als Vorbild dienten bei der Gestaltung die englischen Landschaftsgärten mit geschwungenen Wegen, Baumgruppen und Grotte. Und so gilt die Einladung hier unmissverständlich: flanieren, genießen und dabei Pflanzen aus der ganzen Welt begegnen, von denen man nicht einmal wusste, dass es sie gibt. Zum Beispiel dem hübschen Frühlings-Adonisröschen im Walliser Teil des Alpinums, der mysteriösen Wüstenpflanze Welwitschia mirabilis im Sukkulentenhaus oder den anmutigen Früchten des Erdbeerbaums aus dem Mittelmeerhaus. Wer sich gezielt auf die Reise durch die Pflanzenwelt im Botanischen Garten begibt, nimmt sich beim Eingang am besten einen Prospekt mit Übersichtsplan. So sind die einzelnen Lebensräume wie der Alpengarten, das Nordamerikanische Hochmoor oder der Waldgarten am schnellsten zu finden. Oder die Flora aus Australien, Südafrika oder Asien, die hier vertreten ist. In den Schauhäusern sind Sukkulenten, Orchideen, Farne und weitere Sammlungen untergebracht – 6 000 verschiedene Pflanzenarten insgesamt. Das schafft man nicht in einem Male. Aber wer einmal hier war, der kommt sowieso gerne wieder.

➡ Eigentümer/in: Kanton Bern. info@botanischergarten.ch. www.botanischergarten.ch; www.aquilegia.ch. Größe: 2,5 ha. Eintritt frei. Öffnungszeiten: Täglich. Gartenanlage: März–September 8–17.30 Uhr. Oktober–Februar 8–17 Uhr. Schauhäuser: 8–17 Uhr. Führungen: Öffentliche Führungen gemäß Jahresprogramm sowie nach Voranmeldung. Veranstaltungen: Führungen, kulturelle Anlässe, Gartenpädagogik für Kinder, botanische Ausstellungen. Siehe Website. Attraktionen: Steppenhaus mit Pflanzen aus den Steppen Zentralasiens, besonders beeindruckend ist im April das farbige Tulpenmeer. Heilpflanzengarten. SBB Bern. 🚎 Nr. 20 bis „Gewerbeschule". 🚌 Anreise mit öffentlichen Verkehrsmitteln empfohlen. 🅿 In der Umgebung. 🍴 Mitte April–Mitte Oktober. 🍽 ♿ ❶

BE 11
Kleine Schanze Bern
Bundesgasse, 3011 Bern

Die kleine Schanze war Anfang des 17. Jahrhunderts ein Bollwerk, eine Verteidigungsanlage am Rande der Stadt. Heute ist sie ein Park geworden, eine friedliche Oase mitten im Zentrum. Schon 1817 war die Bastion eingeebnet und nach den Plänen des Landschaftsarchitekten Samuel von Luternau in einen Landschaftsgarten umgewandelt worden. Eine weitere größere Umgestaltung erhielt die kleine Schanze 1958, bei der die heutige Struktur entstand mit Sitzplätzen und größeren Staudenflächen. Ins Auge sticht leicht erhöht der Musikpavillon, der 1891 anlässlich der 600-Jahr-Feier zur Gründung der Eidgenossenschaft eingeweiht wurde. Oder das zu Beginn des 20. Jahrhunderts von René de Saint-Marceaux geschaffene Weltpost-Denkmal, das auf einer künstlichen Felsformation steht. Es soll daran erinnern, dass Bern die Gründungsstadt und immer noch Sitz des Weltpostvereins ist, der die internationale Zusammenarbeit im Postverkehr regelt.

➡ Eigentümer/in: Stadt Bern. www.bern.ch/stadtgruen. Größe: 1,6 ha. Eintritt frei. Öffnungszeiten: Frei zugänglich. SBB Bern. ➜ Vom Bahnhof beim Einkaufszentrum Loeb in die Christoffelgasse einbiegen. 🅿 Bahnhof-Parking. ✗ 🍽 🍴 ♿

Münsterplattform und angrenzende Gärten Bern

Münsterplatz, 3011 Bern

Foto: Sarah Fasolin

Hier, auf einem von Berns beliebtesten Plätzen, lässt sich ein schöner Blick in die Weite und in die Gartenkultur der Stadt Bern werfen. In der südöstlichen Ecke beim Aufzug, dem so genannten Senkeltram, hat man eine gute Sicht auf einen der bedeutendsten historischen Gärten in Bern: den Von-Wattenwyl-Garten. Das dazu gehörige Stadtpalais entstand 1705 für die Berner Patrizierfamilie Frisching. Der französische Architekt Joseph Abeille, so nimmt man an, konzipierte den Garten mit fünf Terrassen, die durch verschiedenläufige Treppen miteinander verbunden sind. Die oberste Terrasse mit den in der Stützmauer eingelassenen Ochsenaugen diente der Repräsentation und tut es bis heute. Denn die Gärten und das Von-Wattenwyl-Haus, das diesen Namen im Andenken an die letzte Besitzerin Beatrice von Wattenwyl erhalten hat, gehören seit 1934 dem Bund. Hier trifft sich der Bundesrat regelmäßig mit den großen Parteien zu den so genannten Von-Wattenwyl-Gesprächen. Auf den unteren drei Terrassen wird heute noch gegärtnert. Seit der Garten 2011 saniert wurde, präsentiert er sich wieder in seiner ganzen Pracht. Die dritte und vierte Terrasse wird von Privatpersonen gepflegt, die unterste als Schulgarten genutzt. Zwischen dem Von-Wattenwyl-Garten und der Münsterplattform liegen weitere Privatgärten. Und wer gleich neben dem Lift, der ins Mattequartier hinunter fährt, steil nach unten schaut, erkennt zwischen zwei Mauerstützen den winzigen Schattengarten von Erika Staub. 2010 hatte sie per Zufall die überwucherte, dunkle Ecke am Fuße der Stützmauer gesehen. „Hier sollte ein Garten entstehen", dachte sie und erhielt die 50 qm von der Stadt Bern in Pacht. Es entstand ein hübsches Gärtchen mit allerlei Schattenpflanzen und einem Sitzplatz in der Mitte. Wenn man in der nordöstlichen Ecke der Münsterplattform die Matte-Treppe hinunter steigt, kommt man direkt am Gärtchen vorbei. Die Münsterplattform selber hat in der Geschichte der Gartenkultur der Stadt eine wichtige Bedeutung. 1514 wurden die mächtige Mauer und die flache Terrasse fertiggestellt. Sie diente zunächst als Friedhof, jedoch nur bis 1531. Danach wurde sie zur ersten Promenade in Bern umfunktioniert, mit einer kleinen Einschränkung: Während den Gottesdiensten im Münster durfte man hier nicht flanieren. Noch mehr Bernische Gartenkultur gibt es auf der Westseite der Plattform zu entdecken. Von hier sieht man auf die schmale Terrasse des Stiftsgebäudes aus dem 18. Jahrhundert. Die barocke Gestaltung stammt erst aus dem Jahr 1957. Die Treibhäuser etwas weiter hinten gehörten einst zur Gärtnerei Aufenast, die auf Geranien spezialisiert war. Bei ihr deckten sich die Hausbesitzer der Altstadt mit Fensterschmuck ein. Seit die Gärtnerei 2010 geschlossen wurde, liegt sie brach. Ursprünglich wirkten an diesem Südhang drei Gärtnereien. „Die Blumengärtnerei" ist noch immer in Betrieb. Sie zieht selber Tulpen, Mohn, Lupinen und viele andere Blumen. Schon der Zugang aus der Herrengasse Nähe Kasinoplatz hinunter in den Keller und den Blumenladen ist ein spezielles Erlebnis. Wer würde in der engen Altstadt oben ahnen, dass wenige Treppenstufen tiefer eine Gärtnerei liegt?

⇒ Eigentümer/in: Stadt Bern. www.bern.ch/stadtgruen. Größe: 0,6 ha. Eintritt frei. Öffnungszeiten: Frei zugänglich. Attraktionen: Das Von-Wattenwyl-Haus inklusive oberster Gartenterrasse kann an bestimmten Tagen besichtigt werden. Ebenso das Landgut Lohn, in dem der Bundesrat Staatsempfänge abhält. Die Daten sind jeweils ausgeschrieben auf www.bbl.admin.ch → Themen → Residenzen. **SBB** Bern. 🚃 Nr. 12 bis „Rathaus". → Richtung Münster spazieren. 🚗 Anreise mit öffentlichen Verkehrsmitteln empfohlen. 🅿 Casino-Parking. 🔌 🛒 ♿

BE 13
Park Brünnengut
Brünnenstrasse 8a, 3027 Bern

Oft dehnt sich die Stadt langsam aus, ein Gebäude da und eines dort. In Bern West jedoch entstand auf einen Schlag ein ganzes Quartier mit Wohnungen, Schule, Einkaufszentrum etc. Die Anlage liegt auf dem einstigen Brünnengut, einem Berner Landsitz aus dem 18. Jahrhundert. Um diesen historischen Kern entwarfen die beiden Landschaftsarchitekten David Bosshard und Andreas Tremp einen Volksgarten des 21. Jahrhunderts. Die Gebäude und die barocke Gartenanlage, unter der der Verkehr der Autobahn durchbraust, blieben bestehen. Das Gutshaus, Gartenpavillon und Bauernhaus wurden renoviert. Auch eine Ende der 1990er Jahre hierher verlegte Scheune und ein Speicher aus Bümpliz wurden in den Park integriert. In Anlehnung an den Selbstversorgungsgedanken, der solchen Landgütern zu Grunde lag, wurde rund um die Gebäude eine Streuobstwiese mit Hochstammbäumen angelegt. Gleichzeitig gehören diese Bäume zu einer neuen Vision: ein Park für die Anwohner zum Mitmachen und Mittragen. Interessierte können sich bei der Pflege der Obstwiese beteiligen und im Gegenzug Früchte ernten. Auch Gartenbeete zur Pacht sowie Fest- und Grillplätze sollen diese Idee der Identifikation und des Mitgestaltens fördern.

⇒ Eigentümer/in: Stadt Bern. www.bern.ch/stadtgruen. Größe: 5,5 ha. Eintritt frei. Öffnungszeiten: Frei zugänglich. **SBB** Bern Brünnen Westside. → Brünnengut liegt in östlicher Richtung. 🚗 Anreise mit öffentlichen Verkehrsmitteln empfohlen. 🅿 🛒 ♿

BE 14
Schlosspark Bümpliz
Bümplizstrasse 89, 3018 Bern

Gleich zwei Schlösser stehen in diesem Park. Und wer einen Blick auf das Umfeld wirft, auf die Stadt, die sich das einstige Bauerndorf Bümpliz längst einverleibt hat, der staunt, dass diese Gartenanlage all dem widerstanden hat. Von der Bümplizstrasse aus führen zwei parallel verlaufende Alleen auf das neue Schloss zu. Hier, in diesem 1742 erbauten Wohntrakt, geben sich heute viele Paare das Ja-Wort. Gleich nebenan gelangt man in den Rosengarten, der bis in die 1980er Jahre als Nutzgarten diente. Er besteht noch in seiner ursprünglichen barocken Form mit Wegkreuz und Brunnen. Nimmt man beim Rosengarten den Kiesweg, am Schloss vorbei, gelangt man in den hinteren Parkteil mit dem großen Wasserbecken. 1998 war dieses vom damals herrschenden Wildwuchs befreit und restauriert worden. Zwischen Bäumen hindurch führt nun ein Weg Richtung altes Schloss, das eine über tausendjährige Geschichte aufweist. Es bestand schon als burgundischer Königshof, als auf dem heutigen Stadtgebiet von Bern noch dichter Wald stand. Teile des Wassergrabens dieses Schlosses sind noch immer sichtbar.

➡ Eigentümer/in: Stadt Bern. stadtgruen@bern.ch. www.bern.ch/stadtgruen. Größe: 0,6 ha. Eintritt frei. Öffnungszeiten: 7–21 Uhr. Führungen: Nach Voranmeldung. **SBB** Bern. 🚌 Nr. 7 bis „Bümpliz Höhe". 🚊 Nr. 27 bis „Bümpliz Schloss". 🚗 Anreise mit öffentlichen Verkehrsmitteln empfohlen. 🅿 ✖ 🖭 🛒 ♿

BE 15
Urbaner Garten Burgernziel
Thunstrasse 104, 3005 Bern

Foto: Sarah Fasolin

Tomaten im Big Bag. Fenchel in der Plastikkiste. Dahlien im Einkaufswagen. Hier wird gegärtnert ohne Garten. Im ehemaligen Tramdepot im Burgernziel hat Stadtgrün Bern einen temporären Garten eingerichtet. Einen mobilen Garten. Einen Garten auf Zeit, der das Areal nutzt, bis es überbaut wird. Die Behälter werden von der Stadt vermietet und können von Anwohnern beliebig bepflanzt werden. Koordiniert wird das Urban-Gardening-Projekt von zwei Koordinatorinnen vor Ort, die damit auch den Gemeinschaftssinn im Quartier fördern wollen. Die Behälter stehen eng beieinander. Beim Jäten, Gießen oder Ernten kommt man schnell ins Gespräch. Und wenn beim Nachbar ein farbiges Fähnchen in der Kiste steckt, heißt dies: „Bin abwesend, bitte gießen."

➡ Eigentümer/in: Stadt Bern. www.bern.ch/stadtgruen. Größe: 200 qm. Eintritt frei. Öffnungszeiten: Frei zugänglich. **SBB** Bern. 🚆 Nr. 6 bis „Bern, Burgernziel". 🚗 Anreise mit öffentlichen Verkehrsmitteln empfohlen. 🅿 Im Quartier. ✗ ⬛ 🐎 ♿

BE 16

Elfenau Bern
Elfenauweg 90-94, 3006 Bern

Foto: Sarah Fasolin

Es war ein Neuanfang in jedem Sinn: 1814 entfloh die russische Großfürstin Anna Feodorowna einer unglücklichen Ehe in St. Petersburg und kaufte das Brunnaderngut in Bern. Sie ließ das Gut sogleich umtaufen und unter dem Namen „Elfenau" eintragen. Ein Vorbesitzer hatte das stattliche Haus gebaut und die in die Landschaft greifenden Alleen angelegt. Feodorowna wollte hier nun einen englischen Landschaftsgarten, wie es damals in der Schweiz in Mode war. Der elsässische Landschaftsarchitekt Joseph Bernhard Baumann zeichnete ihr einen schönen Plan mit vielen Attraktionen, Aussichtsplätzen, Rotonden und einer Eremitage. Was davon genau umgesetzt wurde, lässt sich nicht abschließend sagen. Einige Attraktionen sind noch erhalten und auf einem

Spaziergang zu sehen, etwa eine kleine Teichanlage oder mehrere Aussichtspunkte. Die Finanzen der Großfürstin waren gemäß den vorhandenen Quellen jedoch nicht uferlos. Trotzdem fanden einige exotische Gehölze Eingang in den Park – diese sind jedoch heute kaum mehr vorhanden. Als Feodorowna 1860 starb, wechselte die Elfenau den Besitzer und wurde 1918 schließlich von der Stadt gekauft. Heute befindet sich Stadtgrün Bern in der Elfenau. Wenn auch einige der Attraktionen aus dem Landschaftsgarten fehlen, so ist die ursprüngliche Fläche zu einem großen Teil erhalten geblieben. Das offene Feld, der Blick in die Alpen und die Ausdehnung des Waldes entsprechen noch der Struktur aus dem frühen 19. Jahrhundert. Die von Feodorowna erstellte Orangerie wurde restauriert und mit dem angrenzenden Garten zu einem beliebten Sommercafé.

➡ Eigentümer/in: Stadt Bern. www.bern.ch/stadtgruen. Größe: 4,2 ha. Eintritt frei. Öffnungszeiten: Frei zugänglich. **SBB** Bern. 🚌 Nr. 19 bis „Luternauweg". 🚗 Anreise mit öffentlichen Verkehrsmitteln empfohlen. 🅿 🚎 🛒 ♿ Teilweise. ✿

BE 17
Naturgarten Müller/Looser
Riedstrasse 13, 3148 Lanzenhäusern

Foto: Martin Müller

Wer den Garten von Martin Müller und Liselotte Looser zum ersten Mal betritt, der ist erst einmal beeindruckt vom regen Betrieb. Auf den Blüten der Wildstauden sind Insekten aller Art damit beschäftigt, Nektar zu saugen. Schmetterlinge, auch seltene wie der Mauerfuchs, haben hier eine Welt gefunden, die

eigens für sie kreiert worden ist. Es ist das erklärte Ziel der beiden Gartenbesitzer, dass sie rund um ihr Haus alles zu Gunsten der Natur gestalten wollen.
Als sie im Jahr 2000 aus der Stadt in das alte Bauernhaus im Schwarzenbur-
gerland zogen, begannen sie sogleich, ihre Ideale umzusetzen. Exotische Gehölze wurden entfernt, stattdessen eine Vielfalt an einheimischen Sträuchern
gepflanzt. Weiß- und Schwarzdorn, Pfaffenhütchen und zahlreiche Wildrosen-
arten. Totholzhaufen für Igel, Kleinsäuger und Vögel entstanden. In jahrelanger Arbeit terrassierten sie den steilen Südhang mit mächtigen Trockenmauern. Auch in die Mauern wurden Unterschlüpfe für Hermelin oder Blindschleichen eingebaut. Weil viele Wildstauden auf zu nährstoffreichem Boden nicht
überleben, wurde ein Teil des Humus abgetragen und durch Kies ersetzt. 90
verschiedene Wildstauden blühen nun von Frühling bis Herbst. Bei einem Besuch in diesem besonderen Natur-Refugium erfährt man viel über die Zusam-
menhänge von Flora und Fauna. Denn Martin Müller war in seinem Berufsleben nicht nur selbstständiger Gartenbauer für naturnahe Gärten, sondern en-
gagiert sich zusammen mit seiner Frau auch im Natur- und Vogelschutz.

⇨ Eigentümer/in: Martin Müller und Liselotte Looser, Riedstrasse 13, 3148 Lanzenhäusern. Tel. 079/5015880. martin.mueller42@bluewin.ch. Größe: 0,3 ha. Eintritt: CHF
5.- pro Person. Anmeldung erforderlich. Führungen: Nach Voranmeldung. Attraktionen:
Hohe Trockensteinmauern, viele Lebensräume für Wildtiere. → Wegbeschreibung bei
Anmeldung. 🅿 🐎

BE 18

Schlossgarten Oberdiessbach
Schlossstrasse 50, 3672, Oberdiessbach

Schloss Oberdiessbach ist einer der zahlreichen Landsitze, die sich Berner Patrizierfamilien im 17. und 18. Jahrhundert anlegen ließen (siehe Einführungskapitel S. 70). 1666 baute der Neuenburger Architekt Jonas Favre im Auftrag
von Albrecht von Wattenwyl, einem Oberst in französischen Solddiensten,
Schloss und Gartenanlage. Gebäude wie auch die großzügige Gartenanlage widerspiegeln den Einfluss von Frankreich. Ein Plan aus dem 17. Jahrhundert
zeigt ein prachtvolles Gartenparterre mit Springbrunnen, Ornamenten und einem Boskett. In der ersten Hälfte des 19. Jahrhunderts fand jedoch die Gartenmode des englischen Landschaftsgartens Eingang auf Oberdiessbach und
im Gartenparterre wurden verschiedenste Bäume gesetzt. Eine mächtige Zyp-
resse am Rande der Spaliermauer steht noch als einsame Zeugin aus dieser
Zeit. In den späten 1990er Jahren wurde der Schlossgarten schrittweise in seine ursprüngliche barocke Forme zurückgebracht und teilweise mit neuen Ak-
zenten versehen. Da der heutige Eigentümer Sigmund von Wattenwyl seinen
Gutsbetrieb mit den 90 Hektar Land selbst bewirtschaftet, bleibt wenig Zeit für
aufwendige Gartenpflege. Bei der Renovierung spielte dies eine wesentliche

Rolle. Das Boskett ist mit Kegeleiben nur angedeutet, die Kompartimente bestehen aus Rasenflächen. Die vorhandenen Kleinarchitekturen fanden zu neuem altem Glanz zurück, etwa die beiden Muschelbrunnen neben dem Eingangstor, der nördliche Pavillon sowie das Peristyl. Da die beiden Eckpavillons im Süden fehlten, ließ von Wattenwyl diese ersetzen durch Minibauten von USM Haller. Auch die Allee südlich des Gartens wurde 2008 wieder neu angepflanzt.

➡ Eigentümer/in: Martine und Sigmund von Wattenwyl, Schlossstrasse 48, 3672 Oberdiessbach. info@schloss-oberdiessbach.ch. www.schloss-oberdiessbach.ch. Größe: 0,4 ha. Eintritt kostenpflichtig. Besichtigung nur im Rahmen von Führungen möglich. Anmeldung erforderlich. Führungen: Nach Voranmeldung. Attraktionen: Peristyl, Eckpavillons von USM Haller, Muschelbrunnen. ➡ Wegbeschreibung bei Anmeldung. 🅿 ✗ Apéro auf Anfrage. ♿

BE 19
Privatgarten Stöckli
Gsteigstrasse 21, 3132 Riggisberg

Foto: Ruth Stöckli, Gartenbijoux

Im Garten von Elisabeth Stöckli fällt die große Sammlung dunkellaubiger Pflanzen auf. Heuchera, Dahlien, Holunder und viele mehr mit dunklen Blättern. Kombiniert werden sie mit weißen, rosa und hellblauen Stauden und

Sträuchern. Kein Grün erzeuge so viel Tiefe wie dieses dunkle Bordeaux, diese fast schwarzen Blätter, erklärt Elisabeth Stöckli. Mit viel Hingabe pflegt sie ihr ansprechendes, farblich wohl überlegtes Gartenbild. Selbst die Gemüsebeete werden mit Blumen geschmückt, zwischen Bohnen wächst Schlafmohn. Die grobe Struktur des Gartens definieren ein Pavillon, ein Buchsgarten und kegelförmige Wachholder. Allen ihrer vier Töchter hat Elisabeth Stöckli die Gartenleidenschaft vererbt. Jede hat ihren eigenen Stil. Der Garten von Tochter Ruth Stöckli ist im Nachbardorf Rüeggisberg zu bewundern, wo das Bergpanorama Teil der Gestaltung wurde. Während den Öffnungszeiten ihrer Gartenboutique zeigt Ruth Stöckli auch ihren privaten Garten.

➡ Eigentümer/in: Elisabeth Stöckli, Gsteigstrasse 21, 3132 Riggisberg. Tel. 031/8092006. Website der Tochter Ruth Stöckli: www.gartenbijoux.ch. Eintritt frei. Anmeldung erforderlich. Führungen: Nach Voranmeldung. Attraktionen: Viele Pflanzen mit dunklem Laub. ➜ Wegbeschreibung bei Anmeldung. 🅿 ♿ Teilweise.

BE 20
Privatgarten Baumann
Postgasse 12, 3665 Wattenwil

Viele Gartenbesitzer stehen irgendwann vor der Frage, wie sie im Alter ihren Garten noch pflegen können. Bei Hugo Baumann lassen sich einige Ideen mitnehmen. Er ist nämlich erst nach seiner Pensionierung als Landschaftsarchitekt aufs Land gezogen und hat seinen Garten angelegt – im Hinblick aufs Alter. Der Gemüsebereich liegt am Rand des Grundstückes und kann, sollte die Arbeit zu viel werden, dem Nachbarn abgetreten werden. Zwei Zwergziegen erledigen das Rasenmähen auf einer großen Fläche des Grundstückes. Und beim Pflanzen von Obst wählt Baumann Sorten und Züchtungen, die bald etwas zu ernten geben. Alles, was er in seinem Garten verändert, geschieht immer mit der Frage: „Wie kann ich es ohne viel Aufwand umgestalten, wenn ich einmal über weniger Kräfte verfüge?" Baumann gibt auch Kurse zu diesem Thema.

➡ Eigentümer/in: Hugo und Terhi Baumann-Parm, Postgasse 12, 3665 Wattenwil. Tel. 033/3366831. h-t.baumann@bluewin.ch. www.bioflora.ch. Größe: 0,1 ha. Eintritt frei. Anmeldung erforderlich. Öffnungszeiten: Juni–September. Führungen: Nach Voranmeldung. Attraktionen: Garten speziell aufs Alter angelegt. ➜ Wegbeschreibung bei Anmeldung. 🅿 ♿

BE 21
Schaugarten Sämerei
Schwand 1, 3110 Schwand

Hier hängen die Erbsen an der Staude, bis sie hart sind. Und die Blumen bleiben nach der Blüte stehen, bis die Staude dürr ist. In diesem Garten und dem angrenzenden Feld produziert die Samenfirma Artha Samen auf biologische Weise Saatgut. Und so begegnet man Gemüse und Blumen in oft unbekannten Formen. Dem Krautstiel, der seine Samen manchmal in fast zwei Metern Höhe ausreifen lässt. Der Rande, die mit ihren Samenwedeln und den kugelrunden Kapseln erstaunte Blicke erntet. Im Auftrag des Bundesamts für Landwirtschaft werden hier alte Gemüsesorten vermehrt oder bei bestimmten Sorten Anbau und Entwicklung des Gemüses beobachtet und dokumentiert. Im Schaugarten wird zudem die Mischkultur gezeigt, wie sie von Ruth Pfisterer, einer Pionierin im biologisch-dynamischen Gärtnern, in der Gartenbauschule Hünibach während 60 Jahren praktiziert wurde.

➡ Eigentümer/in: Artha Samen, 3110 Schwand. info@arthasamen.ch. www.arthasamen.ch. Größe: 1 ha. Eintritt frei. Öffnungszeiten: Frei zugänglich. Führungen: Nach Voranmeldung. Veranstaltungen: 1. und 3. Maiwoche Markt. Tipp: Wer von hier weiter Richtung Oberland unterwegs ist, kann einen Abstecher zur erwähnten Gartenbauschule Hünibach und deren Schaugarten machen: www.gartenbauschule-huenibach.ch. **SBB** Rubigen.
→ Ab Bahnhof Rubigen dorfaufwärts Richtung Münsingen. 20 Minuten zu Fuß. 🚗 A6 Ausfahrt Rubigen. Richtung Münsingen. Eingangs Dorf links. 🅿 ⛟ ♿ Teilweise. ❶ ✿

BE 22
Schlosspark Oberhofen
Schloss Oberhofen, 3653 Oberhofen

„So stelle ich mir das Paradies vor", schrieb eine 85-jährige Person in das Parkbesucherbuch in Schloss Oberhofen. Und der Gartenhistoriker Hans-Rudolf Heyer bezeichnete in seinem viel beachteten Werk „Historische Gärten der Schweiz" Schloss Oberhofen als den Höhepunkt der historisierenden Gartenkunst in der Schweiz. Es ist nicht nur die sorgfältige Pflege, die diesem Park zugewendet wird – jedes Jahr werden allein für die Sommerflorrabatten über 100 Blumensorten gezogen –, sondern auch die Kombination verschiedener und zum Teil seltener Gartenelemente, die diesen Ort so speziell machen. Wie viele andere Schlösser ist auch Oberhofen aus einer mittelalterlichen Burg entstanden und jeder Besitzer erweiterte oder veränderte das Gebäude nach seinen Bedürfnissen. Für die Umgebung waren jedoch vor allem zwei Besitzer-Phasen besonders prägend. Im 19. Jahrhundert ließ die Neuenburgisch-preußische Grafenfamilie Pourtalès an drei Seiten des Schlosses geometrische Schmuckbeete anlegen – und griff damit zurück auf die barocke, im 17.

Jahrhundert in Frankreich entstandene Gartenkunst. Aus der Obstwiese am See entwickelte sie einen englischen Landschaftsgarten und legte geschwungene Wege an, die bis heute unverändert verlaufen. Das Kinderchalet, das Gärtnerhaus, die Orangerie und das Treibhaus wurden von der Familie Pourtalès gebaut – sie zeigen, wie wichtig den Besitzern der Garten war. 1925 kaufte der amerikanische Anwalt William Maul Measey Schloss und Park und widmete sich begeistert weiteren Gartenprojekten. Er legte eine Zwergkoniferensammlung an, deren damals gesetzte Exemplare heute eine stattliche Größe haben. Zudem ließ er das Blumenbeet in Form eines Schweizerkreuzes anlegen, das bis heute jedes Jahr neu bepflanzt wird. Measeys Liebe zur Schweiz zeigte sich auch, als er eine Stiftung ins Leben rief, die das Schloss erhalten und den Park der Öffentlichkeit zugänglich machen soll. Seit 1940 ist der Park öffentlich. Nebst den historischen Elementen ist im Gemüsegarten seit einigen Jahren ein Samengarten von Artha Samen (siehe BE 21) beheimatet. Schloss Oberhofen wird jedes Jahr von vielen Gartenfans besucht – und manch einer hält seine Eindrücke im Parkbuch fest.

Foto: Sarah Fasolin

➡ Eigentümer/in: Stiftung Schloss Oberhofen. info@schlossoberhofen.ch. www.schlossoberhofen.ch. Größe: 2,5 ha. Eintritt: Schlosspark gratis. Schlossgarten und Schloss kostenpflichtig: Erwachsene CHF 10.-, Kinder (6–16) CHF 8.-, Ermäßigung für Gruppen. Öffnungszeiten: Ende März–Oktober täglich ab 9 Uhr, abends je nach Saison unterschiedlich lang geöffnet (siehe Website). Führungen: Nach Voranmeldung. Veranstaltungen: Siehe Website. Attraktionen: Hainbuchenlaubengang, Schweizerkreuz aus Blumen, Koniferensammlung. **SBB** Thun. 🚌 Nr. 21 oder 25 bis „Oberhofen Dorf". 🚗 A6 Ausfahrt Thun-Nord. Bis Oberhofen. Beschildert. 🅿 ✕ 💺 ♿ Teilweise. ❶ Gartenführer an der Kasse erhältlich. Tipp: In der Nähe befindet sich der englische Landschaftsgarten von Schloss Hünegg. Zu sehen sind alte Bäume sowie ein paar Kleinarchitekturen.

BE 23

Bonstettenpark

Gwattstrasse, 3645 Gwatt bei Thun

Foto: Sarah Fasolin

Es ist ein in der Schweiz seltenes Gartenelement, das einem im Bonstetten-Park auffällt: Ein 200 Meter langer Kanal, von Alleen begleitet, der die Mittelachse des Landsitzes stark betont und zum See und der dahinter aufragenden Bergwelt weist. Der Berner Staatsmann Emanuel Friedrich Fischer hatte den Kanal ab 1764 anlegen lassen. Daran angrenzend ließ er eine Wiese und ein Wäldchen nach symmetrischen Grundsätzen gestalten, die heute nur noch in Ansätzen nachvollziehbar sind. Rund um die eigentliche Campagne entstanden weitere barocke Gartenanlagen, ein Parterre, ein Weiher, eine rückseitig vom Haus wegführende Allee. Der Architekt dieser barocken Gärten ist nicht bekannt. Um 1822 wurde der Karrweg, der schon quer über das Grundstück verlaufen war, zu einer Straße ausgebaut – die Anlage wurde damit zweigeteilt. Eine größere Veränderung des Ensembles geschah in den 1920er Jahren, als der damalige Besitzer Jean Jacques von Bonstetten den Landschaftsarchitekten Adolf Ernst Vivell beauftragte, die Umgebung des Landhauses neu zu gestalten. Es war die Zeit der Architekturgärten, die sich durch strenge Formensprache auszeichnen. Rund um das Landhaus, in dem heute die Musikschule der Region Thun untergebracht ist, kann Vivells Handschrift noch immer erkannt werden. Kernelemente sind die breite Mittelachse des Parterres, der aus einer Hecke geformte Laubengang und das Wasserbecken hinter dem Haus.

➡ Eigentümer/in: Stadt Thun. Größe: 10 ha. Eintritt frei. Öffnungszeiten: Frei zugänglich. Attraktionen: Wasserkanal, Architekturgarten. **SBB** Thun. 🚌 Nr 1. bis „Camping" oder „Gwatt, Seewinkel". 🚕 A6 Ausfahrt Thun-Süd. Richtung Spiez/Gwatt. 🅿 🐴 ♿
Tipp: Ein weiterer öffentlich zugänglicher Park von historischer Bedeutung in Thun ist der nicht weit entfernt gelegene Schadaupark.

BE 24
Privatgarten Shepherd
Egglenweg 13, 3655 Sigriswil

Foto: Katharina Shepherd

Es gibt viele Zugänge in die Pflanzenwelt. Bei Katharina Shepherd dienen die Pflanzen in ihrem Garten in erster Linie als Inspiration und Motive für die Tuschmalerei, die sie während zehn Jahren in Japan erlernte. Päoniengärten hatten in Japan eine große Anziehungskraft auf sie. Zurück in der Schweiz ist aus der Umgebung um ihr Haus hoch über dem Thunersee deshalb ein Garten mit über 80 Päoniensorten entstanden. Bambusse, Orchideen und die japanische Zierkirsche erinnern ebenfalls an den Lebensabschnitt in Fernost. Auch der Gemüsegarten inspiriert für die Tuschmalerei: Lauch lässt sie oft stehen, bis er blüht – weil sich die Samenstände so schön eignen zum Malen. Dass sie diese Pflanzen alle selber zur Blüte bringt und nicht irgendwo besorgt, hat einen einfachen Grund: Indem sie den ganzen Zyklus vom Keimen, Wachsen, Blühen und Samen hervorbringen erlebe, wachse die Vertrautheit. Erst wenn sie eine Pflanze kenne, könne sie diese richtig erfassen und zu Papier bringen.

→ Eigentümer/in: Katharina und Paul Shepherd, Egglenweg 13, 3655 Sigriswil. Tel. 033/2513366. info@tuschmalerei.ch. Größe: 0,1 ha. Eintritt Spendenkässeli. Anmeldung erforderlich. Führungen: Nach Voranmeldung. Attraktionen: Garten mit japanischen Elementen, über 80 Päonien-Sorten, davon viele Wildformen. → Wegbeschreibung bei Anmeldung. 🅿 🐈

BE 25
Privatgarten Courage
Rebweg 1, 3658 Merligen

Foto: Sarah Fasolin

Sie hatten viele Gärten gesehen. Waren quer durch England gereist, Holland, Frankreich, Deutschland. 2008 wollten sie nicht länger warten, ihren kleinen Stadtgarten zurücklassen und endlich selber einen großen Garten anlegen. In Merligen am Thunersee verliebten sie sich in ein passendes Haus mit ebener Grünfläche, erwarben es und begannen sogleich zu planen, zu zeichnen und zu gestalten. Wilfried Courage übernahm das Technische, Bettina Courage das Pflanzliche. Vor der Berg- und Seekulisse des Thunersees ist ihnen ein besonderes Werk geglückt. Der Garten ist eingeteilt in verschiedene Räume, die alle einem anderen Thema zugeordnet sind. Rosen und Hortensien begrüßen beim Eingang die Besucher. Man gelangt weiter in den Mondgarten, in dem kühle Töne vorherrschen, vorwiegend Weiß und Blau. Der Kontrast folgt im nächsten Gartenraum, dem Sonnengarten, wo Gelb, Orange und Rot miteinander kombiniert sind. Die Rasenfläche ist pyramidenförmig angelegt – wie der Niesen, der einem hier frontal gegenüber steht. Anschließend folgt der Bauerngarten mit dem typischen Wegkreuz sowie Buchsbordüren und Rosenbögen. Der vierte

Bereich ist der Teichgarten. Hier plätschert das Wasser über Felsblöcke in einen Weiher. Ein Holzsteg führt zu einer Sitzbank, von der aus eine Sichtachse quer durch alle vier Gartenräume verläuft. Aber von jedem Gartenzimmer sieht man nur einen kleinen Ausschnitt – dieser Garten möchte entdeckt werden.

➡ Eigentümer/in: Wilfried und Bettina Courage, Rebweg 1, 3658 Merligen. Tel. 033/ 2512374. ninacourage@bluewin.ch. www.garten-courage.ch. Größe: 0,1 ha. Eintritt frei. Anmeldung erforderlich. Führungen: Nach Voranmeldung. ➜ Wegbeschreibung bei Anmeldung. 🅿 🛒 ♿

BE 26
Rosengarten/Kräutergarten Spiez
Schlossstrasse 16, 3700 Spiez

Beim Schloss Spiez gibt es zwei kleine, aber hübsche Gärten zu entdecken. Vom Parkplatz her kommend durchschreitet man rechts eine üppig mit Sommerblumen bepflanzte Terrasse. Durch den Schlosshof rechts an der Kirche vorbei erreicht man zuerst den Rosengarten des Hauses „Le Roselier", in dem die letzte Besitzerin des Schlosses bis 1962 gelebt hat. Als der Garten nach ihrem Ableben sich selbst überlassen war, ergriffen die Spiezer Rosenfreunde die Initiative und organisierten Hilfe und Finanzen für einen Rosengarten. 1997 wurde der Garten nochmals leicht umgebaut, der Boden war müde und musste erneuert werden. Bei dieser Gelegenheit wurden neuere, robustere Sorten gesetzt. Unmittelbar daneben betritt man einen erst vor wenigen Jahren geschaffenen Kräutergarten, wie er im 17. Jahrhundert ausgesehen haben könnte. Ist man bereits in Spiez, ist der Weg nach Hondrich nicht mehr weit. Neben der Schule für Hauswirtschaft und Berglandwirtschaft ist ein großer Gemüsegarten zu sehen, in dem es viel über Mischkulturen und den Einsatz von Gründüngung zu lernen gibt.

➡ Eigentümer/in: Gemeinde Spiez. admin@schloss-spiez.ch. www.schloss-spiez.ch. Größe: 300 qm. Eintritt frei. Öffnungszeiten: Frei zugänglich. Führungen: Nach Voranmeldung. **SBB** Spiez. ➜ Vom Bahnhof der Seestrasse folgen. Links abbiegen Richtung Schloss. 🚗 A6 Ausfahrt Spiez. Richtung Zentrum. Beschildert. 🅿 🚎

BE 27
Heilpflanzengarten Krebs
Adlemsried 91, 3766 Boltigen

Etwas Gemüse hat zwar auch seinen Platz, aber in diesem Garten wachsen vorwiegend Heilpflanzen. Von den bekannten wie Ringelblume oder Salbei bis zu weniger bekannten wie dem Honigklee oder dem Hauhechel. Insgesamt wachsen hier über 100 verschiedene Pflanzen mit Heilwirkung. Susanna Krebs arbeitet als Heilpraktikerin. Und weil sie feststellte, dass viele Leute die Pflanzen in natura kennenlernen möchten, fing sie an, ihren Garten an bestimmten Tagen oder auf Anfrage zu öffnen. Nach Voranmeldung können vor Ort auch ein Kräutersalz, Tinkturen oder Salben zum Eigengebrauch hergestellt werden.

⇒ Eigentümer/in: Susanna Krebs und Gusti Pollak, Adlemsried 91, 3766 Boltigen. Tel. 079/6617081. mail@susannakrebs.ch. www.susannakrebs.ch. Größe: 0,1 ha. Eintritt frei. Workshops kostenpflichtig. Öffnungszeiten: Mitte Mai–Mitte Oktober Mittwoch 9–17 Uhr oder nach Voranmeldung. Führungen: Nach Voranmeldung. Veranstaltungen: Kurse und Heilpflanzenwanderungen siehe Website. **SBB** Boltigen. → Vom Bahnhof beschildert. 40 Min. Fußmarsch. Oder mit Taxi: Tel. 033/7736267. 🚗 A6 Ausfahrt Wimmis. Richtung Simmental. In Boltigen Wegweiser Adlemsried folgen. 🅿 ☕ Auf Anfrage. ♿ Teilweise. Tipp: In Erlenbach beim Talmuseum (beschildert) ist ein Gartenzaun nachgebildet, wie er im 17. Jahrhundert gebaut wurde.

BE 28
Alpengarten Schynige Platte
Schynige Platte, 3812 Wilderswil

Foto: Verein Alpengarten Schynige Platte

Der Alpengarten Schynige Platte, 1928 angelegt, unterscheidet sich in verschiedener Hinsicht von anderen Gärten: Auf den 8000 Quadratmetern begegnet man ausschließlich der heimischen Alpenflora. 600 Arten, die in der Schweiz oberhalb der Waldgrenze wachsen, sind hier anzutreffen – und zwar jeweils im Beisein jener Pflanzen, mit denen sie sich den Platz auch in ihren natürlichen Lebensräumen teilen. 15 solcher Lebensräume werden im Alpengarten gepflegt, etwa die Milchkrautweide, die Blaugrashalde oder das Urgesteinsfeld. Für Letzteres ist ein nicht-kalkhaltiger, saurer Boden Voraussetzung. Um diesen Lebensraum zu schaffen, wurde in aufwendiger Arbeit tonnenweise Grimselgranit herbeigeführt. Deshalb sind auf der Schynigen Platte nun auch Alpenpflanzen von Silikatböden zu sehen, wie sie etwa im Wallis und Graubünden anzutreffen sind. Die Schynige Platte ist auch für die Forschung bedeutend: Seit den 1930er Jahren finden Experimente statt zur Frage, welche langfristigen Folgen Eingriffe in den Alpenweiden mit sich bringen.

➡ Eigentümer/in: Verein Alpengarten Schynige Platte, 3800 Interlaken. info@alpengarten.ch. www.alpengarten.ch. Größe: 0,8 ha. Eintritt: Im Bahnticket inbegriffen. Öffnungszeiten: Anfang Juni–Mitte Oktober. Führungen: Nach Voranmeldung. Veranstaltungen: Siehe Website. Attraktionen: Historische Zahnradbahn mit Rollmaterial aus dem 19. Jahrhundert. **SBB** Wilderswil. Dann Zahnradbahn bis Schynige Platte. 🚗 A8 Ausfahrt Wilderswil. Richtung Bahnhof. Dann Zahnradbahn bis Schynige Platte. 🅿 ✖ In der Nähe. 🐎 ❶

BE 29
Gärten Ballenberg
Museumsstrasse 131, 3858 Hofstetten

Foto: Freilichtmuseum Ballenberg

Die ländliche Schweiz vergangener Jahrhunderte ist im Kleinformat im Freilichtmuseum Ballenberg zu sehen. Zu den Bauern-, Taglöhner- und Handwerkerhäusern gehörten meist auch Gärten. So führt ein Spaziergang durch den Ballenberg zu verschiedenen Hausgärten. Beim Eingang sind Pläne erhältlich, die die Orientierung erleichtern. Die meisten Gärten sind im Sektor „Mittelland" anzutreffen. Etwa der Heilpflanzengarten (Nr. 302 im Plan), der von den Schweizer Drogisten betreut wird. Dieser Garten gehört zu den umfangreichsten Heilkräutergärten der Schweiz, da er nicht weniger als 250 verschiedene Arten von Pflanzen mit heilender Wirkung beheimatet. Auch eine große Zahl von Färber-, Gewürz- und Duftpflanzen ist zu sehen. Südöstlich des Taglöhnerhauses aus Detligen (Nr. 371) liegt ein Gemüsegarten. Die Einfriedung des Gartens mit Weiden und die Funktion als reiner Nutzgarten ohne Blumen zeigen, dass es sich hier um den Garten ärmerer Leute in der Zeit um 1760 handelt. Von hier ist auch das Getreidefeld neben dem Bauernhaus Eggiwil zu sehen (Nr. 351), in dem Emmer, Buchweizen, Gerste und Weizen angebaut werden. Daneben liegt zudem ein Flachsfeld mit Lein. Ein Garten einer wohlhabenden Familie ist neben dem Waadtländer Bauernhaus aus Villars-Bramard nachgebaut (Nr. 531). Hier hat es in den von Buchs eingefassten Beeten nicht nur viel Platz für Gemüse, sondern auch für Blumen. Obstspalier, Beerenstöcke und Holunder liefern weitere Zutaten für die Hofküche. Zwischen einem Spritzenhaus (Nr. 334) und einer Stallscheune (Nr. 341) zeigt der Samengarten, wie früher Saatgut gewonnen wurde, damit der Garten im nächsten Jahr wieder bestellt werden konnte.

⇒ Eigentümer/in: Schweizerisches Freilichtmuseum Ballenberg für ländliche Kultur, Museumsstrasse 131, 3858 Hofstetten. info@ballenberg.ch. www.ballenberg.ch. Größe: Verschieden. Eintritt: Erwachsene CHF 22.-, Kinder (6–16) CHF 18.- Ermäßigung für Gruppen, Rentner, Studenten, Arbeitslose. Öffnungszeiten: Mitte April–Ende Oktober täglich von 9–18 Uhr. Führungen: nach Voranmeldung. Veranstaltungen: Heilkräutertage jeweils am ersten Wochenende im Juli. Attraktionen: Einzigartige Häuserlandschaft, Demonstration von altem Handwerk. **SBB** Brienz. 🚌 Nr. 231 bis „Ballenberg West, Museum". 🚗 Ab Brienz, Meiringen oder Brünigpass den Wegweisern „Ballenberg West" oder „Ballenberg Ost" folgen. 🅿 ✗ 🍴 🛒 ♿ ❶

Murten

1

2

3

9

Estavayer-
le-Lac

7

8

4, 6

Freiburg

5

11

12

Bulle

10

Die Leidenschaft des Sammelns

Eigentlich möchten Peter und Brigitte Chopard ihre Pflanzensammlung reduzieren. Denn ihre Leidenschaft gilt ausgerechnet zwei Arten, die besonders viel Arbeit verlangen: Iris und Dahlien. Doch statt zu reduzieren haben Chopards vor ein paar Jahren noch ein zusätzliches Stück Land gepachtet, auf dem sie die überzähligen Irisknollen jeweils setzen können (siehe FR 2).

Dieser Garten ist ein sehr schönes Beispiel für die große Leidenschaft des Pflanzensammelns, wie sie unter Gartenleuten weit verbreitet ist. Ein Blick in die Geschichte zeigt, dass dies alles andere als neu ist. Schon die assyrischen Könige wünschten fremdländische Bäume in ihren Parkanlagen. Die Römer verbreiteten viele Nutzpflanzen in ihrem ganzen Reich. Im Mittelalter tauschten die Klöster in ganz Europa ihre Pflanzenschätze untereinander. Im 16. Jahrhundert entstanden in Europa die ersten botanischen Gärten (siehe auch Einführungskapitel Neuenburg S. 192), in denen Pflanzen gesammelt wurden, um sie zu beobachten und zu studieren. Botaniker unternahmen mehrjährige Reisen in entlegene Gebiete, immer auf der Suche nach Neuentdeckungen im Pflanzenreich, das weltweit immerhin mehr als 240 000 Arten zählt. Im 17. Jahrhundert nahm diese Sammelleidenschaft mitunter absurde Formen an. Es war die Zeit des Tulpenwahns, der in Holland ausgebrochen war, nachdem 1594 ein niederländischer Botanik-Professor aus dem Orient ein paar Tulpenzwiebeln mit nach Hause gebracht hatte. Die Gier nach speziellen Tulpen war so groß, dass bisweilen eine einzige, seltene Zwiebel für das Fünfzigfache eines durchschnittlichen Jahreseinkommens gehandelt wurde.

Zu einer eigentlichen Pflanzenjagd kam es schließlich im 19. Jahrhundert, nachdem Zierpflanzen wie Dahlien und Fuchsien, aber auch Koniferen und andere bis dahin unbekannte Gehölze entdeckt worden waren. In der Schweiz äußerte sich dies insbesondere in der Sammelleidenschaft für Alpenpflanzen (siehe Einführungskapitel Wallis S. 346). Solche Auswüchse sind heute durch verschiedene Schutzabkommen unterbunden. Im Rahmen dieser Regelungen ist Sammeln aber nach wie vor erlaubt und zum Schutz seltener Arten oder Sorten sinnvoll. Nebst den Alpengärten und den Botanischen Gärten, von denen einer auch im Kanton Freiburg zu sehen ist (siehe FR 4), können in der Schweiz einige interessante Pflanzensammlungen besichtigt werden: etwa die Sukkulentensammlung in Zürich (siehe ZH 17), die Fuchsiensammlung in Neuenhof (siehe AG 5), die Chrysanthemensammlung in Reute (siehe AP 2) oder die Pflanzensammlungen auf der Schatzalp in Davos. Dort sind außerordentliche Kollektionen von Anemonen, Glockenblumen, Storchschnabelarten, Pfingstrosen-Wildarten, Enzianen, Wolfsmilch, Rittersporn, Christrosen, Sterndolden und Mohn zu sehen (siehe GR 11).

Privatgarten Gräub
Schoren 97, 3215 Gempenach

Foto: Sarah Fasolin

Dies ist ein Hausgarten in Perfektion. Vor dem Haus blüht es immer in den Töpfen (alles selbst gezogen), an den Fenstern wird der Flor dreimal pro Jahr ausgewechselt. Und für die Gemüse- und Früchteproduktion haben sich Gräubs optimale Bedingungen geschaffen. In einem 180 qm großen Treibhaus wachsen Tomaten, Auberginen, Peperoni, Feigen. Hier wird ausgesät, pikiert und gesteckt. Eine elektronisch gesteuerte Tröpfchenbewässerung sorgt für genügend Feuchtigkeit. In einem kleineren Treibhaus gedeihen Gurken, Melonen und Artischocken. Paul Gräub hat eine besondere Leidenschaft für den Obstanbau und zieht an Hochstämmern und in einer Obstanlage mit Spindelbäumen 20 Sorten Äpfel, viele Birnen, Kirschen, Mirabellen, Zwetschgen, Pflaumen, Aprikosen, Pfirsiche, Kiwi. Paul Gräub arbeitet als Schreinermeister und Elisabeth Gräub ist teilzeit Querflötenlehrerin. Garten und Obstanbau ist das große Hobby der beiden – und auch wenn sie manchmal selbst ein wenig über sich und ihre Top-Einrichtung schmunzeln, so lässt sich das Ergebnis doch sehen: üppige Ernte, schöne und schmackhafte Früchte – und zufriedene Gärtner.

➡ Eigentümer/in: Elisabeth und Paul Gräub, Schoren 97, 3215 Gempenach. Tel. 031/7510515. elisabethgraeub@gmail.com. Größe: 0,4 ha. Eintritt frei. Anmeldung erforderlich. Führungen: Nach Voranmeldung. ➡ Wegbeschreibung bei Anmeldung. 🅿 ☕ Verpflegung auf Anfrage (Unkostenbeitrag). 🐎 ♿ Teilweise. ✿ Verkauf von Obst und Saisongemüse.

FR 2
Iris- und Dahliengarten Chopard
Route des Roches 60-62, 1785 Cressier

Foto: Brigitte Chopard

Dies kann die Folge sein, wenn ein Mann einmal auf ein Fußballmatch im Fernsehen verzichtet: ein 17 Ar großes Irisfeld mit über 600 verschiedenen Sorten, von der Zwergiris bis zur hohen Bartiris. Vor über zehn Jahren ließ sich Peter Chopard dazu überreden, statt Fußball Iris zu bestaunen und mit seiner Frau und Freunden den Irisgarten im Waadtländer Château de Vullierens (siehe VD 5) zu besuchen. Vor Ort verfiel er den Iris, bestellte sogleich die ersten Sorten und bald darauf war es auch um seine Frau geschehen. Die Rasenfläche ums Haus wurde immer kleiner, die Irisbeete immer größer. Heute haben sie sogar ein zusätzliches Stück Land gepachtet, um überzählige Iris, die bei der Teilung der Stöcke anfallen, unterzubringen. Weil die Blütenfreude jeweils nur kurz ist, kam irgendwann die Dahlienleidenschaft dazu, welche den Garten ab Juli zum Blühen bringt. 186 Sorten sind es mittlerweile. Diese werden in 500 Teichkörben vorgezogen, die dann im Garten in vorbereitete Löcher gesteckt werden. Alles wird in stundenlanger Handarbeit erledigt, vom Jäten bis zum Ausbrechen der verblühten Stengel. Diese Arbeit ist Brigitte Chopard am liebsten, denn nie ist sie so nahe und so lange bei den Blüten ihrer „kleinen Schatzis" wie dann. Sie kennt sie fast alle beim Namen. Und sollte sie sich mal an eine nicht erinnern, steckt neben dem Laub ein Schild im Boden.

→ Eigentümer/in: Brigitte und Peter Chopard, Route des Roches 60-62, 1785 Cressier. Tel. 026/6740414. chopard@irisgarten.ch. www.irisgarten.ch. Größe: 0,17 ha. Eintritt frei. Anmeldung erforderlich. Führungen: Nach Voranmeldung. Attraktionen: Sammlung von über 600 Iris und über 180 Dahlien. → Wegbeschreibung bei Anmeldung. ▣ ♿ Teilweise. ✿

FR 3
Schaugarten L'autre jardin
Chemin du Pontet 5, 1721 Cormérod

Foto: Magali Koenig

Zehn Jahre hatte Gärtnermeister Xavier Allemann für einen Baumarkt den Pflanzeneinkauf verantwortet. Danach wollte er seine Hände wieder selber in die Erde graben. Und er wollte einen eigenen, einen anderen Garten mit Pflanzen, die es im Großhandel nicht zu kaufen gibt. Eine Freundin verkaufte ihm die Scheune ihres Bauernhauses und stellte ihm das Land darum herum zur Verfügung. Das war 2003. Xavier Allemann gründete „L'autre jardin", eine Gärtnerei mit auserwählten Staudenpflanzen. Auf den ehemaligen Kuhweiden rund um das Haus legte er seinen anderen Garten an. Das alte Ofenhaus in der Mitte, in dem bei Gartenfesten Pizza gebacken wird, verbreitet einen warmen Charme. Die Staudenbeete links und rechts streben in geraden Linien vom Haus weg. Sie sind verschiedenen Standorten und Farbkonzepten zugeordnet. Versteckt neben dem Wohnhaus stößt man auf den Fledermaus-Garten, den Allemann so nennt, weil hier nachts die Fledermäuse über die Köpfe hinweg huschen. Am Bord vor dem Haus hat er einen Zwetschgen-Garten gestaltet:

Darin stehen nicht nur Zwetschgenbäume, sondern die gelben, purpurnen und lila Farben der Pflanzen erinnern an die Zwetschge und harmonieren gut mit der historischen Bemalung des Bauernhauses.

➡ Eigentümer/in: Xavier Allemann, Chemin du Pontet 5, 1721 Cormérod. allemann.xavier@ lautrejardin.ch. www.lautrejardin.ch. Größe: 0,2 ha. Eintritt frei. Öffnungszeiten: Mi–Fr 10–12 Uhr und 13.30–18 Uhr. Sa –16 Uhr. Ausnahmen: Mai Mo–Sa. Im Juli und November auf Anfrage. Führungen: Nach Voranmeldung. Veranstaltungen: Siehe Website. Attraktionen: Historisches Ofenhaus mitten im Garten. **SBB** Freiburg. 🚌 Nr. 544 Richtung Cournillens bis „Cormérod village". 🚗 Autobahn A12 Ausfahrt Granges-Pacot. Richtung Courtepin → Cormérod. Im Dorf beschildert. 🅿 🚽 ♿ Teilweise. ✿

FR 4
Botanischer Garten Freiburg
Chemin du Musée, 1700 Freiburg

Foto: Sarah Fasolin

Der einzige zweisprachige Botanische Garten der Schweiz dient auch heute noch der Ausbildung von Studierenden, hat aber auch bei der lokalen Bevölkerung einen hohen Stellenwert und ist bekannt für seine vielen Aktivitäten wie Kurse, Führungen sowie den Frühlingsmarkt. Der Garten ist in 20 Bereiche eingeteilt und beherbergt rund 5000 Pflanzenarten. Am auffälligsten präsentiert sich der am Ende des Gartens stehende Mammutbaum, der gleichzeitig mit der Eröffnung des Gartens 1937 gepflanzt wurde. Auffallend ist zudem der Rosengarten, in dem von jedem Rosentyp einige Exemplare zu sehen sind. Zu den beliebten Bereichen gehören auch der Medizinalpflanzengarten, der Teich mit den Seerosen sowie das reich blühende Alpinum, das den Besucherinnen und Besuchern die Schönheiten der Freiburger Voralpen präsentiert. Die Salbeisammlung umfasst 50 Salvien-Arten aus der ganzen Welt. Im Schauhaus wachsen tropische Nutzpflanzen wie Kakao, Zuckerrohr, Erdnüsschen und viele andere weltwirtschaftlich bedeutende Arten.

➡ Eigentümer/in: Universität Freiburg, 1700 Freiburg. jardin-botanique@unifr.ch. www.unifr.ch/jardin-botanique. Größe: 1,5 ha. Eintritt frei. Öffnungszeiten: Ganzjährig geöffnet. April–Oktober: Mo–Fr 8–18 Uhr, Sa/So 8–17 Uhr. November–März: Mo–Fr 8–17 Uhr, Sa/So 10–16 Uhr. Führungen: Nach Voranmeldung. Veranstaltungen: Frühlingsmarkt jeweils am 2. Samstag im Mai, 9–16 Uhr. Weitere Veranstaltungen siehe Website. **SBB** Freiburg. 🚌 Nr. 1 und 3 bis „Perolles Charmettes" oder Nr. 7 bis „Jardin Botanique". 🚶 Anreise mit öffentlichen Verkehrsmitteln empfohlen. 🅿 🛒 ♿ ❶

FR 5
Privatgarten Meier
Römerswil 7, 1717 St. Ursen

Foto: Sarah Fasolin

Das alte Patrizierhaus mit der kleinen Kapelle und dem ummauerten Garten verströmt besonderen Charme. Eine Freiburger Patrizierfamilie ließ das Haus 1689 errichten, 1722 kam die Kapelle dazu. 1935 kaufte es die Familie von Heidi Meier. Im Garten pflanzte die Mutter Gemüse an und ging damit nach Freiburg auf den Wochenmarkt. Heidi Meier reduzierte später die Gemüsebeete und legte stattdessen Buchsbordüren an und einige Zierbeete rund um die Kapelle. An den Mauern wachsen noch immer alte Birnbäume an einem Holzgerüst. Heidi Meier richtete in den Zimmern vor über 20 Jahren ein stilvolles Bed and Breakfast ein. Der friedliche Ort ist eine passende Ausgangsbasis für die Besichtigung der Gärten im Kanton Freiburg.

➜ Eigentümer/in: Heidi Meier, Römerswil 7, 1717 St. Ursen Tel. 026/3221174. www.heidis-bed-and-breakfast.ch. Größe: 700 qm. Eintritt frei. Anmeldung erforderlich. Führungen: Nach Voranmeldung. Attraktionen: Kleine Kapelle, die heute als Orangerie genutzt wird. ➜ Wegbeschreibung bei Anmeldung. 🅿

FR 6
Garten Museum für Kunst und Geschichte
Route de Morat 12, 1700 Freiburg

Foto: Sarah Fasolin

Das Gesicht dieses Gartens hat sich durch mehrere Neuanlagen immer wieder verändert. Im 16. Jahrhundert ließ der Freiburger Tuchhändler Hans Ratze hier einen Stadtpalast erstellen, dessen Größe und Pracht in der Westschweiz seinesgleichen sucht. Auf dem zur Saane abfallenden Gelände entstand gleichzeitig ein Garten, über den fast nichts bekannt ist. Die ersten detaillierten Ansichten des Gartens stammen vom Gartenmeister François Maendly, der im Jahr 1800 für den damaligen Besitzer eine neue Anlage mit Obstbäumen und Schmuckbeeten entwarf. Einer der damaligen Eckpavillons auf der untersten Terrasse ist noch immer zu sehen. Der heutige Garten entstand 1959 nach den Plänen des Freiburger Künstlers Yoki Aebischer. Eine zusätzliche Terrasse wurde eingefügt, sodass der Garten mit seinen drei Ebenen und den geometrischen Buchs- und Rosenbeeten den Stil des Französischen Gartens aus dem 18. Jahrhundert aufnimmt. Seit den 1980er Jahren fanden verschiedene Kunstwerke Eingang, wobei der „Große Mond" von Niki de Saint Phalle dank seiner prominenten Platzierung am meisten Aufmerksamkeit auf sich zieht.

➡ Eigentümer/in: Stadt Freiburg. www.mahf.ch. Größe: 0,1 ha. Eintritt frei. Öffnungszeiten: Frei zugänglich. Attraktionen: Skulpturen von Oscar Wiggli, Bernhard Luginbühl, Niki de Saint Phalle, Emile Angéloz. **SBB** Freiburg. 🚎 Nr. 1, 2 und 6 bis „Tilleul". 🚗 Anreise mit öffentlichen Verkehrsmitteln empfohlen. 🅿 Bei der Kathedrale. 🐕 ♿ Teilweise.

FR 7
Privatgarten Schneuwly/Vaudroz
Chemin de la Guérite 20, 1773 Léchelles

Foto: Sarah Fasolin

Ein Garten voller Gärten, voller Ideen, voller Phantasie. Ein Garten mit Geschichte und Geschichten. Intuitiv, lebhaft und emotional, wie Denis Schneuwly selbst, der den Garten seit bald 20 Jahren entstehen lässt. Es ist die Umgebung des alten Bahnwärterhäuschens von Léchelles, an der Zugstrecke Freiburg-Yverdon-les-Bains. Hier hat Schneuwlys Großmutter die Bahnschranke an der alten Kantonsstrasse bedient. An der noch immer vorhandenen Schranke strebt heute eine Glyzinie himmelwärts. Auch ein alter Apfel- und ein Zwetschgenbaum stehen noch aus Großmutters Zeit. Alles andere ist Schneuwlys Werk, wenn er an den Wochenenden seinem Berufsleben in Genf den Rücken kehrt und zum alten Bahnwärterhäuschen und seinem Garten fährt. Hier ist alles und nichts dem Zufall überlassen. Er gestaltet mit Enthusiasmus, setzt Pflanzen, verhandelt mit der Natur. Einige Ecken haben Namen. Zum Beispiel „Chanel N° 5", wie das Parfüm, dessen Duft er als schwer und stark empfindet. Dort wachsen Pflanzen mit violetten Blüten und rötlichem Laub. Im hinteren Teil steht eine Bank, die an drei Seiten mit Holzwänden umgeben ist wie ein Strandkorb. Der Blick soll hier auf den Steingarten davor gerichtet werden, das Feld von Zypressen-Wolfsmilch und den Wald. Manchmal entwickelt sich ein Gartenprojekt nicht so, wie es Schneuwly gerne hätte. Das Kraterbeet zum Beispiel, in dem er eine Sammlung von Hauswurz ansiedeln wollte, sich aber stets eine Wicke ausbreitete. Solche Bereiche überlässt er irgendwann sich selbst, wartet, bis er eine neue Idee hat – und macht sich dann wieder ans Werk.

➡ Eigentümer/in: Denis Schneuwly und Marie-Josée Vaudroz, Chemin de la Guérite 20, 1773 Léchelles. denis.schneuwly@infomaniak.ch. Größe: 0,2 ha. Eintritt: Begrüßt wird ein Austausch: Pflanzentausch, gegenseitiger Gartenbesuch, Spende an eine Organisation. Anmeldung erforderlich. Führungen: Führungen auf Anfrage auf Französisch, Spanisch, Englisch, evtl. Deutsch. ➡ Wegbeschreibung bei Anmeldung. 🅿 🐂 ✿ Evtl. Pflanzentausch.

FR 8
Privatgarten Bonnard
Route des Granges 78, 1468 Cheyres

Als sich die Familie Bonnard 1982 nach einigen Jahren im Ausland in einem alten Bauernhaus oberhalb von Cheyres niederließen, war für Elene Bonnard klar, wie ihr Garten werden sollte: Nützlich und schön zugleich. Schritt für Schritt ist aus der ehemaligen Viehweide ein verträumter, von Wald umgebener Garten entstanden. Elene Bonnard, die selber Bilder malt und Malkurse gibt, hat die einzelnen Beete bestimmten Farben zugeordnet. Weiß, Gelb, Orange, Rot, Blau. Je nach Jahreszeit wachsen hier verschiedene Stauden und Gehölze, die dem Farbkonzept entsprechende Blätter oder Blüten zeigen. Ein Spaziergang durch den Garten ist ein Schlendern in einer Farbpalette. Da und dort trifft man auf den nützlichen Teil, etwa die in den Hang eingebauten Hochbeete, in denen Gemüse wächst. Auf dem Weg zum Teich kommt man an einigen stürmisch die Bäume erobernden Ramblerrosen vorbei. Die „Treasure trove", „Paul's Himalayan Musk" oder die „Bobby James". Über verschiedene Pfade gelangt man zum Teich ganz unten im Garten. Die Szenerie mit dem Waldrand, dem Holzdeck am Ufer des Teiches und dem Bächlein, das über den Hang herunterplätschert, schafft eine friedliche Idylle. Hier erzählt einem die Gartenbesitzerin vielleicht auch, weshalb dieser Garten den Feen gewidmet ist.

Foto: Elene Bonnard

➡ Eigentümer/in: Elene Bonnard-Sedlatchek, Route des Granges 78, 1468 Cheyres.
Tel. 026/6633020 oder 078/6292538. elene.bonnard@hotmail.com. Größe: 0,73 ha.
Eintritt: Spenden für wohltätige Organisationen erbeten. Anmeldung erforderlich.
Führungen: Nach Voranmeldung. ➜ Wegbeschreibung bei Anmeldung. **P**

FR 9
Rosengarten Estavayer-le-Lac
Seeufer, 1470 Estavayer-le-Lac

Zu ihrem 25-Jahr-Jubiläum wollte die Westschweizer Gesellschaft der Rosenfreunde ein besonderes Erbe hinterlassen. Da die Gemeinde Estavayer-le-Lac
in ihrem Wappen eine Rose führt, fragten die Rosenfreunde bei den Behörden
an, ob sie Interesse an einem Rosengarten hätten – und stießen auf offene Oh-
ren. Am Seeufer stellte die Gemeinde ein Stück Land zur Verfügung und kümmerte sich um die Infrastruktur mit Ruhebänken, Beleuchtung, Wegen. Die
Rosenfreunde finanzierten die Rosen, die Pflanzung und die Schilder. Heute ist
der Rosengarten über 20 Jahre alt und wird jedes Jahr mit neuen Beeten erweitert. Man flaniert zwischen 85 Parkrosen und unter 35 Kletterrosen hindurch. Die Sorten „Elsa" und „Theres Meyer" sind speziell für Estavayer vorge-
nommene Züchtungen, die man selten antrifft. Auch im Altstädtchen begegnet
einem die Rose auf Schritt und Tritt. An den Fassaden klettern unzählige Rosen empor. Estavayer-le-Lac hat ungefähr so viele Rosenstöcke wie Einwoh-
ner: über 5000.

Foto: Gemeinde Estavayer-le-Lac

Freiburg

➜ Eigentümer/in: Gemeinde Estavayer-le-Lac. www.festivaldesroses.ch. Größe: 0,5 ha.
Eintritt frei. Öffnungszeiten: Frei zugänglich. Veranstaltungen: Jedes zweite Jahr findet
das Rosenfestival statt. Attraktionen: Rose „Elsa" und „Theres Meyer". **SBB** Estavayer-
le-Lac. ➜ Vom Bahnhof mit dem Touristen-Zug bis zur Seepromenade. Von der Altstadt zu Fuß über Treppen von der Place de Moudon oder der Place St. Claude. 🚗 A1
Ausfahrt Estavayer-le-Lac. Ins Dorfzentrum und bis zum See fahren. 🅿 🛒 ♿ ℹ

FR 10
Schlossgarten Greyerz
Schloss Greyerz, 1663 Greyerz/Gruyères

Für die beste Sicht auf den Garten durchquert man den Hof dieses mittelalterlichen Schlosses, wo einst die Grafen von Greyerz wohnten. Man steigt hoch in
den „Saal der phantastischen Kunst" und geht auf den Balkon: Die Freiburger
Voralpen türmen sich auf und bilden eine eindrucksvolle, schroffe Kulisse für
diesen kleinen, französischen Garten mit seiner strengen Geometrie. Schon im
16. Jahrhundert existierte an dieser Stelle ein Garten, wohl aber als Pflanzgarten in einer sehr viel einfacheren Form als heute. Die Geometrie wurde mehrere Male verändert. Im 19. Jahrhundert wurde auf der oberen und unteren
Fläche ein kleiner Landschaftsgarten mit Bäumen und geschwungenen Wegen angelegt, der heute verschwunden ist. Das heutige Gesicht als französischer Garten mit dem dreigeteilten Broderieparterre erhielt der Garten zu Beginn des 20. Jahrhunderts durch die damalige Besitzer-Familie Balland aus
Genf.

112

Foto: Schloss Greyerz

➡ Eigentümer/in: Kanton Freiburg. Schloss Greyerz 026/9212102. chateau@gruyeres.ch. www.schloss-greyerz.ch. Größe: 600 qm. Eintritt: Erwachsene CHF 10.-, Senioren, Studenten CHF 8.50.-, Kinder (6–16) CHF 3.- Vergünstigung für Schulen und Gruppen. Öffnungszeiten: Täglich geöffnet. April–Oktober: 9–18 Uhr. November–März: 10–16.30 Uhr. Führungen: Nach Voranmeldung. Veranstaltungen: Multimediaschau zur Geschichte des Schlosses. **SBB** Gruyères-Gare/Pringy. 🚌 Shuttle vom Bahnhof zum mittelalterlichen Städtchen mit Schloss. 🚗 A12 Ausfahrt Bulle, dann Richtung Gruyères. 🅿 ✕ ☕ ♿ Teilweise. ❶

FR 11
Klostergarten Hauterive
Chemin de l'Abbaye 19, 1725 Posieux

Foto: Sarah Fasolin

Dieser Garten liegt gut versteckt, umgeben von den mächtigen Mauern des Zisterzienserklosters Hauterive, in einer Saaneschlaufe südlich von Freiburg. Im Rahmen von Klosterführungen kann der Kreuzganggarten besucht werden. Es geht zuerst durch die Kirche und den Kreuzgang, bis man schließlich im Garten ankommt. Das Kloster Hauterive wurde 1138 gegründet und erlebte während mehreren Jahrhunderten ein Auf und Ab. Als das Kloster im Zuge des Sonderbundkrieges 1848 aufgehoben wurde, gingen die Gebäude an den Kanton und später an eine Stiftung über. Erst 1939 ließ sich wieder eine Gruppe von Zisterziensermönchen nieder, die seither in einer Gemeinschaft von stets rund 20 Mönchen aus verschiedenen Ländern Europas lebt. Die Zisterzienser verbringen ein einfaches Leben in Gemeinschaft, das durch die täglichen sieben Gebetszeiten, geistliche Lektüre sowie Arbeit geprägt ist. Ihre ganze Existenz ist auf die Suche nach Gott ausgerichtet. Der Kreuzganggarten wurde 2006 vom belgischen Landschaftsarchitekten Jacques Wirtz neu angelegt. Man betritt ihn von den Seiten und gelangt auf einen kargen Kiesboden mit einem schlichten rechteckigen Brunnen und vier Kirschbäumen. Dieser Bereich stellt das Leben auf Erden dar. Im angrenzenden Teil führen Diagonalen aus Buchs zu einem runden, randvoll gefüllten Brunnen. Zwei Apfelbäume wachsen in den Ecken. An den Wänden blühen Pfingstrosen, Rosen und Lavendel. Dieser grüne, blühende Bereich steht für das Leben in der Ewigkeit.

➡ Eigentümer/in: Abbaye d'Hauterive, Chemin de l'Abbaye 19, 1725 Posieux. accueil@abbaye-hauterive.ch. www.abbaye-hauterive.ch. Größe: 720 qm. Eintritt frei. Öffnungszeiten: Gruppen nach Anmeldung. Einzelpersonen während den samstäglichen Führungen von Ostern bis 1. November um 14 Uhr. Vom 1. November bis Ostern um 13.45 Uhr. Ausnahmen siehe Website. **SBB** Freiburg. 🚌 Nr. 336 bis „Grangeneuve". ➡ Der Beschilderung folgen. 🚗 A12 Ausfahrt Matran. Richtung Posieux. Beschildert. 🅿 ✿ Klosterladen.

FR 12
Privatgarten Benz-Sommer
Route du Lac 81, 1644 Avry-devant-Pont

Foto: Irène Benz

Einen solchen Ort gibt es nur einmal: Am idyllischen Greyerzersee auf einem leicht zum Seeufer abfallenden Gelände hat das Ehepaar Thomas und Irène Benz einen Buchs- und Rosengarten geschaffen. Die Kulisse könnte für einen Garten nicht besser sein: Sanfte Hügelzüge am anderen Ufer umrahmen das Bild, dann der See, die hohen Weidenbäume am Ufer, das im Wasser schaukelnde blaue Oldtimer-Holzboot. Ein Rosenbogenweg führt vom Ufer in den Garten. Links und rechts liegen Blumenbeete, in denen allerlei Sorten von Rosen wachsen. In einem lang gezogenen Staudenbeet sind Erbstücke aus Vaters

Garten untergebracht, der seiner Tochter nicht nur Pflanzen, sondern auch die Gartenleidenschaft weitergegeben hat. Die zu Kegeln und Kugeln geschnittenen Buchs haben Benz' alle selbst aus Stecklingen gezogen.

➡ Eigentümer/in: Irène und Thomas Benz-Sommer, Route du Lac 81, 1644 Avry-de-vant-Pont. Tel. 026/9153144. i.benz-sommer@bluewin.ch. www.rosegarden-benz.ch. Größe: 0,2 ha. Eintritt frei. Öffnungszeiten: Auf Anfrage. Juni–September Gartencafé. Öffnungszeiten gemäß Website. Führungen: nach Voranmeldung. 🚗 A12 Ausfahrt Rossens. Richtung Bulle. In Pont-en-Ogoz Richtung See. Beschildert. 🅿 🚻 🛒 ♿ Teilweise. ✿ Shop mit Gartenaccessoires.

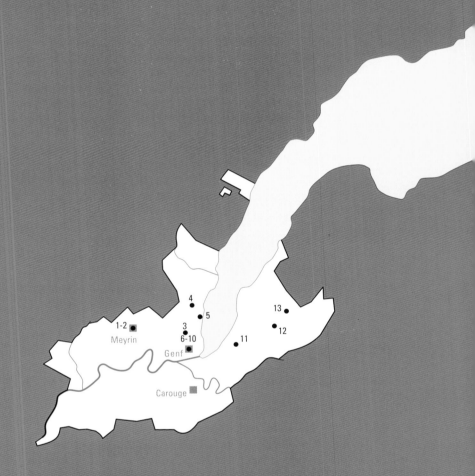

Gartenkette um das Seebecken

Trotz seiner bescheidenen Fläche bietet der Kanton Genf eine eindrückliche Vielfalt an Parks und Gärten. Alte Adelsgeschlechter, moderner Geldadel und die öffentliche Hand sind dafür verantwortlich, dass der Grünflächenanteil des Stadtgebiets ganze 20 Prozent beträgt. Der Zugang zu vielen privaten Schloss- und Villengärten ist zwar durch hohe Mauern und Hecken verwehrt, doch allein schon die öffentlich zugänglichen Anlagen sind eine Reise nach Genf wert. Wohl einzigartig ist die lange Kette von Gärten, die sich vor den Toren der Stadt aneinander reiht – auf beiden Seiten des Hafenbeckens. Auf der rechten See-seite ist das grüne Band mehrere Kilometer lang und reicht von der Terre de Pregny über den Botanischen Garten, den Parc Barton, La Perle du Lac und den Parc Moynier bis zum Parc Mon-Repos. Diese ehemals privaten Güter sind heute zu einem einzigen großen Park verschmolzen. Aus Kostengründen ist die Gestaltung der Anlagen allerdings stark vereinfacht worden. Aufwendiger gepflegt sind die beiden riesigen Parks auf der gegenüberliegenden, der linken Seeseite: der Parc La Grange (siehe GE 8) und der Parc des Eaux-Vives (siehe GE 9).

Dass diese Grünflächen vor den Toren der Stadt heute öffentlich zugänglich sind, ist weitgehend der Großzügigkeit des Genfer Patriziats zu verdanken, wie Leila El-Wakil, Professorin für Städtebau an der Universität Genf, in einem Aufsatz aufgezeigt hat. Ab dem Jahr 1910 schenkten die ehemals privaten Ei-gentümer ihre Anwesen der Stadt. Der Heimatschutz, Grundbesitzer und die Stadtbevölkerung wiederum verteidigten die Grünflächen immer wieder er-folgreich gegen Straßen- und andere Urbanisierungsprojekte.

Auch im Herzen der Stadt – dort, wo die Rhone den See verlässt – hat die Stadt selber berühmte Grünanlagen geschaffen: die kleine Garteninsel Rousseau und der große Jardin Anglais mit seiner tausendfach fotografierten Blumen-uhr. Als im 19. Jahrhundert die heutigen Quaimauern gebaut und das Terrain aufgeschüttet wurden, entstand Platz für Uferpromenaden und Gärten. So wurde in den 1830er Jahren eine ehemalige Befestigungsanlage mitten in der Rhone in einen kleinen Park umgewandelt und nach dem berühmten Genfer Philosophen Jean-Jacques Rousseau benannt. Ab 1854 wurde der heute rund 2,5 Hektar große Jardin Anglais angelegt.

Interessante Gärten in der Stadt Genf lassen sich sogar per Fahrrad entde-cken. Bei Pro Velo Genève (www.pro-velo-geneve.ch) ist ein Prospekt in franzö-sischer Sprache erhältlich, der einen auf eine Velotour zu zehn wenig bekann-ten Gärten mitten in der Stadt führt.

GE 1
Schaugarten Roussillon Fleurs
Chemin des Ceps 70, 1217 Meyrin 2

Foto: Markus Häfliger

Im Schaugarten der Gärtnerei Roussillon Fleurs gehört der große Auftritt den Stauden. Stauden, die im Schatten gedeihen oder die mit dem Wurzeldruck von Bäumen zurecht kommen. Stauden, die gerne trocken oder Stauden, die lieber feucht stehen. All diese verschiedenen Standorte sind so miteinander kombiniert, dass ein einziges Gartenbild entsteht. 450 verschiedene Staudenarten und -sorten sind hier zu sehen, davon eine Sammlung von Gräsern und Storchschnäbeln. Die Gärtnerei will mit diesem Schaugarten zeigen, dass auch mit Stauden pflegeleichte Schmuckbeete entstehen können. Einige Randbereiche des Gartens sind als Versuchsflächen angelegt. Hier testen die beiden passionierten und erfahrenen Staudengärtner Rémy Abbt und Alexandre Monnet, welche Stauden miteinander kombiniert werden können, damit sie möglichst wenig zu tun geben, aber trotzdem attraktiv aussehen. Alle Pflanzen sind beschriftet.

➡ Eigentümer/in: Rémy Abbt, Roussillon Fleurs, Chemin des Ceps 70, 1217 Meyrin 2. Tel. 022/7829012. contact@leroussillon.ch. www.leroussillon.ch. Größe: 500 qm. Eintritt frei. Öffnungszeiten: Mo–Fr 9–12.30 Uhr und 13.30– 18.30, Sa 9–16 Uhr. Führungen: Nach Voranmeldung für Gruppen mit mind. 15 Personen. Veranstaltungen: Tag der offenen Tür im Juni. **SBB** Genf. 🚃 Nr. 14 bis „Vaudagne". ➔ Der Avenue de Vaudagne folgen. Beim Kreisel links. Immer links halten. 10 Min. zu Fuß. 🚗 A1 Ausfahrt Meyrin. Richtung Meyrin-Satigny. Nach dem Tunnel in Meyrin im Kreisel rechts abbiegen. Nach ca. 1 km ist links die Gärtnerei. 🅿 🐎 ♿ ❶ ✿

GE 2

Alpengarten Meyrin

Chemin du Jardin Alpin 7, 1217 Meyrin

Foto: Markus Häfliger

Einen Alpengarten würde man an dieser Stelle zuletzt vermuten: Der Flughafen Genf-Cointrin liegt nur knapp einen Kilometer entfernt und direkt neben dem Garten verläuft eine viel befahrene Straße. Innerhalb des Gartens fühlt man sich jedoch in eine andere Welt versetzt: Ein künstlich angelegter Bach plätschert zwischen Felsen mit alpiner Flora, dahinter steht ein rustikales Chalet. Ca. 2000 Pflanzenarten aus aller Welt wachsen hier, die auf Französisch und Latein beschriftet, aber eher zufällig angeordnet sind. Der „Jardin alpin" ist Teil eines größeren Landschaftsgartens, der in der ersten Hälfte des 20. Jahrhunderts von Amable Gras geschaffen wurde, einem Textilhändler und passionierten Botaniker. Nach Gras' Tod kaufte 1960 die Gemeinde Meyrin das Grundstück und entwickelte den Alpengarten weiter.

➡ Eigentümer/in: Gemeinde Meyrin. Tel. Alpengarten: 022/7828282. info@meyrin.ch. Größe: 3,5 ha. Eintritt frei. Öffnungszeiten: Frei zugänglich. **SBB** Genf. 🚋 Nr. 14 und 18 bis „Jardin-Alpin-Vivarium". 🚌 Nr. 57 bis „Jardin-Alpin-Vivarium". 🚗 A1 Ausfahrt Meyrin. Richtung Meyrin-cité. Im Kreisel unter dem Viadukt des Trams nach links abbiegen. Beschildert. 🅿 🛒 ♿ ❶

Potager urbain Le Grand-Saconnex
Rue Sonnex, 1218 Le Grand-Saconnex

Genf

Foto: Markus Häfliger

Auch Leute in Stadtwohnungen gärtnern gern und sei es auch nur in einem kleinen Beet. Dies zeigen die Projekte der Organisation equiterre, die seit 2010 Quartiere und Gemeinden darin unterstützt, zwischen Wohnblöcken Gärten entstehen zu lassen. Interessierte Anwohner können ein eigenes Gartenbeet mieten und lernen an einer Theorie- und vier Praxis-Veranstaltungen das Wichtigste rund um das Gemüse- und Blumenziehen. In wenigen Jahren sind auf diese Weise in den Kantonen Genf und Waadt acht Gärten entstanden. Die Nachfrage ist so groß, dass bei allen Anlagen Wartelisten bestehen. Der Unterschied zu den Schrebergärten liegt darin, dass die Gärten möglichst nahe bei den Wohnungen liegen sollen. Die Parzellen sind bloß zwischen 5 und 15 Quadratmetern groß und die Gartenbenutzer sollen ihre Beete nach ökologischen Richtlinien bewirtschaften. Einer der Gärten liegt in Le Grand-Saconnex, im 2013 eröffneten Parc du Pommier. Die 23 Parzellen sind in die öffentliche Parkanlage integriert. Gemeinsam verwaltet werden die Materialkiste und der Kompost. Die Beete selbst werden individuell gestaltet – ein schöner Anblick, der auf kleinem Raum viele kreative Ideen zeigt.

➡ Eigentümer/in: Gemeinde Le Grand-Saconnex. Kontakt: equiterre, rue du Valais 7, 1202 Genf. info.ge@equiterre.ch. www.equiterre.ch, www.pflanzblaetze.ch. Größe: 300 qm. Eintritt frei. Öffnungszeiten: Von außen einsehbar. Ist ein Gärtner vor Ort, auf Anfrage Betreten möglich. Führungen: Nach Voranmeldung. **SBB** Genf. 🚌 Nr. 5 bis „Pommier". ➜ In die Rue du Pommier einbiegen. Dritte Straße rechts bis zum Park. Rechts um den Park gehen. 🚗 Anreise mit öffentlichen Verkehrsmitteln empfohlen. 🅿 Im Quartier. ♿

GE 4

Historische Gewächshäuser Château de Rothschild
Route de Pregny 35, 1292 Chambésy

Foto: Markus Hättiger

Rund ein Kilometer nördlich des Botanischen Gartens (siehe GE 5) liegt ein gartenarchitektonisches Denkmal, das vom luxuriösen Lebensstil einiger Genfer Familien im 19. Jahrhundert zeugt. Ursprünglich gehörten die Gewächshäuser von Pregny zum Château de Rothschild auf der anderen Straßenseite. Erbauen ließ sie der Bankier Adolphe Carl von Rothschild in den 1860er Jahren vom berühmten englischen Architekten und Gärtner Joseph Paxton. Für die Heizung war ein Zugwaggon voller Kohle nötig – pro Woche. In den Treibhäusern wurden Pfirsiche, Pflaumen, Trauben und viele andere Obstsorten für die Schlosstafel kultiviert, ebenso Blumen für den Schlosspark und zu Dekorationszwecken. 1986 schenkte die Familie Rothschild die Gewächshäuser dem Kanton Genf und der Botanische Garten wurde mit dem Unterhalt und der Nutzung beauftragt. Mehrere der 25 Gebäude, die eine Fläche von 2500 Quadratmetern überdachen, sind im Originalzustand erhalten bzw. rekonstruiert worden. Der Botanische Garten erhält in den Treibhäusern noch immer viele der alten, von den Rothschilds gepflanzten Obstsorten.

⇒ Eigentümer/in: Kanton Genf. Kontakt: Botanischer Garten Genf. pierre.matille@ cjb.ville-ge.ch. www.ville-ge.ch/cjb. Größe: 0,25 ha. Eintritt: kostenpflichtig. Anmeldung erforderlich und nur im Rahmen von Führungen für Gruppen. Führungen: Nach Voranmeldung. Attraktionen: Historische Treibhäuser aus dem 19. Jahrhundert. 🚗 Anreise mit öffentlichen Verkehrsmitteln empfohlen. → Wegbeschreibung bei Anmeldung. 🅿

Botanischer Garten und Konservatorium Genf
Chemin de l'Impératrice 1, 1292 Chambésy-Genève

Foto: Markus Häfliger

Mit einer Fläche von 28 Hektar ist der Botanische Garten von Genf der größte
der Schweiz. Gegründet hat ihn 1817 der Botanik-Professor Augustin-Pyramus
de Candolle am Rande der Altstadt. Mit der Zeit wurde der Platz so knapp und
der Nutzungsdruck durch die Stadtbevölkerung derart groß, dass der Garten
1904 an seinen heutigen Standort umzog. Wahrzeichen des Gartens ist die an
eine Kathedrale erinnernde „Serre tempérée". In diesem Treibhaus lassen sich
die Pflanzen der gemäßigten Klimazonen auch von oben betrachten, von einer
Galerie auf acht Metern Höhe. Ein weiteres architektonisches Highlight ist der
Wintergarten (Jardin d'hiver) von 1913. Er beherbergt Palmen, Kroton, Kaffee-
stauden, Vanille und andere tropische Pflanzen. Einen Garten für sich bilden
die rund ein Hektar großen „Rocailles". In diesem gepflegten Alpengarten sind
über 3500 Pflanzen in 110 Beeten nach ihrer Herkunft oder nach Themen geordnet. Mit ihren verschlungenen Wegen, Bächen, Teichen und schattigen Sitzgelegenheiten laden die „Rocailles" zum Verweilen ein. Etwas weiter östlich
werden auf den „Terrasses des officinales et plantes utilitaires" über 500 Nutz-
und Medizinalpflanzen präsentiert. Besonders anschaulich sind die kleinen
Schaukästen mitten in den Beeten. Darin sind Lebensmittel, Medikamente und
andere Produkte ausgestellt, in denen Bestandteile der jeweiligen Pflanzen
Verwendung finden.

➡ Eigentümer/in: Stadt Genf. visites.cjb@ville-ge.ch. www.ville-ge.ch/cjb. Größe: 28 ha. Eintritt frei. Öffnungszeiten: April–Ende Oktober 8–19.30 Uhr, Ende Oktober–Ende März 9.30–17 Uhr. Führungen: Jeweils Do 14 Uhr beim Haupteingang à-la-carte-Führung mit einem Gärtner. Weitere Führungen auf Anfrage. Veranstaltungen: Diverse temporäre Spezial-Ausstellungen siehe Website. Attraktionen: Treibhäuser, Medizinalpflanzengarten, Alpengarten, größtes Herbarium der Schweiz mit sechs Millionen Einheiten (nur im Rahmen von Führungen zu besichtigen). SBB Genève-Sécheron. 🚌 Ab Genève Cornavin: Bus Nr. 1, 11, 25, 28 bis „Jardin botanique". 🚗 Anreise mit öffentlichen Verkehrsmitteln empfohlen. 🅿 Im Quartier. ✕ ⅙ Teilweise. ❶ Beschriftung der Pflanzen in Französisch und Latein. Gartenpläne in Französisch oder Englisch beim Haupteingang.

GE 6
Jardin de la Paix
Rue de Moillebeau, 1209 Genf

Foto: Markus Häfliger

Dieser Garten gehört zu den Geheimtipps in Genf, und wer ihn einmal besucht hat, der wird ihn kaum mehr vergessen. Der Garten ist aus einem alten Landgut aus dem 18. Jahrhundert hervor gegangen und wurde zwischen 1998 und 2003 restauriert und neu interpretiert. Der Architekt Bruno Russbach und der Landschaftsarchitekt Marc Junod haben dieses Kunstwerk geschaffen. Sie orientierten sich bei der Neugestaltung an den historischen Zeugen des Gartens aus dem 19. Jahrhundert, dem Pavillon etwa oder dem Gewächshaus. Darum herum ließen sie einen Garten entstehen, der die Stilrichtung der Kunst dieser Zeit widerspiegelt: den Impressionismus. Angelehnt an den Garten des Malers Claude Monet im französischen Giverny entstand im Jardin de la Paix ein impressionistisches Gartenbild, ein begehbares Bild voller Farbe und Licht-spielereien. Herzstück ist eine ovale Wiese, die an den schmalen Seiten von Staudenpflanzungen eingefasst wird. Die Pflanzen sind nach einem wohl über-legten Konzept gemäß Blättern, Proportionen, Kontrasten, Licht und Farbe ausgewählt. Ihr Farbspektrum beginnt in der Nähe des Schattens mit kühlen, hellen Farbtönen wie Blau und Weiß und wechselt dann zu Lila, Rosa, Rot, Orange und Gelb. Ein Obstgarten, ein von Reben umrankter Laubengang und ein rechteckiges Wasserbecken mit gebogenem Holzsteg sind ebenfalls Teil dieses Gartens. Alte Mauern umrahmen das Bild, dieses hübsche Schmuck-stück, das in dieser Art in der Schweiz einmalig ist.

➡ Eigentümer/in: Stadt Genf. Kontakt: Service des espaces verts, Rue de Lausanne 118, 1202 Genève. Tel. 022/4185000. seve@ville-ge.ch. www.ville-geneve.ch. Eintritt frei. Öff-nungszeiten: Frei zugänglich. Führungen: Nach Voranmeldung. Attraktionen: Impressi-onistischer Garten, Gewächshaus und Pavillon aus dem 19. Jahrhundert, modernes Wasserbecken mit Seerosen. **SBB** Genf. 🚌 Nr. 3 bis „Moillebeau". → In Fahrtrichtung weitergehen, rechte Seite. 🚕 Anreise mit öffentlichen Verkehrsmitteln empfohlen. ♿ ❶

GE 7
Privatgarten Nordmann
Avenue d'Aire 29, 1203 Genf

Foto: Gunda Nordmann

Der Garten von Gunda Nordmann ist eines dieser kleinen Paradiese, die man mitten in der Stadt nie vermuten würde. Eben hat man den Straßenverkehr und das Shoppingzentrum hinter sich gelassen und schon steht man in diesem Rosenreich hinter einem Stadthaus aus dem 19. Jahrhundert. Schmale Pfade durchschlängeln den Garten, führen zu vielen kleinen Sitzplätzen, Pflanzeninseln und unter Rosenbögen hindurch. Bestimmt trifft man auf eine der zehn Hauskatzen, die hier leben und zum Garten gehören. 1996 hat Gunda Nordmann angefangen, den Garten zu gestalten. Die Laubbäume und die Hecke standen schon da, aber sonst nicht viel. Eine Pflanze nach der anderen fand den Weg in den Garten, viele Rosen, aber auch Kletterhortensien, Farne, ein Feigen- und ein Olivenbaum. Rund um den Sitzplatz stehen in Töpfen viele mediterrane Pflanzen. Überhaupt hat man in diesem Garten, der sich um ein rustikales Haus mit Sichtmauerwerk legt, das Gefühl, man sei nicht mitten in Genf, sondern irgendwo im Tessin oder noch weiter im Süden.

➡ Eigentümer/in: Gunda Nordmann, Avenue d'Aïre 29, 1203 Genf. Tel. 079/7838953. Größe: 600 qm. Eintritt frei. Anmeldung erforderlich. Öffnungszeiten: Mai–September. Führungen: Nach Voranmeldung. ➔ Wegbeschreibung bei Anmeldung. 🅿 Beschränkt.

GE 8
Parc La Grange
Quai Gustave-Ador, 1207 Genf

Foto: Service des espaces verts, Ville de Genève

Vor den Toren der Stadt Genf liegt ein ganzer Gürtel von großzügigen Grünanlagen (siehe Einführungskapitel S. 118) – und die eindrücklichste davon ist der Parc La Grange. Vom imposanten Herrenhaus fällt eine Rasenfläche sanft gegen den See ab, links und rechts eingerahmt durch mächtige Bäume. Ganz unten scheint der Garten direkt in den See überzugehen. Um 1770 baute die Bankier-Familie Lullin die heutige Villa und ließ einen französischen Garten anlegen mit einer schnurgeraden Zufahrt vom See her. Später ging das Anwesen an François Favre über, einen Genfer Reeder, der in Marseille im Orienthandel ein Vermögen gemacht hatte. Dessen Nachkommen ließen den Garten ab Mitte des 19. Jahrhunderts in einen englischen Landschaftspark umwandeln – kaum eine gerade Linie blieb im Park übrig. Ebenfalls aus dieser Zeit stammen das monumentale Eingangsportal und die gemauerte Pergola mit einer Bacchus-Statue. Die Pergola ist eine Referenz an Italien, wo das damalige Familienoberhaupt der Favres zwei Jahre lang gelebt hatte. Der letzte Eigentümer der Familie vermachte das Anwesen 1917 der Stadt. Auf ihn geht auch der Alpengarten und der See im oberen Teil zurück, in dem eine Landschaft des Genfer Hausbergs Salève rekonstruiert wurde. Das Highlight des Gartens ist der Rosengarten im unteren Teil. 1947 angelegt nach Plänen des Landschaftsarchitekten Armand Auberson, brachte der Rosengarten die geometrischen Linien in den Park zurück: In einem Achteck wachsen rund 12 000 Rosenstöcke, gegliedert durch Trockensteinmauern, Wasserbecken und ausladende Treppen. Jedes Jahr im Juni präsentieren hier Rosenzüchter aus der ganzen Welt am „Concours international de roses nouvelles" ihre neuen Sorten.

➡ Eigentümer/in: Stadt Genf. Kontakt: Service des espaces verts, Rue de Lausanne 118, 1202 Genève. Tel. 022/4185000. seve@ville-ge.ch. www.ville-geneve.ch. Größe: 20 ha. Eintritt frei. Öffnungszeiten: Sonnenaufgang bis -untergang. Führungen: Nach Voranmeldung. Veranstaltungen: Internationaler Rosen-Wettbewerb im Juni. Attraktionen: Rosengarten; Théâtre de l'Orangerie und Théâtre de Verdure. **SBB** Genf. 🚌 Verschiedene Möglichkeiten, z. B. Nr. 9 oder 25 bis „Place des Eaux-Vives", dann Nr. 2 bis „Parcs". 🚗 Anreise mit öffentlichen Verkehrsmitteln empfohlen. 🅿 P+R Genève-Plage. 🍽 ㅅ ♿

GE 9
Parc des Eaux-Vives
Quai Gustave-Ador, 1207 Genf

Direkt neben dem Parc La Grange (siehe GE 8) gelegen, ist der Parc des Eaux-Vives zwar etwas kleiner und weniger aufwendig bepflanzt. Er bietet jedoch dieselbe fantastische Sicht über den Genfer See. Exotische Bäume gibt es in vielen Gärten, doch hier wachsen die Zedern, Zypressen und Riesenmammutbäume mit Stammdurchmessern von teilweise über zwei Metern in seltener Üppigkeit und Zahl. Ursprünglich befand sich hier ein Landwirtschafts- und Weingut, das sich nach und nach in ein vornehmes Anwesen namens „Plongeon" verwandelte. Das Herrenhaus, das heute ein Fünf-Sterne-Hotel beherbergt, wurde Anfang des 18. Jahrhunderts gebaut und später vergrößert. Die Besitzer wechselten häufig, bis der initiative Louis Favre „Plongeon" 1865 kaufte. Favre, nicht verwandt mit den Favres des benachbarten Parc La Grange, ging als späterer Erbauer des Gotthard-Bahntunnels in die Geschichte ein. Auch seinem Anwesen drückte er sofort seinen Stempel auf: Er veränderte den ursprünglich französischen Garten in einen englischen Landschaftspark mit geschwungener Wegführung und ließ die romantische Fels- und Wasserlandschaft im nordöstlichen Teil anlegen. Nachdem Favres Tochter das Gelände verkaufte, verkam es zu einem Freizeit-, dann sogar zu einem Luna-Park. Als die Betreiberfirma Konkurs ging, drohte der Park 1913 zerstückelt zu werden. Nur dank großem Einsatz des Gemeindepräsidenten von Eaux-Vives und auch dank Spenden von Privatpersonen konnte der Park als Ganzes gekauft, erhalten und öffentlich zugänglich gemacht werden.

Foto: Markus Häfliger

➡ Eigentümer/in: Stadt Genf. Kontakt: Service des espaces verts, Rue de Lausanne 118, 1202 Genève. Tel. 022/4185000. seve@ville-ge.ch. www.ville-geneve.ch. Größe: 8 ha. Eintritt frei. Öffnungszeiten: Frei zugänglich. Führungen: Nach Voranmeldung. **SBB** Genf. 🚌 Verschiedene Möglichkeiten, z. B. Nr. 9 oder 25 bis „Place des Eaux-Vives", dann Nr. 2 bis „Parcs". 🚗 Anreise mit öffentlichen Verkehrsmitteln empfohlen. **P** kleiner Parkplatz im Park, P+R Genève-Plage. ✗ 🐴 ♿

Jardin de l'Amandolier
Kreuzung Route de Chêne/Avenue de l'Amandolier, 1208 Genf

Foto: Markus Häfliger

Rostroter Stahl, grüne Pflanzen und schwarzer Schiefer verbinden sich in diesem Park zu einem sehenswerten Beispiel zeitgenössischer Landschaftsarchitektur. Die ganze begehbare Fläche besteht aus Corten-Stahl und Schiefer. Die Bepflanzung wechselt teilweise jährlich – abgesehen von den Ahorn-Bäumen, die Jahr für Jahr ein bisschen mehr Schatten spenden. Dominiert wird die Vertikale allerdings nicht nur durch Bäume, sondern durch Stahlbänder, die sich zu stilisierten Personen aufrichten. Auch technisch ist der Park am Puls der Zeit: Störende Kleingebäude sind eingepackt in dichte, bewässerte Pflanzenwände und über dem Dach der Tiefgarage versprühen Düsen künstlichen Nebel. Weil er gleich neben der Tramhaltestelle Amandolier – zu Deutsch Mandelbaum – liegt, spricht man in Genf kurzum vom Jardin de l'Amandolier. Geschaffen wurde dieser Garten der anderen Art in den Jahren 2004 und 2005 durch die Agence Ter; das Pariser Büro hatte den Auftrag in einem internationalen Wettbewerb gewonnen. Der Park gehört zu einem 24 Meter hohen Geschäftshaus aus Glas und Aluminium. Das Gebäude selbst ist vor allem nachts sehenswert, wenn Neonröhren in jedem der 340 Fenster ein computergesteuertes Licht- und Farbspiel bieten.

➡ Eigentümer/in: Thierry Barbier-Muller. Kontakt: Société privée de Gérance, Dominique Bakis-Metoudi. Tel. 022/8496407. dominique.bakis-metoudi@spg.ch. www.spg.ch. Größe: 0,5 ha. Eintritt frei. Öffnungszeiten: Frei zugänglich. Führungen: Nach Voranmeldung. Attraktionen: Pflanzenwände, nachts Farb- und Lichtspiel. **SBB** Genf. 🚋 Nr. 17 bis „Bel-Air", dann ab „Bel-Air Cité" Nr. 12 bis „Amandolier". 🚗 Anreise mit öffentlichen Verkehrsmitteln empfohlen. 🐕 ♿

GE 11

Parc de la Mairie de Vandoeuvres
Route de Vandoeuvres 104, 1253 Vandoeuvres

Foto: Markus Häfliger

Die Gemeindeverwaltung der Vorortgemeinde Vandoeuvres logiert komfortabel: in einem vornehmen Landhaus, mitten in einem großen Park. Dieser wurde in seinem heutigen Ausmaß erst zu Beginn des 20. Jahrhunderts aus mehreren Parzellen zusammengesetzt. Aus dieser Zeit stammt auch sein spektakulärstes Element, eine Allee aus großen, auffällig geschnittenen Form-Eiben. Erbaut wurde das Landgut in der zweiten Hälfte des 18. Jahrhunderts durch den Genfer Uhrmacher Ennemond Dominicé und wurde in seiner Geschichte als Landwirtschafts- oder Weingut genutzt. Davon zeugt heute noch der Baumgarten, der in den letzten Jahren durch regionale, vom Aussterben bedrohte Hochstammsorten ergänzt wurde – etwa die Apfelsorten „Transparence de Croncel" oder „Rouge de Juvigny". Ein mächtiger, über 200-jähriger und somit ältester Tulpenbaum, der aus der Zeit des Hausbaus stammen dürfte, trennt den Lustgarten vom Landwirtschaftsteil ab.

➡ Eigentümer/in: Gemeinde Vandoeuvres . info@vandoeuvres.ch. www.vandoeuvres.ch. Größe: 3,5 ha. Eintritt frei. Öffnungszeiten: Frei zugänglich. Veranstaltungen: jährlich 1. August-Feier, alle zwei Jahre Freilichttheater. Attraktionen: Über 200 Jahre alter und somit ältester Tulpenbaum des Kantons. **SBB** Genf. 🚌 Nr. 8 bis „Rive", dann Nr. 33 Richtung „Puplinge-Mairie" bis „Chougny". 🚗 Von Genf Richtung Cologny → Vandoeuvres . 🅿 ♿

Park der Gärtnerschule Lullier
Route de Presinge 150, 1254 Jussy

Genf

Foto: Markus Häfliger

Das Schöne an vielen Gärtnerschulen ist: Es sind nicht nur Lernstätten für die Schüler, die hier zu Gärtnern, Floristen und Landschaftsgärtnern ausgebildet werden, sondern auch für alle, die hier her kommen. Im Park von Lullier, der bedeutendsten Gartenbau-Schule in der Romandie, gibt es viel zu lernen, aber auch zu bestaunen. Die Anlage entstand 1974, nachdem die Gärtnerschule von Châtelaine hierher auf das 45 Hektar große Areal von Lullier gezogen war. Der international bekannte Genfer Landschaftsarchitekt Walter Brugger entwarf die Pläne für die Umgebung, die bis heute keine größeren gestalterischen Veränderungen erfahren hat. Einen Rundgang beginnt man am besten im Hauptgebäude mit dem großen, integrierten Wintergarten. Auf der hinteren Seite des Gebäudes erreicht man den Park mit einer sanft modellierten Wiese, einem Weiher mit einer Sammlung verschiedener Weidenarten und einem großen Rosengarten. Im Frühling blühen hier viele Magnolien und Zierkirschen. Am unteren Ende des Parks erreicht man ein großes Moorbeet mit Rhododendren und Farnen. Ein schmaler Granitplattenweg führt hindurch und an Trockensteinmauern vorbei. Auf dem Hauptweg des Areals angekommen, folgt man der Straße aufwärts. Linker Hand kommt man an einer Sammlung mit Cornus vorbei, rechts erreicht man den Produktionsbereich. Große Flächen von Stauden und Sommerflor liegen einem zu Füßen und wer da und dort den Kopf hebt, entdeckt die begrünten Dächer. In Lullier werden aber auch die Wände bepflanzt, wie bei einem Gebäude zu sehen ist. In Zusammenarbeit mit der Genfer Hochschule für Architektur und Landschaftsarchitektur wurde ein System aus weißer, poröser Keramik entwickelt, mit dem sich Hausmauern leicht bepflanzen lassen. Am Ende des Rundgangs darf, wer sie nicht schon gesehen hat, die Wechselflorbepflanzung beim Haupteingang des Schulgebäudes nicht verpassen. Diese wird jedes Jahr neu gestaltet und zeigt das Können der Studierenden von Lullier.

➡ Eigentümer/in: Kanton Genf. bertrand.verdan@edu.ge.ch. www.lullier.ch. Größe: 45 ha. Eintritt frei. Öffnungszeiten: Frei zugänglich. Führungen: Nach Voranmeldung. Attraktionen: Rosenbeete, große Wechselflorrabatten, Dach- und Wandbegrünung, Cornussammlung, Staudensichtungsbeete. **SBB** Genf. 🚋 Nr. 25 bis „Thônex, P+R Sous-Moulin", dann Bus C bis „Centre horticole". 🚗 A1 Ausfahrt Genève-lac. Richtung Vandoeuvres → Jussy. 🅿 ✖ 🍴 🐴 ♿ ❶ ✿

GE 13
Privatgarten La Gara
Route de La-Gara 34, 1254 Jussy

Foto: Georg Aerni

Nach dem Besuch, auf dem Weg zurück, durch die wiederhergestellte Allee, entlang der sorgfältig geschnittenen Hecken auf einmal der Gedanke: La Gara, was für ein Glück ist dir am Ende widerfahren! La Gara ist ein Landgut außerhalb von Genf, eines von wenigen Beispielen eines unveränderten Gebäude-Ensembles aus dem 18. Jahrhundert. Ein Ort, wo es immer auch Gärten gab, je nach Epoche anders gestaltet, je nach Möglichkeiten der Besitzer. Ab 1970 stand La Gara aber leer, niemand wollte es kaufen, Großprojekte wie etwa ein Golfplatz kamen nicht zu Stande, die stattlichen Gebäude verfielen. Heute stehen sie in alter Frische da, mit neuem Leben gefüllt, umgeben von einer einzigartigen Gartenanlage. Seit 2000 wird La Gara von den neuen Besitzern mit viel Umsicht renoviert und die Umgebung in Zusammenarbeit mit dem belgischen Landschaftsarchitekten Erik Dhont gestaltet. Der Garten hat eine neue Prägung erhalten, modern und doch der Geschichte verbunden. Er solle neugierig machen, die Lust wecken, ihn zu erwandern – so lautete der Auftrag an Dhont. Wer heute den Garten erkundet, wird mit dieser Idee immer wieder konfrontiert. Hainbuchen-Hecken und Eibenquader gliedern den Raum, lenken den Blick mal dahin, mal dorthin. Was folgt wohl hinter diesem geschwungenen, von Hortensien gesäumten Weg? Ein Gemüse- und Kräutergarten! Und dahinter? Ein wunderschöner, großer Beerengarten mit Früchten vom Frühling bis in den Herbst. Und wer hätte gedacht, dass am Rande des Obstgartens ein über hundert Meter langer, schwungvoll gestalteter Rosenweg folgt? Vom Haupthaus geht der Blick über den großzügigen Rasen, zwischen den Formeiben durch auf das Voirons-Massiv. Wer den Bergen entgegen schlendert, entdeckt – aha! – plötzlich einen Wassergraben. Es ist das älteste Element dieses Gartens, im 18. Jahrhundert angelegt als Überraschungseffekt und um den Garten vom Ackerland abzutrennen. Kanäle dieser Art – in der Schweiz ist kein zweites, intaktes Beispiel bekannt – werden tatsächlich „Aha" oder „Haha" genannt. Die heutige Gestaltung, in der die Freude an Unerwartetem zum Konzept gehört, knüpft somit direkt am Ursprung der Gärten auf La Gara an. Aus einer anderen Gestaltungsphase, als im 19. Jahrhundert Landschaftsgärten Mode waren, sind einige Bäume erhalten geblieben. Sie sind in den neuen Garten integriert, ein Garten, auf den noch weitere Ideen und Projekte warten.

➡ Eigentümer/in: Rémy und Verena Best, Route de La-Gara 34, 1254 Jussy. Größe: 2 ha. Frühzeitige briefliche Anmeldung erforderlich (mindestens einen Monat im Voraus). Führungen: nach Voranmeldung. Attraktionen: Wasserkanal, Formeiben, Hortensienbeete, großer Beerengarten, Obstgarten mit Rosenbeeten, Labyrinth. ➜ Wegbeschreibung bei Anmeldung. ♿ Teilweise.

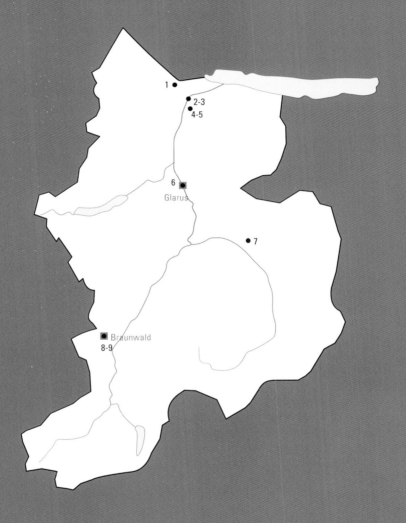

1

2-3

4-5

6

Glarus

7

Braunwald

8-9

Die Gärten der Fabrikanten

Der Kanton Glarus – eine verkehrstechnische Sackgasse, ein Bergkanton mit nur rund 40000 Einwohnern, der aber schon mehr als einmal nationale Geschichte geschrieben hat. Im 21. Jahrhundert etwa mit dem Stimmrechtsalter 16 oder einer großen Gemeindefusion, die den Kanton in nur noch drei Gemeinden einteilt. Doch auch in früheren Jahrhunderten nahm das Glarnerland immer mal wieder eine Pionierrolle ein. 1925 schuf es zum Beispiel die erste kantonale Arbeitslosenversicherung oder verbot 1856 die Kinderarbeit in den Fabriken. Viele dieser Gesetze und Beschlüsse stehen in direktem Zusammenhang mit der eindrücklichen Glarner Industriegeschichte. Diese begann Anfang des 18. Jahrhunderts mit der Heimarbeit für Baumwoll-Handspinnereien und entwickelte sich im 19. Jahrhundert zu einem florierenden Wirtschaftszweig weiter – mit mechanischen Spinnereien, Webereien und Stoffdruck. Glarner Textilunternehmer hatten Niederlassungen im Osmanischen Reich, in Italien, Indien usw. Der kleine Alpenkanton gehörte nicht nur in der Schweiz, sondern europaweit zu den industriellen Vorläufern. Dass Glarus trotz seiner kleinen Bevölkerung und den vielen Bergen eine interessante Palette an Gärten vorzeigen kann, hängt auch mit dieser Industriegeschichte zusammen. Die vermögenden Fabrikanten bauten sich Villen und legten Gärten an (siehe GL 1, GL 6, GL 7). Bevor jedoch die Industrie neue Erwerbsmöglichkeiten bot, hatten viele Glarner ihren Lebensunterhalt als Söldner in fremden Diensten verdient, wie dies in vielen anderen Bergkantonen auch üblich war. Einer war ganz besonders erfolgreich: Kaspar Freuler stellte ab 1635 für den französischen König Louis XIII. die königliche Garde. Was er mit dem damit erworbenen Reichtum in der Heimat anfing, kann heute im Freulerpalast in Näfels bestaunt werden. Der Besuch dieses prunkvollen Palastes sollte zu jeder Glarus-Reise gehören (siehe GL 2).

Ganz weit hinten und weit oben im Glarnerland kann schließlich noch ein Erbe von Dietrich Woessner, auch Schweizer Rosenvater genannt, besucht werden. Während rund dreißig Jahren hat er in Braunwald untersucht, welche Rosen in der Höhe gut gedeihen. Drei dieser Versuchsgärten sind als einfache Rosenbeete gestaltet und zeigen jene Sorten, die sich für Berggebiete besonders gut eignen (siehe GL 8).

GL 1
Garten Alte Spinnerei
Jenny-Areal, 8866 Ziegelbrücke

Foto: Sarah Fasolin

Es dürfte sich um eine der letzten Anlagen handeln, die der berühmte Garten-architekt Evariste Mertens 1906, ein Jahr vor seinem Tod, zeichnete: ein Nutz-und ein Landschaftsgarten beim Produktionsgebäude und der Villa der Textil-fabrik der Familie Jenny in Ziegelbrücke. Die Spinnerei Fritz und Caspar Jenny AG, 1834 gegründet, gehörte zu den größten Glarner Textilfirmen mit mehre-ren hundert Mitarbeitern. Seit den 1980er Jahren ist die Produktion sehr stark zurückgegangen, die Fabrikgebäude werden heute anderweitig genutzt, etwa als Loftwohnungen. Die Gartenanlage erfuhr im ganzen 20. Jahrhundert keine wesentlichen Eingriffe und wurde 2006 sanft restauriert. Orangerie, Rosen-bögen, Frühbeetkästen und Obstwiese stehen noch so wie vor 100 Jahren. Auch die Einfassung mit Kalksteinschroppen sowie der Brunnen in der Mitte des Wegkreuzes sind original. Nur anstelle des Gemüsebereichs ist heute Wiese getreten. Und aus dem Unteren Fabrikweiher, der zu einem zweistufigen Kraft-werk gehörte, ist ein riesiger Badeteich mit Kiesböschung, Wildstauden und Weiden geworden. Rund um die ehemalige Fabrikantenvilla hat Mertens einen Park im Landschaftsstil angelegt, der jedoch nicht besichtigt werden kann.

➡ Eigentümer/in: Fritz + Caspar Jenny AG, 8866 Ziegelbrücke. Tel. 055/6173535. info@immosupport.ch. www.ziegelbruecke.com. Größe: 2,2 ha. Eintritt frei. Anmeldung erforderlich. Führungen: Nach Voranmeldung. ➡ Wegbeschreibung bei Anmeldung.
🅿 ♿

GL 2
Garten Freulerpalast
Im Dorf 19, 8752 Näfels

Foto: Sarah Fasolin

Ein eindrückliches Denkmal hat sich Kaspar Freuler Mitte des 17. Jahrhunderts in Näfels geschaffen. Mit dem zweiflügeligen Gebäude im Spätrenaissance-Stil stellte Freuler seinen in Frankreich erworbenen Reichtum zur Schau. Er stand ab 1613 in französischen Diensten und führte ab 1635 die königliche Garde von Louis XIII. Was er sich im Hof seines Palastes für einen Garten anlegen ließ, ist aufgrund der Quellenlage allerdings nicht eruierbar. Erwähnt sind in einem Bericht von 1688 ein Springbrunnen sowie Spalierbäume von auserlesenen Obstsorten. 1801 soll im Hof ein Obstgarten sowie ein Gemüsegarten bestanden haben. Der heutige Ziergarten mit Buchs, Rosen und Prachtstauden wurde erst 1942 vom Glarner Gartenarchitekten Johannes Schweizer angelegt. Den Rest des Hofes rund um den Ziergarten gestaltete er 1947 zusammen mit dem Architekten Hans Leuzinger sehr schlicht mit Kiesflächen und Pflästerungen. Der Brunnen vor den ehemaligen Stallungen besteht aus einem einzigen Stück Kalkstein und wurde 1992 im Hof platziert.

➡ Eigentümer/in: Stiftung Freulerpalast. info@freulerpalast.ch. www.freulerpalast.ch. Größe: 0,23 ha. Eintritt frei. Öffnungszeiten: Frei zugänglich. Führungen: Nach Voranmeldung und vorwiegend zum Freulerpalast. **SBB** Näfels-Mollis. 🚌 Nr. 511 bis „Freulerpalast". 🚗 A3 Ausfahrt Niederurnen. Weiter Richtung Näfels. Der Freulerpalast liegt mitten im Dorf. 🅿 🚍 ♿

GL 3
Privatgarten Fischli
Burgstrasse 5, 8752 Näfels

Glarus

Foto: Sarah Fasolin

Dieser kleine, aber vielseitige Garten ist ganz auf die Kinder ausgerichtet: Hasen hoppeln über die Wiese, zahme Hühner gackern gleich daneben und Meerschweinchen rennen durch ihren Auslauf. Durch die Gemüse- und Staudenbeete führt ein schmaler Barfuß-Weg. Steinhaufen, Totholztürme und Sumpfpfützen dienen als Lebensraum für Wildtiere. Regelmäßig kommen Schulklassen zu Besuch, um zu beobachten, anzupflanzen oder mit Naturmaterialien kreativ zu sein. Gabi Fischli pflanzt und sät hauptsächlich alte Gemüsesorten und experimentiert beim Gärtnern gerne. Um herauszufinden, wie sie die beschränkte Fläche ihres Gartens optimal nutzen kann, testet sie laufend neue Ideen.

➡ Eigentümer/in: Gabi Fischli, Burgstrasse 5, 8752 Näfels. Tel. 055/6124087. gabi.fischli@gmail.com. Größe: 250 qm. Eintritt frei. Anmeldung erforderlich. Führungen: Nach Voranmeldung. Attraktionen: Für Kinder speziell geeignet. ➡ Wegbeschreibung bei Anmeldung. 🅿

Glarus

GL 4
Haltli und Historische Gärten Mollis
Kerenzerstrasse 19, 8753 Mollis

Foto: Sarah Fasolin

Das Haltli ist der markanteste Bau in Mollis, 1782 von Conrad Schindler gebaut (siehe auch GL 5). Es steht nördlich des Dorfes oberhalb eines Rebberges – mit weiter Sicht ins Glarnerland und Überblick über Mollis. Am Südhang, wo heute die Reben wachsen, befanden sich einst Gärten und Treibhäuser. Seit 1912 ist hier das Heilpädagogische Zentrum Glarnerland untergebracht, das auf einem steilen, trapezförmigen Feld östlich des Hauses ein großes Gemüsefeld angelegt hat. Vom Haltli aus startet ein historischer Rundweg durch das Dorf, das einen zu vielen historischen Gebäuden und Gärten führt. Unter anderem kommt man am Dekanenhaus vorbei, wo der berühmte Film „Anna Göldi, letzte Hexe" gedreht wurde. Über die Mauer und durch das Gartentor hat man einen schönen Blick in einen lauschigen Garten. Der Rundgang kann auch bei der Kirche gestartet werden. Er endet im „Hof". Eine Broschüre mit Plan und Erklärungen kann beim Ortsmuseum in Mollis bezogen werden (marianne. nef@bluewin.ch), siehe auch GL 5.

➜ Eigentümer/in: Verein Glarner Gemeinnützige. fbmo@bluewin.ch. Größe: Gemüsegarten 100 qm. Eintritt frei. Öffnungszeiten: Frei zugänglich. Führungen: Mit Landschaftsarchitekt Fridolin Beglinger auf Anfrage unter 055/6122200 (vormittags) oder Markus Nöthiger 055/6122623. **SBB** Näfels-Mollis. 🚌 Nr. 170 bis „Mollis, Post". ➜ Zu Fuß ab Mollis Post der Kerenzerbergstrasse folgen. Ca. 15 Min. 🚗 A3 Ausfahrt Niederurnen. Nach Näfels → Mollis → Richtung Kerenzerberg. 🅿 🐴 ♿

GL 5
Rokoko-Garten
Steinackerstrasse 4, 8753 Mollis

Foto: Sarah Fasolin

Der Rokoko-Garten im „Hof" dürfte die größte Gartenrekonstruktion im Glarnerland sein. 1787 baute hier der Architekt Conrad Schindler für seinen Bruder Kaspar ein Haus. Conrad Schindler selbst lebte im ebenfalls von ihm gezeichneten „Haltli", das er etwas prachtvoller gestaltete als das Haus des Bruders (siehe GL 4). Dass er sich für das Parterre vor dem Haus an den französischen Rokoko-Stil anlehnte, geht wohl auf sein Studium in Paris zurück. Im Laufe der Zeit verwilderte der Garten, Bäume breiteten sich aus und als die Gemeinde 1969 die Liegenschaft erwarb, um hier ein Altersheim unterzubringen, glich der ehemalige Ziergarten einem kleinen Wald. Der Landschaftsarchitekt Fridolin Beglinger stellte den Garten 1972 gemäß alten Plänen wieder her. Bepflanzt wurde mit Buchs, Rosen und als Bäumchen gezogener Straucheibisch „Blue Bird". Der Gartenpavillon, der früher als Gewächshaus genutzt wurde, steht mit seiner schmucken Fassade dem Haus gegenüber. Pavillon, Garten und Haus bilden eine harmonische Einheit. Heute ist im „Hof" unter anderem das Orts- und Anna-Göldi-Museum untergebracht (www.annagoeldi.ch). Das Altersheim ist im angrenzenden Neubau beheimatet.

➡ Eigentümer/in: Alters- und Pflegeheim Hof, Steinackerstrasse 4, 8753 Mollis. Größe: 0,12 ha. Eintritt frei. Öffnungszeiten: Frei zugänglich. Führungen: Mit Fridolin Beglinger (siehe GL 4). **SBB** Mollis-Näfels. 🚌 Nr. 501 bis „Mollis, Baumgartenstrasse". ➔ In die Vorderdorfstrasse einbiegen. Dann zweite Straße rechts. 🚗 A3 Ausfahrt Niederurnen. Richtung Mollis. 🅿 ✗ ⬛ 🐕 ♿

GL 6
Volksgarten Glarus
Bahnhofstrasse, 8750 Glarus

Foto: Sarah Fasolin

Mitten in der Blütezeit der Druck- und Textilindustrie in Glarus brannte die Stadt 1861 zu einem großen Teil nieder. Immerhin waren in den knapp hundert Jahren der Industrialisierung genügend Mittel erwirtschaftet worden, um die Stadt großzügig wieder aufzubauen. In diesem Zug entstand auch der Volksgarten, entworfen vom Zürcher Stadtgärtner Rudolf Blattner. Er teilte das Areal in einen Repräsentationsteil, eine Promenade und Ruheorte. Der Volksgarten sollte ein Park für alle Gesellschaftsschichten werden, mit verschiedenen Bäumen, Wiesen und Schmuckbeeten – ein Park, der das städtische Lebensgefühl in Glarus in der zweiten Hälfte des 19. Jahrhunderts widerspiegelt. Blattners Pläne wurden zwar nicht 1:1 umgesetzt, seine Ideen hingegen schon. Das Herzstück der Anlage, der Springbrunnen mit großer Fontäne in der Mitte und kleineren Wasserstrahlen darum herum, hat sich bis heute kaum verändert. Ursprünglich war das Becken von Kalkschroppen eingefasst, heute ist es ein schlichter Betonrand. Die Promenade entlang des Kirchwegs führte zu Beginn nur bis zur Waidli-Strasse und wurde 1882 bis nach Ennenda fortgesetzt. Eine Voliere gehörte ebenfalls zum Park, wurde mehrmals ersetzt und schließlich 2003 abgebrochen. Mit dem Bau des Kunsthauses Mitte des 20. Jahrhunderts kam ein neuer Parkbereich, ein Senkgarten mit großer Rasenfläche, dazu. Damals wie heute ist der Volksgarten ein beliebter Treffpunkt in Glarus.

➡ Eigentümer/in: Gemeinde Glarus. Größe: 1,27 ha. Eintritt frei. Öffnungszeiten: Frei zugänglich. Veranstaltungen: Sommerbühne jeweils vom 1. bis 5. August. **SBB** Glarus. → Gleich neben dem Bahnhof. 🚗 A3 Ausfahrt Niederurnen. Richtung Glarus. 🅿 🐎 ♿

GL 7
Skulpturengarten Engi
Allmeindstrasse 58, 8765 Engi

Foto: Sarah Fasolin

Hier trifft Geschichte auf Moderne. Der historische Garten der Villa Engi ist eine bekannte Plattform für vorwiegend Glarner Kunstschaffende, die hier eine Ausstellungsmöglichkeit erhalten. Die Fabrikantenvilla aus dem Jahr 1898 erlebte verschiedene Besitzerwechsel, bevor sie 1995 von einer Genossenschaft gekauft wurde. Bei der Renovierung der Villa wurde im Garten der zerfallene Holzpavillon durch eine moderne Interpretation ersetzt. Die restlichen Hauptmerkmale des Gartens sind original, etwa der zweistufige Teich mit Tuffsteingrotte und zwei Holzbrückchen. In den alten Bäumen, in Gartennischen, im Wasser oder einfach auf dem Rasen sind die Werke der Glarner Kunstschaffenden ausgestellt. Meist wird der Garten bei ihrem Werk bewusst miteinbezogen. Bäume, Teich und Pavillon werden Teil des künstlerischen Ausdrucks.

➡ Eigentümer/in: Dorfgenossenschaft Engi, 8765 Engi. info@villaengi.ch. www.villaengi.ch. Eintritt frei. Öffnungszeiten: Frei zugänglich. **SBB** Schwanden. 🚌 Nr. 541 bis „Engi, Weberei". → Gleich unterhalb der Bushaltestelle. 🚗 A3 Ausfahrt Niederurnen. Nach Näfels → Glarus → Schwanden → Engi. 300 m nach Ortstafel links, dann nach 400 m rechts. 🐎

GL 8
Rosengärten Braunwald
Verschiedene Standorte in Braunwald

Foto: Oskar Günther

Anfang der 1970er Jahre begann der Schweizer Rosenexperte Dietrich Woessner (1906–2000), auf der Sonnenterrasse Braunwald Rosenbeete anzulegen.
Er wollte herausfinden, welche Rosensorten auf einer Höhe von 1200 bis 1300
m ü. M. gut gedeihen. Die Rosenbeete sind heute zwar um etwa die Hälfte reduziert, doch auf den vier im Dorf verstreuten Versuchsflächen sind noch heute die am besten geeigneten Sorten zu sehen: „Deborah", „Lady Like", „Ingrid
Bergmann" oder die „Henry Dunant", um nur einige zu nennen. Man beginnt
den Rundgang bei der Bergstation der Braunwaldbahn und folgt dem Weg, der
links oberhalb des ehemaligen Hotels Alpenblick durchführt. Hier kommt man
am ersten und größten Rosengarten vorbei. Man folgt dem Weg weiter Richtung Talstation der Gondelbahn. Hier liegt ein weiteres Gärtchen, das wie alle
anderen mit einem Zaun gegen Wildfraß geschützt ist. Man spaziert nun auf
dem Höhenweg oberhalb des Dorfes durch den Wald. Unterhalb des Hotels
Bellevue entdeckt man in einer Kurve ein weiteres Beet. Gleich daneben liegt
der Alpenkräutergarten (siehe GL 8). Im so genannten Metzgerrank stößt man
auf das letzte Beet. Heute pflegen Private die rund 1 000 Rosenstöcke. Sie
schneiden die Rosen vor dem ersten Schnee auf 15 cm zurück. Die lange Ve-

getationspause in Braunwald machen die Rosen auf dieser Höhe mit einer längeren Blühdauer wett. Auch die Farbintensität ist aufgrund der Sonneneinstrahlung kräftiger als in tiefen Lagen.

➡ Eigentümer/in: Gemeinde Glarus Süd. www.braunwald.ch ➜ Rosengärten. Eintritt frei. Öffnungszeiten: Frei zugänglich. Führungen: Nach Voranmeldung. **SBB** Linthal. 🚗 Siehe GL 9. ➜ Mit der Braunwaldbahn bis Braunwald. ✖ 🍺 🐴 ♿ Teilweise.

GL 9
Alpenkräutergarten Braunwald
Gemeindehausweg 2, 8784 Braunwald

Der Kräutergarten des Dorfvereins Braunwald zeigt rund 80 verschiedene Alpen- und Küchenkräuter in einer steinigen Hanglandschaft. Der felsige und zum Teil lehmige Boden schafft besondere Herausforderungen für die drei Gartenpflegerinnen: Damit der Boden nicht austrocknet, wird stets gemulcht. Als Mulchmaterial dienen die Beikräuter, die beim Jäten anfallen. Mit dieser Art der Flächenkompostierung werden die unerwünschten Pflanzen gleich wieder in den Kreislauf von Werden und Vergehen zurückgeführt. Im Alpengarten sind viele bekannte, aber auch einige spezielle Kräuter zu sehen. Passend zum Glarnerland ist auch der Schabzigerklee anzutreffen, der für die Herstellung des bekannten Zigers verwendet wird.

➡ Eigentümer/in: Dorfverein Braunwald. info@braunwald.ch. www.braunwald.ch. Größe: 240 qm. Eintritt frei. Öffnungszeiten: Frei zugänglich. Führungen: Nach Voranmeldung. **SBB** Linthal. ➜ Mit der Braunwaldbahn bis Braunwald. 🚗 Braunwald ist autofrei, Parkplätze in Linthal, danach mit Standseilbahn. 🅿

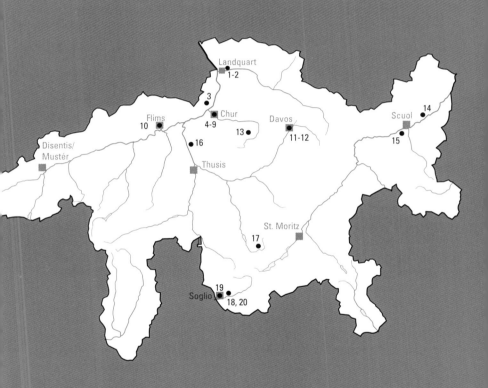

Landquart
1-2

3

Flims
10

Chur
4-9

Davos

13

11-12

Scuol
14

15

Disentis/
Mustér

16

Thusis

St. Moritz

17

19
Soglio
18, 20

Eine Familie prägt die Gartenkultur

Der Name von Salis spielt in der Geschichte Graubündens eine Hauptrolle – und ebenso in der Bündner Gartenkultur. Rund ein Drittel der in diesem Buch vorgestellten Gärten im Kanton Graubünden wurden von Mitgliedern der Familie von Salis angelegt oder entscheidend geprägt (siehe GR 1, GR 5, GR 8, GR 9, GR 19 und GR 20).

Der Stammsitz der Bündner Adelsfamilie ist das Dorf Soglio im Bergell, wo um das Jahr 1300 erstmals ein von Salis bezeugt ist. Von dort aus dehnte das Geschlecht im Laufe der Jahrhunderte seinen politischen und wirtschaftlichen Einfluss und seinen Grundbesitz stetig aus – vorerst im Raum Chiavenna und im Veltlin, später auch im Engadin und in Nordbünden, wo sich eigene Familienzweige herausbildeten. Dadurch stiegen die von Salis mit der Zeit zur mächtigsten Familie im heutigen Kanton Graubünden auf.

Im 17. und 18. Jahrhundert bauten die von Salis in ihrem heimatlichen Tal Bergell eine Reihe vornehmer Paläste mit Lustgärten (siehe GR 19 und GR 20). Mehr oder weniger zeitgleich errichteten sie in Nordbünden auch das Schloss Bothmar mit einer ebenfalls eindrücklichen Gartenanlage (siehe GR 1). Bei ihren Gärten übernahmen sie französische und italienische Einflüsse – ein Ausdruck der erstaunlich weitreichenden internationalen Beziehungen, die sie während Jahrhunderten pflegten. Nicht weniger als 30 Familienmitglieder stiegen in ausländischen Kriegsdiensten zu Generälen auf. Die Gründe für die rege Bautätigkeit der von Salis ortet der Bündner Kulturhistoriker Diego Giovanoli nicht nur im individuellen Ehrgeiz. Die unsichtbare Triebfeder, schreibt Giovanoli in einem Aufsatz, war auch „der familieninterne Wettbewerb zwischen den verwandten und aufsteigenden von-Salis-Zweigen".

Die Pflege und der Unterhalt der Gärten wurde den eigenen Gärtnern, meist unter der Leitung der adligen Frauen, überlassen. Heute spielt in den Gärten der von Salis erneut ein weibliches Familienmitglied eine wichtige Rolle. Seit Mitte der 1990er Jahre betreut die Landschaftsarchitektin Jane Bihr-de Salis (siehe auch AG 14) die von-Salis-Gärten in Soglio und Bondo.

Politisch verloren die von Salis ihre Macht Ende des 18. Jahrhunderts mit der Eingliederung Graubündens in die Helvetische Republik. Einige ihrer Paläste und Gärten sind aber bis heute in Familienbesitz. Auf Anfrage sind sie teilweise zugänglich. 2009 wurden die Bergeller Gärten als Gesamtes mit dem Schulthess-Gartenpreis des Schweizer Heimatschutzes ausgezeichnet.

GR 1

Schlosspark Bothmar
Schloss Bothmar, 7208 Malans

Foto: Sarah Fasolin

Wer zwischen diesen immensen Buchskegeln herumspaziert, von Ebene zu Ebene schlendert, zwischendurch einen Blick auf das imposante zweiflüglige Schloss wirft oder auf die dahinter aufragende Bergwelt, wer die sorgfältig bepflanzten Kompartimente bestaunt, an der fünf Meter hohen Buchswand hochschaut und dem Plätschern des Springbrunnens lauscht, der wird einen Moment innehalten und denken: Was für ein einmaliges Gartenkunstwerk! Und sich fragen: Wem ist es zu verdanken? Ein eigentlicher Gartenarchitekt ist nicht bekannt. Man geht davon aus, dass der Garten wie auch Schloss Bothmar in zwei Etappen zu Beginn des 18. Jahrhunderts entstanden sind. Bauherr war Gubert Abraham von Salis, der zu bereits bestehenden kleineren Gebäuden den Südflügel errichtete. Bei dieser Gelegenheit dürfte auch der obere Teil des Gartens als Parterre zum Südflügel entstanden sein. Die Buchswand wäre demnach als Abgrenzung des Gartenparterres gepflanzt worden. Nur zehn Jahre nach Abschluss dieser Arbeiten kam ab 1751 der Westflügel dazu. Infolgedessen wurde wohl das barocke Gartenparterre erweitert. Die oberste und die zwei unteren Ebenen kamen dazu, der Garten wurde nun mit einer Zentralachse versehen, die westlich am Westflügel vorbeiführt. Ob der Buchs schon damals so gepflanzt wurde, lässt sich nicht rekonstruieren. Die Gehölze im Garten sind jedenfalls jünger. Auf Fotos aus den 1920er Jahren ist zu sehen, dass der untere Teil des Gartens leicht verwildert war und Obstbäume darin wuchsen. Hans Wolf von Salis, der Vater der heutigen Besitzer Gaudenz und Flandrina von Salis, ließ den Garten in den 1930er Jahren rekonstruieren. Bis heute wird der Garten einwandfrei gepflegt, was den Besuch zu einem Gartenerlebnis erster Güte macht.

➡ Kontakt für Besichtigung: Jacqueline Ferri. Tel. 081/3222102. Eintritt frei. Anmeldung erforderlich. Attraktionen: Einer der bedeutendsten Barockgärten in der Schweiz. **SBB** Malans. 🚗 A13 Ausfahrt Landquart. Richtung Malans. Oberhalb des Dorfes.

GR 2
Privatgarten Fromm
Oberdorfgasse 7, 7208 Malans

Foto: Sarah Fasolin

Schon als kleines Mädchen kannte und mochte Emilia Fromm diesen Garten, der früher ihrer Tante gehörte. Emilia Fromm wohnte gleich nebenan, und immer wenn sie bei der Tante die Fenster öffnete und auf den Garten schaute, roch sie den Buchs und wünschte sich auch einen solchen Garten. Je älter die Tante wurde, desto mehr half ihr Emilia Fromm im Garten, bis sie ihn 1991 schließlich übernahm. Da sie als Gymnasiallehrerin Vollzeit arbeitet, wollte sie den Garten nicht mit Gemüse, sondern vor allem mit Stauden und Rosen bepflanzen. Die Grundstruktur aus dem Jahr 1870 sollte jedoch bleiben. In Zusammenarbeit mit einer Landschaftsarchitektin fand der Garten seine neue Form: Die Pflanzen der Tante wurden farblich neu geordnet und mit weiteren Stauden und Gehölzen ergänzt. Das Element Wasser wurde integriert mit einer Reihe rechteckiger Tröge, in denen Seerosen wachsen. In der hintersten Ecke, wo früher eine große Tanne aufragte, spenden Hainbuchen-Bäumchen Schatten. Der Sitzplatz ist von wolkenartig geschnittenem Buchs umgeben. An der Hauswand reifen Aprikosen, Äpfel und Birnen an Spalierbäumen. Heute wohnt Emilia Fromm selber im Haus, sieht durch die Fenster auf den Garten und freut sich, dass das Erbe der Tante in dieser neuen Form weiter besteht.

→ Eigentümer/in: Emilia Fromm, Oberdorfgasse 7, 7208 Malans. Tel. 081/3225932. Größe: 300 qm. Eintritt frei. Anmeldung erforderlich. Führungen: Nach Voranmeldung. Attraktionen: Rechteckige Wasserbecken mit Seerosen. → Wegbeschreibung bei Anmeldung. ▣

GR 3

Schlossgarten Haldenstein
Schlossweg 3, 7023 Haldenstein

Foto: Sarah Fasolin

Die Mitglieder der Gesellschaft Schweizerischer Rosenfreunde haben schon so manchen vergessenen Garten wieder aufleben lassen, auch auf Schloss Haldenstein. Hier haben die Bündner Rosenfreunde auf Initiative von Brigitta und Martin Michel (siehe GR 8) in unzähligen ehrenamtlichen Stunden eine Renaissance-Anlage wieder zum Blühen gebracht. Über 200 Rosenstöcke wachsen an Wänden, über dem Rosengang, um den Brunnen. Gegen Süden am Hang haben sie 80 Wildrosen gepflanzt. Jeden Samstag treffen zwischen zehn und zwanzig Freiwillige auf Haldenstein zusammen, arbeiten zwei Stunden im Garten und trinken anschließend gemeinsam Kaffee. Dies funktioniert seit dem Jahr 2000, als die neue Gartenzeit auf Haldenstein begann. Damals befand sich der Garten in einem schlechten Zustand und erfüllte seinen ursprünglichen Zweck, die Repräsentation, in keiner Weise. Der Garten war ab 1544 entstanden, in der Zeit der Renaissance, unter Jean Jacques de Bastion, dem französischen Gesandten in Chur. Interessant ist die Wahl des Standorts: Nicht etwa die flache Ebene südlich des Gebäudes wurde als Terrasse verwendet, sondern es wurde eine zehn Meter hohe Mauer gegen das Tal hin errichtet, das Terrain aufgeschüttet und dort der Ziergarten angelegt – markant, demonstrativ, nicht zu übersehen. Als typische Merkmale aus dieser Zeit sind die an das Mittelalter erinnernden Zinnen sowie die Ecktürme erhalten geblieben. Wie die Bepflanzung ursprünglich genau aussah, ist unbekannt. Als die Rosenfreunde sich dem Garten annahmen, integrierten sie bestehende Gehölze wie eine große Buchshecke oder die Linde. Der Laubengang in der Zentralachse wurde wieder in Stand gesetzt und mit Rosen bepflanzt. Ein lauschiger Garten mit Café und Lounge ist entstanden.

➡ Eigentümer/in: Stiftung Schloss Haldenstein. b.michel@schlossgarten.ch. www.schlossgarten.ch. www.schlossgarten-haldenstein.ch. Größe: 0,3 ha. Eintritt frei. Öffnungszeiten: Während den Öffnungszeiten des Schlosscafés. Bei schönem Wetter täglich ab 13 Uhr, Sa und So ab 11 Uhr. Tel. 081/5341708 gibt Auskunft. Führungen: Nach Voranmeldung. Veranstaltungen: Gartenfestival im Juni in den geraden Jahren. Attraktionen: Rose „Heilige Elisabeth", lauschiges Café. **SBB** Chur. 🚌 Nr. 209 bis „Haldenstein Dorf". 🚗 A3 Ausfahrt Chur-Nord. Richtung Haldenstein. 🅿 ☕ 🛍 ♿ Teilweise. ❶ Rosen beschriftet.

GR 4
Privatgarten Jost
Neubruchstrasse 35, 7000 Chur

Foto: Sarah Fasolin

Der Landschaftsarchitekt Alex Jost hat sich als Leiter des städtischen Gartenbauamtes viele Jahre seines Berufslebens für das öffentliche Grün in Chur eingesetzt – unter anderem mit viel Engagement für den Fontanapark (siehe GR 5). Als Ausgleich zu seinem Bürojob diente ihm stets der eigene Garten, der um das Jugendstil-Haus aus dem späten 19. Jahrhundert angelegt ist. Seit seiner Kindheit kennt Jost den Garten und seither ist die Grundstruktur unverändert geblieben: Ein Mittelweg, beidseitig flankiert von Staudenrabatten, trennt den Rasen in zwei Hälften. Das Grundstück wird von Rabatten mit Stauden, Gehölzen und Spalierbäumen eingefasst. Ein zum Haus passender Pavillon ist später dazu gekommen. Vom Pavillon aus schaut man direkt auf den Calanda-Gipfel, vom Sitzplatz in der anderen Ecke des Gartens blickt man zur Montalina-Kette. Obwohl so nahe am Gebirge, zeigt sich in diesem Garten, wie mild das Klima in Chur ist: Eine Kiwi hat sich an den Balkongeländern bis in den dritten Stock hoch gezogen und serviert den Bewohnern Früchte direkt auf die Terrasse. Ein Kaki-Baum wächst an der südlichen Hauswand. Auf den ersten Blick scheint ein Gerüst mit Reben den Garten am westlichen Rand abzuschließen. Doch dahinter geht es weiter mit Gemüsebeeten, Gewächshaus, Beerengarten, Frühbeet und Mandelbaum.

➡ Eigentümer/in: Annemarie und Alex Jost, Neubruchstrasse 35, 7000 Chur. Tel. 081/ 2529071. aajost@gmx.ch. Größe: 880 qm. Eintritt frei. Anmeldung erforderlich. Führungen: Nach Voranmeldung. Attraktionen: 15 m hohe Kiwi, Pflästerungen mit Flusskiesel, breites Rebensortiment. ➜ Wegbeschreibung bei Anmeldung. 🅿 ♿

GR 5
Fontanapark Chur
Grabenstrasse, 7000 Chur

Dass dieser Park beim Gartenbauamt in der höchsten Pflegestufe eingeteilt ist, lässt sich rasch erkennen: makellose Schmuckrabatten, der Buchs perfekt im Schnitt, sauber gehaltene Wege. Der Fontanapark ist eine städtische Gartenperle erster Güte, für den sich auch eine weite Anreise lohnt. 2006 wurde der Park in seinem heutigen Erscheinungsbild vollendet. Vorausgegangen waren mehrere Initiativen für eine Tiefgarage, die jedoch vom Volk stets abgelehnt wurden. Auch die Frage, was aus dem einst schmucken, aber vernachlässigten Privatgarten werden sollte, wurde lange diskutiert. Gebaut wurden Haus und Garten 1727 von Peter von Salis-Soglio. Um Platz zu gewinnen, wurden dafür eigens ein paar Häuser abgebrochen. Für einen, der als führender und reichster Bündner seiner Zeit gilt, waren solche Dinge möglich. 1860 wurde der Park der damaligen Mode von Landschaftsgärten folgend überformt und mit großen Parkbäumen bestückt. 1957 kam der Park in Besitz der Graubündner Kantonalbank, war schon damals in vernachlässigtem Zustand und sollte es die nächsten knapp 50 Jahre bleiben. In Zusammenarbeit mit dem auf Gartendenkmalpflege spezialisierten Landschaftsarchitekten Guido Hager bekam der Park schließlich seine neue Prägung: Elemente aus den verschiedenen Gartenepochen wurden miteinander kombiniert und zum Teil neu definiert. Aus der Barockzeit ist noch die Grotte mit den kupfernen Brunnenbecken erhalten sowie die Grundform mit Springbrunnen und sternförmig angelegten Wegen. Alte Parkbäume wie der Mammutbaum oder die Blutbuche wurden ebenfalls integriert. Die Bepflanzung der Felder zwischen den Wegen wurde mit Buchsfeldern und abwechslungsreichem Wechselflor neu gestaltet. Sehr ansprechend ist entlang der Straße auch das breite Band mit Rosen, Stauden, Monatsstauden und Wechselflor im Farbspektrum. Informationstafeln erklären das ausgeklügelte Bepflanzungskonzept. Der Park ist nach dem Denkmal von Benedikt Fontana, einem berühmten Heerführer aus dem Mittelalter, benannt. Im Gebäude ist heute das Kantonsgericht untergebracht.

Foto: Sarah Fasolin

➡ Eigentümer/in: Stadtgemeinde Chur. gartenbau@chur.ch. www.chur.ch. Größe: 0,4 ha. Eintritt frei. Öffnungszeiten: Winter 8–17 Uhr, Sommer 7–21 Uhr. Führungen: Nach Voranmeldung. Attraktionen: Grotte von 1731. **SBB** Chur. 🚌 Alle Buslinien bis „Postplatz". 🚗 Anreise mit öffentlichen Verkehrsmitteln empfohlen. 🅿 🛒 ♿ ➊

Garten Oberes Spaniöl
Kirchgasse 16, 7000 Chur

Ein Garten in der Altstadt von Chur, verteilt auf sechs Terrassen, verbunden mit schiefen Treppen, gepflegt von drei Parteien – ein Garten, wie es ihn kein zweites Mal gibt. Durch den Hof des zweiflügligen Hauses – erbaut von Karl von Salis im Jahr 1648 – erreicht man die unterste Ebene des Gartens. Hier wirkt Luisa Zendralli, die zwischen den kleinen Buchskompartimenten vorwiegend Rosen, Phlox und andere Stauden hegt. Da und dort steht ein Kunstwerk. Hier sieht man, wie das Haus direkt auf den Felsen und an die Stadtmauer aus dem 13. Jahrhundert gebaut ist. In der Stützmauer der nächst höheren Terrasse ist ein Eisengittertor und dahinter ein unterirdischer Geheimgang zu erkennen, der früher auch als Gefängnis gedient haben soll. Je höher man steigt, je mehr sieht man über die Altstadt von Chur. Zwischen zwei kleineren Terrassen kommt man an einem Rebberghäuschen vorbei, das seit dem 17. Jahrhundert steht. Es erinnert daran, dass das Gelände zuvor als Weinberg genutzt wurde. Zu Beginn des 19. Jahrhunderts wurde der Garten umstrukturiert. Um die Beete einzufassen, benutzten Luisa Zendrallis Vorfahren Emser Flaschen, die sie umgekehrt in den Boden steckten. Diese sind an einigen Stellen noch vorhanden. Der mittlere Teil wird von Zendrallis Schwägerin und der obere Teil von der Familie Gschwend-Thöny gepflegt. Jede Partei besitzt einen Teil des Gartens und hat ihre eigenen Vorlieben, von eher wild bis sauber aufgeräumt. Aber Grün verbindet, sagt Luisa Zendralli. Und so wirkt der Garten gerade wegen seinen verschiedenen Ebenen, Schichten und Pflanzen als Gesamtkunstwerk.

➡ Eigentümer/in: Kontakt: Luisa Zendralli. Tel. 081/2521678. luisa.zendralli@bluewin.ch. Eintritt frei. Öffnungszeiten: Anmeldung erforderlich. Führungen: Nach Voranmeldung. Attraktionen: Garten auf sechs Terrassen in der Altstadt von Chur. ➜ Wegbeschreibung bei Anmeldung. 🅿 Bei der Kathedrale. 🐎

GR 7
Kleiner Türligarten
Bodmerstrasse 2, 7000 Chur

Auf diesen Garten würde man nie zufällig stoßen. Er ist gut abgeschirmt gegen außen, umgeben von einem dichten Lindenboskett und einer Eibenhecke. Durch ein altes Holztor gelangt man seitlich auf das Grundstück, folgt einem Pfad mit wildem Wuchs links und rechts, taucht in das Lindenwäldchen ein und gelangt schließlich zum Rasenviereck. Der einstige Barockgarten hatte mehrere Umgestaltungen erlebt, ehe er 1995 seine bislang letzte Gestalt fand. In einem Rasenviereck reihen sich an der einen Seite kleine, quadratische Blumenbeete. Bei den Fliederbäumen sprudelt eine Fontäne in die Höhe. Ein rotes Gartensofa steht unter einer Reihe von Vogelbeerbäumen. Eine spannende Neuinterpretation eines alten Gartens, die die Strenge des Barock aufnimmt, aber gleichzeitig deutlich eine neue Etappe markiert.

➡ Eigentümer/in: Bürgergemeinde Chur, Bodmerstrasse 2, 7000 Chur. Tel. 081/ 2544981. brk@chur.ch. www.buergergemeinde-chur.ch. Größe: 600 qm. Eintritt frei. Anmeldung erforderlich. **SBB** Chur. 🚌 Entweder Bahn Richtung Arosa oder Postauto Nr. 341 Richtung „Chur, Stadt". ➡ Die Plessur überqueren, ein paar Meter nach links gehen. 🚗 A3 Ausfahrt Chur-Süd Richtung Zentrum/Arosa. Beim Kreisel auf der Brücke in die Bodmerstrasse einbiegen.

GR 8
Privatgarten Michel
Plessurquai 49, 7000 Chur

Die Philosophie dieses Gartens ist einfach: Man soll kaum mehr als zehn Schritte gehen müssen, um wieder an einen Ort zu gelangen, wo man sich hinsetzen kann. Eine gute Idee! Denn in diesem Garten lässt sich der Moment genießen. Das war nicht immer so. 1970 erlebte der Besitzer Martin Michel, wie ein Schulkamerad der Lehrerin einen großen Strauß brachte und erzählte, die Blumen seien alle aus dem eigenen Garten. Michel ging nach Hause und sah, dass im Garten der Eltern damals kaum Blumen blühten. Der Garten war im barocken Stil angelegt mit vier von Buchs eingefassten Kompartimenten. Darin wuchsen jedoch Bäume und Büsche. Über die Jahre fing Michel an, daraus einen Rosen- und Staudengarten zu gestalten. Als er seine Frau Brigitta kennenlernte, entfachte die Gartenleidenschaft auch in ihr und gemeinsam entwickelten sie den Garten weiter. Das Haus mit Ökonomiegebäude sowie Waschund Backhaus wurde von Rudolf von Salis 1818 im klassizistischen Stil erbaut. Da der Standort außerhalb der Stadtmauern lag, konnte er den Garten großzügig mit Kiesplatz, Vorgarten, Baumgarten und Buchsparterre anlegen. Letzteres hat seine Grundform mit zwei Vierecken und zwei abgerundeten Dreiecken seit dem Hausbau beibehalten. Nebst den Sitzgelegenheiten fallen die verschiedenen Brunnen auf, deren Plätschern überall im Garten zu hören ist. Da das Haus so nahe an der Plessur buchstäblich auf sandigem Untergrund gebaut ist, läuft das Wasser rasch ab und die Rabatten müssen oft bewässert werden. Interessant ist auch das traditionelle Bewässerungssystem, das Wasser aus dem nahen Bach mittels Feuerwehrschläuchen und Gräben über das Grundstück verteilt.

Foto: Brigitta Michel

➡ Eigentümer/in: Brigitta und Martin Michel, Plessurquai 49, 7000 Chur. Tel. 079/ 3081822 oder 081/2524492. b.michel@schlossgarten.ch. Größe: 0,3 ha. Eintritt frei. Anmeldung erforderlich. Führungen: Nach Voranmeldung. Attraktionen: Tuffsteinbrunnen, Eibentor. ➜ Wegbeschreibung bei Anmeldung. 🅿 zahlungspflichtig. 🍷 Apéro nach Voranmeldung. 🐕 ♿ Teilweise.

GR 9
Privatgarten Meyer
Bodmerstrasse 36, 7000 Chur

Auch in der Geschichte dieses Hauses stößt man auf die Familie von Salis (siehe Einführungskapitel S. 148). Das Gebäude aus dem 17. Jahrhundert gehörte den von Salis, ehe es der Urgroßvater der heutigen Besitzerin 1898 erwerben konnte. Ihm wird auch die Gestaltung des heutigen Gartens zugeschrieben, wie es die Familiengeschichte überliefert: die Vierteilung mit Buchs und einem Rondell in der Mitte. Stauden, Gemüse und Kräuter sind heute miteinander kombiniert. Das Besitzerehepaar Meyer probiert auch gerne Neues aus. In einem der Gevierte haben sie einen Gräsergarten angelegt. Irgendwo steht das Gerippe eines toten Birnbaums, den nun die Ramblerrose „Albertine" als Steighilfe in Beschlag genommen hat. Rosen wachsen auch an Bögen, in den Seitenbeeten und zwischen den Stauden. Im Gegensatz zum strengen Barockgarten zeigt sich der Gartenbereich hinter dem Haus von einer ganz anderen Seite. Hier schaffen ein Teich und ein Bachlauf eine besondere Naturidylle. Am Ufer unter einem Baum steht eine Bank, der Blick fällt auf das angrenzende Feld, auf Himmel und Wald.

➡ Eigentümer/in: Margrit und Ernst Meyer, Bodmerstrasse 36, 7000 Chur. Tel. 081/ 2527284. meyer.tobler@bluewin.ch. Größe: 0,6 ha. Eintritt frei. Anmeldung erforderlich. Führungen: Nach Voranmeldung. Attraktionen: Selbst angelegter Weiher mit Bach.
➡ Wegbeschreibung bei Anmeldung. 🅿 🐾 ♿ Teilweise.

GR 10
Privatgarten Reich
Via dils Larischs 10, 7018 Flims Waldhaus

Der Flimser Bergsturz fand vor fast 10 000 Jahren statt und gehört mit einem Volumen von 9 Kubikkilometern zu den größten Bergsturzereignissen weltweit. Für einen Garten auf Felssturzgebiet heißt das vor allem: Der Berg bestimmt mit. Denn wenn Brigitte Reich eine Gartenidee umsetzen möchte, dann ist es möglich, dass sie mit dem Spaten nach nur zehn Zentimetern Humus bereits auf Stein stößt – und sie die Rosen dann woanders setzen muss. An einigen Stellen war die Humusschicht so dünn, dass Brigitte Reich den Fels freilegte und ihn nun als Gestaltungselement in den Garten integriert hat. Die Gärtnerin mag es üppig, mit Gräsern, Rosen und Staudenmischpflanzungen. In der Mitte des Gartens ist – der Berg ließ es zu – ein großer Teich entstanden. Aus der großen Magerwiese entsteht jedes Jahr ein neues Gartenbild. Mal bleibt beim Mähen die Form eines Sterns, mal ein Regentropfen stehen. So können auf den Blüten noch zahlreiche Insekten landen. Denn der Garten soll Lebensraum sein für Blindschleichen, Igel, Eidechsen – für Letztere hat der Berg mit seinen vielen Steinen ganz gute Dienste geleistet.

➡ Eigentümer/in: Brigitte Reich, Via dils Larischs 10, 7018 Flims Waldhaus. Tel. 079/ 7774377. brigitte@reich-rutz.ch. Größe: 0,3 ha. Eintritt frei. Anmeldung erforderlich. Führungen: nach Voranmeldung. Attraktionen: Zum Garten gehört auch ein Bed and Breakfast. ➡ Wegbeschreibung bei Anmeldung. 🅿 🐾

Alpinum Schatzalp
Schatzalp, 7270 Davos Platz

Foto: Klaus Oetjen

Graubünden

Hier ist Gärtnermeister Klaus Oetjen am Werk und kümmert sich mit saisonalen Arbeitskräften um die fünf Hektar große Anlage. Sein großes Interesse an der Botanik schlägt sich in den verschiedenen Sammlungen nieder: Anemonen, Glockenblumen, Storchschnabel-Arten, Pfingstrosen-Wildarten, Enzianen (ca. 400 verschiedene), Wolfsmilch, Rittersporn, Christrosen, Sterndolden und Mohn. Zudem hat das Alpinum wohl eine der weltweit größten Edelweißsammlungen. Insgesamt sind auf der Schatzalp zwischen 4000 und 5000 Pflanzenarten und Sorten anzutreffen. Nebst der einheimischen alpinen Flora gehören Pflanzen aus dem Himalaja, dem Kaukasus und Südafrika dazu. Der Alpengarten ist eingeteilt in einen alten und einen neuen Teil. 1907 entstand vor dem damaligen Sanatorium Schatzalp der erste Alpengarten mit dem Ziel, den Patienten die schöne Alpenflora näher zu bringen. Mitte der 1950er Jahre wurde das Sanatorium geschlossen und der Alpengarten verwilderte. Knapp zwanzig Jahre später wurde er restauriert und im Guggenbachtal ein weiterer angelegt. Kleinere Gärten, zum Teil mit speziellen Schwerpunkten, sind in die Anlage integriert, wie etwa der Thomas-Mann-Platz oder ein Insektengarten.

⇒ Eigentümer/in: Hotel Schatzalp. event@schatzalp.ch. www.alpinum.ch; www.schatzalp.ch. Größe: 5 ha. Eintritt: CHF 5.- pro Person. Öffnungszeiten: Juni–Ende Oktober täglich. Führungen: Mitte Juni–Mitte Oktober jeweils Mittwoch, 14.30 Uhr. Kräuter-Führungen auf Anfrage. Gruppen vorher anmelden. Veranstaltungen: Diverse Gärten- und Botanik-Seminare siehe Website. Attraktionen: Diverse Pflanzensammlungen, Edelweißsammlung. **SBB** Davos Platz. 🚌 Nr. 2, 4 bis „Schatzalpbahn". → Mit der Schatzalpbahn auf die Schatzalp. 🚗 Bis Davos Platz. Weiter mit der Schatzalpbahn. ✗ 💺 ♿ Teilweise. ❶ ✿

Waldfriedhof Davos
Islen, 7270 Davos Platz

Graubünden

Foto: Sarah Fasolin

Schon lange hatte Rudolf Gaberel dieses Lärchenwäldchen außerhalb von Davos ins Auge gefasst: dieser lichte Baumbestand, der das Sonnenlicht bis zum Boden durchlässt, der grüne Teppich mit Berggras – ein schönes Umfeld für einen neuen Friedhof. Genau dort wollte der Architekt die neue Grabstätte konzipieren, für die er 1918 den Auftrag erhielt. Dafür mussten jedoch das nahe gelegene Kieswerk eingestellt und die Landbesitzer enteignet werden. Mit Natursteinmauern wurde das ovale Gelände eingefasst, die Anordnung der Gräber genau definiert: in Reihen oder im Kreis. Die Kreuze, die aus heimischem Lärchenholz hergestellt sein müssen, sind nur in drei verschiedenen Formen zugelassen. Die Grabsteine müssen roh und nicht poliert sein. Bis ins letzte Detail definierte Gaberel die einzelnen Elemente, inklusive Sitzbänke und Abfalleimer. Bis heute wird der Friedhof nach seinen Vorstellungen gepflegt und unterhalten, weshalb seine eindrücklichen Gestaltungsideen sehr gut erkennbar und erlebbar sind.

➡ Eigentümer/in: Gemeinde Davos. waldfriedhof@bluewin.ch. Größe: 1,5 ha. Eintritt frei. Öffnungszeiten: Frei zugänglich. Führungen: Nach Voranmeldung. Attraktionen: Grab von Rudolf Gaberel und des deutschen Malers Ernst Ludwig Kirchner (beim Haupteingang Weg links nehmen). Jüdischer Friedhof gleich nebenan. **SBB** Davos Platz. 🚌 Nr. 7 bis „Davos Platz, Islen". 🚗 Davos Islen, zwischen Davos Platz und Davos Frauenkirch. 🅿 ♿ ❶

Alpengarten der Versuchsstation Maran
Arosa Maran, 7050 Arosa

In diesem Garten bleibt nichts unbeobachtet. Seit 1932 wird hier geforscht und untersucht: Welche Pflanze eignet sich als Bergfutter für die Tiere? Wie entwickeln sich Bergkräuter unter verschiedenen Bedingungen? Im Zuge dieser Untersuchungen, die von einer Forschungsanstalt des Bundesamts für Landwirtschaft durchgeführt werden, entstand eine Sammlung von rund 500 Pflanzenarten. Diese sind im Alpengarten in ihren natürlichen alpinen Lebensräumen zu sehen. Verschiedene Wiesen- und Weidetypen, Gesteinsbeete mit Kalk- oder Silikatgesteinen, ein Serpentinbeet und ein Feuchtgebiet bieten die Lebensgrundlage dieser Pflanzen. Auf kleinem Raum gibt es hier einen Einblick in die Pflanzenwelt der Alpen.

➡ Eigentümer/in: Kontakt: Agroscope, Reckenholzstrasse 191, 8046 Zürich. Tel. 044/ 3777111. info@agroscope.admin.ch. www.agroscope.admin.ch. Größe: 0,4 ha. Eintritt frei. Öffnungszeiten: In der schneefreien Zeit von Juni bis Oktober frei zugänglich. Führungen: Jeweils am Dienstagnachmittag. Anfrage bei Arosa Tourismus www.arosa.ch. **SBB** Arosa. 🚌 Mit dem Arosa-Bus Richtung Prätschli bis „Golfplatz". 🚗 Keine Anfahrt mit dem Auto. ❶

Parkin von Not Vital
Stron, 7554 Sent

An diesem steilen Hang am Rande von Sent vollendet der international renommierte Künstler Not Vital auf seine Weise das Werk eines Vorgängers. Einer, der war, wie Not Vital selbst: ausgeflogen aus dem Bündner Tal, um im Ausland ein Auskommen zu finden. Im Ersten Weltkrieg verdiente Luzio Crastan mit der Kaffee-Ersatz-Pflanze Zichorie in Italien gutes Geld. In Sent, seiner Heimat, wollte er damit ein paradiesisches Haus mit Park bauen. Er errichtete die Garage, den Pool, verschiedene Aussichtsflächen und Sitzbänke, pflanzte exotisches Gehölz. Das Haus, obwohl gezeichnet und geplant, entstand nie, die genauen Hintergründe sind unklar. Crastan starb, das Grundstück wurde verkauft, verwilderte. Not Vital spielte in seiner Kindheit mit seinen Freunden im geheimnisvollen Park. Später flog er selbst aus, wirkte als Künstler in verschiedenen Ländern und auch er, wie einst Crastan, kam dahin zurück, wo das Herz hingehört. Auch wenn er noch immer von China bis Südamerika unterwegs ist, hat er sich 1999 mit dem Kauf des Parkgeländes in Sent neu verankert. Er ließ Crastans Anfänge bestehen, setzte die Wege instand und inszenierte seine eigene Kunst im Park. Ein Häuschen, das auf Knopfdruck in der Erde verschwindet – als Anspielung auf die Zweitwohnungsinitiative. Eine Marmorbadewanne, in der vielleicht Heinrich Heine einmal gebadet hat. Ein Haus aus Glas, eng und schmal, in dem es sich anfühlt wie in einer Gletscherspalte. Überall stößt man auf unerwartete Objekte und wird zum Nachdenken angeregt. Ein nicht alltägliches Garten- und Parkerlebnis.

Foto: Sarah Fasolin

➡ Eigentümer/in: Not Vital, Sent. Anfragen für Führungen bei Gästeinfo Sent: Tel. 081/ 8641544. www.sent-online.ch. Eintritt kostenpflichtig. Nur im Rahmen von Führungen zu besuchen. Öffnungszeiten: Juni–Oktober jeweils am Freitag. Führungen: Nach Voranmeldung. Attraktionen: Viele Kunstinstallationen von Not Vital. **SBB** Scuol-Tarasp. 🚌 Nr. 311 bis „Sent, Sala". → Am Dorfeingang von Scuol herkommend. 🚗 A13 Ausfahrt Landquart. Richtung Klosters → Vereina-Autoverlad → Scuol → Sent.

GR 15
Park Vulpera Tarasp
Vulpera, 7552 Tarasp

1989 fiel das denkmalgeschützte Hotel Waldhaus in Vulpera einem verheerenden Brand zum Opfer. Das bedeutete auch das Ende von prächtigen Gärten, die das im Neo-Renaissance-Stil erbaute Kurhotel umgeben hatten. Heute ist am ehemaligen Standort des Hotels ein neuer Park entstanden. Viel weniger üppig und blumig, als er es gemäß Zeugnissen von Hotelbesuchern einst gewesen war. Aber mit einigen eindrücklichen Bauten und Zitaten aus der „Waldhaus"-Zeit. Als Erstes fällt der Springbrunnen auf. Dieser hat den Brand überstanden und steht noch am ursprünglichen Ort. Der größte Teil des Brandschuttes war dazu verwendet worden, die Hotelkeller aufzufüllen und das Gelände auszuebnen. Die weißen Säulen, die Steine der Balustrade sowie die Orchestermuschel links der Balustrade sind diesem Schicksal entgangen. Es sind Erinnerungsstücke an das bedeutende Hotel. Der weiße Pavillon ist neu und wurde 2002, als der Park neu angelegt wurde, aufgestellt. Damals kamen auch die Wege, der künstliche Bachlauf sowie der Teich auf der unteren Ebene dazu. Der damalige Besitzer des Chalets Wilhelmina, das einst hinter dem Hotel Waldhaus lag, spielte bei der Gestaltung und Finanzierung des Parks eine große Rolle. Er ließ auch die lange Holzpasserelle errichten, die an die ehemalige Veranda des Hotels erinnern soll. Die imposante Holzkuppel am Ende der Passerelle steht als Zitat der großen Dachkuppel, die das „Waldhaus" geprägt hatte. Der Park geht westlich nahtlos in den Park der Villa Post mit einer Grotte, einer Wettersäule und einem historischen Kraftwerk über.

Foto: Sarah Fasolin

⇨ Eigentümer/in: Gemeinde Tarasp. Eintritt frei. Öffnungszeiten: Frei zugänglich. Attraktionen: Pavillons, alter Hotelbrunnen. **SBB** Scuol-Tarasp. 🚌 Nr. 312 bis „Tarasp, Vulpera". 🚗 A13 Ausfahrt Landquart. Richtung Klosters → Vereina-Autoverlad → Scuol → Vulpera. 🅿 🐾 ♿

GR 16

Schlosspark Ortenstein
Schloss Ortenstein, 7418 Tomils

Foto: Heinz Dieter Finck

Gärten mit spektakulärer Aussicht, Gärten unterschiedlicher Prägung und vor allem auch: Gärten am Abgrund. Wie das Schloss selbst, das von einem Felssporn im Domleschg aufragt, sind auch die Gärten von Ortenstein auf diesem furchterregenden Plateau gebaut. Kaum ein Zaun schließt das Gelände vor seinem jähen Abfall ab. Schloss Ortenstein hat eine weit zurück reichende Geschichte. Als Burg Ende des 13. Jahrhunderts gebaut, im 15. Jahrhundert zerstört, wieder errichtet und im 17. Jahrhundert schließlich zum Schloss umgebaut. Gärten, so nimmt man an, hat es hier immer gegeben. Erste gesicherte Quellen stammen jedoch erst aus dem 18. Jahrhundert. Damals hatte Johann Viktor III. von Travers auf dem Parterre einen viel beachteten Garten mit Bosketten und Gewächshäusern, um die sich ein Gärtner aus Frankreich kümmerte. Dieses Parterre erreicht man vom Hof über eine zweiläufige, bogenförmige Treppe, unter der ein Wandbrunnen Quellwasser aussprudelt. Zwei Eibenkegel in den Ecken gehen wohl auf die ursprüngliche Anlage zurück. Das heutige Gesicht mit Kieswegen und Rondell in der Mitte bekam der Garten jedoch im 20. Jahrhundert. Von einem Holzpavillon im Westen, der auf einem überhängenden Felsvorsprung gebaut ist, sieht man über das Tal und kann gut nachvollziehen, weshalb ausgerechnet hier eine Burg entstanden ist. An das Parterre grenzt ein Landschaftsgarten, dessen geschwungene Wege zwischen Baumgruppen hindurch hangabwärts führen. Drei Ebenen mit halbrunden Brüstungen prägen diesen Teil des Gartens, an dessen unterem Ende man den Abschluss vermutet. Doch es geht weiter. Auf einem steilen Geländekegel sind sieben halbrunde Terrassen mit Spalierobst angelegt. Und ganz zuunterst, halsbrecherisch nah am Abgrund, liegt eine oktogonal gebaute Grotte mit einem kleinen Turm daneben. Ihre Geschichte bleibt ein Geheimnis – es ist nicht das einzige auf Schloss Ortenstein.

➡ Eigentümer/in: Familie Linder. stiftung@schloss-ortenstein.ch. www.schloss-ortenstein.ch. Größe: 10 ha. Eintritt kostenpflichtig. Anmeldung erforderlich. ➜ Wegbeschreibung bei Anmeldung. 🅿 ✿ Hofladen mit Produkten vom Gutsbetrieb. Tipp: Wer im Domleschg unterwegs ist, kann in Fürstenau von der Straße aus die mit üppigem Blumenschmuck reich dekorierte Fassade von Schloss Schauenstein bewundern. Eine eindrückliche Treppenanlage aus dem späten 18. Jahrhundert ist in Sils im öffentlich zugänglichen Palazzo Tonatsch (Gemeindeverwaltung) zu sehen.

GR 17
Bauerngarten Bivio
An der Julier-Passstrasse, 7457 Bivio

Foto: Sarah Fasolin

Schon ewig gebe es dieses Gärtchen, sagt Arno Giovanoli. Schlicht und in aller Einfachheit steht es unterhalb des Julierpasses, auf 1800 m ü. M. und zeigt, worum es in der Urform eines Gartens geht: um Schutz, Nutzen und Zier. All dies ist auf diesen knapp 80 qm zu finden. In der einen Ecke steht eine alte Arve. In den Gemüsebeeten wachsen Kartoffeln, Salate, Erdbeeren und Karotten. Am Rand blühen ein paar Stauden. Das Gärtchen steht oberhalb von Bivio, neben dem Weiler Böggia, in dem heute niemand mehr lebt. Das Gärtchen aber wird von Familie Giovanoli noch immer bewirtschaftet. 2010 musste der verfaulte Holzlattenzaun ersetzt werden. Arno Giovanoli hat ihn mit Steinplatten und Steinen ergänzt – ohne spezielle Bedeutung, aber schön anzusehen. Die spezielle Lage des Gartens so knapp unter der Baumgrenze, mitten auf einer Weide, am Ufer der Julia, ist schon seit Jahrzehnten ein beliebtes Fotomotiv von Passgängern. Der verstorbene Professor für Gartenarchitektur Dieter Kienast zeigte in den 1980er Jahren vielen Jahrgängen von Landschaftsarchitekten am Technikum in Rapperswil ein Foto dieses Gartens als Beispiel für den „hortus conclusus", der Urform des Gartens. Spätestens als es 1995 auf einem Plakat für die Schoggitaler-Aktion des Schweizer Heimatschutzes und Pro Natura zu Gunsten von alten Gärten auftauchte, ist das Bauerngärtchen am Julierpass einem breiteren Publikum bekannt geworden.

⇨ Eigentümer/in: Familie Giovanoli, 7457 Bivio. Größe: 80 qm. Öffnungszeiten: Von der Straße aus sichtbar. → Auf der Passtrasse zum Julier ca. 3 km außerhalb des Dorfes Bivio nach einer scharfen Linkskurve auf der linken Seite. ➤

GR 18
Privatgarten Sobol
7606 Promontogno

Eine der ältesten Formen von bäuerlichen Gärten im Bergell ist im Garten von Rachel Sobol zu sehen. Um sich selbst versorgen zu können, legten die Bauern Gärten auch in steilen und felsigen Lagen an. Dazu wurden Trockenmauern auf Felsen gebaut und dahinter mit Erde aufgefüllt. In diesem Garten sieht man die verschiedenen Ebenen, die dabei entstanden sind – bis zum Felsspitz, der am oberen Ende des Grundstückes herausragt. Heute wächst Gras auf den einzelnen Terrassen und an den Rändern mischen sich in wilder Kombination Stauden und Rosen. Von den verschiedenen Sitzplätzen hat man eine eindrückliche Sicht auf das Dorf und das Tal.

⇨ Eigentümer/in: Rachel Sobol, 7606 Promontogno. Tel. 081/8221112. Größe: 400 qm. Eintritt frei. Anmeldung erforderlich. → Wegbeschreibung bei Anmeldung.

Garten Hotel Palazzo Salis
Dorfplatz, 7610 Soglio

Graubünden

Foto: Jane Bihr-de Salis

Eindrückliche Spuren ihrer regen Bautätigkeit und Freude an repräsentativen Gärten hinterließen die von Salis in Soglio (siehe auch Einführungskapitel S. 148). Ab 1701 ließ Baptista von Salis, nachdem er im Zentrum von Soglio einen imposanten Palast errichtet hatte, einen dazu passenden Garten anlegen. Dazu hatte er vermutlich zuvor diversen Bauern ihre Parzellen abkaufen und zwei Häuserzeilen niederreißen müssen. Einige Mauerreste dieser Häuser wurden in die Gartenmauer integriert. Trotz seines großen Einflusses gelang es ihm nicht, die Gasse zwischen Haus und Garten zu verlegen. So erreicht man die Gartenanlage vom Gebäude aus über eine als Brücke dienende Treppe. Dann steht man in diesem großen Garten, der die Grundstruktur der Spätrenaissance bewahrt hat: die Umfassungsmauern mit Kleinarchitekturen, das Sommerhäuschen mit Brunnen, die Terrassierung auf zwei Ebenen oder die Buchstopiarien. Einzelne Spuren stammen auch aus späteren Gartenepochen wie die Stechpalme, die Linde und das Bassin des Brunnens. Besonders auffallend sind die zwei Mammutbäume, die am Ende der beiden Längsachsen stehen. Sie erinnern an die Zeit Ende des 19. Jahrhunderts, in der generell exotische Gehölze und insbesondere Mammutbäume in Gärten von wohlhabenden Bürgern ein Muss waren. 1876 wurde die Casa Battista zu einem Gasthaus, in dem bald Schriftsteller und Dichter ein- und ausgingen. Rainer Maria Rilke war fasziniert vom Spannungsfeld, das von diesem Garten ausgeht. „Wie einfach und ländlich und doch wie höfisch zugleich", schrieb er. Auch der Standort des Gartens in diesem engen Bergdorf und die unmittelbare Nähe zum Berg haben Besucher seit jeher fasziniert.

⇒ Eigentümer/in: Richard und Thomas de Salis, Casa Battista AG. Pächter: Monica und Philippe Cicognani. palazzosalis@bluewin.ch. www.palazzosalis.ch. Größe: 0,22 ha. Eintritt frei. Bitte Restaurant berücksichtigen. Gruppen vorher anmelden. Öffnungszeiten: Während den Öffnungszeiten des Hotels. Führungen: Nach Voranmeldung. Veranstaltungen: Siehe Website. Attraktionen: Spannung zwischen Gartenwelt und rauer Berglandschaft. **SBB** St. Moritz. 🚌 Postauto bis „Promontogno Posta", dann Nr. 13 bis „Soglio, Villaggio". 🚗 Über den Maloja-Pass durchs Bergell bis Soglio. 🅿 Am Dorfrand. Zu Fuß ins Dorf. ✗ 🍽 🐎 ♿ Teilweise. Hilfe in den Garten auf Anfrage möglich. ❶ Broschüre an der Rezeption für CHF 10.- erhältlich.

GR 20
Garten Palazzo Salis
Palazzo Salis Bondo, Bondo, 7606 Promontogno

Foto: Jane Bihr-de Salis

Das Erstaunliche an diesem Garten ist, wie deutlich die Spuren seines Ursprungs in den 1770er Jahren noch zu erkennen sind: Die doppelläufige Treppe vom Gartensaal in den Garten. Das Parterre. Die Hauptachse mit dem schmiedeisernen Tor, die den Blick auf die vorliegende Wiese und das Splügenmassiv frei gibt. Die Mauer rund um den Garten. Die Ziervasen in den Ecken und auf den Türmchen. Der Springbrunnen mit dem reitenden Bacchus in der Mitte. Die Sandwege. All dies sind Elemente des italienischen Renaissance-Stils. Bauherr von Palast und Garten war Hieronymus de Salis (1709–1794), der in Chur aufgewachsen war, später aber nach England zog und sich dort einbürgern ließ. Als englischer Gesandter bei den Drei Bünden kehrte er zurück und ließ sich ab 1766 in Bondo einen Palazzo bauen. Als der Rohbau fertig war, zog er wieder nach England und übergab die Baustelle seinem jüngsten Sohn, Peter de Salis. Im Vergleich zum Rokkokogeist, der im Innern des Palazzo dominiert, mutet der Garten eher konservativ an. Für die damals in England in Mode gekommenen Landschaftsgärten dürfte ihm die Vorliebe, oder aber in der engen Talsohle schlicht der Platz, gefehlt haben. Palazzo und Garten sind noch immer in Familienbesitz. Trotz kleinen Änderungen und neuen Bepflanzungen blieben die Grundstruktur und Ausstattung des Gartens bis heute weitgehend erhalten.

➡ Eigentümer/in: Geschwister de Salis. Kontakt Verwaltung: Ursina Ganzoni. Tel. 081/ 8221880. martin.ursina@bluewin.ch. Größe: 800 qm. Eintritt Besichtigung Garten: CHF 10.- pro Person. Mindestens 10 Personen oder CHF 100.-. Besichtigung Garten und Palazzo: CHF 20.- pro Person. Mindestens 5 Personen oder CHF 100.-. Anmeldung erforderlich (möglichst frühzeitig). Führungen: Nach Voranmeldung. Attraktionen: Ummauertes Buchsparterre mit Springbrunnen, Steinvasen, Schmiedeisentor. **SBB** St. Moritz. 🚌 Postauto bis „Promontogno Posta" oder „Punt Spizarun". 🚗 Über den Maloja-Pass durchs Bergell bis Soglio. Abzweigung nach Bondo. Dorfeingang. 🅿 Gegenüber dem Haupttor. ♿ Teilweise. ❶ Broschüre oder Buch kann vor Ort gekauft werden.

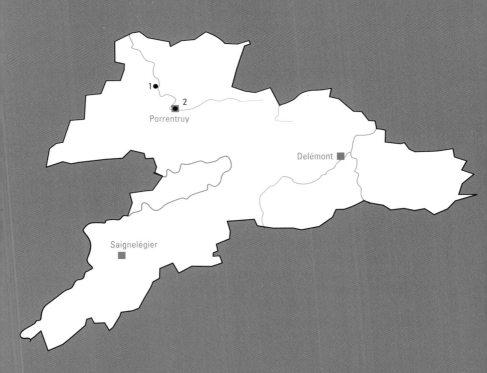

1 •
2 ■
Porrentruy

Delémont ■

Saignelégier
■

Ein großer, wilder Garten

Nur zwei Gärten im Kanton Jura? Ja. Trotz breiter Recherche ist es am Schluss bei der Auswahl dieser beiden Gärten geblieben. Sicher gibt es aber noch das eine oder andere Kleinod, das noch seiner Entdeckung harrt. Der Weg in den Jura ist aber auch für nur zwei Gärten nicht zu weit. Denn es wartet hier noch ein dritter, ein sehr großer Garten: der Kanton selbst. Der Kanton Jura, der seinen Namen vom gleichnamigen Gebirgszug hat, ist der jüngste der Schweizerische Eidgenossenschaft. 1978 wurde er nach jahrzehntelangem Unabhängigkeitskampf vom Kanton Bern abgespalten und als eigenständiger Kanton gegründet. Dieser nordwestliche Zipfel der Schweiz ist dünn besiedelt und hat mit Delémont und Pruntrut nur zwei Städte.

Dazu beigetragen hat sicher auch die Topografie: Enge Täler, weite Flächen, dichter Wald, felsiger und wasserarmer Boden prägen die Region. Nach dem Tessin ist der Jura der Kanton mit dem größten Waldanteil. Landwirtschaft im großen Stil ist hier nicht möglich – und auch das Anlegen von Gärten wird bei diesen Voraussetzungen erschwert.

Durch den geringen Siedlungsdruck ist die Landschaft des Juras bis heute vor markanten Eingriffen verschont geblieben. Die Höhen sind geprägt von Weiden, Baumgruppen und Wäldern. Von hier stammt die einzige Pferderasse der Schweiz, die Freiberger, denen man auf Wanderungen beim Grasen begegnet (www.jura-hoehenwege.ch). In der Ebene, im stillen Tal des Doubs, begegnet man schroffen Kalkfelsen und einer romantischen Flusslandschaft. Pflanzenliebhaber entdecken im Jura die größte und älteste Stieleiche Europas, die in der Nähe von Châtillon steht. Oder sie bestaunen die 22 verschiedenen Orchideenarten, die bei Soulce wild wachsen (www.soulce-soleil.ch).

Im Naturschutzgebiet Etang de la Gruère bei Saignelégier, einer Moorlandschaft von nationaler Bedeutung, entdecken Botanik-Interessierte die Flora der Hochmoore. Wegen all dieser Naturschönheiten ist der Kanton Jura wie die Jura-Hügelkette allgemein eine beliebte Wandergegend. Und wer auf einer Tour einen schönen oder spannenden Garten entdeckt – Hinweise sind willkommen!

Foto: Maja Coletti

Vor dem Haus war eine Ziegenweide mit ein paar alten Bäumen, als Dieter Frank und Patrick O'Leary 2002 sich in der Ajoie niederließen. Lange blieb es nicht dabei. Dieter Frank, wie schon an den zwei anderen Wohnorten davor, fing an zu gärtnern. Zog einen Mergelweg über das Gelände, ließ neben dem Haus einen Buchsgarten entstehen, pflanzte Rosen, Sträucher, Stauden. Frank ist im Baugewerbe tätig und erbarmte sich vieler historischer Baumaterialien, die den Weg in den Steinhacker gefunden hätten. So ist ein großer Teil der Beete mit rotem Sandstein eingefasst, der beim Umbau der Messe in Basel herausgerissen wurde. Auch auf den Flohmärkten, die die beiden mit Leidenschaft und regelmäßig aufsuchen, entdecken sie Altes und Schönes, das in ihrem Garten eine neue Bestimmung findet. Meist kennen sie die Geschichte dazu noch, etwa zur Turmspitze eines Schlosses oder zum Engelrelief von einem alten Ofen. Nach dem Buchsgarten entstanden weitere Gartenräume, die man bei einem Rundgang nach und nach entdeckt. Am oberen Ende des Grundstückes steht man auf einem Felsvorsprung und schaut auf den Fluss Allaine und die Uferwiese. Da an diesem idyllischen Plätzchen gleich Tischchen und Stühle stehen, setzt man sich gerne, schaut und genießt. Daneben steht ein kleines Teehäuschen, das eigentlich ursprünglich ein Geräteschuppen werden sollte. Aber statt Hacke und Schaufel kamen am Ende eben Möbel hinein, und ein weiterer kleiner Schuppen, diesmal aber wirklich für die Werkzeuge, entstand nicht weit davon entfernt. Alle Häuschen und Pavillons hat Dieter Frank selbst gezimmert. Einige funktionieren als Ställe, zum Beispiel für die Seidenhühner. Direkt hinter dem Haus ist ein weiterer Buchsgarten entstanden. Buchskugeln und Hostas strukturieren diesen Bereich. Alte Vogelkäfige und Laternen hängen in den Ästen der Bäume. Einen guten Ausblick über diesen Teil des Gartens hat man von einem weiteren Teehäuschen mit Holzgitterwänden. Hier wird auf Anfrage Afternoon Tea serviert.

→ Eigentümer/in: Patrick O'Leary und Dieter Frank, La Fabrique 46, 2922 Courchavon. patrick@oleary.ch. www.bishopsrest.ch. Größe: 0,34 ha. Eintritt: freiwillig. Anmeldung erforderlich. → Wegbeschreibung bei Anmeldung. P Beim Bahnhof. ☛ English Afternoon Tea wird auf Anfrage für Gruppen serviert. ❶ Patrick O'Leary und Dieter Frank betreiben in einem separaten Haus an der Allaine ein Bed and Breakfast mit direktem Zugang zu deren Privatgarten.

JU 2
Botanischer Garten Pruntrut
Route de Fontenais 22, 2900 Porrentruy

Eines dieser Kleinode, die man wegen seiner Schönheit und Besonderheit rasch ins Gartenherz schließt. Der Garten ist in einen Teil mit Gewächshäusern und in einen unweit davon entfernt liegenden Park geteilt. Über die Route de Fontenais erreicht man zuerst die Gewächshäuser. Für Apfel-Interessierte lohnt sich vor dem Eintritt ein Abstecher in den schräg gegenüber gelegenen Park des Naturwissenschaftlichen Museums. Hier wachsen in vier Reihen Spalierbäume mit alten jurassischen Apfelsorten. Im Botanischen Garten gelangt man durch den Besucherraum zu den Glashäusern. Gleich links erreicht man das Orchideenhaus und durch die Tür dahinter stößt man auf einen ersten Höhepunkt des Gartens, die Tillandsiasammlung. Diese wurde dem botanischen Garten 2010 geschenkt und deckt mit 550 von 800 Arten eine große Bandbreite der Tillandsien ab. Die Pflanzen hängen an den Wänden und der Decke, kleiden den Raum aus wie eine Grotte. Einige dieser Tillandsien blühen nur alle 20 Jahre – man bestaune die vorhandenen Blüten also besonders intensiv. Ein weiteres Treibhaus beinhaltet die Kakteensammlung. Auch diese sind ein Geschenk: Chemieingenieur und Pflanzensammler Pierre Locuty vermachte dem Garten 1980 700 Kaktusse. Die Präsentation mit rötlichem Kalk-Stein bringt die einzelnen Exemplare besonders schön zur Geltung. Nach einem Abstecher in das mediterrane Gewächshaus nimmt man die Treppe und steigt hoch zum eigentlichen Park des Gartens. Dieser liegt innerhalb der Mauern der jurassischen Kantonsschule, was eine besondere Atmosphäre schafft. Eine klare Längsachse teilt den Garten mit den Beeten in zwei Hälften.

Rosen als Bäumchen und Sträucher flankieren die Achse. Ende Mai kann man hier 180 verschiedene Irissorten blühen sehen – ein weiterer Höhepunkt des Gartens. Jedes dritte Beet ist den Iris vorbehalten, dazwischen sind Pflanzen anderer Familien nach der botanischen Systematik geordnet. In den Beeten an der Hauswand sind alte Gemüsesorten zu sehen sowie zwei Maulbeerspalier und diverse Nadelgehölze. Gleich neben den Beeten tritt man in einen kleinen Park mit verschiedenen Gehölzen und geschwungenen Wegen. Die achtstämmige Thuja, die aus einem einzigen Mutterstamm und über Ableger von Ästen entstanden ist, zieht die Aufmerksamkeit als Erstes auf sich. Sie stehen so nahe, dass sie sich als eine einzige Krone präsentieren, unter die man schlüpfen kann. In der Nähe steht auch die Büste von Jules Thurmann, der den Garten 1833 wieder eröffnete. 1795 hatte Frankreich, zu dem der Jura im Zuge der Französischen Revolution gekommen war, angeordnet, dass in Pruntrut ein Botanischer Garten zu gründen sei. Diesem Auftrag wurde zwar Folge geleistet, doch bereits 1803 wurde der Garten aufgegeben. Mit der frühen Wiederaufnahme des Gartens durch Thurmann zählt der Botanische Garten Pruntrut heute zu den ältesten der Schweiz. An einem Moorbeet vorbei gelangt man in den unteren Teil des Parks. Hier kann man sich auf einer kleinen Aussichtsplattform ausruhen und den Blick in die Ajoie genießen. Anschließend geht es weiter zum Juragarten, in dem mehrere hundert Pflanzen wachsen, die im Juramassiv heimisch sind.

➜ Eigentümer/in: Kanton Jura. info.bota@jura.ch. www.mjsn.ch. Größe: 2 ha. Eintritt frei. Öffnungszeiten: Mo–Fr 8–17 Uhr, Sa–So und Feiertage 10–17 Uhr. Führungen: Auf Französisch nach Voranmeldung. Veranstaltungen: Herbstfest im Oktober (siehe Website). Attraktionen: Eine der größten Irissammlungen der Schweiz, die größte Kakteensammlung und die größte Tillandsiensammlung der Schweiz. **SBB** Porrentruy. ➜ Vom Bahnhof zu Fuß Richtung Stadt (Rue du Jura), danach unterhalb der Kirche in die Route de Fontenais einbiegen. 🚗 A16 Ausfahrt Porrentruy Est, Richtung Stadt → Fontenais. 🅿 ♿ Teilweise. ❶ Beim Park sowie beim Eingangsbereich zu den Treibhäusern liegen Broschüren aus.

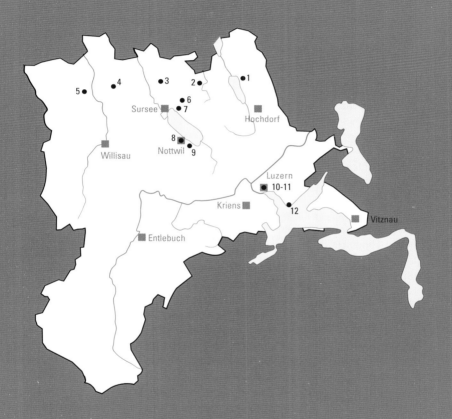

5 ●

4 ●

3 ●

2 ●

1 ●

6 ●

Sursee ■

7 ●

Hochdorf ■

8 ●

9 ●

Nottwil ●

Willisau ■

Luzern
● 10-11

Kriens ■

12 ●

Entlebuch ■

Vitznau ■

Anleitung zu einer idealen Gartenreise

Eine spontane Gartenreise, die keine Anmeldungen erfordert und einen doch zu ganz unterschiedlichen Gärten führt, ist zum Beispiel im Kanton Luzern möglich. Hier sind einige interessante Gartenanlagen öffentlich zugänglich, und deren Besuch lässt sich gut miteinander verbinden. Morgens fährt man mit der Bahn bis Gelfingen und spaziert zum Schloss Heidegg (siehe LU 1). Im Morgenlicht im Pavillon zu sitzen, auf das Schloss zu schauen, auf die Rosen und den Baldeggersee – ein schöner Moment. Im Museum (Öffnungszeiten beachten) kann man danach noch die Geschichte der Heidegg kennenlernen. Mit Bahn und Bus erreicht man anschließend Beromünster. Die Waldkathedrale, die man hier besichtigen kann, ist in der Schweiz einzigartig und ein besonders eindrückliches Beispiel von Landschaftsarchitektur des 18. Jahrhunderts (siehe LU 2). Beromünster ist auch eine schöne Gelegenheit zum Übernachten. Oder man fährt noch ein paar Minuten mit dem Bus bis Tann und lässt im Rosengarten Kollerhuus den Tag ausklingen (siehe LU 6). Mehr als drei Gärten pro Tag sind nicht zu empfehlen. Um einen Garten richtig erleben zu können, reichen 15-Minuten-Abstecher nicht.

Als Nächstes erreicht man Sursee. Wer seine Reise vorgeplant hat, hat hier vielleicht einen Termin im Staudengarten des Ehepaars Hansen (siehe LU 3) im benachbarten Büron oder im Rosengarten des Ehepaars Waltisberg in Schenkon (siehe LU 7). Ohne vorgängig vereinbarte Termine lässt sich die Reise je nach persönlicher Vorliebe fortsetzen: zum Naturschaugarten in Uffikon (siehe LU 4) oder in den Schlossgarten Altishofen (siehe LU 5). Zurück in Sursee fährt man danach mit dem Bus weiter Richtung Nottwil Oberdorf. Von hier gelangt man in einem 15-Minuten-Spaziergang zum Bauerngarten Mittler-Huprächtigen (siehe LU 9). Der sorgfältig renovierte Bauernhof steht als stolze Kulisse hinter dem Garten der Bauernfamilie. Die Wanderung lässt sich hier um eine weitere halbe Stunde fortsetzen: Dazu der Straße Richtung Neuenkirch folgen, beim nächsten Bauernhof links in den Wanderweg einbiegen. So kommt man am Schloss Wartensee und seiner hübschen Gartenanlage vorbei. In Sempach-Neuenkirch fährt schließlich die S-Bahn nach Luzern.

Über Luzern und Meggen trifft man schließlich auf Schloss Meggenhorn ein (siehe LU 12). Und wie schon bei vielen anderen Gärten auf dieser Luzern-Reise ist auch hier wieder ein See in unmittelbarer Nähe. Fällt der Reisetag auf einen Sonntag, können im Schloss die Wohnräume der letzten Besitzerfamilie besichtigt werden. Rund ums Schloss lässt sich die große Hortensiensammlung bestaunen, und bei einem Spaziergang durch den Park sucht man sich eine gemütliche Ecke mit Blick auf Berge und See, ein traumhafter Sonnenuntergang inbegriffen.

Schlossgarten Heidegg
Schloss Heidegg, 6284 Gelfingen

Foto: Dieter Ruckstuhl

Luzern

Es ist dem deutschen Bundeskanzler Konrad Adenauer zu verdanken, dass auf Schloss Heidegg ein Rosengarten entstand. Adenauer, selbst leidenschaftlicher Rosengärtner, besuchte das Schloss 1951 zusammen mit der Luzerner Kantonsregierung. Er schaute auf den damals mit Gemüse- und Frühbeeten angelegten Barockgarten und sagte: „Hier sollten Rosen blühen!" Sein Wunsch war den Zuständigen Befehl. Noch im darauf folgenden Herbst ließ die Vereinigung Pro Heidegg einen Rosengarten anlegen. Damit entstand auf Heidegg ein weiteres Kapitel in der über 300-jährigen Geschichte des barocken Schlossgartens. Um das Jahr 1700 wurde rund um den Felssporn eine Stützmauer hochgezogen, die Fläche zu einem Parterre aufgefüllt, der Eckpavillon errichtet, ein Wegkreuz angelegt und ein Springbrunnen in der Mitte versenkt. Dies sind auch heute noch die wichtigsten baulichen Gestaltungselemente. Als 2004 die Erde nach 50 Jahren Rosengarten müde war, mussten 60 Zentimeter der Humusschicht ausgetauscht werden. Die Schlossverwaltung nahm dies zum Anlass, um die Platzierung der Rosen neu zu überdenken. In Zusammenarbeit mit Landschaftsarchitekten wurde die ursprüngliche Nutzung als Gemüsegarten gestalterisch wieder aufgenommen. Gemüsebeeten gleich wurden Rosen und Rasen je zur Hälfte miteinander kombiniert. Die Farben wechseln vom vordersten Rand in Richtung Schloss von dunklem Rot über Orange und Gelb bis zu Weiß. Die Rabatten unmittelbar beim Gebäude sind im Stil eines englischen Cottage-Gartens, in dem Gemüse, Stauden und Rosen miteinander kombiniert sind. Ein Besuch des Rosengartens bildet jedoch nur die Hälfte des Gartenerlebnisses auf Schloss Heidegg. Kurz vor 1900 ließ nämlich die letzte Besitzerfamilie Pfyffer von Heidegg, Patrizier aus der Stadt Luzern, im Bachtobel unter dem Schloss einen Spazierweg anlegen. Im 19. Jahrhundert wurde die Kunst des Spazierens zelebriert, die Erlebnisse für die Sinne in den Vordergrund stellte. Die Wegführung ist noch heute dieselbe wie damals. Spazieren Sie durch das Tobel, über die vielen Brücken, staunen Sie über den Wasserfall und achten Sie darauf, wie das Murmeln des Baches mal in einem Piano verharrt und dann wieder zu einem Crescendo anwächst – all das ist kein Zufall.

➡ Eigentümer/in: Kanton Luzern. Betreiber: Vereinigung Pro Heidegg. info@heidegg.ch. www.heidegg.ch. Größe: 800 qm. Eintritt CHF 2.- pro Person, Kinder CHF 0.50. Öffnungszeiten: Frei zugänglich. Führungen: Nach Voranmeldung. Veranstaltungen: Im März Rosenschnittkurs. Alle drei Jahre großer Rosenmarkt Schloss Heidegg (nächstes Mal 2015). Attraktionen: 2 m hohe Rosenbäumchen. **SBB** Gelfingen. → 20 Minuten Wanderweg ab Bahnhof. Beschildert. 🚗 Von Luzern via Hochdorf bis Gelfingen. Von Zürich via Muri AG bis Gelfingen. Von Lenzburg Richtung Hitzkirch/Hochdorf bis Gelfingen. Im Dorf beschildert. 🅿 ☕ Museumscafé während Öffnungszeiten Museum. ♿ ❶

LU 2
Waldkathedrale Beromünster
Schlössli, 6215 Beromünster

Foto: Sarah Fasolin

Tatsächlich: Wenn man an einem Ende dieser langgezogenen Ebene steht, in die Baumkronen schaut, die Stämme entlang, erkennt man die Form einer

Kathedrale. Von den Bäumen geformt, das Hauptschiff 140 Meter lang. Zwei Nebenschiffe. Josef Putschert als vom Stift St. Michael beauftragter Baumeister hatte dies nicht genau so vorgesehen, als er Ende des 18. Jahrhunderts mit der Anlage begann. Aber wenn er heute sehen würde, wie die Leute hier staunend, fast ehrfürchtig zwischen den Bäumen spazieren, dann würde es ihn sicher freuen. Putschert hatte primär den Auftrag, auf der Geländekuppe oberhalb von Beromünster einen Spaziergang für die Chorherren anzulegen. Er wählte den Grundriss einer Kathedrale und sah zwei parallel verlaufende Alleen vor, die sich im vorderen Drittel zu Seitenschiffen öffnen. Die ebene Fläche, die Putschert dafür brauchte, musste erst geschaffen werde. Von 1790 bis 1792 war Putschert am Werk. Zehn Männer waren ein halbes Jahr damit beschäftigt, Bäume zu fällen, zu zersägen und abzutransportieren. Steine wegzuräumen oder zu sprengen, den Boden zu säubern, die Fläche auszuebnen. Die schöne Ebene, die man heute durchschreitet, ist das Resultat vieler tausend Arbeitsstunden. Weiß blühende Rosskastanien wurden in Reih und Glied gesetzt und mit Hagebuchenhecken umgeben. Die Gehölze wurden regelmäßig geschnitten. In der Mitte, wo heute brauner Waldboden liegt, wuchs gemäß alten Plänen Rasen. Bis in die 1830er Jahre wurde der Spaziergang gepflegt, danach aus Finanzierungsgründen immer weniger. Die Baumkronen wuchsen in die Höhe und da sie eng gesetzt waren und zum Licht strebten, bildete sich ein Dach, das an eine gotische Kathedrale erinnert. 1995 nannte der Autor Pirmin Meier die Allee, die bis dahin vor allem Schlössli-Allee genannt worden war, „Waldkathedrale" – ein Begriff, der so gut passt, dass er sich schnell etablierte. 2008 wurde die Waldkathedrale unter kantonalen Denkmalschutz gestellt.

➡ Eigentümer/in: Chorherrenstift St. Michael, Stiftsverwaltung, Stift 1, 6215 Beromünster. Tel. 041/9301513. verwaltung@stiftberomuenster.ch. www.stiftberomünster.ch. Größe: 0,22 ha. Eintritt frei. Öffnungszeiten: Frei zugänglich. Führungen: Nach Voranmeldung. **SBB** Sursee/Luzern/Beinwil am See. 🚌 Nr. 87 ab Sursee. Nr. 50, 52 ab Luzern. Nr. 398 ab Beinwil am See bis „Beromünster, Flecken". ➝ Durchs Dorf Richtung Sursee. Im Oberdorf links in die Rothusstrasse, weiter geradeaus. 🚗 A2 Ausfahrt Sursee. Richtung Beromünster. Am Dorfeingang rechts in Rothusstrasse einbiegen, geradeaus. 🅿 Beim Oberstufenschulhaus. ♿ ❶ Tipp: Spazieren Sie auch durch das Areal des Chorherrenstifts. Bei den rund 30 Stiftshäusern sind zahlreiche, gut einsehbare, ganz unterschiedliche Nutzgärten zu sehen.

LU 3
Privatgarten Hansen
Sonnenrainstrasse 26, 6233 Büron

Vor über 40 Jahren stand das Ehepaar Hansen vor der Frage, wie ein Garten an diesem steilen Hang entstehen soll. Eine Frage, mit der in der Schweiz viele Hausbesitzer konfrontiert sind. Hansens wollten nicht einfach das ganze Grundstück terrassieren, sondern das Gelände mindestens zum Teil so integrieren, wie es ist. So schütteten sie nur eine begrenzte Fläche gleich rund um das Haus auf. Die dazu nötigen Stützmauern haben Hansens zum größten Teil selbst gebaut mit Steinen, die sie im Gelände fanden. Rund um diese Terrasse zieht sich das Gelände in seiner ursprünglichen, abfallenden Form. An der unteren Grundstücksgrenze setzte Architekt Hansen hoch wachsende Bäume und Sträucher, damit der Garten abgeschlossen und eingebettet wird. Zudem wirkt der Garten mit diesem kleinen optischen Trick weniger steil. Bei der Bepflanzung zeigen sich die vielen Jahre Erfahrung aus, die Hansens in ihrem Garten haben: Sie kennen die verschiedenen Standorte von sehr heiß bis schattig genau. Von Frühling bis September blühen die geschickt kombinierten Stauden- und Rosenmischpflanzungen. Durch die verschiedenen Ebenen und Wege im Garten entstehen ganz unterschiedliche Blickwinkel: Mal sieht man die Blüten von unten, mal von oben.

➡ Eigentümer/in: Christoph und Elisabeth Hansen, Sonnenrainstrasse 26, 6233 Büron. Tel. 041/9332423. Größe: 0,15 ha. Eintritt frei. Anmeldung erforderlich. Führungen: nach Voranmeldung. ➜ Wegbeschreibung bei Anmeldung. 🅿 ♿ Teilweise.

LU 4
Naturschaugarten Bioterra
Hof Herzberg, Erli 4, 6253 Uffikon

Foto: Fabian Zumbühl

Was ein Naturgarten alles für Elemente beinhalten kann, sollte in einem einzigen Garten veranschaulicht werden. Mit diesem Ziel entwickelten 2008 ver-

schiedene Mitglieder von Bioterra, der Organisation der naturnahen Gartenbauer, gemeinsam einen Garten auf dem Herzberg in Uffikon. Ein Hügel mit
Weidenspirale ist zu sehen, ein großer, von Trockensteinmauern gestützter
Kiesplatz mit einem Senkgarten in der Mitte. Zwei Biotope zeigen den Lebensraum von Feuchtgebieten. Ein Schattenbereich mit Mehlbeere, Felsenkirsche
und Feldahorn ist am Entstehen – die jungen Bäume werfen im Moment aber
noch wenig Schatten. Bepflanzt wurde der Garten ausschließlich mit Wildstauden oder -gehölzen. Bei sonnigem Wetter tanzen Schmetterlinge durch die
Luft und fliegen von Blüte zu Blüte. Dass Naturgärten nicht nur für den Menschen, sondern auch für Tiere wichtige Rückzugsorte sein können, beweist der
Feuchtstandort: Vier Jahre nach dem Bau fand die stark bedrohte Geburtshelferkröte den Weg in das Biotop.

➡ Eigentümer/in: Bioterra (Garten) und Bernhard Zemp (Grundstück). service@bioterra.ch.
www.bioterra.ch. Größe: 0,1 ha. Eintritt frei. Öffnungszeiten: Frei zugänglich. Führungen: Nach Voranmeldung. Veranstaltungen: Siehe Website. **SBB** Sursee/Dagmersellen.
🚌 Nr. 82 bis „Uffikon, Hauptstrasse". ➔ Ab Haltestelle beschildert. 20 Min. zu Fuß. 🅿
✖ Nach Anmeldung bei www.herzberg-uffikon.ch. 🐕 ♿ Teilweise. ❶

LU 5

Schlossgarten Altishofen
Schloss, 6246 Altishofen

Schon seit über 400 Jahren steht das Schloss Altishofen am Rande des Dorfes.
Ludwig Pfyffer, ein erfolgreicher Solddienst-Unternehmer aus Luzern, hatte
es 1575 bauen lassen, nachdem er die gesamte Herrschaft Altishofen gekauft
hatte. Die Quellenlage lässt keine Aussage zu, wie der Garten in den ersten
zweihundert Jahren aussah. Zeichnungen aus dem 18. Jahrhundert zeigen,
dass bloß die untere der beiden Terrassen als Garten gestaltet war: mit Wegkreuz, Brunnen in der Mitte und Pavillons in den vier Ecken, die heute alle verschwunden sind. Wer für die kunstvollen Buchsornamente, die heute auf der
oberen Ebene zu sehen sind, verantwortlich ist, ist nicht bekannt. Sie bestanden schon in den 1970er Jahren. Damals wurde der untere Garten für Gemüsebeete genutzt. Heute präsentiert sich der Schlossgarten im französischen
Stil und in äußerst gepflegtem Zustand.

➡ Eigentümer/in: Gemeinde Altishofen. sepp.hunkeler@bluewin.ch. www.schloss-
altishofen.ch. Eintritt frei. Öffnungszeiten: Frei zugänglich. **SBB** Zofingen. 🚌 Postauto
bis Nebikon. Dann Nr. 271 bis „Altishofen, Unterdorf". 🚗 A2 Ausfahrt Dagmersellen.
Richtung Nebikon → Altishofen. 🅿 🐕

LU 6

Rosengarten Koller

Tann, 6214 Schenkon

Foto: Sarah Fasolin

Es war der Buchsgarten ihres Patenonkels, der Rosemarie Koller schon als Kind beeindruckte: präzise geschnittene Borduren und leuchtende Blumen darin. Als sie in den 1980er Jahren anfing, vor ihrem Bauernhaus einen Garten anzulegen, wählte sie folglich Buchs für die Grundstruktur. 850 Jungpflanzen setzte sie in der ersten Gestaltungsphase, der noch viele folgten. Die Zwischenräume füllte sie mit Sommerflor. Nach ein paar Jahren entdeckte sie die Liebe zu den Rosen. Vor allem weiße setzte sie zahlreich. Jahr für Jahr wurde der Garten erweitert, bis sie schließlich bei den Parkplätzen, die zum Restaurantbetrieb ihres Sohnes gehören, ankam. Diese umrandete sie ebenfalls mit Rosenbeeten und heute erstreckt sich rund um das Haus ein großes Rosenmeer.

➡ Eigentümer/in: Marcel Koller, Tann, 6214 Schenkon. Tel. 041/9212174. info@ kollerhuus.ch. www.kollerhuus.ch. Größe: 0,2 ha. Eintritt CHF 2.- pro Person. Öffnungszeiten: Bei guter Witterung. Gruppen nach Voranmeldung. Führungen: Nach Voranmeldung. **SBB** Sursee oder Beinwil am See. 🚌 Nr. 399 bis „Schenkon, Tann". 🚗 A2 Ausfahrt Sursee. Richtung Beromünster → Schenkon, an der Hauptstrasse. 🅿 ✗ 🍴 ♿ Teilweise. ✿

LU 7
Rosengarten Waltisberg
Isleren 4, 6214 Schenkon

Am Anfang wuchs nur „Lilli Marleen" in einem Buchsviereck gleich beim Eingang zum Garten. Ein kleines Schmuckbeet, hinter dem die rationell angelegten Gemüsebeete folgten. Doch schon bald mussten sich Waltisbergers eingestehen, dass ihnen die Rosen viel mehr Freude bereiten als der selbst gezogene Salat. Das Gemüse kam raus, die Rosen zogen ein. Die Kriterien: Edelrosen. Mehrmals blühend. Möglichst duftend. Am liebsten gefüllt. Als Blickfang und Abschluss des Gartens setzten Waltisbergers einen halbrunden Pavillon, an dem „Compassion" und „New Dawn" hochklettern. An den Seiten blühen „Rosa moschata" und Strauchrosen. Rund 500 Stöcke von 70 Sorten sind bei Waltisbergs zu sehen.

⇨ Eigentümer/in: Monika und Walter Waltisberg, Isleren 4, 6214 Schenkon. waltisberg.w@bluewin.ch. Größe: 300 qm. Eintritt frei. Anmeldung erforderlich. Führungen: Nach Voranmeldung. → Wegbeschreibung bei Anmeldung. ▯ ⵗ ⛄

LU 8
Rosengarten Paraplegiker-Zentrum
Guido A. Zäch Strasse 19, 6207 Nottwil

Eine nicht alltägliche Kombination von klassischer Rosenanlage und Naturgarten ist beim Schweizer Paraplegiker-Zentrum anzutreffen. Im Jahr 1991 schenkten die Rosenfreunde und die damalige Krankenkasse Helvetia der Klinik einen Rosengarten. Die Anlage ist schlicht, mit einer großen, von Kletterrosen eroberten Rotunde in der Mitte. Zwei seitlich davon ausgehende Beete sind allein den Rosen vorbehalten. Die unmittelbare Umgebung des Gartens ist naturnah gestaltet mit Wildhecken, Wildstauden, Lebensräumen für Insekten und Kleintiere. Auch hier wachsen Rosen: Wildrosen, die mit ihren offenen Blüten und den Hagebutten Nahrungsquellen für Bienen und Vögel sind.

⇨ Eigentümer/in: Schweizer Paraplegiker-Stiftung, Guido A. Zäch Strasse 10, 6207 Nottwil. Tel. 041/9396363. sps@paraplegie.ch. www.paraplegie.ch. Größe: 200 qm. Eintritt frei. Öffnungszeiten: Frei zugänglich. SBB Nottwil. 🚗 A2 Ausfahrt Sursee. Beschildert. ▯ ✕ ⛴ ⵗ ⛄

LU 9

Bauerngarten Mittler-Huprächtigen
Huprächtigen, 6207 Nottwil

Foto: Helene Weingartner

Der Hof Mittler-Huprächtigen gehört zu den schönsten und größten Bauern-häusern im Kanton Luzern. Er wurde 1990 in Zusammenarbeit mit der Denk-malpflege in seinem ganzen Umfang restauriert und steht unter Schutz. Die bemalte und mit Holzschnitzkunst gestaltete Fassade erstrahlt seither in neuem Glanz. Bei dieser Gelegenheit wurde auch der Garten im barocken Stil neu angelegt. Er liegt auf der Südseite in der Flucht des Hauses. Ein Eichen-Lattenzaun umgibt den Garten, der vorwiegend der Selbstversorgung der Bauernfamilie Weingartner dient, die den Hof in fünfter Generation bewirtschaftet. Der Garten zeigt die für Bauerngärten typische Mischung von Gemüsekulturen, Blumen und Beeren. An der Hauswand wächst ein Aprikosenspalier. Der Hof Huprächtigen ist 1135 das erste Mal urkundlich erwähnt – als Besitz des Klosters Engelberg (siehe NO 5). Das heutige Gebäude entstand 1734 unter der Ägide der Familie Hüsler, der damals der ganze Weiler Huprächtigen gehörte.

➡ Eigentümer/in: Toni und Helene Weingartner-Ottiger, Huprächtigen, 6207 Nottwil. Größe: 130 qm. Eintritt frei. Öffnungszeiten: Von außen gut einsehbar. Attraktionen: Wunderschönes bemaltes Bauernhaus aus dem 18. Jahrhundert. **SBB** Nottwil oder Sursee. 🚌 Ab Sursee Nr. 65 bis „Nottwil, Oberdorf". ➔ Richtung Huprächtigen-Flüsskapelle wandern. 🚗 In Nottwil Richtung „Oberdorf". Nach 300 m Richtung Ruswil, dann in Rechtskurve bei Wegweiser Huprächtigen links abbiegen. Bei ehemaliger Käserei rechts abbiegen. 🅿 Auf Hofplatz.

LU 10
Dreilindenpark Luzern
Dreilindenstrasse 93, 6006 Luzern

Es gibt nichts zu beschönigen: Der Dreilindenpark in Luzern ist zwar ein Denkmal von kantonaler Bedeutung, von seinem ursprünglichen Gesicht als englischer Landschaftsgarten des 19. Jahrhunderts ist jedoch nicht mehr viel vorhanden. Zwar existiert seit geraumer Zeit ein Parkpflegewerk, doch fehlen bis heute die Finanzen, dieses auch umzusetzen. Wieso also den Dreilindenpark trotzdem besuchen? Erhalten sind große Gruppen von Riesen-Lebensbäumen und andere alte Parkbäume, denen man auf dem Rundweg begegnet. Vor allem aber kommt man an einem interessanten und in der Schweiz seltenen Element aus der Gartenmode der englischen Landschaftsgärten vorbei: einem Torbogen mit Turm und Zinnen. Es ist ein Zeugnis des Ruinenkultes, wie er vor allem in England im 18. und 19. Jahrhundert gepflegt wurde (siehe auch VD 7). Ruinen wurden als Vermächtnisse alter Baukunst gesehen, die es verdienten, entsprechend verehrt zu werden. „Ruinen sind Heiligtümer", schrieb der englische Landschaftszeichner William Gilpin Mitte des 18. Jahrhunderts. Der Torbogen im Dreilindenpark wurde erst nach 1915 gebaut, jedoch trotzdem nach den Vorbildern der romantischen Landschaftsparks.

➡ Eigentümer/in: Stadt Luzern. Größe: 3,5 ha. Eintritt frei. Öffnungszeiten: Frei zugänglich. Attraktionen: Ruinen-Torbogen als Staffage. **SBB** Luzern. 🚌 Nr. 14 bis „Luzern, Konservatorium". 🚗 Anreise mit öffentlichen Verkehrsmitteln empfohlen. 🐴 ♿

LU 11
Farngarten Kreis
Geissensteinring 46, 6005 Luzern

Er ist nicht sehr groß und nicht sehr bunt. Aber die paar Quadratmeter, auf denen Heidi Kreis ihren Waldgarten angelegt hat, sind eine liebevoll gestaltete Mini-Welt, in denen vor allem Farne und Moose zu Hause sind. Japanische Farne, verschiedenste Wurmfarne, sogar ein seltener Moosfarn. Viele Raritäten wachsen hier und einige sind so klein, dass man sie ohne einen Hinweis übersehen würde. Heidi Kreis vermehrt einzelne Arten via Sporen selbst und setzt sie am Hang hinter dem Haus, wo sie ihren Farngarten stetig erweitern möchte. Denn ihre Faszination für die Farne begann erst vor ein paar Jahren. Zusammen mit ihrem Mann trat sie dem Verein der Farnfreunde bei und fing an, seltene Farne in der Natur zu suchen und Sporen zu sammeln. Neben dem Mehrfamilienhaus, in dem sie leben, schuf sie mit knorrigen Ästen, Steinen, Kies und Erde diese verwunschene Ecke, in der rund 40 Farn- und 15 Moos-Arten miteinander kombiniert sind.

➡ Eigentümer/in: Heidi und Peter Kreis, Geissensteinring 46, 6005 Luzern. Tel. 041/3601649. heipe.kreis@bluewin.ch. Größe: 100 qm. Eintritt frei. Anmeldung erforderlich. Nicht mehr als 10 Personen. Führungen: Nach Voranmeldung. Attraktionen: Farn- und Moossammlung. ➡ Wegbeschreibung bei Anmeldung. 🅿 🐴 ♿

LU 12
Schlosspark Meggenhorn
Meggenhornstrasse 54, 6045 Meggen

Die Gärten von Schloss Meggenhorn ziehen jedes Jahr Hortensien-Freunde auch von weither an. Rund um das Schloss bauschen sich die Ziersträucher zur Blütezeit wie rosa und weiße Wolken auf. Es sind hunderte Stöcke von Ballhortensien, die diesen speziellen Anblick schaffen. Seit 2012 hat die Stiftung Pro Specie Rara hier zudem die größte Hortensiensammlung der Schweiz untergebracht. Es handelt sich um 40 Sorten von Schweizer Hortensienzüchtern aus dem letzten Jahrhundert. Die Hortensien sind auf Meggenhorn nicht etwa eine Marketing-Masche, sondern gehören seit über hundert Jahren zum Schloss. Sie sind eines von zahlreichen Zeugnissen der vielschichtigen Gartenkultur und -geschichte rund um das Anwesen. Die Hortensien fanden den Weg 1920 unter dem Besitzer Jakob Heinrich Frey, einem Textilindustriellen aus Zürich, aufs Meggenhorn. Die Familie Frey war die letzte Besitzerin, die das Schloss 1975 an die Gemeinde verkaufte. Nebst den Hortensien sticht unmittelbar vor dem Gebäude das Parterre mit den beiden Eckpavillons ins Auge. Diese stammen aus der Zeit von 1803 (erneuert 1898), als die damalige Besitzerin Josefa Müller sich einen streng geformten Barockgarten anlegen ließ.

Der Buchs ist in Form eines Kleeblatts gesetzt, was aus dem ersten Stock des Schlosses am besten zu erkennen ist. Weshalb sich Josefa Müller einen solchen Garten wünschte zu einer Zeit, in der die Landschaftsgärten in Mode waren, ist nicht bekannt. Hinter dem Schloss trifft man auf leicht terrassierte Flächen, den einstigen Gemüsegarten, in dem heute heute Rasen und Schnittblumen wachsen. Eindrücklich ist die Umrandung aus Buchs mit dem kastenförmigen Schnitt und den aufgesetzten Buchskugeln, die zu Beginn des 20. Jahrhunderts gesetzt wurden. Von hier gelangt man in den Landschaftsgarten. Durch ein Boskett aus Eiben und anderen Nadelgehölzen steigt man auf eine leichte Anhöhe. Hier erst wird die einmalige Lage dieses Landsitzes erkennbar: Mal hat man direkte Sicht auf Luzern, mal sieht man auf den Kreuztrichter des Vierwaldstättersees mit Stanserhorn und Pilatus, mal ist die Rigi im Vordergrund. Auf Kieswegen gelangt man durch Wiese- und Waldpartien bis ans obere Ende, zu einem Pavillon mit Blick bis Küssnacht. Nun folgt man dem Weg zurück zum Schloss und anschließend bis an den See, wo im Sommer die Badebuchten gut besucht sind. Am See steht auch die Christus-Statue des Bildhauers Josef Vetter. Gräfin Amélie Heine, Besitzerin von Schloss Meggenhorn Ende des 19. Jahrhunderts, hatte diese aufstellen lassen, als Zeichen ihrer Verbundenheit zum Christentum und als Dank für Heilung von schwerer Krankheit. Ihr ist auch die neugotische Kirche zu verdanken, die neben dem Schloss steht.

Foto: Sarah Fasolin

➡ Eigentümer/in: Gemeinde Meggen. Tel. 041/3771161. kurator-meggenhorn@ meggen.ch. www.meggenhorn.ch. Eintritt frei. Öffnungszeiten: Frei zugänglich. Führungen: Auf Anfrage sowie öffentliche Führungen gemäß Jahresprogramm (siehe Website). Veranstaltungen: Siehe Website. Attraktionen: Größte öffentlich zugängliche Hortensiensammlung in der Schweiz. **SBB** Luzern. 🚌 Nr. 24 bis „Lerchenbühl". ➔ 15 Min. Fußweg ab Haltestelle. Beschildert. Am Sonntag auch per Schiff: www.lakelucerne.ch. 🅿 🍴 Museumscafé während Öffnungszeiten des Museums. 🛒 ♿ Teilweise. ❶ Flyer zu den Hortensien liegen aus.

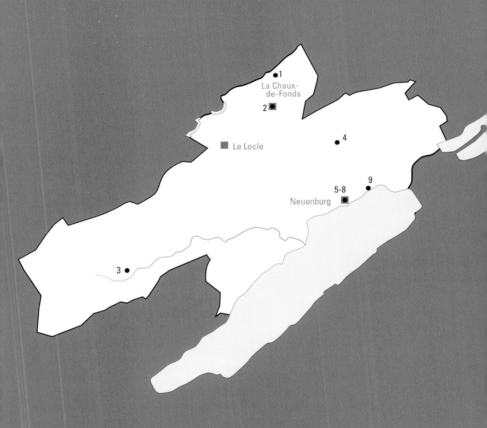

La Chaux-
de-Fonds

●1

2 ◉

■ Le Locle

●4

5-8 ◉

9 ●

Neuenburg

3 ●

Botanische Gärten und andere Besonderheiten

Der jüngste in der Schweiz angelegte botanische Garten befindet sich im Kanton Neuenburg gleich oberhalb der Stadt Neuenburg (siehe NE 5). Er ist zwar schon 1845 entstanden, musste aber mehrere Male den Standort wechseln und wurde 1991 im Vallon de l'Ermitage komplett neu aufgebaut. Ein Neuanfang, der sich gelohnt hat. Der Botanische Garten der Universität und der Stadt Neuenburg besticht nicht nur durch seine Sammlungen, sondern auch durch die idyllische Lage in einem verträumten Tal. Rund um eine Villa aus dem 19. Jahrhundert sind die Schauhäuser und verschiedene Themengärten angelegt. Je weiter man ins Tal spaziert, umso mehr gehört das Terrain ausschließlich der Natur, umso wilder wird es. Botanische Gärten entstanden im 16. Jahrhundert in ganz Europa. Der älteste in der Schweiz ist der Botanische Garten Basel; er wurde 1589 von Caspar Bauhin gegründet (siehe BA 5). Ursprünglich dienten sie vorwiegend der Dokumentation und Erforschung der Pflanzenwelt. Im Laufe der Geschichte kamen weitere Aufgaben dazu, etwa der Schutz und die Vermehrung bedrohter Arten. In jüngster Zeit nehmen die botanischen Gärten auch immer mehr pädagogische Aufgaben wahr. Mit Kursen, Ausstellungen und Führungen sensibilisieren sie die Bevölkerung für Umweltfragen, vermitteln Pflanzenwissen und sind nicht zuletzt auch ein Ort der Muße und Erholung geworden. Trotzdem ist die Existenz botanischer Gärten bei Budgetdebatten immer wieder bedroht.

Nebst dem Botanischen Garten gibt es im Kanton Neuenburg eine interessante Palette weiterer Gärten zu entdecken. Der wohl geheimnisvollste in diesem Buch vorgestellte Garten liegt am Fluss Doubs, gleich an der Grenze zu Frankreich (siehe NE 1): ein kleiner Landschaftsgarten um einen geschichtsträchtigen Pavillon aus dem 19. Jahrhundert. Einzigartig als Idee sind auch die Gärten Evologia in Cernier (siehe NE 4). Hier werden in experimenteller Weise Themengärten kreiert, die jeweils nur für ein bis zwei Jahre bestehen, bevor sie neuen Gärten Platz machen. In der Stadt Neuenburg sind die aufwendig gestalteten Schmuckbeete des Jardin anglais ein beliebtes Fotomotiv (siehe NE 7), und gleich um die Ecke trifft man auf einen geometrischen Garten mit großen Formeiben vor dem Hotel DuPeyrou (siehe NE 8). Im archäologischen Park des Laténiums kommen Liebhaber von moderner Landschaftsarchitektur auf ihre Rechnung. Hier wird mit schlichter Formensprache, Rohbeton und Stahl die Geschichte von über 15 000 Jahren thematisiert (siehe NE 9).

NE 1
Jardin des Sonneurs
Côtes-du-Doubs 15, 2300 La Chaux-de-Fonds

Diesen Garten wird aufsuchen, wer Geheimnisse mag, Unperfektes, Verwunschenes und Vergessenes. Am Doubs im Neuenburger Jura findet man ihn am Flussufer. Durch eine schmale Öffnung im Gehölz neben dem heutigen Restaurant Maison Monsieur gelangt man in den romantischen Landschaftsgarten und hat das Gefühl, sich mit jedem Schritte tiefer in die Vergangenheit zu bewegen. Die Wege sind mit Kalkschroppen gesäumt und führen in einen lichten Wald. Zwischen den Baumstämmen erblickt man den Doubs. Moos überzieht Bäume und Mauern. Seit dem 16. Jahrhundert existierte hier ein Fährbetrieb nach Frankreich. Mit einer Glocke konnte man den Fährmann rufen, weshalb der Ort zu seinem Namen „Sonneur" kam. Ungefähr im Jahr 1820 kaufte der junge Arzt Dr. Alfred Sydney Droz ein Haus hier am Doubs in der Nähe des „Maison Monsieur". Droz baute an Stelle des Hauses einen neuen Pavillon, der immer wieder renoviert wurde und heute noch steht. Nach ein paar Schritten durch den Wald steht man davor. Droz empfing hier in den 1830er und 1840er Jahren Gegner des Ancien Régime, die Neuenburg aus dem Reich des Preußenkönigs herauslösen wollten. Diese geheimen Treffen sollten für die Zukunft Neuenburgs von großer Bedeutung sein. In der Revolution von 1848 nahmen die Republikaner mehrere Städte und Gebiete in Neuenburg ein, stellten eine neue Verfassung auf und gründeten eine Republik. Die Zeit der Monarchie war damit definitiv beendet. Wann genau der Garten rund um diesen Pavillon entstanden ist, ist nicht bekannt. Fest steht, dass der romantische Landschaftsgarten von Mathias Baur aus La Chaux-de-Fonds gezeichnet worden war. Die lose Gruppe von Republikanern schloss sich 1852 zum „Club du Sonneur" zusammen und erwarb zwanzig Jahre später den Pavillon, in dem sie sich noch immer versammeln. Der Park ist öffentlich zugänglich. Auch wenn ihm etwas mehr Pflege zu gönnen wäre, ist die Grundidee dieser Anlage mit Aussichtspunkten, Brunnen und Spazierwegen noch immer erlebbar.

➡ Eigentümer/in: Association Jardin des Sonneurs. Eintritt frei. Öffnungszeiten: Frei zugänglich. **SBB** La Chaux-de-Fonds. 🚌 Richtung Biaufond bis „La Maison Monsieur bif". ➔ Ab Haltestelle beschildert. 🚗 J20 Ausfahrt La Chaux-de-Fonds. Richtung Belfort. 14 km ausserhalb La Chaux-de-Fonds bei Schild „Maison Monsieur" abbiegen. 🅿 ✕ 🐾 Tipp: Ein weiterer Park im Stil des romantischen Landschaftsgartens ist in La Chaux-de-Fonds an der Rue des Crêtets gleich oberhalb des Bahnhofs zu sehen. Ein besonderes Schmuckstück dieses Parks ist ein großer Jugendstil-Musikpavillon von 1905.

NE 2
Garten Maison Blanche
Chemin de Pouillerel 12, 2300 La Chaux-de-Fonds

Foto: Eveline Perroud

Das erste Haus, das Charles-Edouard Jeanneret baute, war für seine Eltern bestimmt. Ein weißes Haus, auf dem Terrain eines ehemaligen Steinbruchs, am Hang über La Chaux-de-Fonds. Der Architekt, besser bekannt unter seinem später selbst gewählten Namen Le Corbusier, war erst 25 Jahre alt, als er Haus und Garten 1912 realisierte. Das Konzept des Gartens war zur damaligen Zeit in vielerlei Hinsicht ein Novum in La Chaux-de-Fonds. Während der Bereich vor dem Haus mit Beerenrabatten, Gemüsegarten und Wiese unspektakulär wirkte, war der obere Garten im damals gerade erst aufkommenden Architekturgartenstil angelegt. Dieser zeichnet sich aus durch eine klare Formensprache und eine beschränkte Wahl von Pflanzen und Materialien. Für den Garten beim Maison Blanche wählte Le Corbusier ein mit Klinkersteinen ausgelegtes Wegkreuz, vier Rasenflächen und Blumenrabatten mit vorwiegend Dahlien. Pergola, Pavillon und Holzgitterwänden zeigen Inspirationen von seiner Orientreise, auf der er leichte Holzkonstruktionen angetroffen und fotografiert hatte. Le Corbusier selbst wohnte kaum hier und auch seine Eltern kehrten dem rauen Klima auf 1 000 m ü. M. bereits nach sieben Jahren den Rücken und zogen an den Genfersee. Das Maison Blanche fand neue Besitzer und der Garten erfuhr Ende der 1950er Jahre eine neue Gestaltung. Neue Mäuerchen und Plattenwege wurden gebaut, Gehölze wie Koniferen und Cotoneaster gepflanzt, die Pergola durch eine Betonkonstruktion ersetzt etc. Nach einem weiteren Besitzerwechsel stand das Haus über zwölf Jahre leer, verlotterte und der Garten verwilderte. 2000 kaufte die zu diesem Zweck gegründete Association Maison Blanche das Haus und leitete eine Restaurierung in die Wege.

Während für das Haus detaillierte Pläne verfügbar waren, fehlten sie für den Garten gänzlich und waren vielleicht auch nie vorhanden. Doch da Le Corbusier den Bau des Hauses ausführlich fotografiert hatte, standen dem beauftragten Landschaftsarchitekten Peter Wullschleger genügend Bildquellen zur Verfügung, um den Garten wieder möglichst in seinen Urzustand zurückzuführen. Bei der Umgestaltung kamen schließlich einige Überraschungen zu Tage: Bei der Überformung in den 1950er Jahren waren viele Elemente nicht abgerissen, sondern nur überdeckt worden.

➡ Eigentümer/in: Association Maison Blanche, Chemin de Pouillerel 12, 2300 La Chaux-de-Fonds. Tel. 032/9109030. contact@maisonblanche.ch. www.maisonblanche.ch. Größe: 0,1 ha. Eintritt: Garten frei. Villa: Erwachsene CHF 10.-, Kinder CHF 6.- Vergünstigungen für Studenten, Arbeitslose, Rentner, Familien. Für Gruppen auch Besichtigungen außerhalb der Öffnungszeiten. Öffnungszeiten: Fr, Sa, So 10–17 Uhr. Führungen: Nach Voranmeldung. Attraktionen: Pergola, Pavillon. **SBB** La Chaux-de-Fonds. 🚌 Nr. 4 bis „Bois-du-Petit Château". ➜ Ab Bushaltestelle 10 Min. zu Fuß. 🚗 J20 Ausfahrt La Chaux-de-Fonds. Beschildert. 🅿 ❶ Tipp: 1923/1924 baute Le Corbusier seinen Eltern ein zweites Haus in Corseaux VD direkt am Genfersee. Es ist zeitweise ebenfalls zu besichtigen www.villalelac.ch.

NE 3
Garten Absinth-Brennerei
Rue du Quarre 10, 2113 Boveresse

Foto: Sarah Fasolin

Heute ist alles wieder legal: Francis Martin darf Absinth brennen, darf den Wermutschnaps in Umlauf bringen und bis nach Kanada exportieren. Das war bis 2005 streng untersagt, denn 1908 hatte das Stimmvolk entschieden, den Absinth zu verbieten, um dem stark verbreiteten Alkoholismus Einhalt zu gebieten. Trotzdem arbeiteten einige Absinth-Brenner im Versteckten. Auch Francis Martin hat während mehr als 30 Jahren heimlich Absinth hergestellt. Heute hat er in Boveresse, in einem alten Landgut aus dem 18. Jahrhundert, seine Brennerei eingerichtet. Schon im 18. und 19. Jahrhundert gehörte das Val-de-Travers zu den bedeutendsten Absinth-Produktionsregionen. Rund 20 Brennereien waren in Betrieb, viele Bauern pflanzten die Kräuter an für die „Grüne Fee", wie der Schnaps genannt wird. Im Garten von Francis Martin wachsen auch – abgesehen von zwei Kornelkirschbäumen und einer Reihe Rosen – ausschließlich Kräuter, die er für den Schnaps braucht: Ysop, Zitronenmelisse, zwei Sorten Wermut. Der Garten wurde 2009 renoviert. Die Karrees sind mit Buchs umrandet, der Garten gegen die Straße von einer zwei Meter hohen Steinmauer abgeschirmt. Im Dachstock trocknet Martin die Kräuter wieder an den alten Aufhängevorrichtungen, die bis zum Verbot im Jahr 1908 in Gebrauch waren.

➡ Mieter: Francis Martin, Rue du Quarre 10, 2113 Boveresse. Tel. 079/3944533. info@absinthe-originale.ch. www.absinthe-originale.ch. Größe: 900 qm. Eintritt frei. Anmeldung erforderlich. Führungen: Auf Französisch, inkl. Besichtigung der Trocknungsräume und Absinth-Destillierie. ➡ Wegbeschreibung bei Anmeldung. 🅿 ♿

NE 4
Garten Evologia
Route de l'Aurore 6, 2053 Cernier

Ein vielseitiger Gartenmix ist in der ehemaligen landwirtschaftlichen Ausbildungsstätte des Kantons Neuenburg anzutreffen. Heute sind hier verschiedene Institutionen untergebracht, deren Gärten alle eine andere Funktion haben. Die „Außerordentlichen Gärten" von Evologia entstehen im Rahmen eines kantonalen Wiedereingliederungsprojektes für Arbeitslose. Diese heterogene Gruppe, die sich alle paar Monate aus neuen Teilnehmern zusammensetzt, kreiert unter der Leitung des Landschaftsgärtners Roger Hostetter Gärten mit ausgefallenen Installationen. Zur Zeit des Besuches entdeckte man eine riesige, begehbare Blume im Gelände, durch deren Plexiglasscheiben eine Art Nordlicht entsteht, wenn draußen die Sonne scheint. Vor dem Restaurant standen große, selbst geflochtene Weidenkörbe, die mit essbaren Blumen bepflanzt waren. Regelmäßig werden die Gärten neu gestaltet. Unterhalb des Schulhauses, wo heute angehende Landschaftsgärtner, Floristen und Förster ihre Ausbildung absolvieren, trifft man auf mehrere Schaugärten zu Themen wie Stauden, Bodenbeläge, Mauertechniken oder Wasserpflanzen.

➡ Eigentümer/in: Kanton Neuenburg. evologia@ne.ch. www.evologia.ch. Größe: 0,5 ha. Eintritt frei. Öffnungszeiten: Frei zugänglich von Juli bis September. Führungen: Nach Voranmeldung. Veranstaltungen: Fest der Poesie Anfang Juli, Fest der Erde dritte August-Woche, Fest der musikalischen Gärten in der dritten und vierten August-Woche. Attraktionen: Künstlerische Inszenierungen. Traktormuseum. **SBB** Les Haut-Geneveys oder Neuenburg. 🚌 Von Les Haut-Geneveys: Bus G bis „Cernier, centre", dann Bus V bis „Cernier, Evologia". Von Neuenburg: Ausgang Nord, Bus Nr. 7 bis „Neuchâtel, Place Pury", dann Bus V bis „Cernier, Evologia". 🚗 J20 Ausfahrt Cernier. Beschildert. 🅿 ✕ 💻 Tipp: Ein weiterer von Evologia jedes Jahr neu gestalteter Garten ist in Frankreich in der Saline Royale zu sehen: www.salineroyale.com.

NE 5
Botanischer Garten Neuenburg
Pertuis-du-Sault 58, 2000 Neuenburg

Er gehört zu den lauschigsten botanischen Gärten der Schweiz – kein Zweifel, hier verweilt man gerne einen Nachmittag lang. Ein ganzes Tal, das Vallon de l'Ermitage, gehört dazu, direkt am Rand der Stadt und durch einen Hügelkamm dennoch von ihr abgetrennt. Der Botanische Garten der Universität Neuenburg hat seit seiner Gründung 1845 einige Veränderungen, Standortwechsel, Schließungen und Neueröffnungen erlebt. Seit 1998 befindet er sich im Vallon de l'Ermitage, rund um eine Villa aus dem 19. Jahrhundert. Herzstück des Gartens ist ein Garten der Evolution, in dem die Pflanzen der verschiedenen Zeitepochen zu sehen sind. In den Treibhäusern gedeiht Flora aus Madagaskar, darunter sind besonders viele Gewürzpflanzen. Der ehemalige zur Villa gehörende Barockgarten wird für Wechselausstellungen genutzt, die jeweils ein Thema aus der Pflanzenwelt vertiefen. Je weiter man sich von den eigentlichen Sammlungen wegbewegt, desto mehr wird der Garten zur Landschaft. Man trifft auf eine Trockenwiese von einem Hektar Größe, die von nationaler Bedeutung ist. Hier wachsen seltene Orchideen wie die Bienen-Ragwurz oder die Bocks-Riemenzunge.

➡ Eigentümer/in: Jardin botanique, Pertuis-du-Sault 58, 2000 Neuenburg. jardin.botanique@unine.ch. www.jbneuchatel.ch. Größe: 8 ha. Eintritt frei. Öffnungszeiten: 1. April–30. September 9–20 Uhr. 1. Oktober–31.März 9–17 Uhr. Führungen: Nach Voranmeldung. Veranstaltungen: Mitte Mai Frühlingsfest. Anfang Oktober Herbstfest. Attraktionen: Große Trockenwiese mit Orchideen, Garten der Evolution, Pflanzensammlung aus Madagaskar. **SBB** Neuenburg. 🚌 Nr. 9b Richtung Ermitage, bis „Fontaine-André" oder bis „Ermitage". Nr. 9 Richtung Denis-de-Rougemont bis „Ermitage". 🚗 Vom Bahnhof Richtung La Chaux-de-Fonds. Bei der Kapelle Richtung Ermitage. 🅿 ✕ 💻 🛒 ♿ ℹ

NE 6
Ehemaliges Kloster Fontaine-André
Chemin de l'Abbaye 51, 2000 Neuenburg

Verträumt liegen die ehemaligen Klostergebäude und der neue moderne Gutshof auf dieser Anhöhe ob Neuenburg. Wald umgibt die Wiesen, auf denen Esel,
Schafe und Ziegen weiden. Die Pächterfamilie gestaltet die Landschaft bewusst mit Gemüsebeeten, Wildblumenwiesen und Buntbrachen. Der alte Klostergarten ist ebenfalls mit Gemüse, Kräutern und Blumen bepflanzt. Er ist traditionell mit einem Wegkreuz angelegt, wird heute aber eher im wild-romanti-
schen Stil gehalten. Das Kloster Fontaine-André hat seine Wurzeln im 12.
Jahrhundert. Im Zuge der Reformation im 16. Jahrhundert wurde der Orden
aufgehoben und die Gebäude fortan je nach Besitzer als Privatresidenz, Schul-
heim oder Kurs- und Seminarhotel genutzt. Heute sind die Klostergebäude
wieder in Privatbesitz.

➡ Eigentümer/in: Privat. Pächter: Familie Gisler-Illi, Chemin de l'Abbaye 55, 2000 Neuenburg. Tel. 077/4518084. kurluc@hotmail.com. Größe: 12 ha. Eintritt frei. Öffnungszeiten: Frei zugänglich. Attraktionen: Brunnenstube aus dem 12. Jahrhundert. Besichtigung nach Voranmeldung. **SBB** Neuenburg. 🚌 Bahnhof an Nordseite verlassen. Nr. 7
bis „La Coudre". ➔ Retour gehen bis Ampel, Straße überqueren, links in Chemin de
l'Abbaye einbiegen. 🚗 A5 Ausfahrt St. Blaise. Richtung Neuchâtel → Hauterive. Nach
Seilbahnstation Chaumont rechts. Beschildert. 🅿 🎠 ⚕ Teilweise. ✿ saisonal.

NE 7
Jardin anglais
Avenue du Premier-Mars, 2000 Neuenburg

Mit seinen kunstvoll gestalteten Wechselflorrabatten, den zwei Baumalleen,
den Staudenpflanzungen, den verschiedenen Baumarten und den Flanierwe-
gen gehört der Jardin anglais zu den Vorzeige-Anlagen in der Stadt Neuenburg. Seinen Namen bekam der Park, als er 1865 zu einem englischen Garten
mit geschwungenen Wegen, Schneckenhügeln und Baumgruppen umgestaltet
wurde. Davon ist heute nicht mehr viel zu sehen. Der Park wurde mehrere Male verändert, knüpft aber in seiner heutigen Form wieder an seinem eigentlichen Ursprung, der Promenade, an: 1765 ließ Pierre-Alexandre DuPeyrou (siehe NE 8) auf seine Kosten eine öffentliche Promenade am Seeufer bauen. Diese wurde im Laufe des 19. Jahrhunderts nach und nach erweitert und entwickelte sich zu einem beliebten Treffpunkt in der Stadt. Da der See zweimal aufgeschüttet wurde, um Boden für Stadterweiterungen zu gewinnen, ist der
Jardin anglais heute rund 250 Meter vom Ufer entfernt. Um den Park gegenüber der viel befahrenen Avenue du Premier-Mars klarer abzugrenzen, wurde
im Zuge einer Umgestaltung im Jahr 2005 entlang der Avenue ein Vorhang aus

40 Linden gesetzt. Das vorgängige, die Straße entlang führende Trottoir wurde aufgehoben und der Fußgängerweg in den Park integriert. Am südwestlichen Ende des Parks erinnert ein Denkmal an die Gründung der Republik in Neuenburg im Jahr 1848.

Foto: Sarah Fasolin

➜ Eigentümer/in: Stadt Neuenburg. Service des Parcs et des Promenades, rue des Tunnels 7, 2000 Neuenburg. Tel. 032/7178660. parcs_et_promenades.neuchatel@ne.ch. Größe: 1,7 ha. Eintritt frei. Öffnungszeiten: Frei zugänglich. Führungen: Für Gruppen nach Voranmeldung. Attraktionen: Wechselflorrabatten. **SBB** Neuenburg. 🚌 Standseilbahn Richtung See. (Université Neuchâtel). 🚗 Anreise mit öffentlichen Verkehrsmitteln empfohlen. ✗ 🚆 🐾 ♿

NE 8
Jardin DuPeyrou
Avenue DuPeyrou 1, 2000 Neuenburg

Es ist ein eindrücklicher Anblick, wenn man in die Avenue DuPeyrou einbiegt und der Park vor dem Hôtel DuPeyrou in seiner ganzen Strenge vor einem liegt. 14 Formeiben stehen behäbig um einen runden Brunnen in der Mitte. Von diesem Zentrum gehen acht strahlenförmig angelegte Wege aus, die mit Buchsbändern und -kugeln betont werden. Der Park hat seinen französischen Charakter bewahren können, hatte aber ursprünglich eine größere Ausdehnung, wie die in der Nähe stehenden, im Kastenschnitt gehaltenen Linden andeuten. Besonders gelungen ist die Wechselflorrabatte, deren zeitgenössische Bepflanzung mit Ziergräsern die Geometrie teilweise überspielt, ohne sie zu zerstören. Das Hôtel DuPeyrou wurde in den Jahren 1765 bis 1771 im Auftrag von Pierre-Alexandre DuPeyrou errichtet. DuPeyrou wurde 1729 in Suriname als Sohn einer aus Frankreich geflüchteten Hugenotten-Familie geboren. Sein Vater starb früh, die Mutter heiratete daraufhin einen Neuenburger Oberstleutnant, der im Auftrag Hollands in der Kolonie Suriname arbeitete. 1747 ließ sich die Familie in Neuenburg nieder, wo sie schon bald zum lokalen Bürgertum gehörte. In die Geschichte eingegangen ist DuPeyrou unter anderem durch die Gesamtausgabe der Schriften von Jean-Jacques Rousseau. Der immense, mit Plantagen in Suriname erworbene Reichtum, zeigt sich in dem prunkvollen Gebäude und ebenso in der großzügigen Gartenanlage, die einst bis zum See reichte.

Foto: Sarah Fasolin

➡ Eigentümer/in: Stadt Neuenburg. Service des Parcs et des Promenades, rue des Tunnels 7, 2000 Neuenburg. Tel. 032/7178660. parcs_et_promenades.neuchatel@ne.ch. Größe: 0,26 ha. Eintritt frei. Öffnungszeiten: Frei zugänglich. Führungen: Für Gruppen nach Voranmeldung. Attraktionen: Formeiben, Skulpturen. **SBB** Neuenburg. 🚎 Standseilbahn Richtung See, (Université Neuchâtel). ➜ Durch den Jardin anglais und in die Querstraße Rue de l'Orangerie einbiegen. 🚗 Anreise mit öffentlichen Verkehrsmitteln empfohlen. ✗ ☕ 🐕 ♿ Teilweise.

NE 9
Park Laténium
Espace Paul Vouga, 2068 Hauterive

Foto: Laténium

Der archäologische Park in Hauterive am Neuenburgersee hat seine eigene Geschichte zum Thema. Die Region rund um Neuenburg ist eine besonders fundreiche Gegend, in der von der Zeit der Neandertaler vor rund 50000 Jahren bis heute ohne große Lücken Reste von Besiedlungen nachgewiesen werden können. Das Museum widmet sich dieser Geschichte und ist direkt mit seiner Umgebung verbunden. Im Park selbst ist das Geschichtsfenster jedoch auf die letzten 15000 Jahre gerichtet, der Zeit nach der letzten Eiszeit bis heute. Verschiedene Landschaften und Zeugnisse der Vergangenheit sind hier miteinander verbunden – und in einen modern gestalteten Park mit Rohbeton und Stahl eingebettet. Ganz alt trifft hier ganz neu. Der Kontrast lässt die einzelnen historischen Elemente umso deutlicher in Erscheinung treten. So begegnet man einer Tundralandschaft mit Steppengräsern und Weiden, wie sie nach dem Rückzug des Rhonegletschers vor 15000 Jahren ausgesehen hat. Man trifft auf ein nachgebautes, 6000 Jahre altes Dorf aus der Neu-Steinzeit. Oder auf eine römische Gartenanlage. Was für große landschaftliche Veränderungen die Juragewässerkorrektion im 19. Jahrhundert nach sich zog, kann man sich dank eines großen Wasserbeckens vorstellen, das auf das ursprüngliche, rund zwei Meter höher liegende Seeniveau angehoben ist.

➡ Eigentümer/in: Kanton Neuenburg. latenium@ne.ch. www.latenium.ch. Größe: 2,5 ha. Eintritt frei. Eintritt ins Museum kostenpflichtig. Öffnungszeiten: Frei zugänglich. Museum siehe Website. Führungen: Nach Voranmeldung. Attraktionen: Findlinge, diverse Nachbauten von Hütten, Brücken oder Landschaften der Urgeschichte. **SBB** Neuenburg. 🚌 Nr. 1 bis „Musée d'archéologie". 🚗 A5 Ausfahrt Hauterive. Beschildert. 🅿 🚏
🐾 ♿ ❶

Stans

Buochs

Sarnen
2 ● ● 1
● 4

Giswil

3

5 ● Engelberg

Abschied von den Klostergärten

In der Geschichte der Gartenkultur haben Klostergärten eine wichtige Bedeutung (siehe Einführungskapitel S. 258). Und weil hinter vielen Klostermauern schöne Gartenperlen zu entdecken sind, wurden viele Klöster im Zuge der Recherchen für den Gartenreiseführer kontaktiert. In den beiden katholischen Kantonen Nidwalden und Obwalden (in diesem Buch zusammengefasst als NO) bestehen eigentlich noch viele Klöster. Doch hier wie auch in vielen anderen Gegenden lauteten die Antworten auf Anfragen oftmals gleich: Der Garten könne aufgrund der immer kleiner werdenden Klostergemeinschaft kaum mehr unterhalten werden. Er sei verwildert, hieß es an einem Ort. Oder: Die zuständige Schwester sei schon über 80 Jahre alt und pflanze nur noch Salat in der Nähe der Küche. Andernorts wurde erklärt, der Garten sei stark verkleinert worden und habe seinen alten Glanz verloren. Diese Aussagen widerspiegeln eine Entwicklung, die seit einigen Jahrzehnten unaufhaltsam voranschreitet.

Seit den 1960er Jahren werden viele Klöster wegen fehlenden Neueintritten geschlossen. Die Zahlen sprechen eine deutliche Sprache: 2002 zählte die Dachorganisation der Schweizer Orden Kovoss noch 7118 Ordensleute, 2012 nur noch 4831. Das ist ein Rückgang von 34 Prozent in nur zehn Jahren. Die Nonnen und Mönche, die oftmals alle über 70 Jahre alt sind, versuchen den Alltag den Umständen anzupassen – dabei wird oft die Gartenarbeit reduziert. Einige Klöster haben einen externen Gärtner angestellt, der sich um die Umgebung kümmert und manchmal auch Gemüse für die Küche anbaut. Andere Klostergärten bestehen nach der Schließung des Konvents in einer neuen Form weiter (siehe AG 4, SH 6, TG7, UR 3, ZH 33). Trotz dieser Entwicklung sind in der Schweiz noch immer einige intakte und gepflegte Klostergärten zu sehen (siehe AG 10, AP 8, NO 5, SZ 4, ZG 2).

Und Ausnahmen bestätigen die Regel: In die Zisterzienserabtei Hauterive im Kanton Freiburg zogen 1939 nach einer langen Unterbrechung wieder ein paar Mönche ein. 1973 wurde die Abtei offiziell wieder errichtet und schrittweise renoviert. Die Klostergemeinschaft liegt konstant bei rund 20 Mönchen. Der Kreuzgang präsentiert sich heute als Werk des international renommierten Landschaftsarchitekten Jacques Wirtz (siehe FR 11).

Privatgarten Durrer
Brünigstrasse 168, 6060 Sarnen

Foto: Toni Durrer

Mal muss man den Kopf einziehen, mal einen Ast zur Seite schieben. Wer
durch den Garten von Toni Durrer streift, der merkt bald, worum es hier geht:
Hier dürfen die Pflanzen wachsen und auch mal einen Zweig über den Weg
strecken. Irgendwann werden sie wieder gestutzt, aber das kann morgen sein,
übermorgen oder ein anderes Mal. Sicher spätestens dann, wenn ein Gehölz
so dominant wird, dass es andere Pflanzen verdrängt. Wenn also die Vielfalt –
eines von Durrers großen Anliegen – kleiner zu werden droht, dann holt er die
Säge und lichtet aus. Denn die Vielfalt ist groß in diesem Garten. Durrer sammelt Pflanzen. Magnolien (25 verschiedene), Baumpfingstrosen (50 verschiedene), Iris, Lilien. Letztere mag er besonders gern, sie blühen in allen Größen
und Farben. Auch Kakteen hat er so viele, dass sie das Treibhaus fast zu sprengen drohen. Mit ihnen begann vor Jahren seine Gartenleidenschaft. Es war die
Sammlung seiner Mutter, der die Pflege dieser Sukkulenten langsam zu viel
geworden war. Nachdem er das Elternhaus und die Kakteen übernommen hatte, kamen nach und nach weitere Pflanzen dazu. Es entwickelte sich seine ge-
ordnete Wildnis mit dem Waldgarten, den Stauden, der Indian-Summer-Hecke
die aus Sträuchern mit leuchtend schönem Herbstlaub besteht. Auch Raritäten sind zu finden wie Gartenorchideen und schwer zu kultivierende Blumen
wie der blaue Mohn, den er erfolgreich selber aussät.

➡ Eigentümer/in: Toni und Elisabeth Durrer, Brünigstrasse 168, 6060 Sarnen. toni-elisabethdurrer@gmx.net. Größe: 0,4 ha. Eintritt frei. Anmeldung erforderlich. Führungen: Nach Voranmeldung. ➜ Wegbeschreibung bei Anmeldung. 🅿 Beim Schulhaus. ♿

NO 2
Privatgarten von Ah
Eggelen, 6063 Stalden

Foto: Alfred von Ah

Sie sind beide Gärtner/in und Florist/in und haben nach Feierabend von Pflanzen noch lange nicht genug. Mirjam und Alfred von Ah haben rund um ihr über 200-jähriges Obwaldner Bauernhaus ihr Pflanzenreich angelegt. 2002 zogen sie ein und fingen an zu wirken. Direkt vor dem Haus entstand ein Gartenviereck, dessen Mitte von einem Knotenbeet und einem Zierapfel geprägt wird. Rundherum wachsen Stauden, Gehölze und Gemüse in stilvoller Anordnung. Hinter dem Haus, unter dem Nussbaum, befindet sich eine beachtliche Sammlung Schattenpflanzen. Überhaupt sammeln sie gern. Pelargonien blühen in den verschiedensten Farben, sogar in Grün. Etwa 20 verschiedene Sorten und Arten lassen sich zählen. Zehn Sorten Phormium stehen in Töpfen da und dort, ebenso Fuchsien und andere Kübelpflanzen – die kalte Jahreszeit verbringen sie alle in einem von einer Gärtnerei geerbten Treibhaus. Pflanzenkenner werden auch ob einigen Raritäten staunen, etwa dem Strauch Emmenopterys, der erst mit 20 Jahren das erste Mal blühen wird. Ob er den Winter auf 800 m ü.M. übersteht, war ungewiss. Von Ahs bestellten deshalb zwei Exemplare. Einer ist ausgepflanzt, der andere wächst im Topf. Eines von vielen kleinen Experimenten, die das Gartenleben der von Ahs ausmachen.

➡ Eigentümer/in: Mirjam und Alfred von Ah, Eggelen, 6063 Stalden. Tel. 041/6601546. Größe: 0,1 ha. Eintritt frei. Anmeldung erforderlich. Führungen: Nach Voranmeldung.
🅿 🐎

Garten Herrenhaus Grafenort
Herrenhaus, 6388 Grafenort

Foto: Sarah Fasolin

Als 1993 der Garten zum Herrenhaus in Grafenort saniert werden sollte, stellte sich die Frage: Wie sah der Garten einst aus? Gartenarchäologische Untersuchungen ergaben keine Hinweise. Auf alten Zeichnungen war der Garten kaum erkennbar. Klar war nur, was noch vorhanden war: Eine halb zerfallene Umfassungsmauer, ein Pavillon, ein Wegkreuz aus den 1930er Jahren. Das Zürcher Landschaftsarchitekturbüro Hager wählte deshalb eine neue Form: Die historische Substanz wie Mauern und der auf einem Felssporn sitzende Gartenpavillon wurde renoviert, die beiden Gartenebenen jedoch mit barocken Elementen zeitgemäß interpretiert. Ein ähnliches Vorgehen des gleichen Büros ist auch im Bündnerland anzutreffen (siehe GR 7). Das Herrenhaus wie auch die anderen Gebäude im Weiler Grafenort gehören zum Kloster Engelberg und wurden Ende des 17. Jahrhunderts gebaut. Das Herrenhaus dient bis heute als Ferienhaus der Mönche im Sommer und wird in der übrigen Zeit für besondere Anlässe genutzt.

➡ Eigentümer/in: Benediktinerkloster Engelberg. Tel. 041/6396119. info@grafenort.ch. www.grafenort.ch. Größe: 0,12 ha. Eintritt frei. Öffnungszeiten: Frei zugänglich. Attraktionen: Pavillon auf Felssporn. **SBB** Grafenort. 🚗 A2 Ausfahrt Stans Süd → Engelberg. An Hauptstrasse in Grafenort. 🅿 Parkplätze beim Restaurant gegenüber. 🐕 ♿ Teilweise.

NO 4

Garten Museum Bruder Klaus
Dorfstrasse 4, 6072 Sachseln

Foto: Sarah Fasolin

Der bekannte Einsiedler Niklaus von Flüe hatte im 15. Jahrhundert die Einsamkeit gesucht und die Besitzlosigkeit – alles, was ihn auf seiner Suche nach Gott hätte behindern können, wollte er ablegen. Es mag auf den ersten Blick erstaunen, dass das Erbe von Niklaus von Flüe heute ausgerechnet in einem der stattlichsten Gebäude des Kantons untergebracht ist. Das Museum Bruder Klaus besteht seit 1976 in diesem Prachtbau in Sachseln. Peter Ignaz von Flüe, ein wohlhabender Politiker, hatte ihn 1784 errichten lassen. Hinter dem Haus entstand ein barocker Garten, der später zwar verwilderte, dessen barocke Zeichnung jedoch bei der Renovierung in den 1970er Jahren wieder hergestellt werden konnte. Im Peter-Ignaz-von-Flüe-Haus begegnet man heute dem Leben und Wirken von Niklaus von Flüe, einem heilig gesprochenen Eremiten mit großem Einfluss. Auch im Garten gehen diese beiden prägenden Persönlichkeiten ineinander über. Der rekonstruierte Garten von Peter Ignaz von Flüe liegt unmittelbar hinter dem Haus. Dahinter folgt eine von einer Hecke geformte Gartenkammer, in der Obwaldner Künstler die Visionen von Bruder Klaus plastisch umgesetzt haben.

⇒ Eigentümer/in: Stiftung Museum Bruder Klaus Sachseln, Dorfstrasse 4, 6072 Sachseln. Tel. 041/6605583. info@museumbruderklaus.ch. www.museumbruderklaus.ch. Größe: 0,37 ha. Eintritt frei. Öffnungszeiten: Frei zugänglich. Führungen: In Verbindung mit den Ausstellungen. Veranstaltungen: Temporäre Kunstinstallationen. Siehe Website. **SBB** Sachseln. → 5 Gehminuten ab Bahnhof Sachseln. 🚗 Von Luzern A2 und A8 Ausfahrt „Sachseln Süd". Unterhalb der Pfarrkirche im Dorfzentrum. 🅿 Bei der Kirche. ☕ Aperitiv nach Voranmeldung möglich. 🐾 ♿

NO 5
Benediktinerkloster Engelberg
Klosterhof, 6390 Engelberg

Foto: Sarah Fasolin

Es ist eines der letzten Klöster der Zentralschweiz, in dem noch ausgiebig gegärtnert wird. Zwei Gärtner und Klosterbrüder sind für den Gartenbereich zuständig, der wie für Klostergärten typisch vorwiegend dem Nutzen verschrieben ist. Sie vermehren Geranien, Chrysanthemen und Weihnachtssterne, ziehen Sommerflor und bepflanzen die Gemüsebeete und den Friedhof. Eine Kostprobe ihrer Arbeit sieht man bereits beim Eingang zur Klosterpforte: Der Weg ist von bunten Blumenarrangements gesäumt, die vor den hellen Klostermauern leuchten. Dieser Bereich, der Klosterhof, ist für die Öffentlichkeit zugänglich. Am Rande des Hofes liegt auch eine Gemüsepflanzung, die mit einer halbhohen Mauer eingefriedet ist. Das Herzstück des Gartens ist nur auf Klosterführungen zu sehen, denn es liegt umgeben von den Klostergebäuden, von denen viele zum Klausurbereich der 27 Benediktinermönche zählen. Wenn man den Garten in seiner heutigen Pracht sieht, dann fällt es schwer sich vorzustellen, dass er bis 2004 leicht verwildert war und keinen klaren Gestaltungsstil mehr aufwies. Im Zuge einer Gesamtrenovierung des Klosters wurde auch der Garten miteinbezogen. Der Brunnen und die Einteilung des Parterres mit Wegkreuz und Gartenbeeten gehen vermutlich auf die erste Hälfte des 18. Jahrhunderts zurück. Damals musste das Kloster nach dem dritten und bislang letzten Brand neu aufgebaut werden. Bei den Zierelementen war die Quellenlage nicht eindeutig. Sie wurden deshalb neu entworfen und als rechteckige Schmuckbeete mit Sommerflor angelegt. Der Produktionsbereich mit Gewächshaus und Frühbeeten liegt im Klausurteil und kann nicht besichtigt werden. In der Kirche lässt sich jedoch der Blumenschmuck bewundern, der aus selbst gezogenen Blumen gesteckt wird.

➜ Eigentümer/in: Stiftung Benediktinerkloster Engelberg. Tel. 041/6396119. pforte@kloster-engelberg.ch. www.kloster-engelberg.ch. Eintritt: Gärten im Klosterhof frei zugänglich. Öffnungszeiten: Frei zugänglich. Klostergarten nur im Rahmen von angemeldeten Führungen. **SBB** Engelberg. → Am Kurpark vorbei durch die Fußgängerzone. 🚗 A2 Ausfahrt Stans Süd → Engelberg. An Hauptstrasse. 🅿 ✕ 🖥 ♿ Teilweise. ✿

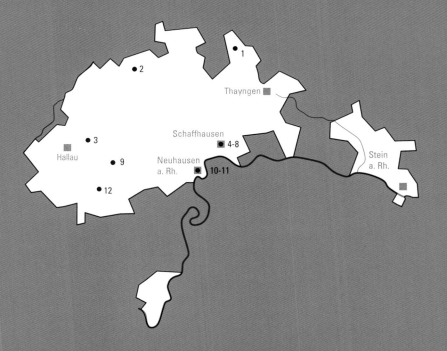

1

2

Thayngen

Schaffhausen
4-8

3

Hallau

9

Neuhausen
a. Rh.
10-11

12

Stein
a. Rh.

Viele offene Gartentörchen

So stark wie kein anderer Kanton ist Schaffhausen vom Ausland umgeben. Bis auf ein kurzes Verbindungsglied ist er von Deutschland umschlossen. In Sachen Gartenkultur sind die Schaffhauser auch eng mit ihren Nachbarn verbunden. Seit 2008 gibt es das Projekt „Grenzenloses Gartenerlebnis", das Gartenfreunde von hüben und drüben miteinander verbindet. Eine Broschüre, die jedes Jahr neu erscheint, präsentiert jeweils rund 50 Gärten aus der Region Hegau und dem Schaffhauserland (erhältlich bei Schaffhauserland Tourismus; info@schaffhauserland.ch). Darunter sind sehr viele Privatgärten.

Damit wird in Schaffhausen eine Idee besonders stark gelebt, die in der Schweiz in den letzten Jahren immer populärer geworden ist: die offene Gartentüre. Die Anfänge machten in den 1990er Jahren die Schweizerische Gesellschaft für Gartenkultur und die Gesellschaft Schweizerischer Rosenfreunde. Letztere wurde 1959 vom Schaffhauser Dietrich Woessner gegründet (siehe SH 11). Seit 2007 betreiben mehrere Gartenvereine gemeinsam das Portal www.offenergarten.ch. Hier können Gartenbesitzer ihren Garten kurz vorstellen und angeben, an welchen Daten dieser für Besucher geöffnet ist. Die Seite ist beliebt und jedes Jahr sind darauf neue Gärten zu entdecken. Viele der in diesem Gartenführer porträtierten Gärten machen ebenfalls bei der Aktion mit und können in diesem Rahmen jeweils ohne Voranmeldung besucht werden.

Nebst vielen attraktiven Privatgärten ist im Kanton Schaffhausen, trotz seiner geringen Größe, eine beachtliche Vielfalt an öffentlichen Gärten zu sehen. In der Stadt selbst befindet sich einer der zwei Waldfriedhöfe der Schweiz (siehe SH 4), der Rosengarten Munot mit einer grandiosen Aussicht auf die Altstadt (siehe SH 5), der idyllische Kräutergarten im ehemaligen Kloster Allerheiligen (siehe SH 6) sowie die Fäsenstaubpromenade, ein vielschichtiges Gartendenkmal (siehe SH 8). Mit dem Gartenpfad in Osterfingen ist im Kanton Schaffhausen auch ein in der Schweiz einzigartiges Gartenerlebnis möglich. Der Gartenpfad umfasst rund 30 Gärten im Dorf Osterfingen, die alle auf einem Spaziergang besichtigt werden können. Das kleine Dorf erhält Besucher aus aller Welt (siehe SH 12).

Privatgarten Büchi
Im Bohl 11, 8243 Altdorf

Schaffhausen

Foto: Sarah Fasolin

Die Bezeichnung Bauerngarten trifft hier zu wie kaum anderswo: Der Hausgarten an der Seite des Hauses wird nämlich nicht von der Bäuerin, sondern
vom Bauern bestellt. Vielerlei Gemüse trotzt er dem lehmigen Boden ab. In der
Mitte des Wegkreuzes steht ein aus Akazien-Rundholz selbst gezimmerter Pavillon. Ruedi Büchi macht alles, was er im Garten braucht, selber: Er schmie-
det Geländer, Rosenbögen, Sitzbänke und Tische. Nicht zum Verkauf, nur für
sich. Denn schließlich bewirtschaftet der Landwirt einen Hof mit Milchkühen
und Ackerbau. Hinter dem Haus liegt sein Rosenparadies. Kletterrosen han-
geln sich überall in die Höhe. Die „Ayshire Queen" bildet ein Dach über dem
Sitzplatz, die „City of York" klammert sich an einen Eisenpavillon. Die „Dr.
Jackson" hängt ihre üppige Pracht über einen Brunnen aus dem 18. Jahrhundert. 70 verschiedene Rosen hat Büchi in seinem Garten. Er mag wüchsige
Sorten, die sich ausbreiten und einen Urwald bilden. So richtig darin eintauchen lässt es sich, wenn man den 25 Meter langen Rosenlaubengang durchschreitet. Hier spaziert man durch eine Wolke von Düften. Nirgends könne er
so gut abschalten nach einem strengen Tag im Stall oder auf dem Feld wie hier
in seinem Rosengarten.

➡ Eigentümer/in: Ruedi Büchi und Monika Weber, im Bohl 11, 8243 Altdorf. Tel. 052/
6492801. ruedi.buechi@gmx.ch. www.schaffhauserland.ch. Größe: 700 qm. Eintritt: Für
Gruppen kostenpflichtig. Anmeldung erforderlich. Führungen: Nach Voranmeldung. Attraktionen: Alle Gartenmöbel selbst geschmiedet. ➡ Wegbeschreibung bei Anmeldung.
🅿 🍴 Verpflegung nach Vorbestellung für Gruppen. ♿ Teilweise.

SH 2
Privatgarten Huber
Gässli 4, 8228 Beggingen

Foto: Sarah Fasolin

Durch die Werkstatt gelangt man zum Garten von Robert Huber. Man folgt einem der Pfade und hat schon bald die Orientierung verloren. Umgeben von Rosen, Stauden und Gehölzen schlängelt sich der Weg durch sein grünes Reich, das sich Robert Huber hier seit 16 Jahren schafft. Hier, am Ende der Schweiz, mit öffentlichen Verkehrsmitteln schwer erreichbar, war das Land günstig genug, dass sich der Vater von acht Kindern ein Haus und Land kaufen konnte. Denn der gelernte Topfpflanzengärtner arbeitet schon sein ganzes Berufsleben im Gartenunterhalt und träumte immer davon, einmal seinen eigenen Gartenfantasien freien Lauf lassen zu können. Zuerst gestaltete er die Umgebung rund um das Haus. Danach übergab er diesen Garten seiner Frau und machte auf den 25 Ar rund um seine Werkstatt weiter. Ungezählte Rosenstöcke wachsen hier, von denen er nicht nur die Namen, sondern auch ihre Geschichten kennt. Im Winter frieren sie oft empfindlich weit zurück, da die Temperaturen in Beggingen jeweils tief unter Null fallen. Auf den Pfaden durch seinen Garten stößt man immer wieder auf kleine Lichtungen mit selbst gezimmerten Hochbeeten, in denen er Gemüse zieht. Irgendwann ist man wieder bei der Werkstatt, in der Huber im Winter aus Armierungseisen kunstvolle Staudenstützen herstellt. Diese gelten unter Gartenfreunden als Geheimtipp, da sie wegen ihrer originellen Blumenform auch im Winter dekorativ aussehen.

➜ Eigentümer/in: Robert und Karin Huber, Gässli 4, 8228 Beggingen. Tel. 052/6802132. huber.garten@gmx.ch. Größe: 0,25 ha. Eintritt: Für Gruppen kostenpflichtig. Anmeldung erforderlich. Führungen: nach Voranmeldung. ➜ Wegbeschreibung bei Anmeldung. 🅿 ☕ Verpflegung nach Vorbestellung für Gruppen. ♿ Teilweise. ❀ Verkauf von Rankhilfen, Pflanzenstützen, Obelisken aus Baustahl.

SH 3
Privatgarten Wäckerlin
Brudergasse 2, 8216 Oberhallau

Als 1967 das alte Spital in Schaffhausen abgebrochen wurde, landete ein schöner Biedermeierbrunnen auf der Schutthalde. Gartenbauer Rudolf Wäckerlin rettete den Brunnen, der aus einem einzigen Stück Muschelkalk besteht und nahm ihn zu sich. Ohne zu wissen, wie er das Objekt je würde gebrauchen können. Fünf Jahre später kaufte er sich in Oberhallau ein altes Weinbauern-Gut und stellte den Brunnen ins Zentrum des Gartens. Um ihn herum gestaltete er die übrigen Gartenräume: den Gemüseteil und den über einen Weg zwischen Kornelkirschhecken erreichbaren Obstgarten. Hier steht auf einer kleinen Erhöhung – die mit dem Aushubmaterial beim Umbau des Hauses entstand – ein Pavillon und ein Sitzplatz. Weitere Sitzgelegenheiten befinden sich vor dem Gartenschuppen, wo auch eine Hauswurzsammlung zu bewundern ist sowie eine Rarität: rote gefüllte Leberblümchen, die Wäckerlin vor 50 Jahren von seiner Gotte geschenkt bekam.

➡ Eigentümer/in: Verena und Rudolf Wäckerlin, Brudergasse 2, 8216 Oberhallau. Tel. 052/6813606. vwaeckerlin@vtxmail.ch. Größe: 0,2 ha. Eintritt frei. Anmeldung erforderlich. Führungen: Nach Voranmeldung. Attraktionen: Antike Brunnen und Pavillons. 🅿 ♿ Teilweise.

SH 4
Waldfriedhof Schaffhausen
Rheinhardstrasse 3, 8200 Schaffhausen

Foto: Stadtgärtnerei Schaffhausen

Der Waldfriedhof entstand 1914 nach dem Vorbild des Waldfriedhofes in München und ist in der Schweiz – neben dem Waldfriedhof in Davos (siehe GR 12)

– eine einzigartige Anlage. Ein Plan gleich links beim Eingang gibt einen Überblick über das Areal. Die Grabfelder liegen im Wald verstreut und zeigen sich erst nach und nach bei einem Rundgang. Wenige Meter nach der Abdankungshalle gibt linker Hand ein Feld mit typischen Grabsteinen der letzten siebzig Jahre einen Einblick in die Entwicklung der Grabmalkunst. Der Buchenmischwald ist unterpflanzt mit Sträuchern und vielen lila blühenden Rhododendren. Ein Highlight ist Ende Juni der Flug von Tausenden von Glühwürmchen, die auf einer Höhe von rund 1,5 Meter im Wald herum schwirren. Besondere Aufmerksamkeit verdienen auch viele Familiengräber mit besonderer Gestaltung, etwa das Familiengrab des Schaffhauser Industriepioniers Heinrich Moser sowie das vom Landschaftsarchitekten Gustav Ammann gestaltete Grab der Familie Fischli, das mit Wasserlauf und Skulptur besonders imposant wirkt. Bekannt ist nicht zuletzt die Urnengrabstätte von Brigitte Stadler und Roland Gut aus dem Jahr 1986 mit der großen rechteckigen Wasserfläche.

➡ Eigentümer/in: Stadt Schaffhausen. stadtgaertnerei.sh@stsh.ch. www.stadtgaertnerei-schaffhausen.ch. Größe: 16,7 ha. Eintritt frei. Öffnungszeiten: Frei zugänglich. Führungen: Nach Voranmeldung. Veranstaltungen: Ende April Stadtgärtnerei-Tage (Blumenverkauf, Führungen, Attraktionen, Festwirtschaft). Attraktionen: Gartendenkmal von nationaler Bedeutung. Glühwürmchen Ende Juni/Anfang Juli. An Weihnachten brennen unzählige Kerzen. **SBB** Schaffhausen. 🚌 Nr. 1 bis „Waldfriedhof". 🚗 Anreise mit öffentlichen Verkehrsmitteln empfohlen. 🅿 ♿ ➊ Gleich gegenüber ist das Büro der Stadtgärtnerei, wo allerlei Unterlagen zu Gärten ausliegen. Insbesondere die Broschüre „Grenzenloses Gartenerlebnis", in der auch nahe gelegene deutsche Gärten vorgestellt werden. ✿

SH 5
Rosengarten Munot
Munotstrasse, 8200 Schaffhausen

Nordwestlich vom Munot, der einstigen Stadtbefestigung und dem heutigen Wahrzeichen von Schaffhausen, liegt ein Rosengarten mit bester Sicht auf die Stadt. Beim Eingang von der Munotstrasse steht man zuerst unter einer Pergola mit Kletterrosen. Ein paar Stufen tiefer liegt das Rosenparterre mit Beetrosen in allen Farben. Niedrige Buchshecken umgeben die einzelnen Streifen und Quadrate. Auf einem der Sitzplätze lässt es sich innehalten und den Blick auf die Rosen und Schaffhausen genießen. Bevor die Stadtgärtnerei zusammen mit der Gesellschaft Schweizerischer Rosenfreunde diesen Garten zu Beginn der 1980er Jahre anlegte, befand sich hier eine Wiese. Heute sind rund 170 Rosensorten zu sehen, darunter seit ein paar Jahren auch in der Region vorkommende Wildrosen, die entlang des Munothaldenweges blühen. An der Munotstrasse ist in einem Rondell die vom Rosenspezialisten Richard Huber (siehe AG 11) gezüchtete Sorte „Munot" mit ihren hellroten Blüten zu bewundern. Alle Rosen im Garten sind beschriftet. Auch wenn sie nicht blühen, lohnt sich ein Besuch – allein schon wegen der Aussicht.

Foto: Sarah Fasolin

➡ Eigentümer/in: Stadt Schaffhausen. stadtgaertnerei.sh@stsh.ch. www.stadtgaertnerei-schaffhausen.ch. Größe: 0,2 ha. Eintritt frei. Öffnungszeiten: Frei zugänglich. Führungen: Nach Voranmeldung. Attraktionen: Festung Munot mit Führungen. Hirschgraben. **SBB** Schaffhausen. 🚌 Nr. 4 bis „Huus Emmersberg". 🚗 Anreise mit öffentlichen Verkehrsmitteln empfohlen. 🅿 ♿

SH 6
Kräutergarten Kloster Allerheiligen
Baumgartenstrasse 6, 8200 Schaffhausen

Tritt man durch das Tor der über tausend Jahre alten Mauern des ehemaligen Benediktinerklosters, erreicht man eine malerische Kräuterwelt. Ob hier ursprünglich ein solcher Kräutergarten war, ist nicht bekannt – der Bereich wurde jedoch stets „Chrutgarte" genannt. Der Garten wurde von 1937 bis 1938 angelegt, als das Museum Allerheiligen neu gestaltet wurde. Eindrücklich ist der weiße Maulbeerbaum auf der Terrasse in der hinteren Ecke, der so groß und alt ist, dass er gestützt werden muss. Daneben wächst ein Feigenbaum und an der Terrassenkante ein kleiner Mandelbaum. Der Kräutergarten wird durch eine Längs- und eine Querachse unterteilt, in der Mitte liegt ein rundes Brunnenbecken. Die Beete der Heil- und Gewürzpflanzen sind mit Lonicera eingefasst. Rund 150 verschiedene Kräuter sind hier gepflanzt, von der Alraune bis zum Tausendgüldenkraut. Alle sind beschriftet. Seit 2012 sind die in der Bibel vorkommenden Pflanzen speziell gekennzeichnet. Der Klostermauer entlang stehen einige Kübelpflanzen wie Mispel, Granatapfel und Myrte. Gleich neben-an kommt man in den Kreuzgang, der zu den größten der Schweiz gehört.

Foto: Sarah Fasolin

→ Eigentümer/in: Stadt Schaffhausen. admin.allerheiligen@stsh.ch. www.stadtgaertnerei-schaffhausen.ch. Größe: 600 qm. Eintritt frei. Öffnungszeiten: April–September: 7–20 Uhr, Oktober–März: 7–17 Uhr. Führungen: Nach Voranmeldung. **SBB** Schaffhausen. → Zu Fuß Richtung Stadtzentrum. 🚌 Anreise mit öffentlichen Verkehrsmitteln empfohlen. 🅿 Parkhäuser in Umgebung. 🐕 🚻 ♿ ❶

SH 7
Privatgarten Fehr
Vordersteig 3, 8200 Schaffhausen

Als Zwölfjähriger bat Vincent Fehr in Marokko den Hotelgärtner um ein paar Samen einer Palme. Es war der Beginn seiner Palmensammlung, die mittler-weile auf über 100 verschiedene Arten und Sorten angewachsen ist. Und es kamen weitere mediterrane Gehölze dazu. Steineichen, Erdbeerbaum, Duft-blüten, Ananasguave. Seit Familie Fehr vor 21 Jahren hier einzog, gestaltet sie gemeinsam den Garten rund um das Haus. Südländischen Charakter mit den Ölweiden und ihren silbrigen, an Olivenbäume erinnernden Blättern hatte der Garten schon bevor Sohn Vincent die Palmen entdeckte. Die vielen Buchs-Topiari hat Vater Jean-Luc Fehr selber gezogen und in Form gebracht. 2011 kam das Nachbargrundstück dazu – und damit die Möglichkeit, den Garten zu erweitern. Jean-Luc und Sandra Fehr entwarfen die Pläne für den neuen Garten selber, planten Verbindungstreppen, erstellten ein Pflanzenkonzept, damit die beiden Teile zu einem Gesamtbild zusammenwachsen. Ein hübsches Treibhaus, ein Schwimmteich, ein ovales Brunnenbecken und die bereits bestehende, mächtige Hängebuche bildeten die Schwerpunkte. Rund um den Brunnen gestaltete Sandra Fehr-Rüegg Beete mit Königskerzen, Verbenen, Sonnenhut, Zierfenchel und weiteren Stauden. Die bleiben stehen, auch wenn sie längst verblüht sind. Samenstände, aber auch Wurzeln oder beim Gärtnern gefundene Scherben bekommen in ihrem Atelier eine neue Bestimmung. Ihr künstlerisches Schaffen ist eng mit dem Garten verknüpft. So hat jedes Familienmitglied einen anderen Bezug zum Garten. Trotzdem wirkt er als Einheit, stilvoll, abwechslungsreich und schön.

Foto: Sarah Fasolin

➡ Eigentümer/in: Familie Fehr, Vordersteig 3, 8200 Schaffhausen. Tel. 079/4301722. sandra.fehr.rueegg@bluewin.ch. www.sandra-fehr-rueegg.ch; www.freilandpalmen.ch. Größe: 0,28 ha. Eintritt frei. Anmeldung erforderlich. Führungen: Nach Voranmeldung. Attraktionen: Palmensammlung, mediterrane Gehölze, englisches Gewächshaus.
→ Wegbeschreibung bei Anmeldung. 🅿 🐎 ♿ ✿

SH 8
Fäsenstaubpromenade
Steigstrasse, 8200 Schaffhausen

In dieser Anlage steckt viel Schaffhauser Garten- und Baugeschichte. Sie wurde 1803 von der „Gesellschaft der Freunde" angelegt und bestand ursprünglich aus dem Parkteil mit einem „Pleasureground" vor dem Casino und ging über in die heute von einer Straße abgetrennte Promenade mit Park. Gestaltet wurde der Park im Stil des englischen Landschaftsgartens vom markgräflich-badischen Hofgärtner J.M. Zeyher. Die Allee zieht sich in gerader Linie zu einem Rondell, auf dem heute das Denkmal des Schweizer Geschichtsschreibers Johannes von Müller steht. Anschließend macht die Promenade einen Knick und führt zu einer Aussichtskanzel. Von hier blickt man auf Charlottenfels (siehe SH 9), der vom Schaffhauser Industrie-Pionier Heinrich Moser errichteten und nach seiner Frau benannten Villa (siehe auch SH 3). Im 19. Jahrhundert sah man hier auf die Rheinlandschaft, die heute durch Straßenbauten an Idylle eingebüßt hat. Rechts geht der Park weiter. Dieser Bereich erinnert an einen weiteren Abschnitt der Schaffhauser Geschichte. Der Fels hier diente im Mittelalter als Steinbruch, etwa für den Munot. Nach dem Abbau wurde das entstandene Loch bis 1890 mit Aushubmaterial und Schutt aufgefüllt. Als das heutige Niveau erreicht war, wurde die Promenade durch diesen Parkteil erweitert – ob nach einem Entwurf der Schaffhauser Landschaftsarchitekten Neher und Mertens oder nach den Vorstellungen des Stadtforstmeisters ist unbekannt. Die Bäume, die hier stehen, stammen jedoch mit größter Wahrscheinlichkeit aus der Baumschule von Neher und Mertens, die von 1870 bis 1885 im Sonnenburggut eine Landschaftsgärtnerei mit Baumschule führten.

Evariste Mertens entwickelte sich später zu einem der bedeutendsten Landschaftsarchitekten des 19. Jahrhunderts. Im hinteren Teil des Parks führt eine Treppe zu einem kleinen Rest des Steinbruchs.

➡ Eigentümer/in: Stadt Schaffhausen. stadtgaertnerei.sh@stsh.ch. www.stadtgaertnerei-schaffhausen.ch. Größe: 2,8 ha. Eintritt frei. Öffnungszeiten: Frei zugänglich. Führungen: Nach Voranmeldung. **SBB** Schaffhausen. 🚌 Nr. 3, 4 und 6 bis „Promenade". 🚗 Anreise mit öffentlichen Verkehrsmitteln empfohlen. 🅿 Parkhäuser am Stadtrand. 🐕 ♿

SH 9
Privatgarten Tautschnig
Im Gässli 7, 8213 Neunkirch

Mit 19 Jahren kam Ferdi Tautschnig aus Österreich in die Schweiz, weil er hier als Metzger eine Stelle fand – und schon bald auch seine Frau. In Neunkirch ließen sich die beiden nieder, bauten ein Haus und wussten nicht recht, was mit der Umgebung anzufangen. Nach dem Besuch im Rosengarten einer Nachbarin, versuchte Ferdi Tautschnig es mit Rosen. Sie sollten die wichtigsten Pflanzen seines Gärtnerlebens bleiben. Seit über 50 Jahren gärtnert er nach dem gleichen Prinzip: Ausprobieren und Erfahrungen sammeln. Seine Rosen wachsen an Bögen, in Beeten, in Bäumen. Über 300 verschiedene Sorten hat er gezählt. Bei den Taglilien sind es 150. Heidi Tautschnig kümmert sich mehr um die Stauden und das Gemüse. Aber grundsätzlich gilt: Beide machen alles.

➡ Eigentümer/in: Heidi und Ferdi Tautschnig, Im Gässli 7, 8213 Neunkirch. Tel. 052/6811650. Größe: 0,2 ha. Eintritt frei. Anmeldung erforderlich. Führungen: Nach Voranmeldung. Attraktionen: Rosen- und Taglilien-Sammlung. ➡ Wegbeschreibung bei Anmeldung. 🅿

SH 10
Privatgarten Meyer-Skott
Rosenbergstrasse 104, 8212 Neuhausen am Rheinfall

Ist ein Garten sich selbst überlassen, dann wächst alles um die Wette und am Ende ist nicht mehr viel von dem, was einmal war. Als Familie Meyer im Jahr 2003 in das Haus am Rosenberg einzog, waren die Treppen im Garten nicht mehr zu sehen. Pflanzen hatten sie zugedeckt. Schritt für Schritt ließ die Familie den Garten wieder aufleben. Die alte Struktur mit drei Ebenen ist noch erhalten aus der Zeit, als Haus und Garten 1926 entstanden. Die damalige Besitzerin hatte einen Rosengarten, ein Thema, das auch heute wieder präsent ist. Rund ums Haus, aber auch in den Bäumen sind Strauch- und Kletterrosen zu sehen. Ein Hortensienbeet, Kräutergärtchen, viele Buchskugeln und mehrere Springbrunnen sind weitere Elemente, die den Garten gliedern und gestalten. Ein besonderer Blickfang ist ein englischer Pavillon mit Bleidach, auf der untersten Ebene in einer Ecke. Gleich dahinter fängt die verwunschene Abenteuerecke für Kinder an. Und hier wächst noch ein Gruß der ersten gartenfreudigen Besitzerin: die Rose „Pink Grootendorst", die sämtliche Wucherphasen des Gartens überlebt hat.

Foto: Sarah Fasolin

➡ Eigentümer/in: Familie Meyer-Skott, Rosenbergstrasse 104, 8212 Neuhausen. meyer_skott@bluewin.ch. Größe: 0,13 ha. Eintritt frei. Anmeldung erforderlich. Führungen: Nach Voranmeldung. Attraktionen: Pavillon aus England. ➜ Wegbeschreibung bei Anmeldung. 🐾 ♿ Teilweise.

SH 11
Rosengarten Charlottenfels
Charlottenweg, 8212 Neuhausen am Rheinfall

Foto: Sarah Fasolin

Der Mann, der diesen Garten einst mit unzähligen Rosen bepflanzte, war für die Entwicklung der Rosengarten-Kultur in der Schweiz von großer Bedeutung. Dietrich Woessner (1906–2000) arbeitete als Lehrer und Obergärtner an der Landwirtschaftlichen Schule des Kantons Schaffhausen Charlottenfels und befasste sich intensiv mit den Rosen. Er schrieb mehr als dreißig Bücher zum Thema und betrieb im Rosengarten Charlottenfels Forschung und Lehre dazu. 1959 gründete er die Gesellschaft Schweizerischer Rosenfreunde, eine Vereinigung von Rosenliebhabern, die sich in vielen Kantonen ehrenamtlich um die Pflege verschiedener Rosengärten kümmern. Aus der Schaffhauser Gruppe entstand schließlich 2009 die Initiative, den inzwischen verwilderten Rosengarten von Dietrich Woessner aus dem Dornröschenschlaf zu wecken. Die noch vorhandenen Bestände wie die Strauchrose „Rosenpfarrer Meyer" oder die „American Pillar Excelsia" wurden in die neue Gestaltung integriert. Der Buchs fand zu seiner alten Form zurück und die neuen Beete wurden nach verschiedenen Farben angelegt. Als Unterpflanzung wählten die Rosenfreunde Frauenmäntelchen und stellten Holzbänke an die Seite, damit sich Besucher ausruhen können.

➡ Eigentümer/in: Kanton Schaffhausen. Kontakt: Rosenfreunde Schaffhausen, Ingrid Schilling. i.schilling@gmx.ch. Größe: 300 qm. Eintritt frei. Öffnungszeiten: Frei zugänglich. Führungen: Nach Voranmeldung. **SBB** Schaffhausen. 🚌 Nr. 1 bis „Scheidegg". Beschildert. 🚗 Anreise mit öffentlichen Verkehrsmitteln empfohlen. 🅿 🐕 ♿ Teilweise. ❶ Nebenan in der Villa befindet sich das Museum der Industriellen-Familie Moser.

SH 12
Gartenpfad Osterfingen
Dorfstrasse, 8218 Osterfingen

Verlassen Sie den Kanton Schaffhausen nicht, ohne den Gartenpfad Osterfingen besucht zu haben. Es ist ein wunderbares Stück gelebte bäuerliche Gartenkultur, an dem sich 30 Gärten beteiligen. Osterfingen ist ein Straßendorf ohne Durchgangsverkehr, da die Straße in einer Sackgasse endet. Die meisten Gärten sind zur Straße hin angelegt. Man schlendert also durchs Dorf, von einem Blumenbouquet zum anderen, das jedes die persönliche Handschrift des Besitzers zeigt. Mal ist es ein Nutz-, mal ein Ziergarten und meistens beides miteinander. In den Gärten stecken jeweils gelbe Blumen mit einer Nummer darauf. Wer sich vorab einen Gartenpfadführer besorgt hat, erfährt anhand dieser Nummern zu jedem Garten etwas über die Geschichte des Hauses oder was für Pflanzen und Bäume man vor sich hat. Einige Gärten sind in ehemaligen ummauerten Miststöcken angelegt. Andere zeigen mit dem Staketenzaun die für Schaffhausen typische Einfriedung der Bauerngärten. Auch Hinterhausgärten und neue Anlagen sind aufgeführt. Meist sind nicht nur die Gärten, sondern auch die Häuser liebevoll dekoriert. Vielerorts erkennt man umfunktionierte alte Gerätschaften aus dem Weinberg. Da und dort lassen sich mit einem Gartenbesitzer ein paar Worte wechseln. Der Gartenpfad entstand im Anschluss an die Inventarisierung der historischen Gärten in der Schweiz, nachdem 2005 der Kanton Schaffhausen abgeschlossen werden konnte. Emil Wiesli, Leiter der Inventarisierung in Schaffhausen, war von den Bauerngärten in Osterfingen so begeistert, dass er die Idee eines Gartenpfades einbrachte. Im Dorf fand der Vorschlag Anklang und eine Interessensgemeinschaft wurde gebildet, die den Gartenpfad entwarf. Heute finden sogar Gartenreisegruppen aus Finnland den Weg nach Osterfingen.

➡ Eigentümer/in: Kontakt: IG Gartenpfad Osterfingen, Barbara Linsi, Dorfstrasse 44, 8218 Osterfingen. Tel. 052/6813070. gartenpfad.osterfingen@gmx.net. www.gartenpfad. osterfingen.ch. Eintritt frei. Öffnungszeiten: Frei zugänglich. Betreten der einzelnen Gärten auf Anfrage. Führungen: Nach Voranmeldung. **SBB** Wilchingen-Hallau. 🚌 Nr. 3332 bis „Lindenhof". 🚗 Von Zürich via Bülach → Rafz → D-Jestetten → Osterfingen. Von Schaffhausen A4 Ausfahrt Schaffhausen Süd → Neunkirch → Wilchingen → Osterfingen. 🅿 Beim Dorfeingang. 🐕 ♿ ❶ 40-seitige Broschüre mit Übersichtsplan und Beschreibung der einzelnen Gärten (CHF 6.– plus Porto) oder Flyer mit Übersichtsplan und Kurzbeschreibung (gratis) zu beziehen bei Kontaktperson oder per E-Mail.

Die Herrenhäuser und ihre Gärten

Im Kanton Schwyz, einem der Urkantone der Eidgenossenschaft, hat sich im 17. und 18. Jahrhundert ein eigener Herrenhaus-Stil mit dazu gehörenden Gärten entwickelt. Wie in vielen anderen Kantonen wurde auch die Schwyzer Oberschicht reich durch fremde Dienste, indem sie den europäischen Königshöfen militärische Truppen stellte. Mit dem Reichtum ließ sie in Schwyz große Hofstätten anlegen. Anders als das Patriziat in Solothurn oder in Bern bewohnten die Schwyzer Herren ihre Anwesen aber das ganze Jahr über. 25 Herrenhäuser sind in Schwyz bis heute erhalten geblieben.

Wie der ehemalige Schwyzer Denkmalpfleger Markus Bamert im Buch „Herrenhäuser in Schwyz" aufzeigt, umfassen diese herrschaftlichen Hofstätten nebst dem eigentlichen Haus und der Gartenanlage einen Wirtschaftshof mit Ställen, Pächterwohnungen und Remisen. Die gesamte Anlage ist von einer hohen Mauer eingefasst. Der Garten liegt vor dem Herrenhaus und ist talseitig durch eine Stützmauer abgegrenzt; durch Aufschüttung entstand eine ebene Fläche. Typisch sind die beiden Pavillons – in einigen Fällen waren es sogar vier – in den Ecken des Gartens. Sie wirken von weitem wie kleine Türmchen und unterstreichen den Befestigungs-Charakter, der für diese Anlagen typisch ist. Bei einigen Häusern wurden sogar Schießscharten in die Mauer integriert (siehe SZ 5).

Über die ursprüngliche Bepflanzung weiß man wenig, da die entsprechenden Quellen fehlen. Aufgrund von Zeichnungen geht man jedoch davon aus, dass die Gärten sowohl eine Zier- als auch eine Nutzfunktion hatten.

Welche Gärten der Schwyzer Oberschicht direkt als Vorlage dienten, ist nicht bekannt. Das 1609 erbaute Ital-Reding-Haus wird innerhalb von Schwyz eine Vorreiterrolle übernommen haben. Doch der für die Renaissance typische Burg-Charakter ist auch an anderen Gartenanlagen in Südwestdeutschland und der Schweiz ablesbar, etwa am Schloss Leonberg und dessen 1609 entworfenen Pomeranzengarten. Oder an dem 1685/86 erbauten Lustgarten von Schloss Mammern (siehe TG 5) sowie an der ab 1544 entstandenen Gartenanlage von Schloss Haldenstein (siehe GR 3).

Privatgarten Schnellmann
Zopfstrasse 4, 8862 Schübelbach

Foto: Sandra Vogt

Dass er es als Schreiner genau nimmt mit den Maßen, Proportionen und Symmetrien, sieht man sofort: Die Eibenhecke von Stefan Schnellmann ist exakt geschnitten, die Buchskugeln regelmäßig rund. Säulengehölze betonen die Vertikale, so zum Beispiel die italienischen Pappeln, die wie Wächter am Rande des Grundstücks stehen. Der Garten ist in verschiedene Bereiche geteilt. Südlich des ehemaligen Bauernhauses liegt ein großzügiges Parterre mit Gussvasen und Rosenrondell in der Mitte. Wo heute der Architekturgarten liegt, wurde früher Gemüse angepflanzt. Wie bei Landwirtschaftsbetrieben üblich lag der Garten direkt vor dem Haus. Heute ist die Gemüsepflanzung neben dem Haus angelegt, versteckt hinter Hecken. Denn Schnellmann orientiert sich bei der Gartengestaltung lieber an den Herrschaftshäusern. Auch am Haus ist der bäuerliche Charakter einem herrschaftlichen Anklang gewichen mit Einfahrtstor, Wetterspiel und Uhrtürmchen.

➡ Eigentümer/in: Stefan Schnellmann, Zopfstrasse 4, 8862 Schübelbach. Tel. 055/ 4402243. Größe: 0,2 ha. Eintritt frei. Anmeldung erforderlich. Führungen: Nach Voranmeldung. ➜ Wegbeschreibung bei Anmeldung. 🅿 ♿

SZ 2

Rosengarten Stockberg

Stockbergstrasse 9, 8854 Siebnen

Foto: Wohn- und Pflegezentrum Stockberg

Der Start dieses Gartens gleich neben dem Altersheim war alles andere als einfach: Es gab Verzögerungen beim Bau, der Garten war nicht fertig, die Rosen aber bereits geliefert. Improvisation war gefragt und etwas Geduld. Die Schwyzer Gruppe der Gesellschaft Schweizerischer Rosenfreunde brachte beides auf. Die Mitglieder hatten dem Alters- und Pflegeheim angeboten, die Umgebung des neu gebauten Heims mit Rosen zu gestalten. Nach den ersten Verzögerungen konnte der Rosengarten zwar angelegt werden, doch Staunässe im Boden ließ viele Stöcke absterben. Eine Drainage musste gebaut werden. Kurz darauf eliminierte ein Pilz ein ganzes Rosenbeet. Es folgte ein strenger Winter, der viele Stöcke eingehen ließ. Aber wenn es um Rosen geht, sind die Rosenfreunde unermüdlich. Heute, 30 Jahre nach diesen Schwierigkeiten, besteht der Garten noch immer – und seine schwierige Startphase ist ihm nicht mehr anzusehen. Ein öffentlicher Weg führt durch den Garten des Altersheims, vorbei an den sorgfältig gepflegten Rosenbeeten. Jede Woche arbeiten Ehrenamtliche im Garten und kümmern sich um die Strauch-, Edel- und Ramblerrosen.

➡ Eigentümer/in: Stiftung Alters- und Pflegeheim Stockberg, Siebnen. Größe: 0,18 ha. Eintritt frei. Öffnungszeiten: Frei zugänglich. **SBB** Siebnen-Wangen oder Pfäffikon oder Lachen. 🚌 Nr. 525 oder 524 bis „Siebnen, Schulhaus". 🚗 A3 Ausfahrt Lachen. Richtung Siebnen. In Siebnen vor Coop rechts in die Stockbergstrasse. 🅿 ✗ Zum Mittagessen anmelden bis 9.30 Uhr unter 055/4503100. 🚆 🐎 ♿

Privatgarten West
Stöckli 23, 8854 Galgenen

Schwyz

Foto: Colin West

Wie stark die persönliche Lebensgeschichte und das Gesicht eines Gartens zusammenhängen, ist kaum an einem Ort so eindrücklich erlebbar wie im Garten von Heidrun West. Sie war als Kind mit ihrer Familie nach dem Zweiten Weltkrieg aus dem Sudetenland in Tschechien vertrieben worden. Sie lebte an verschiedenen Orten, bis sie schließlich mit ihrem Mann 1972 nach Galgenen zog und eine Familie gründete. Hier schlug sie das erste Mal in ihrem Leben Wurzeln und hier brachte sie eine Einöde zum Blühen. Wer die Vorher-Bilder dieses Gartens anschaut, der sieht: Es ist vieles möglich im Leben und in einem Garten. Das Grundstück wird umgeben von einem breiten Band aus Stauden und Rosen. In Blütezeit, Farbe und Struktur aufeinander abgestimmt. Wellenförmig, ein sanftes optisches Auf und Ab von Pflanzen und Gehölzen. Ein mit klaren Ideen und Feingefühl gestalteter Garten, der aber auch Freiraum lässt für das Zufällige. Die Erfahrungen aus über 40 Jahren Gartenleidenschaft gibt Heidrun West auch in Kursen weiter.

➡ Eigentümer/in: Heidrun und Colin West, Stöckli 23, 8854 Galgenen. Heidrun.west@ bluewin.ch. www.colinwest.ch/garten. Größe: 0,17 ha. Eintritt frei. Gruppen kostenpflichtig. Anmeldung erforderlich. Führungen: Nach Voranmeldung. Veranstaltungen: Gartenkurse. Siehe Website. ➜ Wegbeschreibung bei Anmeldung. 🅿 🚽 Auf Anfrage für Gruppen kleine Snacks möglich. 🐎 ♿ Teilweise. ✿ Verkauf von Fotokarten und Bildern.

SZ 4

Klostergarten Schwyz
Herrengasse 33, 6430 Schwyz

Foto: Sarah Fasolin

Mitten in Schwyz liegt versteckt hinter Klostermauern einer der letzten Nutzgärten des Kapuzinerordens. Seit 1620 ist das Kloster hier angesiedelt und
seither wird hier angepflanzt und ausgesät. Bruder Edmund ist seit 47 Jahren
für den Garten zuständig. Er zieht alles selbst: die Setzlinge für das Gemüse,
das er im großen Stil anbaut. Reihenweise Kohlköpfe, Bohnen, Randen. Und
auch die Blumen für den Kirchenschmuck und das dem Kloster angegliederte
Pflegeheim. Der Garten ist in zwei großflächige Terrassen gegliedert. Die obere
Terrasse ist umgeben von einem Laubengang mit Obstspalier. Die Bäume mit
ihren dicken Stämmen stehen schon lange hier. Die Spindelbäume, die in Reih
und Glied auf beiden Terrassen stehen, hat Bruder Edmund eingeführt, weil sie
einfacher zu bewirtschaften sind. Auch bei den Gemüsesorten achtet Bruder
Edmund – mittlerweile über 70 Jahre alt – darauf, dass die Ernte möglichst
erleichtert wird. Er setzt Buschbohnen, die alle fast gleichzeitig ausreifen. So
werden die Stauden ausgerissen und am Tisch abgerupft – zum Beispiel im offenen Gartenhäuschen in der einen Ecke des Gartens. Eine weitere gemütliche
Sitzgelegenheit befindet sich auf der unteren Terrasse, an der Klostermauer.
Hier hat der mittlerweile verstorbene Bruder Aegidius Anfang des 20. Jahrhunderts die Weihnachtsgeschichte an die Mauer gemalt. Um das Gemälde zu
schützen, wurde ein Dach gebaut, darunter stehen Bänke und ein Tisch. Hier
sitzt Bruder Edmund gerne an den Sommerabenden, wenn er die Tage im Garten verbracht hat.

➡ Eigentümer/in: Kapuzinerkloster, Herrengasse 33, 6430 Schwyz. Tel. 041/8112260. www.kapuziner.ch. Größe: 0,17 ha. Eintritt frei. Anmeldung erforderlich. Führungen: Nach Voranmeldung. Attraktionen: Laubengang mit Spalierobst. Wandmalerei an Klostermauer. **SBB** Schwyz. 🚌 Nr. 1, 3 und 7 bis „Schwyz Post". ➜ Von der Bushaltestelle über die Treppe nach oben steigen und links in die Herrengasse einbiegen. 🚗 A4 Ausfahrt Seewen. Richtung Schwyz. Bis Zentrum. 🅿 🐎 ♿ Teilweise. ✿ Klosterladen.

SZ 5

Garten Ital Reding-Haus
Rickenbachstrasse 24, 6431 Schwyz

Foto: Robert Rosenberg

Wie in vielen anderen Kantonen sind auch in Schwyz einige Familien in fremden Diensten reich geworden. Vom 16. bis ins 18. Jahrhundert ließ es sich gut Geld verdienen, indem man Königshöfen in ganz Europa Truppen für den Krieg bereit stellte. Der erworbene Reichtum floss in Haus und Gärten. Ein eindrückliches Beispiel ist die Hofstatt Ital Reding, benannt nach ihrem Erbauer, der hier ab 1609 das prunkvolle Herrenhaus und den Garten entstehen ließ. Da das Haus bis zu seinem Verkauf an eine Stiftung 1981 im Familienbesitz der von Redings blieb, ist die Anlage weitgehend erhalten. Zwei Seiten des Hauses werden vom Herrenhausgarten umgeben, in dem einst Blumen und Formgehölze zur Zierde standen und später Gemüse angebaut wurde. In seiner heutigen Form stammt der Garten wohl aus den 1920er Jahren. Wegen der fehlenden

Mittelachse kann nicht von einem klassischen Barockgarten gesprochen werden. Die einzelnen Gevierte haben in sich eine Symmetrie, was eher dem Geist der Renaissance entspricht. Die Eckpavillons sind Ende des 17. Jahrhunderts entstanden, ein dritter stand da, wo heute ein Kastanienbaum den Platz einnimmt. Der Herrenhausgarten ist durch ein Tor von der restlichen Hofstatt, dem Arbeitsbereich der Angestellten, abgetrennt. In den Ökonomiegebäuden, die heute die Kantonsbibliothek beherbergen, standen Kutschen und Gerätschaften, wurde gewaschen und repariert. Wer den Garten des Ital-Reding-Hauses durch den hinteren Ausgang verlässt und einen Weg nordwärts einschlägt, kommt an weiteren Schwyzer Herrenhäusern vorbei (siehe dazu Einführungskapitel Schwyz S. 228).

➡ Eigentümer/in: Stiftung Ital Reding, Rickenbachstrasse 24, 6431 Schwyz. info@irh.ch. www.irh.ch. Eintritt: CHF 5.-. Öffnungszeiten: 1. Mai bis 31. Oktober Di–Fr 14–17 Uhr und Sa–So von 10–16 Uhr. **SBB** Schwyz. 🚌 Nr. 1, 3 und 7 bis „Schwyz Post". → Von der Haltestelle zum Hauptplatz und diesen diagonal überqueren. 🚗 A4 Ausfahrt Seewen. Richtung Schwyz. Bis Zentrum. Neben Hauptplatz. 🅿 🐴

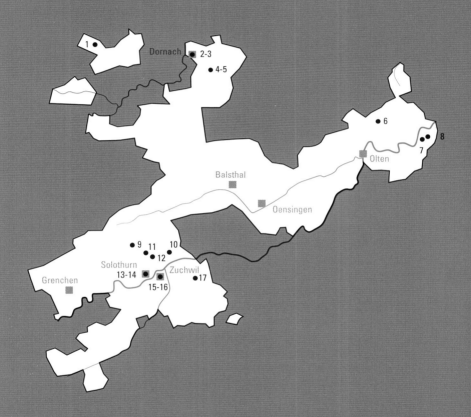

Die Schweizer Wiege der Barock- und Naturgärten

Von diesem kleinen Kanton mit dem zerstückelten Grenzverlauf sind im Laufe der Geschichte zwei wichtige Gartentrends ausgegangen: der Impuls für die Gestaltung von französischen Barockgärten im 17. und 18. Jahrhundert sowie die Naturgartenbewegung ab den 1970er Jahren.

Die Vorreiterrolle bei den barocken Gartenanlagen steht in direktem Zusammenhang mit der damaligen Bedeutung Solothurns als Ambassadoren-Stadt. Das Königreich Frankreich und die Alte Eidgenossenschaft pflegten damals enge Beziehungen – und Solothurn war als Sitz der französischen Gesandten ein wichtiger Drehpunkt. Viele Männer aus Solothurner Familien dienten als Söldner in Frankreichs Heeren und kamen so nicht nur zu Reichtum, sondern trugen auch den französischen Lebensstil mit nach Hause (siehe SO 12). Die ersten Einflüsse in der Schweiz des bekannten französischen Gartenarchitekten André Le Nôtre, der die Gärten von Versailles anlegte, sind in Solothurn festzustellen. Das durch zunehmenden Wohlstand und Einfluss entstehende Patriziat ließ in Solothurn Ende des 17. Jahrhunderts mehrere Landsitze mit barocken Gärten anlegen. Etwa das Schloss Steinbrugg, in dem heute der Bischofssitz des Bistums Basel untergebracht ist, dessen Gartenanlage aber leider nicht besichtigt werden kann. Auch das Sommerhaus de Vigier (siehe SO 13) zeigt mit seiner breiten Mittelachse sowie dem von Mauern und Lauben umgebenen Garten den frühen Einfluss von Frankreichs Gartenkultur. Im Laufe des 18. Jahrhunderts entstanden in vielen anderen Gegenden der Schweiz ebenfalls ähnliche Herrschaftsgärten nach französischem Vorbild.

Rund dreihundert Jahre später wird Solothurn wiederum zum Ausgangspunkt eines Gartenstils: Die Naturgartenbewegung nimmt in den 1970er Jahren durch Urs Schwarz ihren Anfang in Solothurn. Der an der Solothurner Kantonsschule unterrichtende Biologe plädierte für mehr einheimische Gewächse in den Gärten, um damit Lebensräume für Tiere zu schaffen. Sein 1980 erschienenes Buch „Der Naturgarten" wurde zu einem Bestseller. Andere Solothurner zogen nach, etwa der Biologe Alex Oberholzer, der sich als Pionier naturnaher Kinderspielplätze einen Namen machte. Oder auch Hans Peter Althaus, bekannt als ehemaliger Gartenberater bei „Bioterra", der schweizerischen Gesellschaft für biologischen Landbau (siehe SO 14). Den ersten Naturgarten zu einer Schulanlage erhielt 1972 die Pädagogische Hochschule Solothurn. Seither wurden in der Stadt sukzessive alle Schulareale und Kindergärten naturnah gestaltet. Der Einfluss dieser Bewegung ist auch im öffentlichen Raum sichtbar: Die Stadtgärtnerei wechselte von Zierrasen zu Wildblumenwiesen und bewirtschaftet die Grünflächen nach ökologischen Kriterien.

SO 1
Duftgarten Rodersdorf
Bahnhof Rodersdorf, 4118 Rodersdorf

1995 kamen ein paar Rodersdorfer bei einem Glas Wein zum Schluss, die Wiese mit den zwei Fichten beim Bahnhof könnte man eigentlich in einen hübschen Garten verwandeln – in einen Garten voller duftenden Pflanzen. Noch im gleichen Jahr einigten sie sich mit der BLT Baselland Transport AG, der das Land gehört, sammelten Spenden für den Pflanzenkauf und legten los. Heute wachsen hier mehrere hundert Arten von Sträuchern und Stauden, von denen die meisten zu einer der vier Jahreszeiten gute Düfte verbreiten. Im Frühling sind es zum Beispiel viele Wildtulpen, wie die Weinberg-Tulpe mit ihrem Safranduft oder die verschiedenen Seidelbast-Arten. Im Sommer betört der Geruch der Ananas-Ginster-Blüten oder der zum Teil seltenen Wildrosen-Arten. Im Herbst sind Pflanzen wie die Sieben-Söhne-des-Himmels-Blume an der Reihe und im Winter folgen die Duft-Pestwurz mit ihrem Vanillebouquet oder die Winter-Heckenkirsche. In diesem Garten gibt es Duftpflanzen zu entdecken, die zum Teil kaum bekannt sind. Da die Pflanzen nicht beschriftet sind, lohnt sich für Gruppen eine Führung.

➜ Eigentümer/in: BLT Baselland Transport AG. Betreuung durch Verein Duftgarten Rodersdorf. peter.steiger@me.com. Größe: 600 qm. Eintritt frei. Öffnungszeiten: Frei zugänglich. Führungen: Nach Voranmeldung. Attraktionen: Große Sammlung von Duftpflanzen. **SBB** Basel. 🚋 Nr. 10 bis Endstation „Rodersdorf". 🚗 J18 Ausfahrt Reinach Süd. Via Therwil → Biel-Benken → Leymen (F) → Rodersdorf. Nach der Kirche links hoch, dann dem BLT-Schild folgen bis zum Bahnhof. 🅿 🛒 ♿

SO 2
Gartenpark Goetheanum
Hügelweg 74, 4143 Dornach

Wie sich eine Lebensphilosophie auch in der Gestaltung von Gebäuden und Gärten widerspiegelt, zeigt das Beispiel des Goetheanums. Rudolf Steiner gründete 1912 in Köln die Anthroposophische Gesellschaft und begann kurz darauf mit dem Bau des ersten Goetheanums in Dornach. Hier sollte seine Weltanschauung gefördert und vertieft werden. Die Anthroposophie sieht den Menschen als ein im Geiste wurzelndes Wesen. Der Mensch sucht nach geistigen Erkenntnissen, die ihm für sein Leben und all sein Tun wegweisend sein sollen. Das Goetheanum mit seiner organischen Architektur sowie der Gartenpark sollten als ideales Umfeld für Steiners Philosophie dienen. 12 Hektar Land umgeben den großen Betonbau von 1928, der das erste, niedergebrannte Gebäude ersetzte. Noch immer ist Steiners Handschrift in der Gestaltung der Anlage erkennbar. Von der Bushaltestelle oder dem Parkplatz kommend folgt man dem Felsliweg, der nicht auf direktem Weg zum Goetheanum führt. Zuerst sieht man das Gebäude von seiner Südseite. Danach führt der Weg um eine Baumgruppe, das Goetheanum verschwindet aus dem Blickfeld und man sieht auf Dornach und Umgebung. Dieser Wechsel der Perspektive soll den Menschen einmal auf die alte Welt hinweisen, aus der er kommt und danach auf die Welt, in die er geht: das Goetheanum. Den südwestlichen Teil des Gartenparks hat Steiner so angelegt, dass die Aufmerksamkeit immer wieder auf das Zentrum, das Goetheanum, gelenkt wird. Vor dem Haupteingang gelangt man in die Westallee. Sie flankiert nicht wie vielfach üblich die Hauptzufahrt zum Gebäude, sondern endet in einem Rondell. Sie hat zum Zweck, dass die Besucher des Goetheanums darin spazieren und das Gelernte aus dem Innern des Zentrums draußen verarbeiten können. Hinter der Westallee liegt das von Steiner eigenhändig angelegte Felsli: ein siebenstufiger Kreis aus Jurakalkstein. Schlägt man beim Eingang des Goetheanums den Weg links ein, kommt man am Schatten-Staudenbeet vorbei zu einem neu angelegten Aussichtspunkt. Von hier sieht man zur nahe gelegenen Ermitage (siehe BA 8) und bis nach Basel. Geht man hinter dem Gebäude nach rechts, gelangt man in den Produktionsteil der Goetheanum-Gärtnerei. Schnittblumenbeete, Gemüsepflanzungen, Gärtner bei der Arbeit – dies soll der Besucher direkt erleben, um wieder eine Beziehung zur Erde aufzubauen. In Anlehnung an das Felsli wurden hier bei einer Neugestaltung auslaufende Steinreihen in das Gelände eingefügt. Nach dem Gemüsegarten trifft man auf einen Heilkräuter-, Duft- und Färberpflanzengarten.

➡ Eigentümer/in: Allgemeine Anthroposophische Gesellschaft. Tel. 061/7064361. gaertnerei@goetheanum.ch. www.gaertnerei.goetheanum.org. Größe: 11 ha. Eintritt frei. Öffnungszeiten: Frei zugänglich. **SBB** Dornach. 🚌 Nr. 66 bis „Dornach, Goetheanum". 🅿 ✗ 🍴 🐾 ♿ ❶ Bei der Rezeption des Goetheanums liegen Prospekte zum Gartenpark mit Parkplan aus.

SO 3
Privatgarten Voirol
Lolibachweg 112, 4143 Dornach

Man denkt, man habe sich verfahren, wenn man in die schmale holprige Sackgasse zum Haus von Dorli Voirol einbiegt. Es liegt abgelegen zwischen Aesch und Dornach und erst das Schild „Rose Cottage" beim Gartentor gibt die Gewissheit, am richtigen Ort zu sein. Hier versteckt sich der wilde Rosengarten von Dorli Voirol. Er liegt an einem leicht ansteigenden Hang hinter ihrem Häuschen, umgeben von Esel-, Hühner- und Schweinegehegen. Denn die Liebe zum Garten und zu den Tieren gehört bei Dorli Voirol zusammen. Auf Holzschnitzelwegen durchstreift man ihre rosa, rote und weiße Rosenwelt. Ein Bächlein plätschert von Teich zu Teich. Oft begegnet man der Hortensie „Annabell" mit ihren großen weißen Ball-Blüten. Rittersporn und Fingerhut gehören ebenfalls zu Dorli Voirols Lieblingen. Ganz besonders angetan hat es ihr der Rittersporn „Finsteraarhorn". Viele Töpfe und Bänke ließ sie direkt aus England importieren, ebenso den Springbrunnen im großen Rosen-Pavillon in der obersten Ecke. Gleich davor trifft man auf das Riesen-Schleierkraut, das sich im Sommer mit den Rosenblüten zu einem wolkenartigen Blumenbouquet arrangiert. Dies ist die Zeit, in der Dorli Voirols Garten dem Schild an ihrem Gartentor alle Ehre macht.

➡ Eigentümer/in: Dorli Voirol, Lolibachweg 112, 4143 Dornach. Tel. 061/7016873. Größe: 0,25 ha. Eintritt: Kasse für den Tierschutzbund. Anmeldung erforderlich. Führungen: Nach Voranmeldung. ➜ Wegbeschreibung bei Anmeldung.

SO 4
Privatgarten Blaser
Bürenfluhweg 2, 4146 Hochwald

Foto: Hanny Blaser

Die meisten Menschen versuchen im letzten Lebensdrittel, ihren Garten zu verkleinern oder zu vereinfachen. Hanny Blaser tat das Gegenteil. Sie wollte nach der Pensionierung ihres Mannes ihre Gartenträume verwirklichen. So zogen sie aus dem Einfamilienhaus mit dem 700-qm-Garten – der überquoll vor lauter Rosen – in ein Haus am Waldrand von Hochwald mit 5000 qm Land. Kaum waren sie 2009 eingezogen, legte Hanny Blaser los. Direkt vor dem Haus entstand ein Lavendel-Hügel mit Rosen. Ein großer Gemüsegarten mit Rosenlaube in der Mitte fand seinen Platz. Um eine Margariten-Blumenwiese führt eine geschwungene Linie zu einem Pavillon am Waldrand. Hier lässt ein Fenster in den Baumreihen den Blick über die Dörfer in der Ebene schweifen. Über 200 Rosen hat Hanny Blaser schon gepflanzt. Sie ranken sich an Klettergerüsten, Pavillons und Bögen. Da und dort steht ein einzelner Baum mit einer Bank oder einem Tisch darunter. Ein ruhiger, romantischer Garten.

➜ Eigentümer/in: Hanny Blaser, Bürenfluhweg 2, 4146 Hochwald. Tel. 061/9411763 oder 079/2994960. hanny.blaser@gmx.ch. Größe: 0,45 ha. Eintritt frei. Anmeldung erforderlich. Führungen: Nach Voranmeldung. → Wegbeschreibung bei Anmeldung. ◘ ⌘ ♿

SO 5
Privatgarten Grossenbacher
Seewenweg 57, 4146 Hochwald

Die Künstlerin Erika Grossenbacher gärtnert so, wie sie auch malt: Das Werk ist nie ganz fertig. Immer wieder entwirft sie neu, passt an, stellt um. An einem Grundgedanken hält sie jedoch fest: Der Garten ist nicht auf einen Blick erfassbar, man muss ihn erkunden. Einzelne Bereiche sind in Farbbeete eingeteilt. Mal dominiert im Staudenbeet Blau, mal Weiß, mal Rosa, Altrosa, mal Purpur. Und überall wachsen Rosen. An Rosenbögen, Rankgerüsten und am Pavillon. Eindrücklich ist die große Kulisse von Ramblerrosen im weißen Beet. Das Grundstück grenzt an Feld und Wald und zwischen den Säulen-Thuja, die wie schützend um einen Teil des Gartens stehen, erhascht man Blicke in die Weite. Am Weiher, den Erika Grossenbacher verlanden lässt, steht ein Tulpenbaum, dessen raschelndes Laub einem auf dem Spaziergang begleitet. Nicht weit davon entfernt ist ein altes eisernes Kinderbett in Szene gesetzt. Auch ausgediente Notenständer trifft man an oder in einem Glaskasten ausgestellt die ersten Stöckelschuhe der Tochter. Vielleicht ist jedoch auch alles anders, wenn Sie diesen Garten besuchen. Aber es wird auf jeden Fall atmosphärisch, idyllisch und einzigartig.

➜ Eigentümer/in: Erika und Franz Grossenbacher, Seewenweg 57, 4146 Hochwald. Tel. 061/7514529. Größe: 0,3 ha. Anmeldung erforderlich. Führungen: Nach Voranmeldung. Attraktionen: Waldpartie mit Rhododendren und Azaleen, Rosenkollektion, Stauden. → Wegbeschreibung bei Anmeldung. ◘ ♿

SO 6
Schloss Wartenfels
Schlossstrasse 26, 4654 Lostorf

Auf diesem Schloss wird gegärtnert, und wie. Kommt man vom Parkplatz her aus dem Wald, stößt man zuerst auf das Gärtnerhaus mit dem dazu gehörenden Gewächshaus. Hier ziehen die Schlosswarte Sibylle und Daniel Baumann jedes Jahr rund 10 000 Pflanzen selbst für den Wechselflor. Vor dem Schloss, neben der Windskulptur von Paul Gugelmann, lässt sich der Barockgarten gut überblicken. Die Rasengevierte sind mit Buchsborduren und Wechselflor eingefasst. Im Wegkreuz in der Mitte sprudelt ein Springbrunnen in einem runden Becken. Längs zur Talseite sind Pergolen von Efeu und vereinzelten Rosen überwachsen. Über eine Treppe steigt man in den Garten hinunter. Der Weg führt durch schulterhohe Buchshecken. Linker Hand türmt sich das Schloss auf, dessen Ursprung im 13. Jahrhundert zu suchen ist, jedoch bis heute nicht genau bekannt ist. Erst rund 400 Jahre später erhielt es seine heutige Ausstattung. Dann ließ es die Patrizierfamilie Greder zu ihrem Sommersitz ausbauen und hielt das Schloss bis 1749 in Besitz. Der Garten ist der nachfolgenden Besitzerfamilie Grimm zu verdanken, die sich von der steilen Hanglage nicht beeindrucken und einen von Versailles inspirierten französischen Barockgarten bauen ließ. Unten auf dem Parterre steht man vor dem Boskett mit den jahrhundertealten Hainbuchen. Eindrücklich sind die knorrigen, dicken Stämme, die im oberen Teil kastenförmig geschnitten sind. Wer an der Talseite einen Blick auf die äußere Kante der Hainbuchen wirft, kann sich zudem vorstellen, wie schwierig und aufwendig es ist, diesen an so steiler Stelle den richtigen Schnitt zu verpassen.

➡ Eigentümer/in: Stiftung Schloss Wartenfels. Kontakt: Schlosswarte Sibylle und Daniel Baumann. Tel. 062/2982521. schlosswartenfels@lostorf.ch. Größe: 0,1 ha. Eintritt: Erwachsene CHF 5.-, Kinder CHF 2.50, Familien pauschal CHF 10.-. Öffnungszeiten: Mitte Mai–Mitte Oktober jeweils So 13–17 Uhr. **SBB** Olten. 🚌 Nr. 571 Richtung Niedergösgen bis „Lostorf Dorfplatz". ➜ Zu Fuß dem Wanderweg folgen. 35 Min. ab Dorfplatz. 🚗 Von Bern: A2 Ausfahrt Rothrist. Richtung Olten → Trimbach → Lostorf. Von Zürich: A1 Ausfahrt Aarau Ost. Richtung Buchs → Aarau → Erlinsbach → Lostorf. Ab Lostorf Dorfplatz beschildert. 🅿 🐴

SO 7
Bally-Park Schönenwerd
Parkstrasse, 5012 Schönenwerd

Foto: Sarah Fasolin

Wer sich mit dem englischen Landschaftsgarten Bally-Park auseinandersetzt, lernt gleichzeitig ein Stück Schweizer Industriegeschichte kennen. Der Park wurde Ende des 19. Jahrhunderts von Carl Franz Bally angelegt, Inhaber einer damals im Aufbau begriffenen Schuhfabrik. Bally galt als menschenfreundlicher Unternehmer, der mit dem Park seinen Arbeitern einen Ort schaffen wollte, in dem sie sich erholen und vergnügen konnten. Die erste Anlage entstand zwischen der heutigen Eisenbahnlinie und dem Kanal, der mitten durch den Park führt. Dieser Kanal diente der Fabrik zum Betrieb eines eigenen Wasserkraftwerkes. Betritt man den Park vom Bahnhof her kommend, sieht man zur rechten Seite das Kosthaus, die ehemalige Bally-Kantine. Über den Weg links zur Bahnlinie erreicht man die erste Garten-Anlage von 1868, von der jedoch nicht mehr viel zu sehen ist: ein ausgetrockneter Weiher und die

Reste eines Alpengartens. Zum eigentlichen, heute so bedeutsamen Teil des Parks gelangt man, wenn man von der alten Anlage über die Eisenbrücke geht und danach links abbiegt. Dieser Bereich entstand ab 1888, nachdem Bally das Gelände um 14 Hektar bis zum Aareufer erweitern konnte. Eine artenreiche Magerwiese begleitet einen auf der linken Seite, während man rechts zwischen den Bäumen stets mehr und mehr von der Weiherlandschaft erkennt, die aus einem Seitenarm der Aare gestaltet wurde. Auf der linken Seite fällt bald das ehemalige Pumphäuschen auf. Etwas weiter wird man von einem Getreidespeicher überrascht, der einst in Gränichen stand und 1910 vor dem Abbruch gerettet den Weg in den Bally-Park fand. Je weiter man spaziert, je mehr taucht man in diesen englischen Landschaftspark ein. Der auf einem Hügel stehende chinesische Pavillon zeigt sich rechts, links fällt der Blick auf die große Krone einer Hängebuche. Nun zweigt vom Hauptweg ein Pfad ab zur Grotte am Ufer eines Teiches. Wer den Park zum ersten Mal besucht, wird hier jedoch zuerst einen erstaunten Blick auf die Pfahlbauten werfen. Die fünf auf Pfählen im Wasser stehenden Häuser aus Ruten und Lehm sind im Maßstab 1:2 errichtet und sollen an die Wurzeln und Geschichte des Landes erinnern. Als Carl Franz Bally 1880 die Pfahlbauten in den Park integrierte, war es erst knapp 30 Jahre her, seit in der Schweiz die ersten Reste von Pfahlbauten im Zürichsee zum Vorschein gekommen waren. Die Faszination für das Leben der Pfahlbauer war entsprechend groß und Bally gefiel der Gegensatz zur Industrie. Betritt man nun die Grotte und hebt den Kopf zur Decke, erkennt man die Initialen von Carl Franz Bally sowie das Baujahr 1890. Um auf die andere Seite der Teichlandschaft zu gelangen, folgt man dem Weg bis ans Ende des Parks, biegt rechts ab und geht durch die junge Eschenallee. Schließlich steht man vor einem Mammutbaum. Die roten Wege, die mit Ziegelschrot gestreut sind, tragen dazu bei, dass dieser Teil des Parkes einen malerischen, verträumten Charakter erhält. Man nähert sich dem chinesischen Pavillon und sieht auf der rechten Seite hinter dem Mammutbaum noch das Fundament einer Waldkapelle, die 1976 abgebrochen wurde. Der Aare entlang kommt man zum Kosthaus und dem Ausgangspunkt zurück. Auf diesem Wegstück wird der Blick zur Kirche von Niedergösgen gelenkt – einer von mehreren bewusst konstruierten Sichtachsen, wie sie für englische Landschaftsparks typisch sind.

➡ Eigentümer/in: Gemeinden Schönenwerd, Niedergösgen, Gretzenbach. www.bally-park.ch. Größe: 10 ha. Eintritt frei. Öffnungszeiten: Frei zugänglich. Führungen: Nach Anmeldung bei kontakt@georges-buergin.ch. Attraktionen: Pfahlbauten, chinesischer Pavillon, diverse Kleinarchitekturen. **SBB** Schönenwerd. ➜ Vom Bahnhof Richtung Aare und durch das Bally-Areal. 🚗 Von Bern: A1 Ausfahrt Aarau West. Richtung Kölliken → Gretzenbach → Schönenwerd. Wegweiser Bally-Areal. Von Zürich: A1 Ausfahrt Aarau Ost. Richtung Aarau, Richtung Olten → Schönenwerd. Wegweiser Bally-Areal. 🅿 Öffentliche Parkplätze. 🛒 ♿ ❶

SO 8
Lavendelgarten Widmer
Schmiedengasse 33, 5012 Schönenwerd

Foto: Erika Widmer

Wer hat schon einen eigenen Berg im Garten? 20 Meter hoch ist die Felsnase, die im Garten von Erika Widmer in Schönenwerd emporragt. Sie ist Teil des Felskammes, auf dem das Haus von Widmers 1328 gebaut wurde. Es ist eines der Chorherrenhäuser, die zum Stift Schönenwerd gehörten. Als Baumaterial wurde das vor Ort vorhandene Kalkgestein verwendet, wodurch auf dem Grundstück eine ebene Fläche entstand. Was übrig blieb, ist der kleine Berg, der diesem Garten nun eine spezielle, fast mystische Atmosphäre verschafft. Aber nicht nur der Berg allein: Besonders ist auch der Lavendelgarten, der direkt vor dem Haus liegt und mit Wegkreuz angelegt ist. Vier Felder mit Lavendel, weiß, lila, dunkelviolett, früh- und spätblühenden Sorten. Der Lavendelgarten war schon da, als Widmers 2004 in das Chorherrenhaus zogen. Erika Widmer beschloss, diesen Gartenbereich so zu erhalten und weiterzupflegen. Zum Dorf hin grenzen acht nahe beieinander stehende, schlanke Thuja den Garten ab. Auffallend sind zudem die zu einem großen Bogen geschnittenen Buchssträucher. Über steinerne Treppenstufen geht es aufwärts, vorbei an einem kleinen Sitzplätzchen mit Brunnen und Holunderbusch. Schließlich steht man hinter dem Berg, auf einer kurz geschnittenen Wiese mit einem romantischen Sitzplatz und einem Gartenhäuschen. Hier befindet sich das Kreativ-Atelier von Erika Widmer, in dem sie Blumen und allerhand Naturmaterialien bindet, steckt und arrangiert. Das wild Gewachsene und das sorgfältig Gestaltete kommen in diesem Garten auf ganz natürliche Weise zusammen. Ein schmaler Weg führt schließlich auf den Berg, wo das Summen beim Hochsteigen bereits andeutet, was oben anzutreffen ist: Bienenstöcke, von der Tochter vor ein paar Jahren nach Hause gebracht und seither hier heimisch.

➡ Eigentümer/in: Felix und Erika Widmer, Schmiedengasse 33, 5012 Schönenwerd. Tel. 062/2165505. ewidmer33@gmail.com. Eintritt frei. Anmeldung erforderlich. Führungen: Nach Voranmeldung. Attraktionen: Großes Lavendelfeld und ein kleiner Berg mitten im Garten. ➡ Wegbeschreibung bei Anmeldung.

SO 9
Juragarten Weissenstein
Weissenstein, 4515 Oberdorf SO

Foto: Juragarten Weissenstein

Es gibt nicht viele Gärten, die sich ausschließlich der Jura-Flora widmen (siehe auch JU 2). Einer davon liegt auf dem Weissenstein auf 1286 m ü. M. mit prächtigem Ausblick über das Mittelland. Hier haben im Jahr 1957 Mitglieder des Vereins „Pro Weissenstein" mit Kalk-Steinen und Pflanzen aus unterschiedlichen Jura-Vegetationstypen einen Garten gestaltet. Von der Geröllflur bis zur Orchideenwiese wachsen die Pflanzen in ihren natürlichen Gesellschaften. Zwischen Juni und September sind 200 Pflanzen beschriftet. Auf einem Rundgang trifft man zum Beispiel das Gewimperte Perlgras, die Vierblättrige Einbeere oder die Alpen-Hagrose. Botanikfreunde werden sich insbesondere an Arten freuen, die nur im Jura heimisch sind, wie dem Jura-Bärenklau oder dem Berg-Tätschelkraut. Eine Attraktion ist auch der Felsen-Bauernsenf, der in der Schweiz natürlicherweise nur an ganz wenigen Standorten zu finden ist. Für den Besuch im Juragarten ist der dazu gehörende Führer zu empfehlen. Darin wird die Entstehungsgeschichte des Juras erklärt, die Pflanzen sind aufgelistet und ein Gartenplan gibt einen Überblick. Der Juragarten wird von zahlreichen freiwilligen Helfern gepflegt und unterhalten.

➡ Eigentümer/in: Verein Pro Weissenstein. info@juragarten-weissenstein.ch. www.juragarten-weissenstein.ch. Größe: 0,16 ha. Eintritt frei. Öffnungszeiten: Frei zugänglich. Führungen: Nach Voranmeldung. **SBB** Oberdorf/SO. 🚌 Postauto auf den Weissenstein. 🚗 A5 Ausfahrt Solothurn West. Rechts in Gibelinstrasse einbiegen → Oberdorf/SO → entlang der Bergpoststrasse (22% Steigung). 🅿 ✕ 🐎 ♿ Teilweise.

SO 10
Schaugarten Wallierhof
Höhenstrasse 46, 4533 Riedholz

Foto: Wallierhof

Besonders zufrieden lässt man einen Garten zurück, wenn man Neues hat lernen können. Viel Lehrreiches trifft man im Heilkräutergarten am Bildungszentrum Wallierhof. Die Pflanzen sind nach ihren verschiedenen Heileigenschaften gruppiert, etwa Pflanzen, die bei Rheuma- und Gelenkbeschwerden eingesetzt werden, die bei Frauenbeschwerden oder Hautproblemen helfen. Alle Pflanzen sind beschriftet. Eine Broschüre, die noch mehr Auskünfte über die einzelnen Anwendungsgebiete gibt, kann während den Öffnungszeiten des Wallierhofs beim Eingang gratis bezogen werden. Rund um den Heilkräuterbereich sind weitere Themengärten angelegt, die zum Teil im Rahmen von Gartenkursen entstanden sind. Im Nutzgarten ist zum Beispiel die Mischkultur nach Gertrud Frank zu sehen. Im Sinnesgarten können Vogelstimmen erraten werden oder man lässt sich an der Duftstraße von Schokolade- oder Zitronenduft betören.

➡ Eigentümer/in: Bildungszentrum Wallierhof, Höhenstrasse 46, 4533 Riedholz. Tel. 032/6279951. wallierhof@vd.so.ch. www.wallierhof.ch. Größe: 0,15 ha. Eintritt frei. Öffnungszeiten: Frei zugänglich. Führungen: Nach Voranmeldung. Attraktionen: Garten der Sinne mit zehn Posten zum selber aktiv werden. **SBB** Solothurn. Mit „aare-seelandmobil"-Bahn bis „Bei den Weihern". ➡ Weiter 15 Min. zu Fuß. Der Wallierhof ist oberhalb des Dorfes sichtbar. 🚗 Von Basel/Zürich A1 Ausfahrt Wangen an der Aare → Wiedlisbach → Flumenthal → Riedholz. Ende Dorf rechts abbiegen. Von Bern/Biel A1/A5 Ausfahrt Solothurn Ost (Zuchwil) → Solothurn → Feldbrunnen → Riedholz. Am Dorfeingang links abbiegen. 🅿 ✗ Auf Anfrage für Gruppen Snacks oder Apéro. 🐎 ♿

SO 11
Park Verenaschlucht
Verenaschlucht, 4522 Rüttenen

Foto: Sarah Fasolin

Die Einsiedelei Sankt Verena geht bis auf das 15. Jahrhundert zurück und wird auch heute noch von einer Einsiedlerin in einem kleinen Häuschen bewohnt. Zwei Kapellen schmiegen sich an und unter die Felsen – ein eindrücklicher Anblick. Der Weg dorthin ist eine 800 Meter lange Schlucht, die durch einen Bruch in der Kalksteinkette entstand und von Gletschern und dem Katharinenbach ausgeformt wurde. Der Bachlauf mit seinen Kaskaden und dem lichten Wald brachte Baron Louis Auguste de Breuteuil 1791 auf die Idee, hier einen Landschaftsgarten anzulegen. Breuteuil war vor den Unruhen der Französischen Revolution nach Solothurn geflüchtet. Der Architekt und Liebhaber des englischen Landschaftsgartens fand in der Verenaschlucht ideale Voraussetzungen, um eine romantische Landschaft zu inszenieren, damit sich noch viele andere der rund tausend nach Solothurn geflüchteten Franzosen hier erholen und vergnügen konnten. Der Weg zur Einsiedelei wurde mit vielen Brücken und Sitzbänken ausgestattet. Mit einer Inschrift am Eingang der Schlucht setzte sich Breuteuil selbst ein Denkmal. Im 19. Jahrhundert kamen noch viele weitere dazu.

➜ Eigentümer/in: Bürgergemeinde Solothurn. vonroll@bercom.net. www.einsiedelei.ch. Größe: 8 ha. Eintritt frei. Öffnungszeiten: Frei zugänglich. Führungen: Nach Voranmeldung. Veranstaltungen: Siehe Website. **SBB** Solothurn. 🚌 Nr. 4 Richtung Rüttenen, bis „St. Niklaus". 🚗 Anreise mit öffentlichen Verkehrsmitteln empfohlen. ✗ 🍴 ♿ Teilweise.

SO 12
Schlossgarten Waldegg
Waldeggstrasse 1, 4532 Feldbrunnen-St. Niklaus

Foto: Schloss Waldegg

Wer von Feldbrunnen zu Fuß die Lindenallee hoch geht, hat das beeindruckende Ziel stets vor sich: Schloss Waldegg, Ende des 17. Jahrhunderts gebaut von Johann Viktor von Besenval, dessen Eltern aus Norditalien nach Solothurn gezogen waren. Die von Besenvals stiegen innerhalb kürzester Zeit zu einer wohlhabenden und einflussreichen Patrizierfamilie in Solothurn auf, besaßen das

Salzmonopol und pflegten als Solddienstoffiziere enge Beziehungen zum französischen Königshof. Betreten werden Schloss und Garten nicht über das schmiedeiserne Portal, sondern über die Westseite. Von hier sieht man, dass sich hinter der breiten Südfront des Schlosses nicht viel verbirgt. Das Gebäude mit den Elementen eines Solothurner Türmlihauses ist gerade mal 12 Meter breit und besteht somit vorwiegend aus Fassade. Auf dem Weg zum Barockgarten kommt man links am 2010 rekonstruierten Potager vorbei. Hier gedeihen Gemüse und Früchte besonders gut, denn die Mauern an zwei Seiten der Gartenbeete schaffen ein günstiges Mikroklima. Weiter gelangt man zum Orangerie-Parterre, dessen Orangen- und Zitronen-Bäumchen südliches Flair verströmen. Der Platz wurde 2005 saniert, wobei man aufgrund fehlender Pläne nicht weiß, wie er genau zu Besenvals Zeiten ausgesehen hat. Möglichst originalgetreu wurde der Barockgarten rekonstruiert, der sein ursprüngliches Gesicht im Laufe der Jahre komplett verloren hatte. 1987 wurden beim Schloss Waldegg zum ersten Mal in der Schweiz gartenarchäologische Ausgrabungen vorgenommen, um mehr Informationen zum ursprünglichen Gartenparterre zu erhalten. Eine Bleistiftzeichnung von 1757 gab weitere Hinweise, nach denen der Garten wiederhergestellt werden konnte: das achteckige Wasserbecken, von dem aus Kieswege strahlenförmig auf die Residenz hinweisen. Die drei- und viereckigen Broderie-Parterres werden in den Ecken mit im Etagen-Schnitt geformten Buchsbäumchen betont. Dazwischen setzen kegel- und kugelförmiger Buchs weitere Akzente. Die grünen Rasenflächen waren, wenn die Bleistiftzeichnung tatsächlich den einstigen Garten abbildet, mit Ornamenten im französischem Stil ausgefüllt: Schnörkelfiguren, die mit niedrig wachsenden Blütenpflanzen auf Sand- oder Kiesflächen gezeichnet worden waren. Die in der zweiten Hälfte des 17. Jahrhunderts sich entwickelnde französische Gartenkunst wurde also, dank der engen Beziehung zum Königshof, zeitgleich auch in Solothurn umgesetzt. Besenvals Barockgarten beinhaltet aber auch Elemente wie man sie aus italienischen Renaissance-Gärten kennt, etwa schlanke Obelisken mit Goldkugeln. Obelisken wirken bis weit in die Ferne und markieren Strenge und Ruhm. Die Obelisken beim Schloss Waldegg erinnern stark an die jene der Isola Bella im Lago Maggiore, einem der wenigen erhaltenen italienischen Renaissance-Gärten. Da die Besenvals aus Norditalien stammten, ist es möglich, dass ihnen dieser Garten bekannt war. Schloss Waldegg diente den Besenvals als Sommerresidenz. In der Altstadt verfügten sie über eine Stadtresidenz, den Palais Besenval, der heute als Restaurant dient und auf dessen Terrasse ebenfalls noch Teile eines alten Barockgartens zu sehen sind.

➡ Eigentümer/in: Museum Schloss Waldegg, Waldeggstrasse 1, 4532 Feldbrunnen-St. Niklaus. Tel. 032/6276363. info@schloss-waldegg.ch. www.schloss-waldegg.ch. Größe: 0,18 ha. Eintritt frei. Öffnungszeiten: Sommersaison Di, Mi, Do, Sa 14–17 Uhr, So 10–17 Uhr. Übrige Zeiten gemäß Website. Führungen: Auch außerhalb der Öffnungszeiten möglich. **SBB** Solothurn. Mit der Solothurn-Niederbippbahn (Bipperlisi) bis „Feldbrunnen, St. Katharinen". 100 m retour, dann in Lindenallee einbiegen. 15 Min. Fußmarsch. 🚗 Anreise mit öffentlichen Verkehrsmitteln empfohlen. 🅿 🚐

SO 13
Garten Sommerhaus de Vigier
Untere Steingrubenstrasse 25, 4500 Solothurn

Foto: Solothurner Denkmalpflege

Einmal im Jahr, meist Anfang Juni, kommt der Maestro der Eibenschnittkunst, direkt aus Paris, aus den Gärten von Versailles. Dann schneidet Laurent Michel die über 300 Jahre alten Eiben vor dem Sommerhaus de Vigier. Vier der Eiben sind im Drechselschnitt geformt, die anderen als Säulen mit Kuppelabschluss – ein eindrückliches Beispiel der ars topiaria, des kunstvollen Pflanzenschnitts. Acht der Eiben stehen um einen ebenerdigen Springbrunnen und sind mittlerweile so groß, dass man sich schmal machen muss, um zwischen ihnen hindurch zu gelangen. Das Sommerhaus wurde Mitte des 17. Jahrhunderts von Philipp Wallier, einem adligen Bündner, gebaut. Die Struktur des Gartens mit den Eiben und dem Parterre mit den sechs Vierecken ist bereits auf einem Plan von 1763 zu sehen. Auch die Allee ist bereits eingetragen. Im 19. Jahrhundert waren die beiden Kompartimente vor dem Haus – sofern die vorhandenen Bildquellen zuverlässig sind – mit barocken Ornamenten verziert, wobei nicht genau gedeutet werden kann, wie diese aussahen. Auch heute noch sind die Parterre-Teile vor dem Haus mit den im 20. Jahrhundert gepflanzten Rosen die farbigsten im sonst eher grün und unaufgeregt gehaltenen Garten. Das Sommerhaus war nach einigen Besitzerwechseln 1822 in den Besitz der Familie de Vigier übergegangen, einer aus Südfrankreich eingewanderten Adelsfamilie. Es blieb mehrere Generationen in deren Besitz, bis Bill de Vigier, ein Solothurner Unternehmer und Mäzen, das Haus 1993 einer Stiftung vermachte, die den Erhalt der Anlage zum Ziel hat.

➡ Eigentümer/in: Bill de Vigier Stiftung, Untere Steingrubenstrasse 25, 4500 Solothurn. Tel. 032/6218415. sekretariat@sommerhaus-devigier.ch. www.sommerhaus-devigier.ch. Größe: 0,43 ha. Eintritt kostenpflichtig. Anmeldung erforderlich. Führungen: Nach Voranmeldung. Attraktionen: Zehn über 300 Jahre alte Form-Eiben. 🚍 Anreise mit öffentlichen Verkehrsmitteln empfohlen. ➜ Wegbeschreibung bei Anmeldung. 🅿 Im Parkhaus nebenan. ♿

SO 14
Privatgarten Althaus
Weissensteinstrasse 46, 4500 Solothurn

Foto: Sarah Fasolin

Dieser Garten ist ein Teppich aus Gemüse und Blumen. Ein scheinbar wildes Ineinander und Miteinander, doch der Gärtner selbst kennt all seine Pflanzen gut. Hans Peter Althaus, Gartenkursleiter und ehemaliger Berater beim Gartenmagazin „Bioterra", hatte hier bis vor ein paar Jahren seine kleine Wildstaudengärtnerei. Ein Folientunnel und ein Weidentunnel für die Schattenpflanzen erinnern noch an die Zeit, als er hier Raritäten zog und damit auf den Markt fuhr. Bis es ihm nebst seiner Tätigkeit als Lehrer zu viel wurde und er die Gärtnerei in seinen Privatgarten verwandelte. Entstanden sind Trockenstandorte, Gemüsebeete und Ecken zum sich Zurückziehen. Spargeln neben Mondviolen und Färberkamille. Himbeeren hinter den Wasserfässern und Puffbohnen neben dem Ackerhahnenfuß. Viele seltene Wildpflanzen sind zu sehen wie etwa die behaarte Karde oder der gelbe Hornmohn. Beim kleinen Mäuseschwanz gelingt ihm sogar die Aussaat. Einige Pflanzen mag er vor allem wegen dem Klang ihres lateinischen Namens. Zum Beispiel die Engelwurz, die Angelica archangelica. Ein kreativer, abwechslungsreicher Garten, in dem man nicht nur auf kaum gesehene Pflanzen trifft, sondern auch viele spannende Geschichten dazu hört.

➡ Eigentümer/in: Hans Peter Althaus Königshofweg 2, 4500 Solothurn. Tel. 076/3955493. reseda_wildstauden@bluewin.ch. Größe: 500 qm. Eintritt frei. Anmeldung erforderlich. Führungen: Nach Voranmeldung. Attraktionen: Viele Raritäten und Wildpflanzen. → Wegbeschreibung bei Anmeldung.

SO 15
Versuchs- und Schaugarten Wyss
Gartenstrasse 32, 4528 Zuchwil

Bevor eine Blumensorte oder eine neue Gemüsezüchtung den Sprung in den Katalog und später auch in die Gärten schafft, wird sie getestet. Sind die Blüten schön und ausdauernd? Kommen die Pflanzen mit dem hiesigen Klima zurecht? Antworten auf solche Fragen werden im Versuchsgarten der Firma Wyss gesucht. Jedes Jahr werden gegen 2000 Zier- und Nutzpflanzen kultiviert. Bei einem Rundgang durch den Garten kann man heute schon sehen, was morgen vielleicht ein Trend wird. Alle Blumen und Gemüse sind mit einem Nummernschild versehen. Eine Liste der Nummern und Namen kann im Gartencenter oder in der Administration des Firma Wyss im hinteren Teil des Gartens bezogen werden. Einen ruhigen optischen Gegenpol zu den intensiven Farben des Versuchsgartens bilden die verschiedenen Bäume, die im übrigen Teil des Gartens wachsen. 1962 baute die Firma Wyss hier das erste Gartencenter, das wegen seinen weißen, vom Bauingenieur Heinz Isler entworfenen Schalendächern, bekannt ist. Neben vielen zum Teil auch exotischen Gehölzen fällt in der Mitte des Gartens der von Efeu und Clematis umwachsene Dinosaurier auf, eine Eisenplastik des Burgdorfer Künstlers Paul Wiedmer.

➡ Eigentümer/in: Wyss Samen und Pflanzen AG. info@wyssgarten.ch. www.wyssgarten.ch. Größe: 2,5 ha. Eintritt frei. Öffnungszeiten: Frei zugänglich von 8 bis 20 Uhr. Führungen: Nach Voranmeldung. Veranstaltungen: Sommergartenfestival Ende August. Attraktionen: Größter Versuchsgarten für Blumen und Pflanzen in der Schweiz. **SBB** Solothurn. 🚌 Nr. 1, 5, 7 Richtung Zuchwil-Derendingen bis „Kornfeld". ➔ Treppe runter, unter Straße durch, links und dann rechts in die Gartenstrasse einbiegen. 🚗 A5 Ausfahrt Solothurn Ost. Richtung Zuchwil. Beim Blumenkreisel rechts, bei der Unterführung rechts in die Gartenstrasse einbiegen. 🅿 ✕ 💺 🛒 ♿ ✿

SO 16
Park Hinter-Bleichenberg
Asylweg 49, 4528 Zuchwil

Foto: Sarah Fasolin

Manchmal wechseln Gärten ihre Funktion im Laufe der Geschichte. Die barocke Gartenanlage Hinter-Bleichenberg zwischen Zuchwil und Biberist wurde einst zu Repräsentationszwecken angelegt. Franz Viktor von Roll, der aus einer der damals reichsten und einflussreichsten Adelsfamilien in Solothurn stammte, ließ das Haus samt Garten bauen. Heute dient die Anlage als Park und Erholungsraum für das Heim der betagten Schwestern der Kongregation zum Heiligen Kreuz in Ingenbohl. Die Ingenbohler Schwestern bekamen die Liegenschaft Hinter-Bleichenberg Ende des 19. Jahrhunderts von der letzten Besitzerfamilie geschenkt. Heute stehen Garten und Gebäude unter kantonalem Denkmalschutz. Ein riesiger Mammutbaum steht neben der Villa und wer von hier die Anlage überblickt, sieht auf den im 18. Jahrhundert angelegten Barockgarten. Vier Thujasäulen setzen zusammen mit Buchskugeln auf der grünen Fläche Akzente. Wechselflorrabatten umgeben die Kompartimente des Parterres. Dieses war gemäß einem Stich aus der zweiten Hälfte des 18. Jahrhunderts einst als Broderieparterre gestaltet, mit blumigem Schnörkelmuster im französischen Stil. Auf der einen Seite der Anlage zieht sich eine Lindenallee entlang, die – ebenfalls typisch für die Barockzeit – kastenförmig geschnitten ist. Auf der anderen Seite spaziert man durch eine Birnenspalier-Allee. Der barocke Teil wurde im 19. Jahrhundert erweitert durch einen Garten im englischen Landschaftsstil. Hier geht man über geschwungene Kieswege, kommt an einer Madonnen-Tuffsteingrotte und einem Pavillon vorbei. Neben dem Neubau, dem eigentlichen Altersheim, liegt ein Küchengarten mit großem Schnittblumenteil – damit die Schwestern Blumen für Sträuße schneiden können.

➡ Eigentümer/in: Kloster Ingenbohl, Brunnen. Größe: 1 ha. Eintritt frei. Öffnungszeiten: Frei zugänglich. **SBB** Solothurn. 🚌 Nr. 6 Richtung Biberist bis „St. Elisabeth". ➜ In die Allee einbiegen und der Straße folgen. Beschildert. 🚗 A5 Ausfahrt Solothurn Ost. Richtung Zuchwil. Im Dorfzentrum links in die Bühlstrasse einbiegen. Auf Anhöhe links in den Asylweg (Allee) einbiegen. 🅿 💺 ♿

SO 17
Privatgarten Galli
Subingenstrasse 11, 4543 Deitingen

Die beiden Prinzipien des Gartens von Ruth und Theo Galli sind auf den ersten Blick etwas widersprüchlich. Einerseits wurde er 2007 so angelegt, dass keine Stufen zu überwinden sind und die Pflege wo immer möglich erleichtert wird: mit Bewässerungsanlage und breiten Wegen aus Travertinplatten, auf der sich der Grüngutkarren gut hinterher ziehen lässt. Für eine Reihe von vier Bäumen wurde der Trompetenbaum ausgewählt, weil dieser nach dem ersten Frost alle Blätter gleichzeitig abwirft und sie nicht über Tage hinweg vereinzelt zu Boden tanzen. Das Laubrechen ist somit in einem Male erledigt. Während die Gartenanlage also so pflegeleicht wie möglich konzipiert wurde, ist ihre Bepflanzung andererseits so aufwendig, wie kaum in einem anderen Privatgarten. Zwischen Hunderten von Rosen werden jedes Jahr Tausende von Sommerblumen gesetzt – vorwiegend selbst gezogen. Lobelien, Alyssum, Löwenmäulchen, Tagetes, Salvien und Verbenen zieht Ruth Galli in ihrem Gewächshaus. Jedes Jahr gehört eine Blume ins Sortiment, deren Samen sie über Beziehungen oder von weither organisierte und die an keinem anderen Ort in der Umgebung zu sehen ist. Jeweils im Winter erstellt Ruth Galli ein Farbkonzept und einen Pflanzplan. Das Bild des Gartens ändert sich somit jedes Jahr. Wenn im Sommer die Blumen zu einem einzigen Teppich verwachsen sind, erübrigt sich für Ruth Galli das Jäten. Kaum zu glauben, dass ein solches Blumenmeer aus ein paar Gramm Samen entstehen kann. Weil sie dieses Wunder jedes Jahr neu erleben möchte, hält Ruth Galli an ihrer aufwändigen Bepflanzung fest.

Foto: Ruth Galli

➡ Eigentümer/in: Ruth und Theo Galli, Subingenstrasse 11, 4543 Deitingen. Tel. 032/ 6140672. bam.galli@bluewin.ch. www.galligarten.ch. Größe: 0,28 ha. Eintritt frei. Anmeldung erforderlich. Führungen: Nach Voranmeldung. Attraktionen: Die Rabatten werden fast ausschließlich mit Sommerflor bepflanzt. ➡ Wegbeschreibung bei Anmeldung. 🅿 ♿

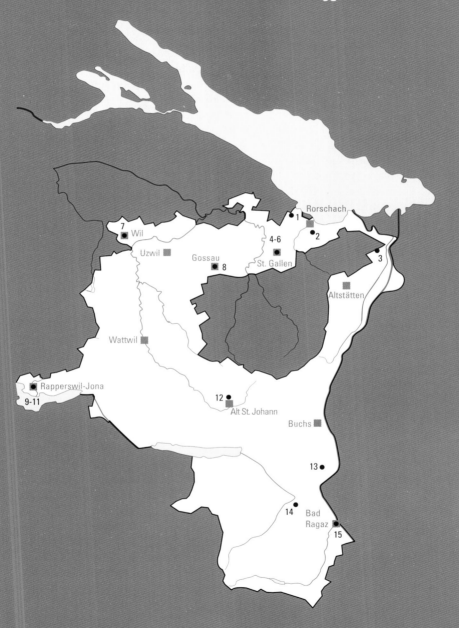

Rorschach 1

7 Wil

4-6

2

Uzwil

Gossau

St. Gallen

3

8

Altstätten

Wattwil

Rapperswil-Jona

9-11

12

Alt St. Johann

Buchs

13

14 Bad
Ragaz

15

Der älteste Gartenplan Europas

Die Wiege der abendländischen Gartenkultur wird rückblickend im mittelalterlichen Klostergarten verortet. Der älteste in Europa erhaltene Plan einer solchen Anlage stammt aus St. Gallen. Gemäß dem aktuellen Stand der Forschung wurde er zu Beginn des 9. Jahrhunderts von Abt Haito im Kloster Reichenau auf der gleichnamigen Insel im Bodensee erstellt. Der Plan, der aus fünf mit Darmfäden zusammengenähten Pergamentstücken besteht, wurde für Abt Gozbert von der Benediktinerabtei St. Gallen angefertigt. Die Zeichnung zeigt eine ideale Klosterstadt mit rund 50 Gebäuden – und einer Gartenanlage. Sie zeigt die Idee des mittelalterlichen Gartens, des hortus conclusus, des abgeschlossenen Gartens. Verschiedene Bereiche sind auf dem Plan zu erkennen: Kreuzgänge, ein Baumgarten, der gleichzeitig als Friedhof gedacht war, ein Wurz- oder Kräutergarten und ein Gemüsegarten. Pflanzvorschläge für das Gemüse sind ebenfalls auf dem Plan vermerkt: Zwiebeln, Kohl, Pastinaken, Rettich und andere. Auch Kräuter wie Koriander, Kerbel und Dill sind aufgelistet.

Die Mönche als Hüter der Kunst und des Wissens, als Selbstversorger und Heilmittel-Hersteller waren wichtige Motoren für die Entwicklung der Gartenkultur. Die Impulse aus den Klöstern übertrugen sich auf die Gärten der ländlichen Bevölkerung. Noch heute sind die Errungenschaften der klösterlichen Gartenkultur spürbar. Viele Bauerngärten sind ähnlich bepflanzt, wie es der St. Galler Klosterplan für den Wurz- und Kräutergarten vorschlägt: ein Nebeneinander von Blumen, Kräutern und Gemüse. Aus dem Kreuzgang mit dem Wegkreuz entwickelte sich zudem ein Gestaltungselement, das die Gartenkunst über Jahrhunderte geprägt hat und noch immer angewendet wird.

Der Klosterplan ist im Besitz der Stiftsbibliothek, der Bibliothek des ehemaligen Benediktinerklosters St. Gallen, der ältesten Bibliothek der Schweiz. Ein Faksimile kann in der Bibliothek besichtigt werden, und in der Ausstellung erfährt man die Geschichte des Klosters und weitere Hintergründe zum Klosterplan (www.stibi.ch). Der Klosterplan war nie 1:1 umgesetzt worden, sondern gilt als Idealplan, den Abt Haito als Anregung für Abt Gozbert erstellt hatte. Doch fast 1200 Jahre später werden Haitos Ideen jetzt doch noch Wirklichkeit. Im Juni 2013 wurde im süddeutschen Messkirch ein gigantisches Nachbau-Projekt begonnen, das die gesamte Klosterstadt nach Haitos Plänen errichten will. Dieses Unterfangen, basierend auf experimenteller Archäologie, soll wissenschaftliche Erkenntnisse über das Leben im 9. Jahrhundert liefern. Die Handwerker leben und arbeiten wie zur Zeit des Frühmittelalters. Rund 40 Jahre wird es dauern, bis die Klosterstadt gebaut ist. Die Baustelle liegt rund 50 Kilometer von der Schweizer Grenze entfernt und kann besucht werden: www.campus-galli.de

SG 1

Garten Schloss Grosser Hahnberg
Schloss Grosser Hahnberg, 9305 Berg

Foto: Tina Lehmann

Bevor Adolf Röösli Schloss und Garten Grosser Hahnberg aus ihrem Dornröschenschlaf weckte, lebte er drei Jahre darin, ohne das Anwesen groß zu verändern. Er wollte die Anlage zuerst auf sich wirken lassen und sie verstehen, bevor er eingriff. Danach holte der ehemalige Besitzer einer Gartenbaufirma und
leidenschaftliche Gärtner den verwilderten Garten in seine ursprüngliche
Form zurück und gab ihm seinen eigenen Schliff. Vom Seiteneingang des
Schlosses führt eine Achse durch den Barockgarten mit vier Kompartimenten,
die von einer Eibenhecke umgeben sind. Diese Achse führt in einen verspielten
Teil mit einem großen Seerosenteich in der Mitte, umgeben von vielen Rhododendren und Azaleen. In den Moorbeeten sind auch Raritäten zu finden, etwa
der Radbaum Trochodendron oder der Sauerbaum Oxydendron. Auf verschlungenen Wegen durch Gehölze und Staudenrabatten erreicht man den Jagdpa-
villon. Hier befindet sich auch das abgesenkte, verträumte Gartenzimmer mit
dem Froschkönigbrunnen. Nimmt man im Barockgarten die Querachsen, erreicht man auf der einen Seite Rööslis Gemüsegarten, in dem die Beete rhom-
busartig angelegt sind, und wo er auch Sommerflor zieht. Von hier sieht man
auch geradewegs auf den Etagenbrunnen, der vor dem Schloss steht und den
Röösli vor dem Versenken im Zürichsee gerettet hat. Auf der anderen Seite
führt der Weg zu einem halbrunden Point de Vue. Von hier überblickt man den

ebenfalls halbrund angelegten Rosengarten, mit insgesamt 600 Stöcken Polyantharosen, Edelrosen, Kletterrosen und Rosenbäumchen. Ein Band mit blauen Iris umgibt die Rosen. Südlich davon liegt Rööslis Rebberg.

➡ Eigentümer/in: Adolf Röösli, Schloss Grosser Hahnberg, 9305 Berg. Tel. 071/4552455 oder 079/4177443. Eintritt: CHF 5.- pro Person (inkl. Führung). Anmeldung erforderlich. Führungen: Nach Voranmeldung. Attraktionen: Viele Gehölz-Raritäten. ➜ Wegbeschreibung bei Anmeldung. 🅿 ✖ Verpflegung auf Anfrage. ♿

SG 2

Garten Schloss Wartegg
Von Blarer Weg 1, 9404 Rorschacherberg

Das Schloss mit einer Geschichte, die bis ins 16. Jahrhundert zurückreicht, wäre vor über 40 Jahren beinahe abgebrochen und der Park überbaut worden. Aufgebrachte Anwohner brachten die Pläne schließlich zum Scheitern. Nach einigen Besitzerwechseln wird das Schloss heute als Biohotel mit eigenem Gemüsegarten betrieben. Hier wird auch viel wenig bekanntes Gemüse wie Stachys oder Kardy angepflanzt, sowie alte Sorten von Tomaten, Bohnen und Salaten. Der Gemüsegarten ist neueren Datums, der Landschaftspark geht auf das 19. Jahrhundert zurück und zeichnete sich aus durch geschwungene Wegführung, Baumgruppen, Alleen und Sichtachsen. Im 20. Jahrhundert erlebte der Park eine lange Phase der Verwilderung, die bis heute ihre Auswirkungen zeigt.

➡ Eigentümer/in: Angelika und Christoph Mijnssen, Von Blarer Weg 1, 9404 Rorschacherberg. schloss@wartegg.ch. www.wartegg.ch. Größe: 13 ha. Eintritt frei. Öffnungszeiten: Frei zugänglich. Führungen: Nach Voranmeldung. Attraktionen: Alter Baumbestand und Demeter-Garten. **SBB** Staad. ➜ Zu Fuß zurück in Richtung Rorschach, entlang der Bahn bis Bahnübergang, dann weiter oberhalb der Bahnlinie in den Park. Fußmarsch ca. 7 Min. 🚗 A1 Ausfahrt Rheineck. Richtung Rorschach ➜ Rorschacherberg. Beim Dorfeingang. 🅿 ✖ 🚆 🚎 ♿ Teilweise.

SG 3

Privatgarten Stieger
Rüden 1, 9442 Berneck

Seit 30 Jahren lebt Urs Stieger mit seinem eigenhändig gestalteten Garten oberhalb von Berneck. Doch zufrieden mit seinem Werk ist der bekannte Minnesänger und Instrumentenbauer erst seit ein paar Jahren. Irgendwann heilte die Künstlerkrankheit der ewigen Unzufriedenheit und er freute sich an dem, was er und seine Frau Anita in drei Bauetappen am Hang geschaffen hatten:

eine Gestaltung der Landschaft mit Vertikalen, Horizontalen, Blickachsen und abgeschlossenen Räumen. Von einem Teich gleich neben dem Haus steigt man ein paar Treppenstufen hinunter. Heckenelemente aus Hainbuche, die von Trompetenbäumen unterbrochen sind, lenken den Blick zum Wald. Es ist unklar, wohin der Weg führt, aber man folgt automatisch diesem Blick, kommt an in Etagen geschnittenem Buchs vorbei, an Stauden und Gehölzen. Je weiter man geht, umso mehr öffnet sich die Perspektive. Schließlich steht man neben einer langen Eibenhecke und 14 in einer Reihe gepflanzten Stechpalmen. Rechter Hand setzt eine doppelte Schlangenlinie aus Buchs ein, die zum äußersten oberen Zipfel des Gartens führt: einer Bank neben einer Platane. Die so genannte Philosophenbank bietet einen schönen Blick über das plastische Gärtnerwerk von Urs Stieger. Auf dem Rückweg steht man vor verschiedenen Abzweigungen und gelangt auf verschiedene Etagen des Gartens. Unerwartet taucht ein Sitzplatz unter zwei Linden auf, oder ein Holzsteg. Man begegnet Stiegers Lieblingspflanzen: der China-Wiesenraute, dem Wald-Geißbart, der Gaura. Hinter dem Haus liegt der Gemüsegarten von Anita Stieger: in Holzrahmen gefasste Beete voller Bohnen, Kartoffeln und Zwiebeln. Urs und Anita Stieger pflegen den Garten gemeinsam. Das Prinzip ihrer Gestaltung: Es darf nicht mehr Arbeit als einen Tag pro Woche für eine Person geben. Dieses Ziel wurde erreicht – für Urs Stieger ein Grund mehr, mit seinem Garten zufrieden zu sein.

Foto: Urs Stieger

➡ Eigentümer/in: Anita und Urs Stieger, Rüden 1, 9442 Berneck. u-stieger@bluewin.ch. www.u-stieger.com. Größe: 0,4 ha. Eintritt frei. Anmeldung erforderlich. Führungen: Nach Voranmeldung. Veranstaltungen: Kunstaktionen. ➜ Wegbeschreibung bei Anmeldung. ♿ Teilweise.

SG 4

Botanischer Garten St. Gallen

Stephanshornstrasse 4, 9016 St. Gallen

Foto: Sarah Fasolin

Zweimal musste der Botanische Garten umziehen, bevor er 1945 seinen definitiven Standort am Stephanshorn erhielt. Etwas abseits vom Stadtzentrum findet man hier einen idyllischen Garten mit rund 8000 Pflanzen. Ein Schwerpunkt liegt auf den „lebenden Steinen", die bei einem der beiden Eingänge in einem Glashaus ausgestellt sind: Pflanzen, die in der Wüste wachsen, aussehen wie Kieselsteine und sich dadurch vor dem Fraß der Tiere schützen. Weitere Sammlungen von fleischfressenden Pflanzen und Hauswurz sind ebenfalls zu sehen. Der Botanische Garten wurde in den letzten 20 Jahren stetig erneuert und saniert. Besonders gelungen ist die Tribüne im Tropenhaus. Hier sitzt man unter einem Dach von Passionsblumen und schaut von oben auf die exotischen Blumen und Bäume hinab. Der Garten ist nach wie vor der Bildung verpflichtet, legt jedoch auch Wert auf den Erholungsfaktor. Überall im Garten stehen Stühle, die sich in einer gemütliche Nische platzieren lassen – zum Ausruhen, Schauen und Staunen.

➡ Eigentümer/in: Stadt St. Gallen. botanischer.garten@stadt.sg.ch. www.botanischergarten. stadt.sg.ch. Größe: 2 ha. Eintritt frei. Öffnungszeiten: Täglich (außer 25. Dezember und 1. Januar) 8–17 Uhr. Führungen: Nach Voranmeldung. Veranstaltungen: Ausstellungen, Kulturanlässe, Führungen (siehe Website). Attraktionen: Große Sammlungen von Hauswurz, „lebenden Steinen" etc. **SBB** St. Gallen. 🚌 Nr. 1, 4 und 11 bis „Neudorf" oder Nr. 1 bis „Botanischer Garten" oder Nr. 4 bis „Lindenstrasse". 🚗 Anreise mit öffentlichen Verkehrsmitteln empfohlen. 🛒 ♿ ❶ Infotafeln bei den Abteilungen, Gratis-Flyer, Gartenführer in Buchform.

SG 5
Blumenberge Helvetia
Dufourstrasse 40, 9001 St. Gallen

Foto: Helvetia Versicherungen

Der Name dieser 2012 mit dem Schulthess Gartenpreis ausgezeichneten Anlage könnte nicht besser passen: Blumenberge. Stauden in unterschiedlicher Höhe ziehen sich rund um das Gebäude des Helvetia-Konzernsitzes, der von den Stararchitekten Herzog & de Meuron entworfen wurde. Von den Narzissen im Frühling bis zu den Silberkerzen im Herbst blüht es immer irgendwo in dieser üppigen und abwechslungsreichen Staudenpflanzung. In den Spiegelfenstern verdoppeln sich die Blüten und Blätter und lassen die Blumenberge noch größer und weiter scheinen. Die Umgebung wurde vom Zürcher Landschaftsarchitekten und ETH-Professor Günther Vogt geplant, die Stauden zusammen mit dem Gärtnermeister Pit Altwegg ausgewählt. Nicht nur die Helvetia-Mitarbeiter, sondern auch die Studenten, die weiter oben die Universität besuchen, durchstreifen jeden Tag die Anlage und nehmen ein Auge voll Grün und Blüten mit in den Alltag. Sitzbänke stehen keine parat, die Anlage scheint zum Spazieren gedacht.

⇒ Eigentümer/in: Helvetia Versicherungen. Eintritt frei. Öffnungszeiten: Frei zugänglich. **SBB** St. Gallen. 🚌 Nr. 5 bis „Universität". 🚗 Anreise mit öffentlichen Verkehrsmitteln empfohlen. 🐎 ♿

SG 6

Stadtpark St. Gallen
Museumsstrasse, 9000 St. Gallen

Seinen ursprüglichen Charakter als Landschaftsgarten hat der Stadtpark durch die vielen Umgestaltungen verloren. Dafür ist aus dem ehemaligen Privatgarten etwas Neues entstanden: Das Herzstück ist ein vom bekannten Schweizer Landschaftsarchitekten Dieter Kienast gestaltetes Rosenrondell, das von Kletterrosen umrankt wird. Darum herum ziehen sich Stauden- und Rosenbeete, die durch niedrige Buchshecken strukturiert sind. Das Gelände des heutigen Stadtparkes gehörte der Fabrikantenfamilie Scherrer (siehe TI 14), die es 1872 an die Stadt verkaufte. An den Stadtpark grenzen der 2007 neu gestaltete Park Unterer Brühl vor der Tonhalle und der Kantonsschulpark.

➡ Eigentümer/in: Stadt St. Gallen. www.stadt.sg.ch. Größe: 33,7 ha. Eintritt frei. Öffnungszeiten: Frei zugänglich. **SBB** St. Gallen. 🚎 Nr. 1, 4, 7, 11 bis „Theater". 🚗 Anreise mit öffentlichen Verkehrsmitteln empfohlen. 🅿 Parkhaus Brühltor. 🚼 ♿

SG 7

Privatgarten Kähler Schweizer
Fürstenlandstrasse 25, 9500 Wil

Wie viel Kitsch verträgt ein Garten? Wie viel Kunst, wie viel Deko, wie viele verschiedene Materialien? Gibt es überhaupt eine Grenze? Fragen, die in diesem Künstlerinnengarten immer wieder ausgelotet werden. Man spaziert durch verschiedene Gartenräume, stößt auf einen Mädchenpuppenkopf inmitten eines Wildstaudenrondells, kommt an einem in die Mauer geformten Sitz vorbei, der mit Muscheln und Schneckenhäuschen ausgekleidet ist. Bewegt sich weiter durch schmale Durchgänge, stößt schließlich auf den Nutzteil mit dem Gewächshaus: Der Garten soll auch etwas zum Essen abgeben. Immer wieder begegnet man bunten Baumstämmchen – liebevoll umstrickt von der Gärtnerin. Oder streckt neugierig den Kopf in die von einer Thuja geformten Höhle – hoppla, ein Hirschgeweih schaut einem entgegen. Dieser Garten passt in kein Schema, will in keines passen. Dass dabei auch mal irgendwo eine Ecke vergessen geht und verwildert, wird in Kauf genommen. Oder gehört ganz einfach dazu, zur Suche nach der Grenze.

➡ Eigentümer/in: Dominique Kähler Schweizer, Fürstenlandstrasse 25, 9500 Wil. Tel. 071/9100060. kaehler@hirumed.ch. Größe: 0,1 ha. Eintritt frei. Anmeldung erforderlich. Führungen: Nach Voranmeldung. ➜ Wegbeschreibung bei Anmeldung. 🅿 Beim Spital.

SG 8
Bibelgarten Gossau
Herisauerstrasse 5, 9200 Gossau

Foto: Sarah Fasolin

In Deutschland gibt es über 100 Bibelgärten, in der Schweiz bis jetzt nur wenige. Der erste und besonders schöne liegt in Gossau neben der Andreaskirche.
Dort wachsen in acht streng geometrisch nebeneinander liegenden Beeten
Pflanzen, die in der Bibel beschrieben werden. Von der Saubohne bis zum Ge-
würzrohr, vom Milchstern bis zum Senf. Von den 110 namentlich in der Bibel
erwähnten Pflanzen sind 60 in Gossau zu sehen. Einige stehen als Kübelpflanzen vor der Kirche, andere als Bäume im den Garten umgebenden Park. Vor
jedem einzelnen Beet stehen passende, in Sandsteinplatten eingravierte Bibel-
verse. Der Bibelgarten liegt auf dem ehemaligen Friedhof der Andreaskirche,
der wegen zu lehmigem Boden aufgehoben werden musste. Den Wettbewerb
für die Neugestaltung gewann die Gossauer Landschaftsarchitektin Ursula
Weber, die zusammen mit der Botanikerin Ursula Tinner den Bibelgarten entwarf. Für die Anordnung der Beete orientierte sie sich am Klosterplan St. Gallen, dem ältesten Gartenplan Europas (siehe Einführungskapitel S. 258). Bei
der Auswahl der Pflanzen konzentrierte man sich auf winterharte Spezies und
solche, die in der Bibel eine große Bedeutung haben, wie etwa den Olivenbaum
oder den Granatapfel. Angeordnet sind die Pflanzen teilweise aufgrund theolo-
gischer Überlegungen. So steht der Feigenbaum beispielsweise bewusst bei
den Reben, weil deren beiden Früchte in der Bibel oft zusammen genannt werden und für Frieden stehen.

→ Eigentümer/in: Katholische Kirchgemeinde Gossau, Herisauerstrasse 5, 9200 Gossau. Tel. 071/3881848. sekretariat@kathgossau.ch. www.bibelgarten.ch. Größe: 1 ha. Eintritt frei. Öffnungszeiten: Ab dem Muttertag bis Ende Oktober. Führungen: Nach Voranmeldung. **SBB** Gossau. → Vom Bahnhof in die Bahnhofstrasse einbiegen. Andreaskirche ist links sichtbar. 🚗 A1 Ausfahrt Gossau. St. Gallerstrasse bis Kreisel. Bei Andreaskirche Richtung Herisau. 🅿 🚻 ♿ ❶

SG 9

Rosengärten Rapperswil
8645 Rapperswil-Jona

Das Wappen ist hier Programm: Zwei rote Rosen zieren das Stadtwappen von Rapperswil, das sich vor einigen Jahren mit der Nachbargemeinde Jona zusammengeschlossen hat. Und Rosen zieren auch verschiedene Plätze und Gärten in der Altstadt. Vom Bahnhof aus lassen sich diese bequem zu Fuß erkunden. Man verlässt die Unterführung Richtung Stadt und geht den See entlang. Dort begegnet man bereits den ersten Rosenrabatten. Insgesamt sind in der Stadt zwischen 15 000 und 20 000 Rosen in rund 600 Sorten zu sehen – die vielen privaten Rosen der Rapperswiler Bevölkerung nicht eingerechnet. Beim Endingerplatz biegt man in die Endingerstrasse ein und gelangt am Ende der Straße rechts durch ein Tor in den ältesten Rosengarten der Stadt. Damit Rapperswil die Rose nicht nur im Wappen, sondern auch in der Stadt zeigt, beschloss der Verkehrsverein 1958, die Gestaltung von öffentlichen Rosengärten zu fördern. 1965 wurden unterhalb des Rebberges auf einem Grundstück der Familie Curti Rosen gepflanzt. Umrahmt von Teilen der alten Stadtmauer sowie einem kleinen Blauburgunder-Rebberg blühen die 2 000 Rosenstöcke in allen Farben. Der mittlerweile verstorbene Gründer der Gesellschaft Schweizerischer Rosenfreunde, Dietrich Woessner (siehe SH 11), hat diesen Garten selbst angelegt. Gleich gegenüber tritt man in den nächsten Rosengarten. Dieser entstand 1973 anlässlich der 750-Jahr Feier der Stadt. Das Kapuzinerkloster stellte den ehemaligen Obstgarten zur Verfügung, damit die Stadt ein Rosarium mit alten Rosen anlegen konnte. Bei den 80 Rosensorten handelt es sich um alte Züchtungen. Hier trifft man zum Beispiel die „Madame Meilland" oder die „Papa Meilland". Die rund 1 000 Stöcke sind in vier von Buchs umfassten Carrés gepflanzt. An den Seiten ranken sich Kletterrosen oder stehen Rosenbäumchen. Zurück in der Endingerstrasse folgt man dieser bis zum Endingerplatz und nimmt bei der Weggabelung links die Hintergasse. Nach wenigen Metern sollte man rechts einen Blick auf das kleine Mainau-Gärtlein werfen. Hier hat Graf Lennart Bernadotte (1909-2004), der Herr der Bodenseeinsel Mainau, ein Rosengärtchen für die Rapperswilerinnen geschaffen. Die „Insel Mainau", die „Queen Elizabeth" oder die „Kleopatra" blühen hier. Auf der Hintergasse geht es weiter Richtung Hauptplatz mit der eindrücklichen Schlosstreppe. Geradeaus weiter bis zur zweiten Abzweigung nach rechts.

Hier abbiegen und sogleich links in den Schanzweg einbiegen. Im Blinden-rosengarten gedeihen ausschließlich Duftrosen, die zusätzlich in Blinden-schrift gekennzeichnet sind. Da sich dieser Garten über der Tiefgarage Schanz befindet und der Boden deshalb nicht gefriert und sich schnell erwärmt, blü-hen die 2400 Rosenstöcke hier früher als in den anderen Gärten. Durch die Altstadt gelangt man zurück zum Bahnhof. Bevor der Zug fährt, kann man auf dem Gelände der Hochschule für Technik Rapperswil, einer der beiden Ausbil-dungsstätten für Landschaftsarchitekten in der Schweiz, eine Staudensamm-lung besuchen. Dafür folgt man in der Bahnunterführung der Beschilderung und steht sogleich mitten auf dem Gelände der Hochschule.

⇒ Eigentümer/in: Stadt Rapperswil-Jona. Größe: Unterschiedlich. Eintritt frei. Öffnungs-zeiten: Frei zugänglich. Führungen: Anfrage über Verkehrsverein. www.vvrj.ch. Attrakti-onen: Blindenrosengarten nur mit Duftrosen. **SBB** Rapperswil. 🚗 A53 Ausfahrt Rap-perswil oder A3 Ausfahrt Pfäffikon, Richtung Zentrum. 🅿 Parkhäuser. 🚻 ⅄ Teilweise.

SG 10
Privatgarten Simon
Johannisbergstrasse 25, 8645 Rapperswil-Jona

Foto: Sarah Fasolin

Als Margrit Simon 2010 ihr Haus verkaufte und die neuen Besitzer ihr mitteil-ten, dass sie mit dem Garten nicht viel anfangen könnten, war für sie klar: Die Pflanzen müssen mitkommen. Mit in das neue Haus und den neuen Garten. Der Umzugstermin lag im August, denkbar ungünstig für das Versetzen von Rosen und Stauden. Doch sie grub sie alle aus, setzte sie in Töpfe und pflanz-te sie im Jahr darauf in den neuen Garten: in die 23 Meter lange und 3 Meter tiefe Rabatte, in der Rosen, Mohn, Sterndolden und Storchschnabel in Weiß, Lila, Blau und Pink miteinander kombiniert sind. Von 70 Rosenstöcken haben

68 den Umzug geschafft, von den Stauden und Buchspflanzen ebenfalls die meisten. Heute präsentiert sich eine dicht bewachsene Rabatte im englischen Cottage-Stil. Über ein paar Treppenstufen gelangt man zu einem Buchsgärtchen an der Seite des Hauses. Entlang der Treppe wachsen sehr kleine Pflanzen wie die Götterblume oder die Kugelblume. Für die Kleinen in der Pflanzenwelt hat sie eine besondere Vorliebe und sammelt deshalb auch Mini-Hostas. Im Buchsgärtchen dominieren die Farben Gelb, Orange und Crème, die Lieblingsfarben von Margrit Simons Partner, der von seinem Büro aus auf dieses Gärtchen sieht. In der Mitte zieht die „Golden Celebration" als Bäumchen die Blicke auf sich. Die Abgrenzung des Grundstückes gegen Norden bildet teilweise eine Hecke aus Wildrosen.

➡ Eigentümer/in: Margrit Simon, Johannisbergstrasse 25, 8645 Rapperswil-Jona. Tel. 044/9237167. margrit@simongarden.ch. www.simongarden.ch. Größe: 0,1 ha. Eintritt frei. Öffnungszeiten: April–September: Mi, Do, Fr 13–18 Uhr oder nach Voranmeldung. Führungen: Nach Voranmeldung. Veranstaltungen: „Kultur im Garten" (siehe Website). **SBB** Rapperswil oder Jona. 🚌 Nr. 993 bis „Neuhof". Über die Straße und am Restaurant vorbei gehen. 🚗 Autobahn A53 Ausfahrt Jona, Richtung Rapperswil-Jona. 🅿 ✿ Zum Garten gehört ein Shop mit Gartenaccessoires und Pflanzen.

SG 11
Enea Baummuseum
Buechstrasse 12, 8645 Rapperswil-Jona

Foto: Martin Rütschi

Jahrelang sammelte Enzo Enea, einer der bekanntesten Gartendesigner der Schweiz, Bäume, die irgendwo überflüssig waren. 50 davon hat er in seinem Baummuseum ausgestellt und vor Kalksteinmauern in Szene gesetzt. So etwa eine Mädchen-Kiefer oder eine Japanische Aprikose. Durch diese Inszenierung soll die Ästhetik jedes einzelnen Baums wahrgenommen und betrachtet werden. Die Zwischenräume sind mit kurz geschnittenem Rasen und Stauden meist in Monokultur gestaltet. Durch die Unterteilung des Parks mit Mauerabschnitten und Bäumen entstehen immer neue Perspektiven auf die einzelnen Bäume. Eine viktorianische Orangerie und eine französische Mauer geben der Mitte des Parks ein mediterranes Flair. Die Bäume sind zum Teil über 100 Jahre alt. Ihre Geschichte bleibt dem Besucher jedoch verborgen, bloß Art und Alter sind beschriftet.

⇒ Eigentümer/in: Enzo Enea, Enea GmbH, Buechstrasse 12, 8645 Rapperswil-Jona. info@enea.ch. www.enea.ch. Größe: 1,5 ha. Eintritt: Erwachsene CHF 15.-, Studenten und Gruppen CHF 12.-, Kinder bis 12 Jahre gratis. Öffnungszeiten: März–Oktober: Di–Fr 9–18 Uhr, Sa 10–17 Uhr, November–Februar: Di–Fr 9–17.30 Uhr, Sa 10–16 Uhr. Führungen: Nach Voranmeldung. **SBB** Rapperswil. 🚌 Bus Nr. 622 bis „Buech Industrie" (nur zu Stoßzeiten) oder „Erlen". 🚗 A53 Ausfahrt Jona. Erste Straße links in die Uznacherstrasse, dann vierte Straße links. 🅿 ⬛ 🐴 ♿ ❶ ✿

SG 12

Klostergarten Alt St. Johann
Kirchplatz, 9656 Alt St. Johann

Eingebettet in der Hügellandschaft des Toggenburgs liegt Alt St. Johann. Das ehemalige Kloster in der Mitte des Dorfes ist nicht zu übersehen. Die Mönche sind schon vor über 200 Jahren ausgezogen, in der Kirche werden jedoch nach wie vor Messen gefeiert. Hinter den Klostermauern, aber stets durch ein offenes Tor für die Öffentlichkeit zugänglich, liegt ein Kräutergarten mit rund 200 Pflanzen. Dieser wurde 1994, als die Außenfassade renoviert wurde, neu angelegt. Gisela Seiler, Absolventin der Kräuterakadmie, pflegt den Garten, führt Interessierte zu Mariendistel und Artischocke und gibt ihnen einen Einblick in die große Welt der Kräuter. Ihre Führungen haben unterschiedliche Schwerpunkte wie Färber-, Gift- oder Heilpflanzen. Ein Teil der Kräuter wird geerntet und im Kräuterladen als Teemischung verkauft. Ins Auge sticht auch der Brunnen von Benno Schulthess. Dahinter liegen weitere Anbaufelder für die Kräuterproduktion sowie Blumenrabatten für den Kirchenschmuck.

⇒ Eigentümer/in: Katholische Kirchgemeinde Alt St. Johann. schaugarten@sanktjohann.ch. www.sanktjohann.ch. Größe: 0,2 ha. Eintritt frei. Öffnungszeiten: Frei zugänglich. Führungen: Nach Voranmeldung. Veranstaltungen: Skulpturenausstellungen (siehe Website). **SBB** Nesslau oder Buchs. 🚌 Postauto bis „Alt St. Johann, Post". 🚗 A53 Ausfahrt Eschenbach. Richtung Wattwil → Alt St. Johann. 🅿 🐴 ♿ ❶ ✿ Kräuterladen.

SG 13

Privatgarten Bütler

Alte Gasse 17, 9476 Weite

Foto: Sarah Fasolin

Es braucht Mut, nach zehn Jahren Gärtnern nochmals ganz neu anzufangen. Doris Bütler machte den Schritt, da ihr bewusst wurde, dass sie an einem steilen Hang mit selbst angelegten, schiefen Wegen nicht bis ins hohe Alter wird gärtnern können. Lange schob sie den Gedanken auf, bis sie schließlich mit kreativen Gartengestaltern aus der Region den Neuanfang wagen wollte. Der Hang wurde terrassiert und mit Trockenmauern aus 10 Tonnen Calancatal-Granit stabilisiert. Die Pflanzen hatte sie alle vorübergehend in Töpfe gesetzt, die Rosen verschenkt. Das war im Jahr 2000. Nun ist die Gartenwelt rund um ihr Haus mit Aussicht auf das Rheintal und die Bündner Berge wieder entstanden. Staudenrabatten, Formgehölze, Gräser, viele Hortensien und Rosen bestimmen das Bild. Hatte sie vorher einen verwunschenen Rosengarten, prägen heute gemischte Rabatten im mediterranen Stil den Charakter ihres Gartenwerkes. Reisen in verschiedenste Gärten nach England und Italien haben Doris Bütler inspiriert.

➡ Eigentümer/in: Doris Bütler, Alte Gasse 17, 9476 Weite. Tel. 081/7832066. doris.buetler@bluewin.ch. Größe: 0,18 ha. Eintritt frei. Bei Gruppen Unkostenbeitrag für Getränke. Anmeldung erforderlich. Führungen: Nach Voranmeldung. ➡ Wegbeschreibung bei Anmeldung.

Siebenthalgarten Mels
Kirchstrasse 31, 8887 Mels

Foto: Sarah Fasolin

Im Süden des Kantons St. Gallen, mitten im Dorf Mels, ist ein wenig bekanntes, aber besonderes Gartendenkmal zu finden: der Garten des 1954 verstorbenen Arztes Karl von Siebenthal. In den letzten Jahren wurde der Garten von der katholischen Kirchgemeinde Mels, die heute das Anwesen besitzt, wieder aufgefrischt und in Stand gesetzt. Heute ist der Garten öffentlich zugänglich. Zu Zeiten von Siebenthals galt das pure Gegenteil: Der auf Rheuma und Verbrennungen spezialisierte Arzt schirmte sich ab mit einer zwei Meter hohen Mauer und einem dicken Gehölzgürtel. Schriftliche Quellen existieren keine, doch heißt es in Mels, von Siebenthal habe sich optisch von der Kirche, die gleich neben dem Grundstück aufragt, abgrenzen wollen. So sei auch die Burg zu erklären, die er – als weltlicher Gegensatz – in die Ecke gleich vor der Kirche baute. Auf der Fläche innerhalb seines Abschottgürtels pflanzte von Siebenthal spezielle Gehölze, vorwiegend Moorbeete mit Rhododendren, Azaleen und Pieris. Als große Bäume dominieren Nadelgehölze, japanische Ahorn und Blüten-Hartriegel. Im Zuge der Rekonstruktion wurden viele Elemente aus von Siebenthals Garten wieder stärker betont: Der Felsengarten gleich unterhalb der Burg wurde wieder mit Farnen und anderen Schattenpflanzen bestückt. Einzig der Teich, den von Siebenthal angelegt hatte und dessen Einfassungsmauer bei Grabungen zum Vorschein kam, wurde aus Sicherheitsgründen nicht wieder hergestellt. Die Umrisse sind angedeutet, die ursprüngliche Teichfläche ist bepflanzt.

➡ Eigentümer/in: Katholische Kirchgemeinde Mels. Größe: 0,37 ha. Eintritt frei. Öffnungszeiten: Frei zugänglich. **SBB** Mels oder Sargans. 🚌 Nr. 431 bis „Mels, Post".
→ Zur großen Kirche im Dorf. 🚗 A3 Ausfahrt Mels, Richtung Kirche. ♿

SG 15
Kurpark Bad Ragaz
Grand Resort, 7310 Bad Ragaz

Foto: Sarah Fasolin

Wie bunte Murmeln liegen die Schmuckrabatten auf der Wiese im Park vor dem Hotel Quellenhof verteilt. Die alten Parkbäume waren nach dem Bau des Quellenhofs 1869 gepflanzt worden. Einige von ihnen haben mittlerweile eine beachtliche Größe erreicht - insbesondere die zwei Mammutbäume am oberen Parkrand. Der Park, wie er sich heute präsentiert, geht jedoch in seiner Grundstruktur auf die 1950er Jahre und den Entwurf des Architekten Otto Glaus zurück. 2005 wurden der Park restauriert und die Wechselflorrabatten zum Teil neu verteilt. Dabei wurde auch der Eingang zum Quellenhof mit dem quaderförmigen Buchs und den Stauden neu gestaltet. Ein beliebtes Element ist der Hortensienberg beim Eingang zum Thermalbad. Mehrere hundert Hortensienstöcke von insgesamt sieben Sorten bilden hier im Sommer eine weiß-rosablaue Blütenwolke, die in ihrer Dimension in der Schweiz ihresgleichen sucht.

➡ Eigentümer/in: Grand Resort Bad Ragaz AG, 7310 Bad Ragaz. www.resortragaz.ch. Eintritt frei. Öffnungszeiten: Frei zugänglich. Attraktionen: Hortensienberg. **SBB** Bad Ragaz. 🚌 Nr 452 bis „Post" oder Nr. 451 bis „Tamina Therme". 🚗 A3 Ausfahrten Bad Ragaz oder Maienfeld. Richtung Dorfzentrum Bad Ragaz. 🅿 ✕ 🍴 🐴 ♿

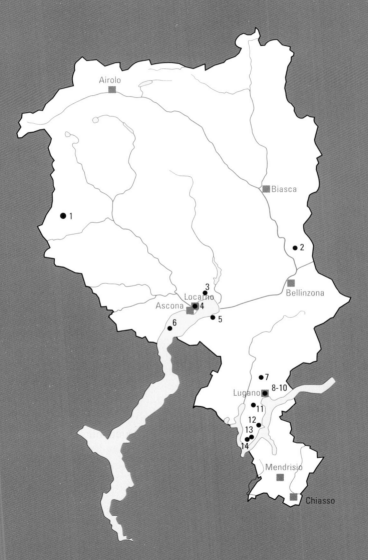

Tessin

TI

Airolo

Biasca

1

2

3

Locarno

4

Ascona

5

6

Bellinzona

7

8-10

Lugano

11

12

13

14

Mendrisio

Chiasso

Mediterrane Gärten und ein Blütenrausch im Frühling

Die „Sonnenstube der Schweiz", wie das Tessin gern genannt wird, zeigt den Besuchern Gärten, wie man sie in keiner anderen Region der Schweiz antrifft: viele immergrüne Gehölze, Sträucher und Bäume, die nördlich der Alpen nicht oder nur mit größter Umsorge gedeihen, etwa Palmen, Kamelien, Granatäpfel oder Olivenbäume. Man spricht von der insubrischen Flora, die hier beheimatet ist.

Insubrien ist die Region vom Gardasee bis zum Lago Maggiore und verdankt ihren Namen den Insubrern, einem keltischen Stamm, der sich im 4. Jahrhundert v. Chr. in dieser Gegend ansiedelte. Die Pflanzenwelt dieser Region wird hervorgebracht vom milden, insubrischen Klima: viele Niederschläge im Frühling und Herbst, trockene, sonnige Winter und Sommer, kaum starke Temperaturschwankungen.

Aber auch der Boden prägt die Flora im Tessin: Granit und Gneis im Untergrund schaffen einen weitgehend kalkfreien Boden. Der PH-Wert pendelt zwischen 5,5 und 6,5, die Erde ist also eher sauer. Rhododendren und Azaleen blühen deshalb an den meisten Standorten üppig und ohne PH-senkende Zusätze. Zusammen mit den Magnolien und den Kamelien ist im Frühling im Tessin ein wahres Blütenfest anzutreffen (siehe TI 4 und TI 5).

Die Gartenkultur ist im Tessin stark geprägt von den Repräsentationsgärten der reichen Einwanderer. Seit über 200 Jahren lassen sich vermögende Geschäftsleute aus dem Norden und Süden hier nieder und legen prächtige Gärten an. Aus Palastgärten, die im 19. oder Anfang des 20. Jahrhunderts entstanden, sind teilweise öffentliche Parkanlagen geworden, wie etwa der Parco Villa Negroni (siehe TI 7), der Parco Ciani (siehe TI 8) oder der Parco Villa Helenum (siehe TI 9) in Lugano.

Für die durchschnittliche Tessiner Bevölkerung hatte das Anlegen eines Ziergartens bis weit ins 20. Jahrhundert hinein keine hohe Priorität: Die wirtschaftliche Lage war für viele prekär und die Natur bedeutete in erster Linie einen Kampf: einen Kampf gegen den Wald, der – einmal gerodet – nicht müde wird, sich sein Territorium zurückzuerobern. Ein typischer Tessiner Garten bestand deshalb aus nicht viel mehr als einem kleinen Nutzgarten mit einigen Obstbäumen. Nach der Eröffnung des Gotthard-Straßentunnels 1980 nahm im Tessin die Zuwanderung von Deutschschweizern stark zu. Sie zelebrieren die südliche Lebensart, zu der auch das Anlegen eines südländischen Gartens gehört.

TI 1
Garten Museum Walserhaus
Museum Walserhaus, 6685 Bosco Gurin

Foto: Museum Walserhaus

Ein kleiner Gemüsegarten, der zeigt, was im alpinen Raum auf 1500 m ü. M. überhaupt gedeiht – und wie limitiert die Ernärungsbasis für die Bevölkerung im Alpenraum einmal war. Einige dieser Nahrungspflanzen sind in Vergessenheit geraten und werden hier wieder angepflanzt, etwa die „Rååfa", eine spezielle Rübenart aus Bosco Gurin oder der falsche Safran aus Verdabbio. Die Anlage wurde in Zusammenarbeit mit der Stiftung Pro Specie Rara konzipiert und gehört zum Museum Walserhaus, das in einem Bauernhaus von 1386 – einem der ältesten erhaltenen Gebäude im Alpenraum – untergebracht ist. Das Museum zeigt das einstige bäuerliche Leben dieser kleinen Walser-Siedlung Bosco Gurin, das einzige Dorf im Kanton Tessin, in dem auch heute noch Walserdeutsch gesprochen wird.

➡ Eigentümer/in: Museum Walserhaus, 6685 Bosco Gurin. Tel. 091/7541819. museum@ walserhaus.ch. www.walserhaus.ch. Größe: 81 qm. Eintritt frei. Öffnungszeiten: Juni– September frei zugänglich. Führungen: Dorfführungen mit Museums- und Gartenbesuch. Veranstaltungen: Måtzufåmm-Fest im September: kleiner Markt mit einheimischen Produkten und Måtzufåmm, einer Suppe mit Gemüse aus dem Garten. **SBB** Locarno. 🚌 Nr. 10 bis Cevio. Postauto bis Bosco Gurin. 🚗 Ab Locarno in Richtung Vallemaggia bis Cevio. In Cevio Abzweigung nach links, Richtung Bosco Gurin. → Beim Eingang des Dorfes. 🅿 🐴 ♿

TI 2
Privatgarten Meili
A ca di fatór 10, 6702 Claro

Foto: Re Meili

Als Edith und Kurt Meili vor 30 Jahren aus der Deutschschweiz in die alte Klosterfaktorei in Claro zogen, wuchsen auf dem Gelände kaum Pflanzen. Eine Pergola mit Bänken und Tischen aus Granit stand vor dem Haus, sowie ein damals schon alter Feigenbaum und ein von Brombeeren überwucherter Apfelbaum. Heute schlendert man auf dem leicht terrassierten Gelände an 150 verschiedenen Rosensorten vorbei, die meisten davon haben Meilis mit Stecklingen selbst gezogen. Palmen, Kamelien, Granatapfel, Maulbeerbäume, verschiedene Cornus, Falscher Kamferbaum wachsen neben und zum Teil auch ineinander. Meilis streben eine möglichst hohe Artenvielfalt an. Das Gelände der Klosterfaktorei diente ursprünglich als Landwirtschaftsbetrieb zum hoch am Hang oben gelegenen Kloster Santa Maria. Ein alter Schweine- und ein Hühnerstall erinnern noch an die ursprüngliche Funktion dieses Landgutes, das gemäß den Besitzern aus dem 16. oder 17. Jahrhundert stammt.

➡ Eigentümer/in: Kurt und Edith Meili, A ca di fatór 10, 6702 Claro. Tel. 091/8632080. edith.meili.frei@gmail.com. Größe: 0,2 ha. Eintritt frei. Anmeldung erforderlich. Führungen: Nach Voranmeldung. Attraktionen: Etwa 150 verschiedene Rosen. ➡ Wegbeschreibung bei Anmeldung. 🅿 Beschränkt. 🐈

TI 3
Privatgarten Imhof
Via Orselina 83, 6645 Brione/Minusio

Wer an einem so steilen Hang einen Garten anlegt, der muss von der Pflanzenwelt wirklich begeistert sein. Der pensionierte Jurist Heinz Imhof hat Terrassen angelegt und mit Palisaden den Hang stabilisiert. Zum Jäten muss er sich
an gewissen Stellen anseilen, um nicht abzurutschen. Doch das Klima an diesem Südhang oberhalb von Locarno könnte für die Sammlerleidenschaft Im-
hofs nicht besser sein. Hier wächst, was er auf seinen Pflanzenreisen in der
ganzen Welt sammelt: verschiedenste Farne, Bambus, die blaue Hesperiden-
palme oder der Reispapierbaum. Eine große Sammlung von Frauenschuh,
aber auch mehrere Terrassen mit seltenen und prämierten Iris sind zu sehen.
Auch eine Kaper wächst in einer der Steinmauern oder verschiedene Kaktusse wie die Agave de la Reina Viktoria. Gutes Schuhwerk ist empfehlenswert
beim Besuch dieses Gartens.

➡ Eigentümer/in: Heinz Imhof, Via Orselina 83, 6645 Brione. Tel. 079/2149731. Größe:
0,22 ha. Eintritt freiwillig. Anmeldung erforderlich. Führungen: nach Voranmeldung.
Attraktionen: Viele Raritäten, Bambus, Palmen, Iris. ➡ Wegbeschreibung bei Anmeldung. 🐂 ✿

TI 4
Kamelienpark Locarno
Via Respini, 6600 Locarno

Im März haben die Kamelien ihren großen Auftritt. Dann werden sie bestaunt,
bewundert, von allen Seiten fotografiert. Europas größtes Spektakel findet im
Kamelienpark in Locarno am See statt. In diesem Park unter alten Eichen und
Linden sind 900 verschiedene Kameliensorten labyrinthartig angeordnet. Zwei
Teiche mit Wasserspielen und Holzstegen lockern die Grünfläche auf und
schaffen eine idyllische, an die japanische Herkunft der Kamelie erinnernde
Umgebung. In verschiedenen Bereichen des Parks wachsen Camellia japonica,
Camellia reticulata oder Camellia sasanqua – alle deutlich lesbar beschriftet.
Ein prominenter Platz in der Mitte am See ist den duftenden Kamelien gewid-
met. Hier können Besucher an der „Fragrant Pink" oder der „Koto-No-Kaori"
riechen. Im Pavillon daneben lernt man die Geschichte der Kamelie kennen
und erfährt, wie aus der Teepflanze Camellia sinensis Schwarztee gewonnen
wird. Der immergrüne Strauch mit den üppigen Blüten wurde in der zweiten
Hälfte des 18. Jahrunderts durch die Engländer in Europa verbreitet. Eine der
ältesten Kamelien, die Ende des 18. Jahrhunderts gesetzt wurde, steht im
Park von Schloss Pillnitz bei Dresden. Ein Sprössling dieser historischen Kamelie ist auch in Locarno im Beet Nr. 26 bei den Deutschen Kamelien zu se-

hen. Der Kamelienpark entstand 2005 anlässlich einer internationalen Kamelienausstellung. Seither wurde er erweitert und mit zusätzlichen Elementen
wie dem kleinen Amphitheater am See bestückt. Hier, wie auch auf den zahlreichen Sitzbänken, lässt es sich ausruhen und die Eindrücke wirken lassen.

Foto: Sarah Fasolin

➡ Eigentümer/in: Stadt Locarno. camelie@ascona-locarno.com. www.camellia.ch.
Größe: 1 ha. Eintritt frei, außer während der Kamelienausstellung Ende März. Öff-
nungszeiten: Täglich 9–17 Uhr. Veranstaltungen: Im Rahmen des Kamelienfestes.
Attraktionen: Der größte Kamelienpark Europas. **SBB** Locarno. ➔ Vom Bahnhof zu Fuß
den See entlang zum Kamelienpark. Beschilderung „Parco delle Camelie" folgen.
🚗 A2 Ausfahrt Bellinzona Süd. Richtung Locarno. Beschildert. 🅿 ❶

TI 5
Botanischer Garten Gambarogno
Via Parco Botanico 21, 6575 Vairano

Der Botanische Garten Gambarogno ist das Lebenswerk von Otto Eisenhut, der
1955 als Gärtner aus der Deutschschweiz ins Tessin zog. Hier baute er im Laufe seines Berufslebens einen Park, der heute die größte Magnoliensammlung
der Welt beherbergt. Eisenhut kaufte nach seiner Ankunft im Tessin am Hang
über San Nazzaro ein Grundstück zwischen zwei Bächen und verdiente sein
Geld zu Beginn mehr schlecht als recht mit Schnittpflanzen und Weihnachts-
bäumen. Bis er den passionierten Pflanzensammler Sir Peter Smithers kennenlernte (siehe TI 13). Smithers hatte in seinem Garten eine kränkelnde Ma-
gnolia Campellii „Princess Margaret" und bat Eisenhut, diese für ihn zu ver-

edeln und so durch neue Exemplare zu erhalten. Eisenhut versuchte es – und es gelang. Diese, seine erste Magnolie, ragt beim Eingang zum Park hoch in den Himmel. Über Holzschnitzelwege schlendert man durch die Anlage, vorbei an vielen weiteren Exemplaren, die Eisenhut von Smithers geschenkt bekam, damit der Gärtner diese vermehren und sich sein neues Standbein aufbauen konnte. Von Smithers animiert fing Eisenhut an, auf der ganzen Welt weitere Sorten zu sammeln, sodass heute rund 450 verschiedene Magnolien im Park zu sehen sind. Darunter auch die gelb blühende „Elizabeth" oder die „Großblättrige Magnolie", die im Sommer mit riesigen Blättern und Blüten von einem halben Meter Durchmesser alle Blicke auf sich zieht. Nebst den Magnolien sammelte Eisenhut auch Kamelien, Rhododendren und Azaleen. Letztere stehen dicht und kräftig im Park verteilt. Besucher begegnen auch einem Riesen-Mammutbaum oder gehen unter dem Dach einer Hemlockstanne hindurch. Die Pfanzen sind mit lateinischen Namenstäfelchen versehen. Seit 2000 führt Sohn Reto Eisenhut zusammen mit seiner Frau die Baumschule und pflegt das Erbe des Vaters weiter. Er hat einen weiteren Schwerpunkt geschaffen und sich auf Zitruspflanzen spezialisiert. Die Sammlung ist in der Gärtnerei neben dem Botanischen Park zu sehen.

Foto: Sarah Fasolin

➡ Eigentümer/in: Stiftung Parco Botanico del Gambarogno. info@gambarognoturismo.ch. www.parcobotanico.ch www.eisenhut.ch. Größe: 2 ha. Eintritt: CHF 5.-, ab 10 Personen CHF 3.-. Öffnungszeiten: Täglich 9–18 Uhr. Führungen: Nach Voranmeldung. Attraktionen: Größte Magnoliensammlung der Welt. **SBB** Magadino. 🚌 Postauto Richtung Piazzogna bis „Ristorante Gambarogno". ➡ Zwei Minuten zu Fuß in Fahrtrichtung weitergehen. Rechte Seite. 🚗 A2 Ausfahrt Bellinzona Süd. Richtung Locarno. Nach Cadenazzo geradeaus Richtung Quartino → Luino/Gambarogno → S.Nazzaro. Bei bei der Post links abbiegen Richtung Vairano. 🅿 (beschränkt). 🐕 ♿ Teilweise. ✿

TI 6
Botanischer Garten des Kantons Tessin
Brissago-Inseln, 6614 Isole di Brissago

Ein Garten, den man nur mit dem Schiff erreicht. Auf der Höhe von Ronco lie-gen im Lago Maggiore zwei kleine Häufchen im See, zwei Bergspitzen, die nur knapp sieben Meter aus dem Wasser ragen. Die größere der beiden Inseln ist ein einziger großer Garten mit 1700 Pflanzenarten aus dem Mittelmeerraum, den Subtropen Asiens, Südafrikas, Amerikas und Ozeaniens. Ein Kleinod, das man als Gartenreisender nicht verpassen sollte. Doch bis es soweit kam, er-lebte die Insel eine bewegte Geschichte. Ende des 19. Jahrhunderts kaufen Baron Richard und seine Frau Antoinette Fleming de St. Leger die Inseln, auf der sich noch die Überreste eines Klosters befinden. Sie renovieren das Haus und fangen an, subtropische Gewächse anzupflanzen. Dazu muss zuerst der Boden verbessert werden. Mit Booten werden Mist und Humus auf die Insel gefahren. Doch die Baronin wird nach einigen Jahren von ihrem Mann verlas-sen und gerät nach dem Ersten Weltkrieg in finanzielle Schwierigkeiten, sodass sie die Inseln 1927 an den deutschen Millionär Max Emden verkauft. Dieser lässt die heute noch bestehende Villa im klassizistischen Stil bauen und lebt ein ausschweifendes Leben, umgeben von seiner Kunstsammlung und schönen Frauen. Nach seinem Tod erwerben der Kanton Tessin, drei umlie-gende Gemeinden sowie der Heimatschutz und Pro Natura die Inseln und er-öffnen 1950 auf der großen Insel den Botanischen Park. Wer sich aufmacht, diesen zu entdecken, sollte genügend Zeit einberechnen. Auf dem Spaziergang macht man einige Entdeckungen: Zum Beispiel trifft man auf die von der Baronin gesetzte chilenische Honigpalme oder die gleich daneben stehende über 100-jährige Kanarische Dattelpalme. An der Mauer unterhalb der Restaurantterrasse wachsen Zitruspflanzen. An den Ufern beeindrucken große Sumpfzypressen mit ihren aus dem Wasser stoßenden Kniewurzeln. Durch eine lange Tessiner Pergola schlendert man in den südlichen Zipfel der Insel in den Südafrika-Teil zu Gehölzen wie Honigglockenbusch oder Getüpfelter Zuckerbusch. Auf dem Rückweg durch den australischen Bereich begegnet man dem mit 32 Metern Höhe größten Eukalyptusbaum der Schweiz. In der östlichen Ecke entdeckt man ein nachgebautes Römisches Bad, das den Heil- und Medizinalpflanzen gewidmet ist. Hier sieht man Pflanzen, deren Früchte man kennt, aber den dazugehörenden Strauch wahrscheinlich nicht, etwa den Pistazienbaum oder die Guave. Stolz ist der Botanische Garten auch auf seine Farnsammlung und die 2005 gepflanzten Silberbaumgewächse.

➜ Eigentümer/in: Kanton Tessin. info@isolebrissago.ch. www.isolebrissago.ch. Eintritt: Erwachsene CHF 8.-, Kinder (6–16) CHF 2.50, Vegünstigungen für Schulen, Familien, Gruppen. Öffnungszeiten: Ende März–Ende Oktober tägl. 9–18 Uhr. Führungen: Auf Italienisch, Französisch, Deutsch und Englisch. ➙ Die Inseln sind nur per Schiff zu erreichen. Anlegeorte in Locarno, Ascona, Porto Ronco, Brissago, Magadino, Vira, San Nazzaro, Gerra und Ranzo. Es bestehen regelmäßige Verbindungen nach Italien. Auskünfte: Navigazione Lago Maggiore, Tel. 091/7516140. ✕ ☕ 🚢 ♿ ❶ Bei der Kasse werden Parkführer verkauft, die jedoch zum Zeitpunkt der Recherche stark veraltet waren. Tipp: Auf dem Weg von Locarno nach Brissago passiert man Moscia. Im Hotel Casa Moscia, einem Kleinod am See, ist auf verschiedenen Terrassen ein hübscher Garten angelegt, der auch für Nicht-Hotelgäste zugänglich ist. Die 700 verschiedenen Blumen und Sträucher sind alle beschriftet.

TI 7
Parco Villa Negroni
Villa Negroni, 6943 Vezia

Die Umgebung der Villa Negroni hat zweifellos bessere Zeiten gesehen: An der oberen Grenze führt eine viel befahrene Einfallstraße nach Lugano vorbei und am unteren Rand des Anwesens befindet sich die Großbaustelle des Südportals für den Monte-Ceneri-Basistunnel. Für an historischen Gärten Interessierte lohnt sich ein Besuch dennoch. Denn die Villa gehört zu den bedeutendsten historischen Gebäuden des Tessins und der formale Garten ist eines der wenigen Beispiele eines italienischen Parterres in der Schweiz. Es handelt sich jedoch nicht um einen bis heute erhalten gebliebenen Renaissance-Garten, wie sie im 16. Jahrhundert in Italien gebaut wurden. Denn der Garten wurde erst zu Beginn des 20. Jahrhunderts angelegt, als der Mailänder Graf C.A. Negroni die Villa erstand und seinem Sohn, einem Architekten, die Erweiterung des Gebäudes sowie die Anlage des Gartens übertrug. Typisch für die Gärten im italienischen Stil sind die strenge Symmetrie sowie das Zelebrieren der Antike mit zahlreichen Statuen und Skulpturen. Ebenso die rautenförmig angelegte Treppe, die auseinander und wieder zusammenführt. Dieses Element erkennt man in der Villa Negroni besonders gut, wenn man im südöstlichen Teil des Parkes steht.

➡ Eigentümer/in: Stadt Lugano. www.lugano.ch. Größe: 2,1 ha. Eintritt frei. Öffnungszeiten: Täglich. An Feiertagen Zugang nur über Eingänge Nord und Süd. Attraktionen: Parterre im italienischen Stil, eines der wenigen Beispiele in der Schweiz. **SBB** Lugano. 🚌 Nr. 5 Richtung Vezia bis „Villa Negroni". 🚗 A2 Ausfahrt Lugano Nord. Richtung Vezia. 🅿 🚲 ♿ Nur das Parterre.

TI 8
Parco Ciani
Viale Carlo Cattaneo, 6900 Lugano

Der Parco Ciani ist der beliebteste Park der Luganeser und Touristen. Die Lage am See, der Blick auf die umliegenden Berge, die stets wechselnde Flora – sie geben dem Park sein besonderes Gepräge. Wer den Park von Westen betritt, sieht nach wenigen Schritten zu seiner Linken die Parkvilla, in der heute das städtische Kunstmuseum untergebracht ist. Die ursprüngliche Villa wurde im 17. Jahrhundert vom Urner Landvogt Karl Konrad von Beroldingen gebaut. Damals war das Tessin Untertanengebiet der eidgenössischen Orte. Beroldinger sowie seine Nachfahren verwalteten Lugano bis 1798, ehe das Tessin als Kanton zur Eidgenossenschaft kam. Der Palazzo erlebte bis 1840 mehrere Besitzerwechsel, bis das Anwesen schließlich von den adeligen Mailänder Geschäftsleuten Filippo und Giacomo Ciani gekauft wurde. Sie ließen die Villa komplett umbauen und einen Park anlegen. Bald zeigte sich jedoch, dass die

Nähe zum See ihre Tücken hat: Der See und auch der übers Gelände fließende Fluss Cassarate traten immer wieder über die Ufer und überschwemmten den Park. Die Brüder ließen deshalb eine 1,5 Meter hohe Mauer zum See hin bauen und das Terrain aufschütten. Dies schädigte die bereits bestehenden Bäume im Park, etwa die Eichen, deren verkümmerter Wuchs noch heute auf diese Maßnahme hinweist. Viele der Gehölze mussten deswegen ersetzt werden. Der Weg führt an der Villa vorbei den See entlang. Die Rasenflächen zur linken Seite werden jedes Jahr mit neuen Blumenzwiebeln-Arrangements gestaltet. Hier fällt auch eine stark überhängende Edeltanne mit ihrem kunstvollen Wuchs auf. Die Rabatten zur Seeseite werden ebenfalls saisonal bepflanzt. Das bunte Band mit blühenden Blumen vor der See- und Bergkulisse ist ein beliebtes Fotomotiv bei Touristen – und Gesprächsthema bei den Einheimischen. Nach der Hälfte des Seeweges kommt man am Bootshaus mit der historischen Wetterstation vorbei und gelangt in den hinteren Teil des Parks, in dem zahlreiche Spielgeräte für Kinder stehen. Auffallend sind die mächtigen Platanen, die sich zum See neigen, sowie die eigentümliche Form des Trauerschnurbaums, dessen Geäst an mehreren Stellen mit Pfosten gestützt werden muss. Die Größe des Parks ist aufgrund mehrerer Bauten zu Beginn des 20. Jahrhunderts und die Erweiterungen der Straße um mehrere tausend Quadratmeter reduziert worden. Nach einem Rundgang im Park kann man an der Seepromenade entlang spazieren zum kleineren, aber ebenfalls gepflegten Giardino Belvedere.

Foto: Lugano Turismo

➡ Eigentümer/in: Stadt Lugano. www.lugano.ch. Größe: 6 ha. Eintritt frei. Öffnungszeiten: März–Oktober 6–23.30 Uhr, November–Februar 6–21 Uhr. **SBB** Lugano. 🚌 Nr. 1 Richtung Castagnola bis „Palazzo Congressi". ➜ 2 Min. zu Fuß vom Zentrum.
🚗 Anreise mit öffentlichen Verkehrsmitteln empfohlen. 🅿 Beschränkt. ✗ ⬛ 🐾 ♿

TI 9
Parco Villa Heleneum
Via Cortivo 24, 6976 Lugano Castagnola

Foto: Markus Hälliger

Dieses Kleinod bleibt vom großen Touristenstrom verschont, ist aber für Gartenfreunde einen Besuch wert. Hier findet sich auf kleinem Raum direkt am See eine spannende Mischung unterschiedlicher subtropischer Pflanzen. So etwa Zitruspflanzen, verschiedene Palmen oder die Ingwer-Pflanze. Der Park der Villa Heleneum wurde Anfang der 1930er Jahre von Hélène Bieber, einer französischen Variété-Tänzerin, angelegt. Sie ließ das bestehende Gebäude abreißen und eine neue Villa bauen, die sich am neoklassizistischen Stil des Schlosses Trianon in Versailles orientierte. Vom ursprünglichen, nach der Mode des Jugendstils angelegten Park, sind heute nebst vielen Pflanzen noch eine Säulen-Reihe, eine Tuffsteingrotte, die Treppen und das Geländer zu sehen.

➡ Eigentümer/in: Stadt Lugano. www.lugano.ch. Größe: 0,4 ha. Eintritt frei. Öffnungszeiten: März–Oktober 6–23.30 Uhr, November–Februar 6–21 Uhr. Attraktionen: 200 m von der Villa Heleneum Richtung Gandria befindet sich ein Olivenpark sowie ein 2 km den See entlang führender Olivenweg. **SBB** Lugano. 🚌 Nr. 1 Richtung Castagnola, bis „S. Domenico". ➡ Von der Haltestelle direkt in die Via Cortivo einbiegen. Nach cirka 500 m auf der rechten Seite. 🚗 Anreise mit öffentlichen Verkehrsmitteln empfohlen. 🅿 Beschränkt. 🐎 ♿

TI 10
Park Villa Favorita
Via Riviera 14, 6976 Lugano Castagnola

Foto: Sarah Fasolin

Die Villa Favorita und der dazu gehörende Garten gehören im Tessin zweifellos zu den bedeutendsten herrschaftlichen Anwesen. Der erste Bau auf diesem Grundstück am Ufer des Luganersees wurde 1687 errichtet. Nachfolgende Besitzer bauten weiter, sodass heute verschiedene Gebäude auf dem Gelände verteilt stehen. Doch was dazu kam, wurde in die Umgebung eingepasst, ohne die tragenden Gestaltungselemente des Gartens zu stören. Das Grundstück ist – die Topographie am Monte Brè lässt es nicht anders zu – schmal mit wenig ebenen Flächen und zieht sich über fast einen Kilometer das Ufer entlang. Wer mit dem Schiff von Lugano nach Gandria fährt, kann die Villa und ihren lang gestreckten Garten vom See aus gut erkennen. Aus dieser Perspektive zeigt sich auch die klare Ausrichtung der Villa zum See und den umliegenden Bergen hin. Wasser, Licht und Schatten sind die Themen, die dieser Gestaltung zu Grunde liegen. Sehr eindrücklich wird dies erlebbar, wenn man die Anlage über das Haupttor auf der östlichen Seite betritt. Von einer mehreren hundert Meter langen Allee mit Säulenzypressen wird man in Empfang genommen und spaziert auf einer Pflästerung aus rotem Porphyr das Ufer entlang. Wie ein Filmstreifen geben die Lücken zwischen den Zypressen einzelne Bilder auf den See und den Monte San Salvatore frei. Schließlich steht man unter einem großen indischen Kastanienbaum und sieht links die Mauern der alten Limonaia von Mitte des 19. Jahrhunderts, deren Arkaden heute von immergrünen Kletterpflanzen und Rosen umrankt werden. Die Treppe neben der Limonaia führt hoch zur nächsten Terrasse mit der Pfingstrosensammlung. Hier wachsen einige sehr seltene Strauchpäonien, die zum Teil von Sir Peter Smithers (siehe TI 13) stammen, der mit der heutigen Besitzerfamilie Thyssen-Bornemisza befreundet war. Von hier sieht man durch das Gehölz weiter oben am Hang die Pinacoteca, in der bis 1992 die bedeutende Kunstsammlung der Familie Thyssen-Bornemisza für die Öffentlichkeit zugänglich war. Über die gleiche Treppe gelangt man wieder nach unten, an der Villa Ghirlanda vorbei führt der Weg zur neueren Limonaia. Auf dem Rasen davor steht die Magnolie „Princess Margaret", die von der englischen Prinzessin Margaret 1985 eigenhändig hier gesetzt wurde. Nicht weit davon steht eine vom Dalai Lama persönlich gesegnete tibetische Magnolie. Ein paar Schritte weiter erreicht man die eigentliche Villa mit ihren verschiedenen Nebengebäuden. Rhododendrenbeete und Blumenrabatten schmücken das Gebäude mit bunten Blüten. Hier, wie im ganzen Park, begegnet man seltenen, auch exotischen Gehölzen, die mit unterschiedlicher Größe und Habitus Struktur und Spannung schaffen. Eindrücklich – und zur Blütezeit im April am Besten vom See aus zu sehen – sind auch die vielen Glyzinien in verschiedenen Farben, die am Ufer entlang über die Mauer hängen und die Anlage wie ein Schmuckband umfassen.

→ Eigentümer/in: Baronin Carmen Thyssen-Bornemisza. favorita@bluewin.ch. Eintritt frei. Anmeldung erforderlich und nicht mehr als zwei Personen pro Besuch. Attraktionen: Mehrere hundert Meter lange Allee mit Säulenzypressen. **SBB** Lugano. 🚌 Nr. 2 Richtung Castagnola bis „Villa Favorita". 🚗 A2 Ausfahrt Lugano Nord oder Süd. Richtung Zentrum → Castagnola.

TI 11
Privatgarten Winkelmann/Schnyder
Via alle Cave 10, 6925 Gentilino

Ein Garten, der zeigt, was in wenigen Jahren entstehen kann, wenn die Leidenschaft für Gärten im Leben einer Person erst einmal geweckt wird. Alfredo Schnyder und Horst Winkelmann wollten in Schottland Bekannte besuchen und machten auf dem Weg spontan einen Stop im „Chatsworth House" in England. Nicht nur das Schloss, sondern auch die Gärten beeindruckten sie derart, dass sie einen Prospekt von einem weiteren Garten mitnahmen und schließlich von Garten zu Garten reisten. Das war 2005. Es dauerte weitere drei Jahre, bis sie sich an einen eigenen Garten wagten und anfingen, ihr 1 500 qm großes Grundstück bei Lugano Schritt für Schritt zu bepflanzen und zu gestalten. So entstand in einer Region, die von Palmen und Kamelien geprägt ist, ein englischer Staudengarten. Der Garten ist in zwei Ebenen gegliedert. Der obere Bereich ist mit durch Buchs eingefassten Rosen-, Iris- und Pfingstrosenbeeten gestaltet. Überall dazwischen stehen die Zeugen einer besonderen Leidenschaft der beiden Gartenbesitzer: Salvien. 60 Sorten sind zu zählen. Ein Rosengang im hinteren Teil führt zu drei großen Thuja-Säulen, vor denen Hortensien wachsen. Die tiefer gelegene Ebene ist umfasst von einer Stauden- und Gehölz-Bordüre, die sich auszeichnet durch das wohl abgestimmte Spiel der Farben Weiß, Blau, Rosa und Rot – aufgeführt von Nachtviolen, Akelei, Zierlauch, Mohn, Salvien, Astern und Dahlien. Damit die Choreografie schön aufgeht und der Rhythmus von Blüten und Blättern in jedem Jahr stimmt, haben die beiden Gartenbesitzer viele Tricks parat. Tipps, die ihnen verschiedene Gärtnermeister von berühmten Gartenanlagen verrieten. Denn nach der folgenreichen Englandreise folgten viele weitere Gartenbesichtigungen in ganz Europa.

➡ Eigentümer/in: Horst Winkelmann, Alfredo Schnyder, Via alle Cave 10, 6925 Gentilino. Tel. 091/9930440. info@grapholine.com. Größe: 0,15 ha. Eintritt frei. Anmeldung erforderlich per Mail. Öffnungszeiten: Während der Gartensaison außer Juli und August. Führungen: Nach Voranmeldung. Attraktionen: Salvien- und Pfingstrosensammlung.

🅿 🐎 ♿

TI 12
Botanischer Park San Grato
Parco San Grato, 6914 Carona

Im April und Mai sieht der Bergsattel San Grato unterhalb des San Salvatore aus, als hätte hier jemand die Landschaft bemalt: Weiß, gelb, rot und pink leuchten die blühenden Rhododendren und Azaleen. Dazwischen ragen rund dreißig verschiedenen Arten von Nadelgehölzen auf, etwa Kegel-Zypressen, japanische Sicheltannen oder Himalaja-Zedern. Der Boden enthält quarzhaltige Porphyre, die den pH-Wert auf 5 absenken und somit ideale Bedingungen schaffen für Pflanzen, die gerne auf saurem Grund stehen. Die ältesten Rhododendren sind zum Teil vier Meter hoch – sie wurden 1960 vom Gründer des Parkes, dem Industriellen Luigi Giussani, gepflanzt. Giussani hatte das Grundstück von Martin Winterhalter gekauft, dem Direktor der RIRI-Reißverschlussfabrik in Mendrisio. Winterhalter hatte auf San Grato seine Sommerresidenz, auf der er seiner Leidenschaft für den Pferdesport nachging. Im ehemaligen Pferdestall ist heute das Park-Restaurant untergebracht. Von hier führen verschiedene Themenwege wie der Panorama-Weg, der Botanik-Weg, der Relax-Weg und der Märchen-Weg durch den Park. Unterwegs trifft man auf Kunstobjekte und Infotafeln zum Park. Die Beschilderung ist jedoch schon etwas in die Jahre gekommen. Die Aussicht auf den See, die Tessiner Berge und die Alpenspitzen machen diesen Mangel wett. Durch die Größe des Parks, der wie selbstverständlich und ohne klare Abgrenzung in seine natürliche Umgebung eingebettet ist, findet man auch an gut besuchten Tagen ein ruhiges Plätzchen zum Ausruhen und Genießen. Als Abschluss eines Besuches ist ein Kaffee-Halt im Hotel Villa Carona mit seiner schönen mediterranen Gartenanlage zu empfehlen.

Foto: Lugano Turismo

➡ Eigentümer/in: Lugano Turismo. www.lugano-tourism.ch. Größe: 6 ha. Eintritt frei. Öffnungszeiten: Das ganze Jahr. Führungen: Nach Voranmeldung. Attraktionen: Eine der größten Azaleen-, Rhododendren- und Koniferensammlung der Region. **SBB** Lugano Paradiso. 🚌 Nr. 434 ab Lugano Autosilo Balestra oder Paradiso SBB bis „Carona Paese". ➡ Durch das Dorf spazieren und am Ende des Dorfes der Beschilderung folgen. Cirka 15 Min. Fußmarsch. 🅿 ✗ 💺 🐕

Ehemaliger Garten Sir Peter Smithers
Via di Pradon 19, 6921 Vico Morcote

Foto: Markus Häfliger

Oftmals gehen die Werke eines Gärtners nach seinem Tod unter. Das Garten-
paradies des Engländers Sir Peter Smithers hätte wahrscheinlich dasselbe
Schicksal ereilt, hätten die neuen Besitzer Sheila und Adolf Winter sich nicht
entschlossen, das Erbe ihres Vorgängers weiterzupflegen. Und dies, obwohl
ihnen erst nach dem Kauf der Liegenschaft bewusst wurde, was für eine bedeutende Gartenanlage nun ihnen gehörte. Sir Peter Smithers war ein hoch-
rangiger britischer Diplomat, der während seines Berufslebens in vielen Gegenden der Welt im Einsatz stand und zum Schluss als Generalsekretär des
Europarates wirkte. Doch eigentlich, so sagte seine Frau, war sie nicht mit einem Politiker, sondern mit einem Gärtner verheiratet. Mit 55 Jahren wurde
Peter Smithers pensioniert und zog nach Vico Morcote, um hier den Garten
seiner Träume zu gestalten. Er wollte ein Ökosystem schaffen, in dem sich die
Pflanzen gegenseitig unterstützen und die Hand des Gärtners immer weniger
wichtig wird. 1970 setzte er die ersten Pflanzen an diesem steilen Hang über
dem Luganersee. Als dominierende Baumschicht wollte er nicht Palmen und
Zypressen, sondern Magnolien, die im Frühling ein leuchtendes, luftiges Dach
über dem Garten bilden. Darunter pflanzte Smithers Kamelien, Strauchpfingstrosen, Glyzinien, Lilien, Schwertlilien, Clivien, Nerinen und vieles mehr.
In seinem Garten sollte es möglichst das ganze Jahr über blühen und duften.
Er stand in Kontakt mit Züchtern aus der ganzen Welt, erweiterte stets seine
breite Pflanzensammlung und experimentierte selbst: Sechs Sorten Strauchpfingstrosen und fünf Nerinen aus seiner Zucht sind registriert. Sein Lebens-

werk wurde von der britischen Royal Horticultural Society, der Universität Zürich wie auch mit dem Schulthess-Gartenpreis des Schweizer Heimatschutzes geehrt. Smithers starb 2006 im Alter von 92 Jahren.

➡ Eigentümer/in: Sheila und Adolf Winter, Via di Pradon 19, 6921 Vico Morcote. sheila@wintermail.co.uk. Größe: 0,28 ha. Anmeldung erforderlich. Attraktionen: Viele Magnolien, Kamelien und Päonien. ➜ Wegbeschreibung bei Anmeldung. 🅿

TI 14
Parco Scherrer
Vicinanze lungolago, 6922 Morcote

Foto: Lugano Turismo

Jeder Garten zeigt die Handschrift des Gestalters. Ganz besonders ist dies im Parco Scherrer zu erleben. Der reiche Textilhändler Arthur Scherrer aus St. Gallen (siehe SG 6) hat am Hang oberhalb von Morcote sein ganz persönliches Kunstwerk geschaffen. In seinem Garten hat er die Eindrücke von seinen Reisen verarbeitet und so verschiedene Stilelemente, Epochen und Gegenden einfließen lassen. 1930, im Alter von 49 Jahren, kaufte Scherrer das Grundstück mit Aussicht auf den Luganersee und die Hügel um Varese und fing an, zu gestalten. Als er 1956 starb, war er noch nicht fertig mit seinem Werk. Der Garten ist in zwei Bereiche geteilt: einen Teil mit mediterranen Stilelementen und einen Teil mit asiatischer Prägung. Vom Eingang geht es ein paar Treppen hoch zur ersten Terrasse. Unter einer Pergola mit Backsteinsäulen kommt man an Statuen der vier Jahreszeiten vorbei und kann sich auf der venezianischen Bank zum ersten Mal ausruhen. Ein paar Stufen weiter oben steht man vor einem Wasserbecken, in dessen Mitte ein Schalen-Springbrunnen aus Carrara-Marmor steht. Es geht weiter den empfohlenen Rundgang entlang, links und rechts sind viele der Pflanzen beschildert. Auf dem nächsten Plateau blickt man auf den italienischen Teil des Luganersees bis in die Poebene. Wer den Blick nun zum Berg hin wendet, entdeckt auf der linken Seite eine Nachbildung des zweiten Tempels der Akropolis, das Erechtheion. Sechs weibliche Stützfiguren tragen das Tempeldach. Scherrer ließ den Tempel von einem Bildhauer in Vicenza nachbauen. Auf der rechten Bergseite thront die gelb gestrichene Limonaia, in der Zitruspflanzen überwintert werden. An ihr vorbei gelangt man zur obersten Etage, dem Renaissancegarten mit Buchsborduren, Statuten und Springbrunnen. In der Mitte steht der Sonnentempel, der im maurischen Stil gebaut ist und an die Gärten der Alhambra in Granada erinnert. Als nächstes gelangt man in den orientalischen Teil des Parks. Hier wechselt zum Teil auch die Pflanzenwelt: Bambus und japanischer Ahorn sind hier vertreten. Beim siamesischen Teehaus kann man durch die Fensterscheiben einen Blick ins Innere werfen, das mit viel Liebe zum Detail eingerichtet wurde. Der Weg führt weiter über ein paar Stufen zum ägyptischen Tempel der Nofretete. Es ist die Ruhestätte der Urnen des Ehepaars Scherrer. Die Wände sind im altägyptischen Stil bemalt. Damit die Malerei durch die Feuchtigkeit keinen Schaden nimmt, wurden die Tempelmauern mit Hohlraum dazwischen gebaut. Die nächste Station auf dem Rundgang konnte Scherrer nicht mehr zu Ende bringen. Er starb, noch ehe das arabische Haus komplett war. Die Szenerie mit den großen Palmen und den Wasserläufen erinnert an eine Oase in der Wüste. An Statuten von arabischen Sklavinnen vorbei gelangt man zum indischen Garten. Vor dem Haus im Renaissance-Stil liegt ein eckiges Becken mit vier Elefanten. Beim Blick durchs Fenster taucht man wiederum in eine andere Welt ein: Man bestaunt den mit Mughai dekorierten Innenraum und das Deckengemälde, das den Stand der Gestirne bei der Geburt von Amalia Scherrer abbildet. Dass Scherrer nicht nur von fernen Länder fasziniert war, sondern ebenso vom Tessin, zeigt das letzte Gebäude beim Ausgang: Das Tessiner Haus mit Grotto ist eine Kopie eines Wohnhauses aus Lugano, das abgerissen wurde.

➡ Eigentümer/in: Gemeinde Morcote. www.lugano-tourism.ch. Größe: 1 ha. Eintritt: CHF 7,–. Öffnungszeiten: 15. März–15. Oktober. Attraktionen: Viele Kleinbauten. **SBB** Lugano, Autosilo Balestra. 🚌 Postauto 431 bis „Morcote, Parco Scherrer". 🚗 A2 Ausfahrt Melide. Richtung Morcote. An der Hauptstrasse cirka 300 m außerhalb des Dorfes. 🅿 ✕ 🍴 🛒 ❶

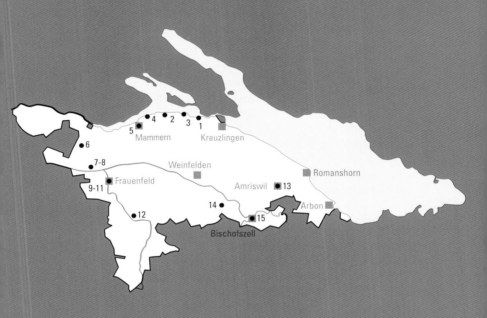

Mammern

Kreuzlingen

Weinfelden

Romanshorn

Frauenfeld

Amriswil ■ 13

Arbon

14 ●

15 ■

Bischofszell

Gartenkanton am Bodensee

Rosenliebhaber, die sich auf Gartenreise durch die Schweiz machen, werden früher oder später im Kanton Thurgau ankommen. Dieser beheimatet einige besondere Gärten, die ganz im Zeichen der Königin des Blumenreichs stehen. Die Gärten der Kartause Ittingen (siehe TG 7) zeigen in den alten Mauern eines ehemaligen Zisterzienserklosters die größte Zahl an historischen Rosen in der Schweiz. 2003 wurde diese Anlage mit dem Schulthess Gartenpreis ausgezeichnet.

Seit in Bischofszell 2002 das erste Mal die Rosen- und Kulturwoche durchgeführt wurde, entstehen immer mehr Rosengärten im und um das Städtchen, das für seinen beispielhaften Ortsbildschutz 1987 den Wakkerpreis des Schweizer Heimatschutzes erhielt. Weitere Rosengärten sind in Steckborn zu finden (siehe TG 4) oder auf der deutschen Seite des Bodensees. Wie auch in Schaffhausen (siehe Einführungskapitel Schaffhausen S. 212) gibt es auch am Bodensee ein länderübergreifendes Gartennetzwerk. Jedes Jahr erscheint eine Broschüre unter dem Titel „Garten-Rendezvous am Untersee" mit offenen Gärten in Deutschland und der Schweiz (www.tourismus-untersee.ch).

Die Rosen-Kleinode sind jedoch nicht die einzigen Besonderheiten, die es im Thurgau zu erkunden gibt. Auf Schloss Arenenberg hat man die Parkanlage von Napoleon III. und seiner botanikinteressierten Mutter Hortense de Beauharnais wieder ausgegraben. Jahrzehntelang lag der Park unter einer dicken Schicht Aushubmaterial und ist heute zu einem großen Teil restauriert (siehe TG 3). Ebenfalls wieder hergestellt ist der winzige, aber sehr herzige Adolf-Dietrich-Garten in Berlingen. Der Garten war das beliebteste Motiv des berühmten Thurgauer Malers Adolf Dietrich, wurde jedoch 1940 noch zu seinen Lebzeiten dem Erdboden gleichgemacht (siehe TG 2). Nicht sehr bekannt, aber bezaubernd schön, ist die historische Gartenanlage der Klinik Schloss Mammern (siehe TG 5). Nicht zu vergessen die vielen, sehr unterschiedlichen privaten Gärten: ein weißer Garten in Warth (siehe TG 8), ein von Frühling bis Herbst durchblühender Garten in Amriswil (siehe TG 13), ein Päoniengarten in Frauenfeld (siehe TG 10) oder ein romantischer Garten in Neukirch an der Thur (siehe TG 14).

Immer mal wieder wird der Thurgau als Gartenkanton bezeichnet. Zu Recht, wird sagen, wer diese Gärten und die liebliche Landschaft bereist hat.

TG 1

Garten Vinorama
Hauptstrasse 62, 8272 Ermatingen

Foto: Sarah Fasolin

Hinter dem Wohnmuseum Vinorama in Ermatingen stößt man auf einen beschaulichen Garten mit Rosen, Lavendel und Ziergräsern. Auf einem großen Kiesplatz lädt stilvolles Mobiliar dazu ein, es sich mit einem Buch gemütlich zu machen. Der Garten sowie das zugehörige Haus waren bis 2006 in Privatbesitz. Die letzte Besitzerin vermachte die Liegenschaft der Stiftung Museum Ermatingen, die darauf im Garten eine sanfte Umgestaltung vornehmen ließ. Der Pavillon und der Laubengang aus dem 19. Jahrhundert wurden restauriert. Bei der Bepflanzung wurde der Schwerpunkt auf Rosen und einheimische Gehölze gelegt, weshalb der Garten heute auch Rosenpark genannt wird. Die Wegführung entspricht weitgehend der ursprünglichen Gestaltung, als in Haus und Garten eine Ermatinger Herrschaftsfamilie lebte. In der Mitte des Gartens, wo früher ein Hochbeet aus Tuffstein stand, befindet sich heute ein im Boden eingelassener Brunnen aus Stahl von Peter Hotz aus Frauenfeld. Der Brunnen ist so konstruiert, dass er für Veranstaltungen auf die Ebene des Bodens abgesenkt werden kann.

➡ Eigentümer/in: Stiftung Museum Ermatingen. info@vinorama-ermatingen.ch. www.vinorama-ermatingen.ch. Eintritt frei. Öffnungszeiten: Frei zugänglich. **SBB** Ermatingen. → Vom Bahnhof über die Schiffländestrasse in die Hauptstrasse einbiegen. 🚗 A7 Ausfahrt Kreuzlingen-Nord. Richtung Tägerwilen → Ermatingen. 🅿 🐕 ❶
Tipp: In Ermatingen ist auf einem Wildrosenpfad das ganze Spektrum der in der Schweiz heimischen Wildrosenarten zu sehen. Beim Vinorama der Hauptstrasse Richtung Bahnhof folgen. Bei Restaurant Adler in die Fruthwilerstrasse einbiegen. Dann erste Straße links und danach wieder links.

TG 2

Adolf-Dietrich-Garten

Seestrasse 31, 8267 Berlingen

Foto: Sarah Fasolin

Der berühmte Thurgauer Maler Adolf Dietrich (1877–1957) ließ seine Werke nur am Tisch in seiner Stube entstehen. Nie malte er im Freien, sondern machte Skizzen in sein Heft, vom Dorf, vom See, von der Landschaft, um danach zu Hause zu Pinsel und Farbe zu greifen. Wie praktisch, dass eines seiner liebsten Motive gleich gegenüber seines Hauses lag: der Ziergarten vor dem „Grünen Haus", dem Haus des Diplomaten Johann Konrad Kern (1808–1888). Von der Malstube aus hatte Dietrich direkten Blick auf den kleinen Garten mit dem schmucken Holzhäuschen. Doch 1940 wurde der Garten – bis auf den kleinen Pavillon – aufgehoben und eingeebnet, was Dietrich äußerst bedauerte. Sein kleiner Paradiesgarten war mit einem Male weg und sollte nicht mehr wieder entstehen – bis 1996. Anhand von Dietrichs Bildern wurde der Garten von der Thurgauischen Kunstgesellschaft rekonstruiert. Ihr hatte Dietrich sein Haus und seine unverkauften Bilder vermacht. Aus seiner Stube, die genau so belassen wurde, wie Dietrich sie hinterlassen hatte, wurde ein Museum. Von hier aus, wie auch von der Straße, sieht man auf diesen kleinen Garten mit den von Buchs umrandeten Schmuckbeeten, in denen Rosen und Sommerflor blühen. Einige von Dietrichs Gartenbildern sind im Thurgauer Kunstmuseum in der Kartause Ittingen (siehe TG 7) zu sehen. Zu den Öffnungszeiten des Adolf-Dietrich-Hauses kann die Malstube wie auch Dietrichs eigener kleiner Garten, der bis an den See reicht, besichtigt werden.

⇨ Eigentümer/in: Thurgauische Kunstgesellschaft. kunstmuseum@tg.ch. www.adolf-dietrich.ch. Größe: 100 qm. Eintritt frei. Frei zugänglich. Öffnungszeiten Dietrich-Haus: Mai–September, Sa und So 14–18 Uhr. Führungen: Anmeldungen für Führungen beim Kunstmuseum Thurgau Tel. 058/3451060. **SBB** Berlingen. → 300 m zu Fuß vom Bahnhof. 🚗 A7 Ausfahrt Kreuzlingen-Nord. Richtung Tägerwilen → Ermatingen. An der Hauptstrasse. 🅿 Beim Bahnhof. 🐾

TG 3
Schlosspark Arenenberg
Schloss Arenenberg, 8268 Salenstein

Foto: Napoleonmuseum Thurgau

Staunend steht man unter dem Sandsteinfels, sieht weit oben einen dunklen Strich und kann es kaum glauben: Bis da oben lag hier einmal Aushubmaterial und der schöne Park, in dem man gerade steht, war komplett zugeschüttet. Die Anlage war das Werk von Hortense de Beauharnais-Bonaparte und ihrem Sohn Charles-Louis Napoléon Bonaparte, dem späteren Napoleon III, die hier nach ihrer Flucht aus dem Kaiserreich Frankreich im 19. Jahrhundert einige Jahrzehnte lebten. Doch der Reihe nach: Die Gartenkultur auf dem Arenenberg geht viel weiter zurück. Schon im 16. Jahrhundert hatte hier ein Bürgermeister von Konstanz seine Residenz, die er als Lustschloss mit Garten anlegen ließ. Eine Tunnelgrotte und andere Relikte aus dieser Zeit sind vor wenigen Jahren bei archäologischen Untersuchungen zum Vorschein gekommen. Bis zu Beginn des 19. Jahrhunderts lebten verschiedene Patrizierfamilien auf Arenenberg, bis Hortense de Beauharnais das Anwesen 1817 erwirbt. Nachdem ihr Stiefvater Napoleon I bei Waterloo seine letzte Schlacht verloren hatte, war Hortense durch halb Europa in den Thurgau geflohen. Hier lebt sie fortan mit ihrem jüngsten Sohn Charles-Louis Napoléon und widmet sich ihrer großen Leidenschaft, der Gartenkultur und der Botanik. Beraten durch den französischen Gartenarchitekten Louis-Martin Berthault plant sie einen neuen Park und lässt Treibhäuser und Kleinbauten errichten. Grottenberg, Eremitage, Wasserfall, Pavillon und Aussichtspunkte sind einige dieser Attraktionen. Schloss Arenenberg wird zu einem beliebten Treffpunkt von Dichtern, Künstlern und Adligen aus ganz Europa. Kaum einer, der die Schönheit des Parks anschließend nicht in irgendeinem Brief erwähnt. Ab cirka 1832 entwickelt Charles-Louis Napoléon den Park weiter und orientiert sich dabei an den Ideen des deutschen Fürsten Hermann von Pückler-Muskau, einem der bedeutendsten Landschaftsgestaltern Europas des 19. Jahrhunderts. 1838, ein Jahr nach dem Tod seiner Mutter, verlässt Napoléon den Thurgau, geht nach England und widmet sich seiner militärischen und politischen Karriere, die ihn bis auf den französischen Thron führen wird. 1843 verkauft er Schloss und Park Arenenberg, erwirbt es aber zwölf Jahre später wieder und lässt es umfassend restaurieren und in den Originalzustand zurückführen. 1906 schenkt seine Witwe den Arenenberg dem Kanton Thurgau. Es folgen starke Eingriffe in die Parkarchitektur, insbesondere in den 1960er und 1970er Jahren, als die auf Arenenberg untergebrachte kantonale landwirtschaftliche Schule erweitert wird und große Teile des Parks als Deponie für den Aushub missbraucht werden. In mühevoller, jahrelanger Arbeit wird das Material ab 2000 wieder abgetragen. Noch immer wird der Park schrittweise auf den Stand der Kaiserzeit zurückgeführt, doch die Grundstruktur ist bereits wieder vorhanden und die Gartengestaltungsideen von damals sind spürbar: das Wechselspiel zwischen Hell und Dunkel, Wasser und Wald, Sichtachsen auf den See, auf bestimmte Attraktionen oder weit in der Ferne liegende Ziele. Oft sind es subtile Andeutungen, die man auf den ersten Blick nicht erkennt. Es lohnt sich deshalb, im Museumsshop einen Parkführer zu erwerben und mit diesem die Anlage zu entdecken.

➡ Eigentümer/in: Kanton Thurgau. Kontakt: Schloss Arenenberg, 8268 Salenstein. Tel. 058/3457410. napoleonmuseum@tg.ch. www.napoleonmuseum.ch. Größe: 13 ha. Eintritt frei. Öffnungszeiten: Tagsüber frei zugänglich. Führungen: Auf Anfrage oder von Anfang Juni–Ende September jeweils sonntags um 14 Uhr. Der unterirdische Grottengang, die Eremitage und der Eiskeller können nur im Rahmen von Führungen besichtigt werden. Attraktionen: Eremitage, Grottengang aus dem 16. Jahrhundert. **SBB** Müllheim-Wigoltingen. 🚍 Nr. 833 bis „Arenenberg, Schloss". 🚗 A7 Ausfahrt Kreuzlingen Nord. Richtung Schaffhausen via Tägerwilen → Ermatingen. Danach beschildert. 🅿 ✖ 🍴 ⛩ ❶

TG 4
Rosengarten Steckborn
Im Feldbach 10, 8266 Steckborn

Ein hübscher Rosengarten mit Wegkreuz und rundem Brunnen in der Mitte liegt am äußersten Zipfel von Steckborn. Rosenbäumchen stehen stramm im Kreis, Beetrosen blühen üppig in den Rabatten und Rosenbögen und Buchsborduren geben dem Garten einen Rahmen. An drei Seiten ist der Garten umgeben von Gebäuden des Hotels Feldbach. Die vierte Seite schafft eine Verbindung zum umliegenden Park. Während das Zentrum des Gartens streng und symmetrisch gestaltet ist, franst er an dieser Seite aus. Ein paar Parkrosen stehen verstreut da und schaffen einen verspielten Übergang zu den Bäumen und der Wiese, die sich bis zum See erstreckt. Der Garten entstand Ende der 1970er Jahre auf Initiative der Winterthurer Rosenfreunde, wurde aber einige Jahre später nochmals komplett neu gestaltet und wird heute von der Stadt Steckborn gepflegt.

➡ Eigentümer/in: Stadt Steckborn. Eintritt frei. Öffnungszeiten: Frei zugänglich.
SBB Steckborn. ➜ Von der Bahnhofstrasse in die Seestrasse einbiegen, dann rechts Richtung Feldbach. 🚗 A7 Ausfahrt Müllheim. Richtung Steckborn. Beschildert. 🅿 ✗ 💺 🐾

TG 5
Park Klinik Schloss Mammern
Klinik Schloss Mammern, 8265 Mammern

Er gehört zweifellos zu den Schmuckstücken am Bodensee: der Park der Klinik Mammern. Von dieser Parkanlage geht ein besonderer Charme aus, der einen gleich bei der Ankunft in Empfang nimmt. Im Schlosshof steht man vor einem großen Hofbrunnen, alten mächtigen Bäumen und den ersten Schmuckrabatten. Ein Rundgang durch diesen Park ist auch ein Gang durch verschiedene Epochen der Gartenkultur, die seit einigen Jahren unter der Leitung des Landschaftsarchitekten Johannes Stoffler sanft wiederhergestellt und erneuert werden. Beginnt man beim ältesten Teil, durchquert man links die Mauer mit dem Torbogen. Diese, wie auch das Schloss und die Kapelle, besteht seit dem 17. Jahrhundert. Seit dieser Zeit besteht auch der Weg, der – von Wechselflorrabatten gesäumt – zum See führt. Er führt zu einer rechteckigen, dem See im Jahr 1685 durch Aufschüttung abgerungenen Terrasse. Die Ecken betonen türmchenartige Gartenpavillons, die Mauern waren einst mit Zinnen bestückt – Merkmale der Renaissance und ihrer Festungsarchitektur. Ähnlichkeiten zum Ital-Reding-Haus in Schwyz (siehe SZ 5) sind erkennbar. Ital Reding war der Großvater von Wolfgang Rudolf Reding, der den Lustgarten in Mammern anlegen ließ. Wir gehen nun weiter am Ufer entlang und gelangen auf der Zeitachse ins 19. Jahrhundert. Hier stehen am Ufer einige alte Eichen, die um 1800 gepflanzt wurden. 1884 – Schloss und Park werden zu diesem Zeitpunkt bereits knapp zwanzig Jahre als „Wasserheilanstalt" genutzt – erfährt der Park unter dem Besitzer Dr. Ernst Maienfisch einige Neuerungen. Das Gelände zwischen Schloss und See wird mit Gehölzgruppen und geschwungenen Wegen gestaltet – ganz in der damaligen Mode des Landschaftsgartens. Je weiter wir die Uferpromenade entlang gehen, desto weiter rücken wir auch auf der Zeitachse vor. Die Schlosswiese, die im Osten an die Anlage grenzt, wird 1906 vom damaligen Besitzer Oscar Ullmann erworben und in den Kurpark einbezogen. Er zieht die Promenade weiter, lässt Bäume pflanzen, einen bogenförmigen Weg anlegen und ein Wildgehege errichten. 1945 übernimmt Dr. Alfred Fleisch die Klinik, die heute in der vierten Generation von der Familie Fleisch geführt wird. Weitere Gehölze wie Hainbuchen, Weiden und Pappeln finden den Weg in den Park, aber auch neue Klinikgebäude. Als 1982 ein starker Sturm viele Bäume nieder reißt, nimmt Familie Fleisch dies zum Anlass, im hintersten Teil des Parks einen Traum zu verwirklichen: Sie lässt ein Arboretum pflanzen. Durch diesen Teil schlängelt sich ein Weg und man staunt über die verschiedenen Zedern, Kiefern und Fichten. Die Goldregenallee fällt ebenfalls auf. Man durchschreitet sie, bevor man wieder zum Schloss zurück spaziert.

Foto: Sarah Fasolin

➡ Eigentümer/in: Klinik Schloss Mammern, 8265 Mammern. www.klinik-schloss-mammern.ch. Eintritt frei. Bei der Rezeption anmelden. Attraktionen: Schmuckpflanzungen, Gartenpavillons, Wildgegehe, Uferpromenade, Brunnen im Hof. **SBB** Mammern. ➜ Von der Bahnhofstrasse in die Hauptstrasse einbiegen. Beschildert. 🚗 A7 Ausfahrt Frauenfeld Ost Richtung Steckborn, Mammern. Beschildert. 🅿 ♿

TG 6
Schaugarten Höfli
Im Berg, 8537 Nussbaumen

Das große weite Feld der Wildstauden gibt es im Schaugarten der Wildstaudengärtnerei Höfli in Nussbaumen zu entdecken. Der 2011 aus Kies und Steinmauern gestaltete Garten zeigt die Wildstauden in ihren unterschiedlichen Lebensräumen: Fettwiese, Ruderalfläche, Gehölzrand. Daneben befindet sich eine aus Recyclingmaterial gebaute, begehbare Kräuterschnecke. Dahinter liegt ein kleiner Bauerngarten, dessen einzelnen Beete mit Weidenelementen umfasst sind. Auch Stühle und Sichtschutzelemente aus Weiden sind zu sehen – das Ergebnis der Winterarbeit der Lernenden in der Gärtnerei. Nebst den Schaugärten ist auch das große Mutterpflanzenquartier einen Blick wert. Eingerahmt vom angrenzenden Wald wirkt es wie ein großer Garten. Rund 400 einheimische Wildstauden, Kräuter und Bauerngarten-Stauden werden hier vermehrt – sogar der schwer zu kultivierende Diptam: Fast 100 Prozent des Saatgutes wird selber gewonnen.

➡ Eigentümer/in: Stift Höfli, Oberstammheim. Kontakt: Stiftung Wildstaudengärtnerei Höfli, Im Berg, 8537 Nussbaumen. Tel. 052/7451048. info@wildstauden-gaertnerei.ch. www.wildstauden-gaertnerei.ch. Größe: 0,1 ha. Eintritt frei. Öffnungszeiten: Frei zugänglich. Führungen: Nach Voranmeldung. Veranstaltungen: Frühlingsfest „Sommerliche Inspiration". Attraktionen: Kräuterschnecke aus Recyclingmaterialien. **SBB** Frauenfeld. 🚌 Nr. 821 bis „Nussbaumen, Kirche". ➜ Den Berg hoch, beschildert. 🚗 A7 Ausfahrt Frauenfeld-Ost. Richtung Stein am Rhein → Weiningen → Hüttwilen → Nussbaumen. Beschildert. 🅿 🐕 ♿ ✿ Während den Öffnungszeiten der Gärtnerei siehe Website.

TG 7
Rosengarten Kartause Ittingen
Kartause Ittingen, 8532 Warth

Auch wenn die Kartause Ittingen heute ein Kultur- und Gastwirtschaftsbetrieb ist, eine soziale Institution mit viel Landwirtschaft, Reben, Hopfen und Wald; auch wenn hier heute Betrieb herrscht, gelacht und gelebt wird – man glaubt noch immer einen Hauch der Klosteratmosphäre zu spüren von damals, vor über 500 Jahren. Damals, als hier noch die Kartäusermönche lebten, die sich zu einem Leben in Schweigen und Gebet entschieden hatten. In kleinen Mönchshäuschen lebten sie, je mit knapp 150 qm Garten. Was die Mönche hier pflanzten und wie sie ihren kleinen privaten Freiraum gestalteten, ist nicht bekannt. Die eindrückliche Rosenpracht, der man hier zwischen dem alten Gemäuer begegnet und die so wirkt, als sei sie schon immer da gewesen, entstand erst in den 1980er Jahren. Die Gestaltungsideen gehen auf Elisabeth Oberle zurück, die mittlerweile verstorbene Präsidentin der Winterthurer Rosenfreunde. Oberle beschäftigte sich intensiv mit der Kartause Ittingen, mit historischen Texten und Rosenabbildungen aus dem 16. Jahrhundert. Auf diese Weise ist in Ittingen eine Gartenlandschaft entstanden mit über 200 Historischen Rosen und Wildrosen – so vielen wie nirgendwo sonst in der Schweiz. Doch weil diese Rosen nur einmal blühen, sind auch öfter blühende Strauch- und Kletterrosen in die Gestaltung integriert. Einigen Pflanzen, der Kletterrose „New Dawn", der Kleinstrauchrose „The Fairy", sowie Lavendel und Buchs begegnet man auf dem Rundgang immer wieder. Sie verbinden die verschiedenen Gärten, Gebäude, Plätze und Höfe zu einem Gesamtwerk. Ein Garten so schön, dass zur Rosenblüte die Menschen von weither anreisen, die Rosen besuchen, durch das Thymian-Labyrinth spazieren, sich im Barockgarten einen Moment hinsetzen oder im Duftrosengarten die Nase in die Blüten stecken. Und wer mit dem Audioguide durch die Kartause schlendert, lernt gleichzeitig auch noch etwas über Heil- und Medizinalpflanzen oder Gartendarstellungen in der Kunst.

Foto: Kartause Ittingen

➡ Eigentümer/in: Stiftung Kartause Ittingen und Kanton Thurgau. info@kartause.ch. www.kartause.ch. Größe: 3 ha. Eintritt frei (kleiner und großer Kreuzgarten nur mit Museumseintritt). Öffnungszeiten: Frei zugänglich. Ittinger Museum und Kunstmuseum Thurgau siehe Website (www.kunstmuseum.tg.ch). Führungen: Jeden Sonntag um 15 Uhr öffentliche Führungen zu wechselnden Themen (Kunst, Geschichte, Gärten). Individuelle Führungen auf Anmeldung. Attraktionen: Garten mit größter Zahl an Historischen Rosen in der Schweiz, Labyrinth aus Thymian, Sonderausstellung zum Thema Garten im Museum. **SBB** Frauenfeld. 🚌 Nr. 823 bis „Warth, Gemeindehaus". ➜ Ab Bushaltestelle beschildert. 🚗 A7 Ausfahrt Frauenfeld-West. Beschildert. 🅿 ✗ ☕ 🚻 ♿ ❶ Gartenthemen-Pfade mit Audioguide. Rosen beschriftet. Rosenbuch im Shop erhältlich. ✿

TG 8

Privatgarten Bothien
Breitwies 6, 8532 Warth

Selten sind private Gärten so konsequent auf eine Idee oder eine Vorliebe ausgerichtet wie derjenige von Barbara Bothien. Die Hauptthemen sind rasch erkannt: Rund, Weiß und Grün. Dazu kommen aber viele Finessen, die sich erst nach und nach zeigen, wenn man den Garten kennenlernt. An der Seite des in weiß-grün gehaltenen Hauses begegnet man drei runden Beeten, in deren Mitte jeweils eine weiße Kamelie, eine weiße Strauchpäonie oder weiße Hortensien und Flieder stehen und mit weiß blühenden Stauden unterpflanzt sind. Kamelien sind Bothiens besondere Liebe. Sie nennt sich selbst augenzwinkernd eine „Kamelianerin" und bringt trotz ungünstigem Klima cirka zwanzig weiße Kameliensorten zum Blühen. Originell ist eine Spirale mit verschiedenen Farnarten, die vor dem Haus angelegt ist. Oder die Gemüsebeete, die strahlenförmig ausgerichtet sind, wie die Hälfte einer Sonne. Fruchtbäume, mit hübschen grün-weiß gestrichenen Vogelhäuschen im Geäst, sowie Himbeeren und Kräuter in weißen Töpfen beliefern ebenfalls die Küche. Wieso die Liebe zu Weiß? Die sei schon immer bestanden. Und wenn sie nachts einen Blick in den Garten wirft und die weißen Blüten leuchten, dann weiß sie: Es ist genau gut so, wie es ist.

➡ Eigentümer/in: Barbara Bothien-Erne, Breitwies 6, 8532 Warth. Tel. 052/7472805. Größe: 300 qm. Eintritt frei. Telefonische Anmeldung erforderlich. Führungen: Nicht mehr als 10 Personen. Attraktionen: Diverse Kamelien, große Vielfalt an weiß blühenden Pflanzen. ➜ Wegbeschreibung bei Anmeldung. ▣

TG 9

Schlosspark Wellenberg
Schloss Wellenberg, 8500 Frauenfeld

Abenteuerlich ist der Weg in den Waldpark von Schloss Wellenberg, ein steiler, geschwungener Pfad durch lichten Wald, immer näher zum tosenden Bach. Dann steht man da, vor dem Wasserfall, der sich über die steile Sandsteinwand gießt. Dreht man sich um, ist die Sicht frei direkt aufs Schloss. Auf einem Foto von 1905 hatte der Schlossbesitzer Christof Schenkel gesehen, dass das Tobel und der Wald neben dem Schloss einst mit Spazierwegen und Aussichtspunkten gestaltet waren. Doch im Laufe des 20. Jahrhunderts war all dies verschwunden. Ab 2007 machte sich Schenkel ans Werk, diesen Park wieder herzustellen. Bereits in den 1990er Jahren hatte er den verwilderten Garten direkt vor dem Schloss nach alten Plänen zu neuem Leben erweckt: ein Ziergarten mit Wegkreuz aus Kieswegen, ein Springbrunnen in der Mitte, Rosenbögen, Pergola und Buchshecken. Von diesem Parterre erreicht man über ein paar

Treppenstufen eine zweite Ebene, die keiner Symmetrie unterworfen ist, sondern mit Sträuchern, Rosen und Stauden frei gestaltet ist. Eine vor ein paar Jahren integrierte Balustrade gibt einen schönen Blick auf den Waldpark frei. Eindrücklich ist auch die Aussicht vom Schloss auf den Garten und die weiter unten liegende Thur-Ebene. Ein wohl ausgesuchter Standort: Gemäß einer Urkunde stand hier schon 1204 eine Burg, an deren Stelle das heutige Schloss steht.

Foto: Sarah Fasolin

➡ Eigentümer/in: Stiftung Schloss Wellenberg, Christof Schenkel, Schloss Wellenberg, 8500 Frauenfeld Tel. 052/7218401 (ab 19 Uhr). www.schlosswellenberg.ch. Größe: 0,3 ha. Eintritt: Kostenpflichtig. Zugänglich für Gruppen ab 10 Personen. Anmeldung erforderlich. Führungen: nach Voranmeldung. Veranstaltungen: Kulturelle Veranstaltungen (siehe Website). Attraktionen: Waldpark mit dreistufigem Wasserfall. ➜ Wegbeschreibung bei Anmeldung. 🅿 💺 Apéro auf Anfrage möglich. ❶

TG 10
Privatgarten Vogt
Bahnhofstrasse 15, 8500 Frauenfeld

Die Geschichte von Anne-Käthi und Rolf Vogt ist die Geschichte zweier leidenschaftlicher Pfingstrosensammler. Aber auch die Geschichte zweier Gartenliebhaber, denen die 800 qm bei ihrem Haus stets zu klein waren, sodass sie zusätzliches Land für weitere Gärten pachteten – und dort nie für immer bleiben konnten. Zu Beginn vor gut 30 Jahren war es ein Schrebergarten, dann ein Stück Land an einer Bahnlinie. Seit sieben Jahren gärtnern sie nun auf einem

Fleck Erde auf einem Firmenareal. Auch hier läuft der Vertrag bloß zehn Jahre. Aber wer von so viel Leidenschaft angetrieben wird, der gärtnert auch unter unsicheren Bedingungen. „Es ist sowieso nichts für ewig im Leben", sagt Anne-Käthi Vogt. Beim letzten Gartenumzug musste ein Teil der Strauchpäonien-Sammlung – Vogts haben rund 1 000 Variationen vom Typ Rockii – aus Platzgründen abgegeben werden. Das Seleger Moor (siehe ZH 30) hat sie übernommen. Ihr aktueller Garten auf Zeit ist an einem langgezogenen Hang angelegt. Man streift auf Holzschnitzelwegen an den Strauchpfingstrosen vorbei, die hier die Hauptrolle spielen. Bedeutende Nebenrollen nehmen Agapanthen, Clematis, Hostas und Christrosen ein – von allen sind ebenfalls Sammlungen entstanden. Ihr Auftritt wird begleitet von anderen Stauden und Zwiebelblumen, sodass der Garten nicht nur zur Päonienblüte im Mai blüht.

➡ Eigentümer/in: Rolf und Anne-Käthi Vogt-Barth, Bahnhofstrasse 15, 8500 Frauenfeld. Tel. 052/7201481. ak.vogt@gmx.ch. www.paeonien.ch. Größe: Hausgarten 800 qm, zweiter Garten 0,13 ha. Eintritt: Sammlung für gute Zwecke. Anmeldung erforderlich. Führungen: Nach Voranmeldung. Attraktionen: Sammlungen von Strauchpäonien, Clematis, Hosta, Agapanthen, Christrosen. → Wegbeschreibung bei Anmeldung. 🅿 💺 Warme und kalte Getränke und Kuchen im Hausgarten. ♿ Teilweise. ➊ Broschüre. ✿

TG 11
Archäobotanischer Garten Frauenfeld
Freiestrasse 26, 8510 Frauenfeld

Foto: Sarah Fasolin

Vor dem Naturmuseum und dem Archäologiemuseum liegt ein Garten, der die Themen und das Wissen aus beiden Museen miteinander verbindet. Es geht um Pflanzen, die seit Jahrtausenden den Planeten besiedeln und vom Menschen als Nahrung oder für andere Zwecke genutzt werden. Die Beete sind verschiedenen Themen zugeordnet wie Pionierpflanzen, Färberpflanzen, Gift- und Medizinalpflanzen oder jährlich wechselnden Schwerpunkt-Beeten. Infotafeln geben Auskunft zu den einzelnen Themen und man stößt auf Pflanzen, die man vielleicht noch nie gesehen hat. Etwa den Pferdeeppich (Smyrnium olusatrum) oder die Kermesbeere (Phytolacca americana). Ein Garten, in dem es viel zu lernen gibt und in dem auch spezielle Aktivitäten für Kinder angeboten werden.

➡ Eigentümer/in: Kanton Thurgau. marcel.sprenger@tg.ch. www.naturmuseum.tg.ch. Größe: 300 qm. Eintritt frei. Öffnungszeiten: Frei zugänglich. Führungen: Nach Voranmeldung. Veranstaltungen: Öffentliche Führungen und Veranstaltungen im Garten siehe Website. **SBB** Frauenfeld. ➜ 5 Min. Fußweg vom Bahnhof. 🚗 A7 Ausfahrt Frauenfeld-West. Richtung Zentrum. Bis Parkplatz Promenade oder Parkplatz Marktplatz. 🅿 Parkplatz Promenade oder Parkplatz Marktplatz. 🖢 ⚙ ❶

TG 12
Privatgarten Immoos
Hüslibachweg 2, 9545 Wängi

Eine Gärtnerin ohne eigenen Garten? Für Vreni Immoos undenkbar, auch wenn sie in einer Mietwohnung lebt. So fragte sie beim Vermieter, ob er nicht wüsste, wo sie ein Stück Land pachten könnte. Man kam ins Gespräch, es kam zum Deal: Vreni Immoos bleibt zehn Jahre in ihrer Wohnung und darf in dieser Zeit auf der grünen Wiese rund um den Wohnblock ihr großes, grünes Werk entstehen lassen. Jetzt wachsen hier Gemüse, vorwiegend Stauden und einjährige Blumen. Bei vielen ihrer Pflanzen handelt es sich um Erbstücke aus jenen Gärten, in denen sie als selbstständige Gärtnerin arbeitet. Viele Pflanzen sind alte, von Pro Specie Rara geförderte Sorten, von denen Vreni Immoos Samen sammelt. Bereits 300 qm ehemals langweilige Rasenfläche hat Vreni Immoss bepflanzt. Und sie hat noch ein paar weitere Ideen.

➡ Eigentümer/in: Vreni Immoos, Hüslibachweg 2, 9545 Wängi. Tel. 077/4224822 oder 052/3664304. Marugel2@gmx.ch. Größe: 300 qm. Eintritt frei. Öffnungszeiten: Frei zugänglich. Führungen: Nach Voranmeldung. **SBB** Frauenfeld-Wil-Bahn, bis „Wiesengrund". ➜ Der Froheggstrasse folgen, bis links der Hüslibachweg abzweigt. 🚗 A1 Ausfahrt Matzingen. Richtung Wängi. Dorfeingang erste Straße links, gerade aus zur katholischen Kirche. 🅿 Bei der katholischen Kirche. 🐎

TG 13

Privatgarten Kamber
Bildstrasse 6, 8580 Amriswil

Foto: Sarah Fasolin

Wenn Mark Kamber in seinen vielen Gartentagebüchern aus früheren Jahren blättert, dann stellt er fest: Der Blick auf den Garten ändert sich, die Gedanken werden andere, man lernt vieles dazu – aber die Leidenschaft ist immer die gleiche. 1979 entstand das Haus der Kambers. Von vielen Gartenreisen nach England inspiriert, integrierte Mark Kamber auch typisch englische Elemente in seinen Garten. Dazu gehörte für ihn auch eine Ruine, die er am Ufer des Teiches baute. Der Garten war stets hauptsächlich sein Gebiet und nach seiner Pensionierung als Lehrer sowieso. Es ist ein farblich abgestimmtes Blütenereignis vom Frühling bis in den Herbst. Den Start machen die Narzissen – über 30 Sorten blühen im ganzen Garten verteilt. Es folgen Rhododendren und Azaleen in einem großen Moorbeet. Stauden und viele Rosen übernehmen im Sommer. Gräser und Sträucher, sorgfältig ausgewählt nach ihrer Herbstfärbung, bilden schließlich den Abschluss im Gartenjahr.

➡ Eigentümer/in: Mark und Regula Kamber, Bildstrasse 6, 8580 Amriswil. Tel. 071/ 4114120. kamcom@gmx.ch. Größe: 0,12 ha. Eintritt frei. Anmeldung erforderlich. Führungen: Nach Voranmeldung. Attraktionen: Viele Rhododendren und Azaleen, Rosen, Eiben-Topiary. → Wegbeschreibung bei Anmeldung. P 🐕 ♿ Teilweise.

Thurgau

TG 14
Privatgarten Meile
Hinterdorf 5, 9217, Neukirch an der Thur

Foto: Sarah Fasolin

Als die Kinder klein waren, weideten hier die Ponys, auf der Wiese wurde Fuß-ball gespielt und im Sommer Zelte aufgestellt. Seit die Kinder ausgeflogen sind, ist der Garten zum Reich von Beatrice Meile geworden. Der Pony-Unter-stand wurde zum Geräteschuppen. Aus dem ehemaligen Miststock wurde ein Rosenbeet. Und den ehemaligen Stall hat Meile in eine Gartenboutique umge-baut. Buchskugeln und Thuja strukturieren das lange Staudenbeet, das den Garten zum angrenzenden Baumgarten hin abschließt. Vor allem weiß blühen-de Stauden, Rosen und Päonien sind gekonnt miteinander kombiniert. Einige lauschige Sitzplätze sind im Garten integriert, zwischen den Rosenstöcken oder neben dem Schwimmteich. Wunderbar, dass man hier zu den Öffnungs-zeiten auch noch einen Kaffee serviert bekommt.

➡ Eigentümer/in: Beatrice Meile, Hinterdorf 5, 9217 Neukirch an der Thur. Tel. 071/6421028. info@ingwersirup.ch. Größe: 0,18 ha. Eintritt frei. Öffnungszeiten: 1. Mai–31. Oktober jeweils Donnerstags 10–22 Uhr oder nach telefonischer Vereinbarung. Führungen: Nach Voranmeldung. Veranstaltungen: Frühlings- und Herbstausstellung (siehe Website). **SBB** Weinfelden. 🚌 Postauto bis „Neukirch an der Thur, Post".
→ In die Poststrasse einbiegen. Dann zweite Straße links. 🚗 A1 Ausfahrt Weinfelden. Richtung Romanshorn. In Bürglen Richtung Wil, dann Schönholzerswilen → Neukirch an der Thur. In der ersten Linkskurve rechts in die Straße „Hinterdorf" abbiegen. 🅿 📵 ♿ Teilweise.

Rosengärten Bischofszell
Altstadt, 9220 Bischofszell

Thurgau

Foto: Thurgau Tourismus

Sieben öffentlich zugängliche Rosengärten sind im schmucken Städtchen Bischofszell zu finden. Und wenn man noch all die privaten, von Rosen eroberten Gärten dazu zählt und die vielen Rosenstöcke, die da mal an einer Mauer hochranken oder dort eine Rabatte schmücken, dann bestehen keine Zweifel mehr: Man ist in einer Rosenstadt angekommen. Seit der Gründung der Bischofszeller Rosen- und Kulturwoche sind die Rosengärten im und um das Städtchen entweder neu erblüht oder wurden auf Anregung des veranstaltenden Vereins gar neu geschaffen. Um die einzelnen Gärten zu finden, biegt man am besten von der Bahnhofstrasse in die Kirchgasse ein und folgt dem Fußgängerweg nach dem ersten Gebäude links. Nach wenigen Schritten steht man im ersten Rosengarten: Runde und ovale Buchsbeete, ein Pavillon und ein paar Parkbäume bilden den Rahmen für 37 Rosensorten. Gleich gegenüber befindet sich ein im französischen Stil angelegter Garten. Er liegt vor den Dallerhäusern, die die mit Leinwandhandel reich gewordene Familie Daller Mitte des 18. Jahrhunderts bauen ließ. Man folgt nun dem Stadtgraben und kann dabei noch so manchen Blick in die vielen Gärten werfen, die zu den Altstadthäusern gehören. Sobald man die lange, rechts weg führende Treppe erreicht hat, steigt man in die Altstadt hoch und steht am Ende der Treppe im Rosengarten Känzeli. Der Garten besteht erst seit 2008 und wird, wie so viele Rosengärten in Bischofszell, von Ehrenamtlichen gepflegt. Über eine Wiese entlang der ehemaligen Stadtmauer erreicht man den Hofplatz und geht gleich links um die Ecke zum Schloss. Dieser Garten entstand im Zuge von Renovierungsarbeiten an der Stadtmauer; weil es auch Parkplätze brauchte, entstand die eigentümliche Kompromisslösung mit Parkfeldern und Rosenbeeten. Folgt man beim Hofplatz ein paar Schritte der Thurbruggstrasse, erreicht man den Frauenrosengarten Lindenbänkli. In diesem Garten mit Blick auf die Thur wachsen 22 Sorten von Kletter- Bodendecker-, Strauch-, Edel- und Polyantharosen, die alle einen Frauennamen tragen. Der Garten soll eine Hommage an die Frauen sein, die in der Geschichte von Bischofszell eine wichtige Rolle gespielt haben. Anschließend kehrt man zurück zum Hofplatz und geht rechts an der Kirche St. Pelagius vorbei. Der Rosengarten neben der Kirche hat die Form eines Bischofshuts. Hier fanden zahlreiche Rosen- und Lavendelstöcke Asyl, die bei der Umgestaltung eines Rosengartens in der Kartause Ittingen (siehe TG 7) überzählig wurden. Nun tritt man in die Tuchgasse und folgt dieser links bis zum Hirschenplatz und weiter zur Grabenstrasse. Unter dem Altersheim Bürgerhof liegt der größte Rosengarten der Stadt. Er wurde 2007 vom Thurgauer Gärtnermeisterverband anlässlich seines 100-Jahr-Jubiläums gestaltet. Rund 50 Sorten, vorwiegend Edel- und Polyantharosen, sind hier zu bestaunen. Anschließend kehrt man zurück in die Marktgasse und nimmt den Durchgang beim Museum und Haus Munz in den Museumsgarten. Von Mauern umfriedet präsentiert sich hier ein Duftrosengarten, in dem besonders wohl duftende Rosensorten wachsen, etwa „Marco Polo", „Graham Thomas" oder „Marie Antoinette". Wer die Gärten während der Bischofszeller Rosenwoche besucht, kommt gleichzeitig in den Genuss von vielen anderen rosigen Angeboten. Marktstände mit Rosenprodukten, Konzerte und viel Rosenkulinarik in Cafés und Restaurants. Die Rosenwoche existiert erst seit 2002, hat sich aber in kurzer Zeit zu einem der schönsten Gartenfestivals der Schweiz entwickelt.

➡ Eigentümer/in: Stadt Bischofszell. bischofszell@mawi.ch. www.bischofszeller-rosenwoche.ch. Größe: Unterschiedlich. Eintritt: Während der Rosenwoche kostenpflichtig. Öffnungszeiten: Frei zugänglich. Führungen: Nach Anmeldung bei Verkehrsbüro, MAWI-Reisen, Neugasse 18, Tel. 071/4246363. Veranstaltungen: Bischofszeller Rosen- und Kulturwoche immer Ende Juni. **SBB** Bischofszell-Stadt. 🚗 A1 Ausfahrt Oberbüren. Richtung Bischofszell, Zentrum. 🅿 Beim Bahnhof. 🍴 🛒 🐴 ♿ Teilweise. ❶ Eine Broschüre zu Bischofszell mit Karte zum Rosengarten-Rundgang ist erhältlich bei der Touristeninformation bei MAWI-Reisen oder im Rathaus. ✿ Während der Rosenwoche. Tipp: Nicht weit von Bischofszell kann in Erlen der Schaugarten der Biogärtnerei Neubauer besucht werden, mit Teich und großem Weidenhaus. www.neubauer.ch.

1
2
3-6
Altdorf
Erstfeld
Andermatt

Das Rütli, der Nationalgarten

Den Kanton Uri kennen viele südwärts Reisende nur aus dem Auto- oder Bahnfenster. Die enge Talsohle ist von großen Baustellen und verstopften Verkehrswegen geprägt. In Sachen Gartenkultur gibt es in diesem Kanton jedoch ein paar spannende Entdeckungen zu machen. Auf Kantonsgebiet liegt nämlich einer der wichtigsten Erinnerungsorte der Schweiz, das Rütli, das zur Gemeinde Seelisberg gehört. Beim Rütli handelt es sich nicht nur um eine zufällige Wiese am Ufer des Vierwaldstättersees, sondern um einen inszenierten Landschaftspark, der als Denkmal für die Gründung der Eidgenossenschaft angelegt wurde (siehe UR 1).

Interessant sind im Kanton Uri die großen klimatischen Unterschiede. Die Föhnlage im Haupttal lässt in Altdorf Palmen und Feigenbäume gedeihen, während in den gebirgigen Seitentälern die Gartensaison kurz und der Anbau von Gemüsekulturen entsprechend anspruchsvoll ist. Ziergärten sind in den landwirtschaftlich geprägten Gebirgstälern deshalb auch keine zu finden. Auch üppige Bauerngärten, wie man sie aus anderen Kantonen kennt, sucht man hier vergeblich. Die Urner Bauern setzten ab dem 15. Jahrhundert vor allem auf Viehzucht, da sie mit dem Verkauf von Rindvieh in Oberitalien gute Geschäfte machten. Kein Quadratmeter Weide sollte zugunsten eines Gartens aufgegeben werden. Da dies die Nahrungsgrundlage und Selbstversorgung im Urnerland verschlechterte, begannen die Behörden an alle Familien Allmendgärten abzutreten. Von diesen sind einige bis heute erhalten und auf Wanderungen zum Beispiel am Flussufer der Reuss im Göscheneralptal zu sehen.

Ein Garten nur zur Zierde war dem Adel vorbehalten. In Altdorf entwickelte sich eine wohlhabende Oberschicht, die durch Handelsgeschäfte über den Gotthard oder Solddienst an italienischen Fürstenhöfen reich geworden war. Sie baute ihre Häuser mit ummauerten Ziergärten nach dem Vorbild italienischer und französischer Höfe. Nach und nach wurden auch entlang der Gassen und Straßen Mauern angelegt, die für Altdorf zu einem prägenden Merkmal geworden sind.

Zwischen solchen Mauern spaziert man hinauf zum ehemaligen Kapuzinerkloster Allerheiligen, das über Altdorf thront (siehe UR 3). Von den Kapuzinern gingen wichtige Impulse für die Gartenkultur im Urnerland aus. Auf verschiedenen Terrassen bauten sie Gemüse und Blumen an und gaben ihr Wissen auch an die Bevölkerung weiter. Zwar leben seit einigen Jahren keine Kapuziner mehr in Altdorf. Doch noch heute erinnern sich ältere Leute an den regen Austausch mit dem Kloster. Bauern brachten Mist, damit die Kapuziner ihre Beete düngen konnten und erhielten im Gegenzug Setzlinge für ihren Gemüsegarten.

UR 1
Park Rütliwiese
Rütli, 6377 Seelisberg

Foto: Hanspeter Saxer

Der Gründungsmythos der Schweiz erzählt von einer Wiese am Urnersee, auf der sich 1291 je ein Vertreter von Uri, Schwyz und Unterwalden zur Eidgenossenschaft zusammengeschlossen und diesen Bund mit einem Schwur besiegelt haben. Ob so oder anders sich die ersten Schritte zur Eidgenossenschaft abgespielt haben, ist historisch nicht erwiesen. Für die Rütliwiese, dieses „stille Gelände am See", wie es im Rütlilied heißt, ist dies jedoch nicht von Bedeutung. Seit Jahrhunderten wird das Rütli besucht und als Ursprung der Schweiz betrachtet. In der nationalen Erinnerungskultur hat es deshalb einen großen Stellenwert. Das Rütli oder Grütli, wie es zum Teil auch genannt wurde und in der Romandie noch heute heißt, deutet mit seinem Namen, in dem das Verb reuten für roden zu finden ist, auf eine von Bäumen und Sträuchern gesäuberte Fläche hin. Wann dies geschah, ist unbekannt. Gemäß einem Buch aus dem Jahr 1470 bestand die Wiese schon im 15. Jahrhundert. Zu Beginn des 17. Jahrhunderts stand auf der Wiese eine Einsiedelei, die später nach und nach zu einem kleinen Gehöft mit Stall ausgebaut wurde. Als 1858 die Delegierten der Schweizerischen Gemeinnützigen Gesellschaft auf ihrer Jahresversammlung mit dem Schiff am Rütli vorbeifuhren, sahen sie dort die Grundmauern für ein großes Gebäude stehen. Als sie erfuhren, dass der Sohn des Bauern hier ein Hotel errichten wolle, setzten sie alle Hebel in Bewegung und kauften nach vielen Verhandlungen und Spendensammelaktionen das Rütli für 55 000 Franken. Die Gesellschaft wollte das Rütli als Erinnerungsstätte erhalten und setzte auch gleich an, den Ort entsprechend zu inszenieren.

Architekturwettbewerbe wurden ausgeschrieben und die ersten Arbeiten für einen Landschaftspark vergeben. Damit das Rütli wieder den Charakter einer einsamen Wiese über dem See erhielt, wurde das Gelände am Ufer aufgeforstet. Über 3000 Waldbäume, rund 100 Obstbäume und Sträucher wurden gesetzt. Am Platz, wo gemäß der Legende der Schwur stattgefunden haben soll, wurden die drei natürlich vorhandenen, aber zum Teil verstopften Quellen wieder in Stand gestellt. Man ließ sie aus großen Schrattkalk-Felsen sprudeln, die man eigens bei Ingenbohl aus dem Berg gesprengt hatte. Damit die Schiffe besser anlegen können, wurde ein Stück Fels weggesprengt. Wege wurden angelegt und die Gebäude neu gebaut. Seither ist das Rütli ein Anziehungspunkt für die Schweizer Bevölkerung, Touristen und Ort von Traditionsanlässen wie die Bundesfeier oder das Rütlischießen. Der Landschaftspark wurde im Jahr 2012 restauriert, um dem hohen Besucherstrom gerecht zu werden. Dabei lehnten sich die Landschaftsarchitekten Schweingruber/Zulauf an die Ursprungsideen der Gestalter aus dem 19. Jahrhundert an. Beim Aufgang von der Schiffstation zur Wiese sowie rund um den Schwurplatz wurden Eiben gesetzt, die wegen ihres immergrünen Nadelkleides eine abgeschlossene, dunkle Atmosphäre schaffen. Tritt man vom Eibenwald auf die Wiese, erscheint diese umso heller und freundlicher. Der Picknickplatz wurde neu und funktionaler gestaltet. Hier entstanden Sichtachsen durch den Wald, damit auch von diesem Platz der Blick in die umliegende Bergwelt frei ist.

➡ Eigentümer/in: Schweizerische Eidgenossenschaft. Verwalterin: Schweizerische Gemeinnützige Gesellschaft, Schaffhauserstrasse 7, 8042 Zürich. Tel. 044/3665030. info@sgg-ssup.ch. www.ruetli.ch; www.weg-der-schweiz.ch. Größe: 4 ha. Eintritt frei. Öffnungszeiten: Frei zugänglich. Veranstaltungen: 1. August-Feier (Nationalfeiertag). Pistolenschießen und historisches Gewehrschießen. Daten siehe Website. Attraktionen: Schwurplatz mit drei Quellen. **SBB** Brunnen oder mit der Treib-Seelisberg-Bahn bis Seelisberg. ➡ Per Schiff ab Brunnen oder zu Fuß ab Seelisberg Bergstation über den „Weg der Schweiz" oder auf direktem Weg durch den Wald (Wanderweg ab Nähe Tanzplatz Seelisberg). ✕ ☕ 🛒 ❶ Im Restaurant liegen einige Bücher zum Rütli auf.

UR 2
Bauerngarten Truttmann
Bergweg 8, 6377 Seelisberg

Buchsborduren und -kugeln sind nicht typisch für den Kanton Uri – weit und breit ist kein weiterer solcher Bauerngarten zu sehen. Aber vor dem Bauernhaus in der Oberhofstatt in Seelisberg existiert das Blumen- und Gemüsegärtchen trotzdem schon sehr lange in dieser Form. So lange, dass sich nicht einmal der Schwiegervater (Jahrgang 1893) von Anna Truttmann, der Bäuerin, daran erinnern konnte, wann der Buchs den Weg in den Garten gefunden hatte. Anna Truttmann pflanzt hier vielerlei Gemüse, Bohnen, Randen, Kartoffeln. In der Mitte des Wegkreuzes wächst eine Feuerlilie und manchmal etwas Sommerflor. Und dies alles vor einer eindrücklichen Kulisse: Vor dem Haus aus dem späten 18. Jahrhundert stehen drei große Birnbaumspalier, die die Fassade ausfüllen. Nur gerade die bemalten Fenstereinfassungen sind freigehalten. Beachtlich ist vor allem der Stamm des mittleren Baumes mit seinem enormen Durchmesser.

➡ Eigentümer/in: Anna und Josef Truttmann, Bergweg 8, 6377 Seelisberg. Größe: 120 qm. Der Garten ist sehr gut von außen einsehbar. Öffnungszeiten: Frei zugänglich.
SBB Brunnen oder Stans. 🚌 Ab Stans mit dem Postauto Nr. 311 nach Seelisberg, bis „Tanzplatz". Dort in den Bergweg einbiegen. Ab Brunnen mit dem Schiff bis Treib und von dort mit der Standseilbahn bis Seelisberg. Von der Bergstation zu Fuß ca. 30 Min. bis zum Tanzplatz. 🚗 A2 Ausfahrt Beckenried Süd, nach Seelisberg bis Tanzplatz (Dorfplatz). 🅿 Beim Tanzplatz. 🐎

UR 3
Färberpflanzen-Garten Kulturkloster
Kapuzinerweg 22, 6460 Altdorf

Foto: Eduard Indermaur

Wie viele Klöster in anderen Orten, gehörte auch das Kapuzinerkloster in Altdorf zu den bedeutenden Wissensstätten des Gartenbaus der Region. Auf mehr als einem Dutzend Terrassen kultivierten die Kapuziner ab dem 17. Jahrhundert Gemüse, Obst und Blumen. Die klimatischen Voraussetzungen im milden Altdorf waren ideal dazu. 2009 verließen die letzten sechs Kapuziner das Kloster, das aufgrund von fehlendem Nachwuchs geschlossen werden musste. Zwei Ehepaare mieten seither die Liegenschaft für Seminare und Kurse und schreiben ein neues Kapitel. Der ehemalige Werklehrer Eduard Indermaur legte auf einigen Terrassen einen Färbergarten an mit Pflanzen wie Krappwurzel, Färberginster, Purpurkraut und Färberkamille. Über 150 Pflanzen, die sich zum Färben eignen, wachsen zwischen den Zypressen und sind mit Informationstafeln versehen. Seit bald 40 Jahren beschäftigt sich Indermaur mit Pflanzenfarben und hatte bereits am früheren Wohnort im Baselbiet einen Färbergarten. Die gefärbte Wolle und Seide dient seiner Frau Margrit Indermaur für ihre Kurse und ihr künstlerisches Schaffen, aus dem Bilder und Figuren entstehen.

➡ Eigentümer/in: Kulturkloster Altdorf, Eduard Indermaur, Kapuzinerweg 22, 6460 Altdorf. Tel. 041/8741850 oder 076/5108450. info@kulturkloster.ch. www.kulturkloster.ch. Eintritt: Kostenpflichtig. Anmeldung erforderlich. Besichtigung nur für Gruppen möglich. Führungen: Nach Voranmeldung. Veranstaltungen: Kurse und Seminare zu verschiedenen Themen, u.a. Färben mit Pflanzen. www.pflanzenfarben.ch. 🅿 Beschränkt. ❶

UR 4
Privatgarten Schillig
Tellsgasse 21, 6460 Altdorf

Foto: Nadja Stammler

Ein Garten, wo man nie einen erwarten würde: Mitten in Altdorf ist an der Tellsgasse ein Bürgerhausgarten allen Bautätigkeiten zum Trotz erhalten geblieben. Das Haus wurde 1799 bei einem Dorfbrand zerstört und anschließend in der heutigen Form wieder aufgebaut. Auch die Anlage des Gartens geht auf diese Zeit zurück. Rund ein Viertel des Gartens musste allerdings bei einer Erbteilung abgegeben werden, weshalb bei den Buchsbeeten die Symmetrie nicht mehr komplett ist. Rund 25 Rosenbäumchen und Rosenstöcke blühen in diesem Garten. Ebenso Phlox, Hortensien und Katzenminze. Zwischen den Borduren verlaufen schmale Kieswege.

➜ Eigentümer/in: Carl und Anne Marie Schillig, Tellsgasse 21, 6460 Altdorf. Größe: 300 qm. Der Garten ist von der Straße aus einsehbar. **SBB** Luzern oder Flüelen. 🚌 Ab Luzern Tell-Bus auf Bahnhofsplatz (Perron Nr. 3) bis „Altdorf, Telldenkmal". Ab Flüelen Busse Richtung Göschenen, Amsteg oder Erstfeld bis „Altdorf, Telldenkmal". ➜ Von der Haltestelle „Telldenkmal" die Tellsgasse abwärts gehen. Beim dritten Seitengässchen links abbiegen und dem Gässchen rechts folgen. 🚗 A2 Ausfahrt Altdorf. In Altdorf beim Gemeindehausplatz parken. Der Garten ist gleich nebenan. ♿

UR 5
Garten Siegwart-Haus
Bahnhofstrasse 6, 6460 Altdorf

Foto: Gerhard Stutzer

In diesem Haus war die Freude am Garten bereits im 19. Jahrhundert groß. Damals hatte Constantin Siegwart-Müller das Haus übernommen und sich vor allem der Gestaltung der Umgebung gewidmet. Die hohen Umfassungsmauern ließ er niedriger machen. Er legte Blumenbeete mit Buchsumfassungen an und pflanzte verschiedene Bäume. Wegen seiner politischen Aktivitäten – er war Anführer im Sonderbundskrieg, dem letzten Bürgerkrieg der Schweiz – lebte Siegwart-Müller viele Jahre im Exil. Für die Bäume hatte er in der Zwischenzeit sorgen lassen, doch den Garten gestaltete er nach seiner Rückkehr 1857 nochmals um. 1869 starb Siegwart-Müller und der Garten erlebte verschiedene Veränderungen, verwilderte zum Teil. Bis 1991 Christoph C. Siegwart das Haus übernahm, die Pläne seines Ururgroßvaters ausgrub und den Garten weitgehend nach den Vorstellungen von Constantin Siegwart-Müller wieder herrichten ließ: die Buchsborduren, zwei Gevierte links und rechts des Hauseingangs mit Magnolie und Rosenstöcken. Zusätzlich ließ er eine Hainbuchen-Laube anpflanzen und die Kieswege in Stand stellen. Der Sechseck-Brunnen aus dem 17. Jahrhundert mit dem schmiedeeisernen Abdeck-Gitter stand bereits nicht mehr am ursprünglichen Ort. Christoph C. Siegwart gab ihm bei dieser Gartenrenovierung einen prominenten Platz in der Mitte des Gartens. Um die Pflege und die Bepflanzung kümmert sich der im Parterre eingemietete Dentaltechniker Gerhard Stutzer. Der Garten ist von außen gut einsehbar und darf bei geöffneten Gartentoren betreten werden.

➡ Verwaltung: Christoph C. Siegwart, Basel. Mieter: Gerhard Stutzer, Bahnhofstrasse 6, 6460 Altdorf. stofero@sunrise.ch. Größe: 0,14 ha. Öffnungszeiten: Ist von der Maria-Hilf-Gasse gut einsehbar und darf bei offenem Gartentörchen betreten werden. Attraktionen: Hofbrunnen mit verschließbarem Schmiedeeisengitter aus dem 17. Jahrhundert. **SBB** Luzern oder Flüelen. 🚌 Ab Luzern Tell-Bus auf Bahnhofsplatz (Perron Nr. 3) bis „Altdorf, Telldenkmal". Ab Flüelen Busse Richtung Göschenen, Amsteg oder Erstfeld bis „Altdorf, Telldenkmal". ➡ Von der Haltestelle „Telldenkmal" die Tellsgasse abwärts gehen. Beim dritten Seitengässchen links abbiegen und geradeaus über den kleinen Platz gehen, links an der Töpferei vorbei bis man vor einem großen schmiedeisernen Tor steht. 🚗 Altdorf, beim Gemeindehausplatz parken. Der Garten ist gleich um die Ecke. ♿

UR 6
Garten Haus für Musik
Gotthardstrasse 27, 6460 Altdorf

Aus dem Garten der Kindheit von Max und Peter Dätwyler ist 1999 ein Garten der Musik geworden. Die beiden Brüder führten das Familienunternehmen, die Dätwyler Holding, die zu den größten Arbeitgebern im Kanton Uri gehört. Villa und Garten wurden 1924 von den Architekten Theiler und Heller aus Luzern gebaut. Granitplattenwege führen durch den Garten, der in seiner Gestaltung seit den 1920er Jahren nicht groß verändert wurde. 1996 vermachten die Brüder Haus und Grundstück der Dätwyler-Stiftung, damit dort die kantonale Musikschule untergebracht werden kann. Max Dätwyler wollte anschließend aus dem einstigen Familiengarten einen Garten der Musik schaffen. Ein Musikpavillon wurde in den Garten integriert sowie Kunstwerke, die alle einen Bezug zur Musik haben. So etwa die Skulptur „Cellostunde" von Günther Gianni Piontek oder der „Engel, der Harve spielt" von Miguel Castaño. Das bekannteste Werk ist der Brunnen „Wassermusik" von Paul Gugelmann. Nebst der Kunst trifft man auf Rhododendren, Rosen und diverse Stauden.

Foto: Andrea Zgraggen

➡ Eigentümer/in: Dätwyler Stiftung. info@daetwyler-stiftung.ch. www.daetwyler-stiftung.ch. Größe: 0,4 ha. Eintritt frei. Öffnungszeiten: Frei zugänglich täglich 9–22 Uhr. **SBB** Flüelen. 🚌 Nr. 401 bis Telldenkmal. Zu Fuß zur Post. Bus Nr. 402/403 bis „Hagenschulhaus". 🚗 A2 Ausfahrt Altdorf. Im Zentrum rechts abbiegen in die Bahnhofstrasse in Richtung Bahnhof, nach ca. 500 m kommen rechts die Parkplätze.

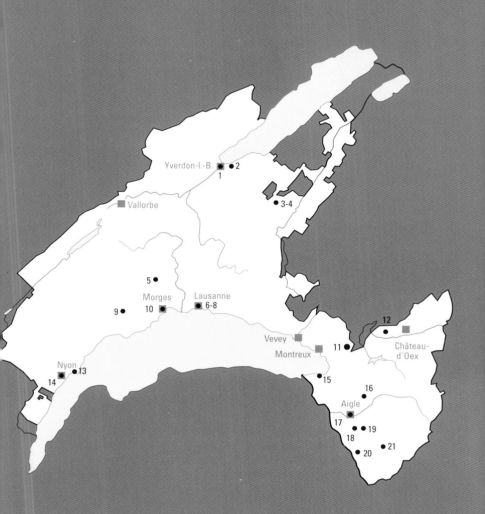

Yverdon-l.-B. ● ● 2
1

● 3-4

■ Vallorbe

5 ●

Morges Lausanne
9 ● 10 ■ ● 6-8

12 ●

Vevey ■ Château-
Montreux ■ ● 11 d´Oex

Nyon ● 15
14 ● 13

16 ●
Aigle
17 ● 19
18 20 ● 21

Ein Kanton voller Gartenperlen

In Sachen Gartenvielfalt gehört das Waadtland an die Spitze. Wer das folgende Kapitel durchblättert, stößt auf viele ungewöhnliche und in der Schweiz einzigartige Gärten. So liegt der größte historische Gemüsegarten im Waadtland, in Prangins beim Westschweizer Sitz des Schweizerischen Landesmuseums (siehe VD 13). Der Garten, aber auch die dazu gehörende Ausstellung und der Audioguide zu den alten Gemüsesorten garantieren einen abwechslungsreichen Besuch. Wer einmal zur Irisblüte auf Schloss Vullierens war, versteht, weshalb hier jedes Jahr so viele Stammbesucher wiederkommen: Die stilvollen Iris-Gärten, die Kunstobjekte und die historische Schlosskulisse sind jedes Mal ein bisschen anders und jedes Mal einfach schön (siehe VD 5). Mit dem Arboretum beherbergt die Waadt auch die größte Gehölzsammlung der Schweiz, einen Landschaftspark mit verschiedenen Erkundungstouren (siehe VD 9). In Leysin lässt sich ein erstklassiger Heilpflanzengarten entdecken, in dem es viel zu lernen gibt (siehe VD 16).

In der Waadt gibt es Gärten, die man sonst nirgends findet. Zum Beispiel der Botanische Garten von St-Triphon, das Werk des über 80-jährigen Gärtners William Aviolat, der mitten im Garten in einem Pavillon lebt (siehe VD 18). Oder die geobiologischen Gärten „Au Diable Vert", deren Gestalter mit den Pflanzen sprechen, bevor sie sie in die Erde setzen (siehe VD 20). Der „Jardin Instinctif" – in wunderschöner Lage direkt am Genfer See – ist ausgerechnet in der Schaffenskrise eines Fotografen entstanden (siehe VD 15). Im „Jardin Zen" betritt man asiatische Gartenwelten – und dies mitten im Industriegebiet von Aigle (siehe VD 17). In den „Jardins du Coeur" in Yverdon-les-Bains pflanzen Freiwillige Gemüse an und pflegen einen hübschen Garten mit Weiher – nicht für sich selbst, sondern für Bedürftige (siehe VD 1).

Auch in den Privatgärten warten spannende Werke und sympathische Gartenleute. Eindrücklich ist etwa der Maiensäss-Garten in Rossinière (siehe VD 12) und das im Juni üppig blühende Rosenparadies in Ollon (siehe VD 19). Und wie schön und wertvoll der Austausch mit Gleichgesinnten ist, zeigen die zauberhaften Gärten zweier Gartenfreundinnen in Denezy (siehe VD 3 und VD 4).

Auf keinen Fall sollte man sich von Sprachbarrieren zurückhalten lassen. An vielen Orten gibt es Informationen in unterschiedlichen Sprachen, darunter auch Deutsch. Wo Pflanzen beschriftet sind, sind sie es meistens auch in Latein, der universellen Gärtnersprache. Und sonst ist es auch in Ordnung, einmal in einem Garten die Info-Tafeln zu vergessen und einfach nur zu schauen und zu staunen.

VD 1

Jardins du Coeur
Avenue des Sports 42, 1400 Yverdon-les-Bains

Dieser Garten ist für Menschen gedacht, die wenig haben im Leben. Damit sie sich in einer schönen grünen Oase ausruhen können, frisches Gemüse erhalten und in Kursen etwas lernen können. Der Garten des Herzens wird von Freiwilligen gepflegt und bewirtschaftet – die Ernte wird verschenkt. Das Projekt gehört zum Verein „Cartons et Jardins du Coeur", der dreimal wöchentlich Schachteln mit Lebensmitteln an Bedürftige abgibt. Der Garten, in dessen Mitte ein Herz aus Buchs und Blumen liegt, entstand 2005 vor dem Vereinslokal im Industriegebiet von Yverdon-les-Bains. Zuerst wurde die gesamte Fläche mit Gemüse bepflanzt. Dann stellte sich jedoch heraus, dass sich nur in der einen Hälfte der Boden dafür eignete. So entstanden im für Gemüse unbrauchbaren Teil ein Gräsergarten, ein großer Teich mit 13 verschiedenen Seerosen, Flanierwege und Spielgelegenheiten für Kinder. Eine Landschaftsarchitektin entwarf kostenlos die Pläne, ein Staudengärtner spendete Pflanzen und Gartenbauer arbeiteten ehrenamtlich. So ist eine idyllische Gartenwelt entstanden, berührend nicht nur wegen ihrer großherzigen Philosophie. Hinter dem Projekt steht der in der Romandie durch die Sendung „Monsieur Jardinier" bekannte Radiogärtner Jean-Pierre Masclet.

➡ Eigentümer/in: Association Cartons et Jardins du Coeur, Avenue des Sports 42, 1400 Yverdon-les-Bains. Kontakt: Jean-Pierre Masclet, Tel. 079/7844120. www.cartonsducoeur-yverdon.ch. Größe: 0,3 ha. Eintritt frei. Öffnungszeiten: Frei zugänglich. Führungen: Auf Französisch. Mi 10–16 Uhr ist jeweils Jean-Pierre Masclet anwesend und beantwortet Gartenfragen. Veranstaltungen: Kurse, Veranstaltungen mit Kindern (siehe Website). Attraktionen: Gräsergarten, Teich, Herz aus Blumen. **SBB** Yverdon-les-Bains. ➜ Von der Av. de la Gare Richtung Lausanne. Beim Kreisel links in die Av. de l'Ancien Stand. Dann zweite rechts in die Av. des Sports. Nach dem Kanal sofort rechts. Ca. 15 Min. zu Fuß. 🚗 A1 Ausfahrt Yverdon-Sud. Richtung Zentrum → Plage d'Yverdon. 🅿 ♿ Teilweise.

VD 2

Gärten Champ-Pittet
Chemin de la Cariçaie 1, 1400 Cheseaux-Noréaz

Mitten im größten Seeuferfeuchtgebiet der Schweiz, in der Grande Cariçaie am Neuenburgersee, liegt das Schloss Champ-Pittet aus dem 18. Jahrhundert. Eine idyllische, naturbelassene Gegend, durch die heute eine Autobahn führen würde, wenn Pro Natura Schloss und Umgebung 1979 nicht gekauft hätte. Heute ist in Champ-Pittet eines der beiden nationalen Pro-Natura-Zentren untergebracht (siehe auch VS 1) und rund um das Schloss sind drei Gärten zu entdecken. Zum Beispiel der „Garten von damals". Er nimmt einen in Empfang, wenn man auf dem Mergelpfad auf das Schloss zugeht. Einheimische Blumen, viele Kräuter, aber auch alte Gemüsesorten wachsen und blühen hier neben- und ineinander. Meist gibt es viele Insekten und Schmetterlinge zu beobachten, die sich hier verköstigen. Geht man links am Schloss vorbei, stößt man auf den „Garten der Gefühle". Hier sind in quadratischen Beeten Pflanzen zu sehen, die als Symbol für die Themen Gastfreundschaft, Romantik, Leidenschaft und Kummer eine Bedeutung haben. Etwa die Malve als Symbol der Lieblichkeit oder der Lavendel als Zeichen der Zärtlichkeit. Durch einen kurzen Waldabschnitt hinter dem Schloss erreicht man den „Garten der Köstlichkeiten", einen schön gestalteten Nutzgarten mit allem drum und dran: Frühbeet, Gewächshaus, Tomatenhaus, Obst, Beeren, Gemüse und essbaren Blumen. Seine historische Struktur mit der Umfassungsmauer, dem Brunnenbecken und der traditionellen Einteilung wurde erst vor wenigen Jahren wieder in Stand gesetzt.

➡ Eigentümer/in: Pro Natura Zentrum Champ-Pittet, Cemin de la Cariçaie 1, 1400 Cheseaux-Noréaz. champ-pittet@pronatura.ch. www.pronatura-champ-pittet.ch. Größe: 0,22 ha. Eintritt frei, außer Garten der Köstlichkeiten: Erwachsene CHF 8.-, Kinder (6–16) CHF 6.-, Ermäßigungen für Senioren, Studenten, Familien, Gruppen. Öffnungszeiten: Mitte März–Ende Oktober: Di– So 10–17.30 Uhr. Führungen: Auf Anfrage. Spezielle Führungen auch für Kinder. Veranstaltungen: Gartenkurse (auf Französisch), Pflanzenmarkt im Mai. SBB Yverdon-Champ-Pittet (Bahnlinie Yverdon-Freiburg), 3 Min. zu Fuß. 🚌 Ab Bahnhof Yverdon-les-Bains Nr. 601 bis „Gymnase" oder Nr. 603 bis „L'Orient". 🚗 A1 Ausfahrt Yverdon-Sud, Schilder „Centre Nature" folgen. 🅿 ✗ 🛥 🐴 ♿ Teilweise.

VD 3

Privatgarten Giroud
Route de Thierrens 1, 1410 Denezy

Schon wenn man sich dem Garten bei diesem stattlichen, über 300 Jahre alten Waadtländer Bauernhaus nähert, merkt man: Hier ist eine kreative Gärtnerin am Werk. Erstaunt bleibt der Blick zum Beispiel an der Mauer der Heuboden-Einfahrt haften: Hier wachsen Kürbisstöcke abwärts und lassen ihre großen Früchte an der Wand baumeln. Im eigentlichen Garten neben dem Haus ist die Handschrift der Gärtnerin in ganzem Maße sichtbar: ein liebevolles Mit- und Nebeneinander von Blumen, Stauden und Gemüse. Der Garten ist in vier Teile gegliedert; in der Mitte steht ein gemauerter Pavillon (sogar mit Fensterläden) aus dem 19. Jahrhundert. Lauschig sieht es aus, idyllisch mit den plätschernden Brunnen im Hof und im Garten und dem weiten Blick in das ländliche Umfeld. Beim Durchstreifen des Gartens entdeckt man kaum bekannte Zier- und Nutzpflanzen. Viele sät Francine Giroud selber aus und sammelt jedes Jahr Samen. Zusammen mit ihrer Gartenfreundin (siehe VD 4) organisiert sie jeden Frühling eine Samenbörse im Dorf.

Foto: Markus Häfliger

➡ Eigentümer/in: Francine Giroud, Route de Thierrens 1, 1410 Denezy. Tel. 021/ 9068219. francine.giroud@bluewin.ch. Größe: 550 qm. Eintritt frei. Anmeldung erforderlich. Führungen: Nach Voranmeldung. Attraktionen: Pavillon aus dem 19. Jahrhundert. ➡ Wegbeschreibung bei Anmeldung. ⊓ 🏇 ⓘ Die Besitzerin spricht Französisch.

VD 4
Privatgarten Gilliéron
Impasse des Bioleyres 1, 1410 Denezy

Mit dem Taschengeld, das Claire-Anne Gilliéron als Kind bekam, kaufte sie nicht Süßigkeiten wie ihre Freundinnen, sondern Samentütchen. Der Vater hatte ihr vor dem Haus ein Beet angelegt, auf dem sie ihre ersten Gartenerfahrungen sammeln durfte. Seither möchte sie die Hände in der Erde haben und kann sich ein Leben ohne Garten nicht mehr vorstellen. Ihren heutigen Garten begann sie anzulegen, als sie 1993 mit ihrem Mann in das ehemalige Bauernhaus einzog. Die vier Himmelsrichtungen markierte sie mit Säuleneiben. Dazwischen umfassen Buchsborduren die Gevierte. Zwei dieser Gevierte widmet sie den Stauden, zwei den Duft- und Heilpflanzen. In ebenfalls von Buchs umgebenen Seitenrabatten wächst Gemüse. In der Mitte des Gartens steht ein achteckiger Holzpavillon. An der Hauswand reifen Äpfel und Birnen an Spalierbäumen und an den Bäumen rund um den Garten wachsen Kletterrosen empor. Die besonderen Schätze dieser passionierten Pflanzenfrau sind seltene Exemplare wie die Schöne Leycesterie. Und in ihrem Pavillon sammelt sie in einem kleinen Tongefäß ganz andere Gartenschätze: lauter kleine Dinge, die sie beim Gärtnern gefunden hat. Alte Münzen, Knöpfe, Geschosshülsen.

➡ Eigentümer/in: Claire-Anne Gilliéron, Impasse des Bioleyres 1, 1410 Denezy. Tel. 021/9069794. cl-anne.gilliéron@bluewin.ch. Größe: 0,1 ha. Eintritt frei. Anmeldung erforderlich. Führungen: Nach Voranmeldung. ➜ Wegbeschreibung bei Anmeldung. 🅿 🐎 ♿ Teilweise. ❶ Die Besitzerin spricht Französisch und Deutsch.

VD 5
Gärten Château de Vullierens
Château de Vullierens, 1115 Vullierens

Foto: Reto Guntli

Viele der Gartenbesucher, die zur Irisblüte ins Waadtland reisen, kommen jedes Jahr. Spazieren durch die weiten Irisfelder, vorbei an 400 Arten. Durchschreiten den Reiterpfad, eine 400 Meter lange Allee, die zu verschiedenen Teichen führt. Bewundern die Schlossgärten, schauen auf den See, die Alpen, den Jura, ruhen sich im Café aus. Das Schloss Vullierens ist seit sieben Jahrhunderten in Privatbesitz und nur während bestimmten Wochen geöffnet – eines der ganz besonderen Gartenerlebnisse in der Schweiz. Als erstes Gebäude entstand 1308 eine mittelalterliche Burg. 1706 wurde das Schloss neu gebaut unter Einbezug der drei bestehenden Türme. 1950 begann Doreen Bovet-de Mestral, die Mutter des heutigen Besitzers, im ehemaligen Gemüsegarten Iris zu sammeln. Nach und nach verlor der Garten seine Funktion als Versorgungsgarten für die Schlossküche und wurde zu einem reinen Ziergarten, den die Schlossbesitzerin ab 1955 zur Irisblütezeit für Interessierte öffnete. Die Gestaltung mit Wegkreuz und Springbrunnen in der Mitte blieb erhalten. 2010 kam der Pavillon im Eiffelturm-Stil dazu. Dieser dient während den Besuchstagen als Iris-Info-Zentrum. Jeweils am Sonntag ist die über 80-jährige, langjährige Schloss-Gärtnerin Lucy Mercier vor Ort und gibt den Besuchern ihre Erfahrungen mit den Iris weiter. Die Gärten von Schloss Vullierens beschränken sich aber längst nicht mehr nur auf Schwertlilien. Eine Tagliliensammlung von 200 Sorten sowie andere Lilienarten sind die Farbtupfer des Sommers. Von der Schlossterrasse aus sieht man zudem in einen Rosengarten. Von hier hat man auch den besten Blick auf den mächtigen Tulpenbaum vor dem Schloss, der über 300 Jahre alt ist. Der Garten der Düfte, ein Garten voller Duftpflanzen, ist auf der Nordseite des Schlosses zu finden. In allen Gärten triff man auf Plastiken von renommierten Künstlern, denn auf Schloss Vullierens sollen Blüten und Kunstwerke miteinander kombiniert werden. Und weil die Objekte stets mehr werden, werden auch die Gärten erweitert. Um zu sehen, was neu dazu gekommen ist, reisen die Vullierens-Besucher jedes Jahr treu an, egal, wie weit entfernt sie auch wohnen mögen.

➡ Eigentümer/in: Familie Bovet, Château de Vullierens, 1115 Vullierens. Tel. 079/2747964. info@jardindesiris.ch. www.jardindesiris.ch. Größe: 3 ha. Eintritt Erwachsene CHF 15.-, Senioren CHF 10.-. Öffnungszeiten: Zu den Blütezeiten von Iris und Tagllilien jeweils mehrere Wochen im Mai/Juni/Juli. Genaue Öffnungszeiten werden auf www.jardindesiris.ch angegeben. Führungen: Nach Voranmeldung auf Französisch, Deutsch oder Englisch. Attraktionen: 400 Irissorten, 200 Tagliliensorten, Rosensammlung, 60 Skulpturen diverser Künstler. **SBB** Morges. 🚌 Nr. 730 bis „Vullierens, village". ➜ Im Dorf beschildert. 🚗 A1 Ausfahrt Cossonay. Richtung Cossonay → Vullierens. Beschildert. 🅿 ✗ 🍽 🚃 ♿ ❶ ✿

VD 6
Park Le Désert
Chemin de Pierrefleur 72, 1004 Lausanne

„Le Désert" ist ein Landgut, wie es sich wohlhabende Familien im 18. und 19. Jahrhundert in Lausanne leisten konnten. 1764 kauft Louis Arnold Juste de Constant, der Vater des Staatstheoretikers Benjamin Constant, das Grundstück und lässt Haus und Hof bauen. 1989 geht das Gut an die Stadt Lausanne über, die die geometrischen Hauptelemente des Parks nach Plänen und Skizzen von 1807 restauriert. Ein Highlight und in seiner Größe einzigartig in der Schweiz ist das 140 Meter lange rechteckige Wasserbecken, das in der Hauptachse des Landgutes liegt. Das Becken wird von einer leicht höher gelegenen, wieder in Stand gestellten Lindenallee flankiert. Der Küchengarten mit dem Brunnen in der Mitte wird auch heute noch als Gemüsegarten genutzt – von den Anwohnern des Parks. Im ehemaligen Gutshof ist heute ein Restaurant untergebracht. Während der restaurierte Park eine neue Funktion als Erholungsraum und Gemüsegarten für die Bevölkerung einnimmt, ist das Landhaus selbst, wie auch das Hühnerhaus mit seinem neugotischen Türmchen, in erbärmlichem Zustand und scheint demnächst einzustürzen.

➡ Eigentümer/in: Stadt Lausanne. parcs.domaines@lausanne.ch. Eintritt frei. Öffnungszeiten: Frei zugänglich. Attraktionen: 140 Meter langes Wasserbecken. **SBB** Lausanne. 🚎 Nr. 21 bis „Beaulieu-Jomini", dann Nr. 2 bis „Désert". 🚌 Anreise mit öffentlichen Verkehrsmitteln empfohlen. ✕ 🍺 🛒 ❶ Auf Französisch.

VD 7
Park Mon Repos
Avenue de Mon Repos, 1005 Lausanne

Auch wenn heute das Schweizerische Bundesgericht mitten darin steht und eine Straße den Park in zwei Teile schneidet, hat Mon Repos – es mag erstaunen – viel seiner ursprünglichen Erlebniswelt bewahrt. Ende des 18. Jahrhunderts entstand das Landgut Mon Repos, das damals noch von Rebbergen umgeben war. Der erste Besitzer Philippe de Gentils ließ einen symmetrischen Park anlegen, von dem nur noch die Kastanienallee und der Pavillon – heute ein Café – erhalten sind. Seinen heutigen Charakter erhielt der Park im 19. Jahrhundert. Der damalige Besitzer beauftragte den auf Landschaftsgärten spezialisierten Pariser Gartenarchitekten Monsailler Père damit, einen romantischen Spaziergarten anzulegen. Père bettete das bestehende Bauernhaus, die Orangerie, Volièren, Treibhäuser und den künstlichen Turm im neugotischen Stil in den Park ein. Heute ist der Park ein beliebter Erholungsraum für die Bevölkerung. Auf den grünen Rasenflächen sind Schmuckbeete als Farbtupfer, in Heckennischen sind Sitzbänke zu finden. Um einen Hauch der Romantik vom Beginn des 19. Jahrhunderts zu spüren, muss man dem Fußweg an der Seite des Bundesgerichts nach oben folgen. Turm, Grotte und Wasserfall sind wieder in Stand gesetzt und lassen sich meist in Ruhe betrachten. Denn während im unteren Teil des Parks Betrieb herrscht, verirrt sich kaum jemand in den oberen Teil.

➡ Eigentümer/in: Stadt Lausanne. parcs.domaines@lausanne.ch. Eintritt frei. Öffnungszeiten: Frei zugänglich. Attraktionen: Künstlich angelegte Burg, Grotte und Fels-Formation aus dem 19. Jahrhundert. **SBB** Lausanne. 🚎 Metro Nr. 2 Richtung Epalinges bis „Lausanne-Bessières". 🚌 Anreise mit öffentlichen Verkehrsmitteln empfohlen. ✕ 🍺 🛒 ♿ Tipp: In Lausanne ist auch ein gelungenes Beispiel von Gegenwarts-Landschaftsarchitektur zu sehen: Die „Promenade de la Ficelle" von Christoph Hüsler und Pascal Amphoux führt vom südlichen Ausgang des Bahnhofs der Metro bis zum See.

VD 8

Rosengarten Vallée de la Jeunesse
Vallée de la Jeunesse, 1000 Lausanne

Die Parkanlage Vallée de la Jeunesse ist ein Zeugnis der Expo 64, der Schweizer Landesausstellung 1964. Der Rosengarten wurde jedoch erst 1973 in den Park integriert. Auf sieben Stufen, angelegt wie ein Amphitheater, blühen 8000 Rosenstöcke, die von rund 80 Koniferenarten und -sorten begleitet werden. Auf jeder Ebene bieten Sitzbänke die Möglichkeit, sich hinzusetzen und den Blick hangabwärts zu genießen. Etwa auf den Springbrunnen mit seiner mehrere Meter hohen Fontäne, die aus einem großzügigen, geschwungenen Wasserbassin aufsteigt.

➡ Eigentümer/in: Stadt Lausanne. parcs.domains@lausanne.ch. Eintritt frei. Öffnungszeiten: Frei zugänglich. **SBB** Lausanne. 🚌 Nr. 13 bis „Vallée de la Jeunesse". 🚗 Anreise mit öffentlichen Verkehrsmitteln empfohlen. 🐾 ♿ Tipp: In Lausanne gibt es an der Avenue de Cour 14 den Botanischen Garten des Kantons Waadt zu entdecken.

VD 9

Arboretum
Chemin de Plan 92, 1170 Aubonne

Foto: Arboretum

Über 3000 Arten und Varietäten von Gehölzen, die auf der Nordhalbkugel wachsen, können im nationalen Arboretum kennengelernt werden. Im Frühling leuchten die Blütenkleider von zahlreichen Magnolien, Zierkirschen und

Obstbäumen in der Landschaft. Im Sommer staunt man ob den vielen Grüntönen. Im Herbst bestimmen die Farben der Laubbäume, etwa der Essigbäume, Ahorne oder Amberbäume das Bild. Nebst der Sammlung steht im Arboretum auch die Gestaltung mit Gehölzen im Vordergrund. So wandert man nicht einfach an ein paar willkürlich gesetzten Bäumen vorbei, sondern bewegt sich in einer mir Sichtachsen, Baumgruppen, Weihern und freien Flächen bewusst gestalteten Landschaft. Die Grundstruktur legte in den 1970er Jahren der Genfer Landschaftsarchitekt Walter Brugger (siehe auch GE 12). Weil im Park kaum Infotafeln angebracht sind, lohnt es sich, beim Eingangszentrum (Öffnungszeiten beachten!) zumindest einen Plan zu erwerben und danach einen der drei Rundgänge zu starten. Diese führen zu den vier im Park dargestellten Ökosystemen (Westamerikanisch, Ostamerikanisch, Bambus und Japanisch) oder zu den verschiedenen Sammlungen. Die Sammlungen sind in drei große Bereiche gegliedert. In „La Vaux" sieht man verschiedene Tulpenbäume, diverse Araukarien oder die Schnurbaum-Gruppe. Im „Bois Guyot" stößt man auf eine Sammlung von 200 Hunds- und Heckenrosen, eine große Kiefer- und Föhren-Kollektion oder auf den Lebkuchenbaum, bei dem im Herbst beim Laubfall jeder überprüfen kann, ob er tatsächlich nach Kuchen riecht. Der größte Sektor namens „En Plan" liegt rund um das Empfangszentrum. Hier lassen sich Eichenvariationen miteinander vergleichen oder Hartriegel, Mammutbäume und Hibiskus. Man sollte gar nicht erst versuchen, alles auf einmal zu sehen. Es ist unmöglich – das Arboretum aber jederzeit eine Rückkehr wert.

➡ Eigentümer/in: Fondation de l'Arboretum du Vallon d'Aubonne. Tel. 021/8085183. contact@arboretum.ch. www.arboretum.ch. Größe: 120 ha. Eintritt frei. Öffnungszeiten: Frei zugänglich. Eingangszentrum, Boutique und Snack-Bar: April–Oktober täglich 10–18 Uhr. Führungen: April–Oktober jeden Sonntag 14 Uhr (siehe Website) und für Gruppen nach Voranmeldung. Veranstaltungen: Frühlingsfest Anfang Mai, Herbstfest Anfang Oktober. Attraktionen: Einzigartige Baumsammlung in der Schweiz. Große Sammlung von Magnolien, Hortensien und Heckenrosen. Holzmuseum April–Oktober Mi, Sa, So und Feiertage 14–17.30 Uhr. **SBB** Allaman. 🚌 Nr. 720 bis „Montherod-Battoir". → Ab Haltestelle 30 Min. zu Fuß. Beliebt ist auch die Durchwanderung des Arboretums: Mit der Bahn nach Aubonne oder Bière, dann Richtung Arboretum wandern und in Bière oder Aubonne wieder die Bahn nehmen. 🚗 A1 Ausfahrt Aubonne-Allaman. Richtung Aubonne. Beschildert. 🅿 🍴 Snack-Bar April–Oktober. 🐕 ♿ Teilweise. ❶ Auf Französisch, Deutsch, Englisch.

VD 10

Parc de l'Indépendance
Avenue Ignace Paderewski, 1110 Morges

Foto: Morges Tourismus

Zu Tausenden pilgern jeweils im April Frühlingshungrige, Tulpenfans und Gartenfreunde nach Morges an den Genfersee ans Tulpenfest. Im Parc de l'Indépendance blühen jedes Jahr rund 120 000 Tulpen und andere Knollenblumen in 250 Sorten. Das Design entwerfen – dies ist seit Beginn des Festes vor über 40 Jahren Tradition – die Gärtnerlehrlinge der Region. Jedes Jahr sehen die Arrangements anders aus. Auf einem Spaziergang durch den Park begegnet man aber nicht nur Tulpen, Hyazinthen und Narzissen, die bloß während einer Saison hier verweilen, sondern auch vielen imposanten Stammgästen. Etwa den über 260-jährigen Kastanienbäumen oder dem Musikpavillon. Für die Waadtländer hat der Park auch eine wichtige politische Bedeutung: Er wurde 1898 zur 100-Jahr-Feier der Unabhängigkeit des Kantons Waadt eingeweiht.

➡ Eigentümer/in: Gemeinde Morges. info@morges-tourisme.ch. www.morges-tourisme.ch/tulipe. Größe: 3 ha. Eintritt frei. Öffnungszeiten: Frei zugänglich. Attraktionen: Große Tulpenshow im Frühling mit diversen Veranstaltungen (siehe Website). Juli–Ende Oktober ist in Morges beim Parc de Vertou eine Dahlienpromenade mit über 2 000 Dahlien zu bestaunen. Siehe www.morges-tourisme.ch. **SBB** Morges. ➜ Ab Bahnhof rund 10 Min. zu Fuß. 🚗 A1 Ausfahrt Morges-Ouest. Richtung „Centre ville". Beim Kreisel Richtung „Parc des Sports". 🅿 Parkplatz „Parc des Sports". 🚾 Während Tulpenfest. 🐕 & ✿ Verkauf von Tulpenzwiebeln am Ende des Tulpenfestes.

VD 11
Alpengarten La Rambertia
Rochers-de-Naye, 1820 Montreux

Ein spektakulärer Ort für einen Garten: Er liegt auf dem Grat der Rochers-de-Naye, mit abschüssigen Hängen links und rechts. Ein Garten also nur für Trittsichere und Berggängige. Spektakulär ist auch die Aussicht, das Panorama vom Greyerzerland bis zu den Berner und Walliser Alpen, der Genfersee weit unten. Der Blick in die Nähe ist hier auf 2000 m ü. M. aber ebenso lohnenswert. Rund 1000 vorwiegend kalkliebende Alpenpflanzen sind zu sehen, darunter eine Sammlung von Edelweiß aus Europa und Asien. Die Pflanzen sind nicht nach Herkunft geordnet, sondern nach ihren Lebensräumen. Ein erster Alpengarten entstand 1892 an einem anderen Standort. Treibende Kräfte waren der Genfer Botaniker Henry Correvon (siehe auch VS 8 und Einführungskapitel Kanton Wallis) und Arthurovitch Yaczewski, ein russischer Pflanzenfreund. Doch schon zwei Jahre später wurde der Alpengarten an den heutigen, besser geeigneten Ort verlegt. Hier, in einem der höchst gelegenen Alpengärten Europas, fand 1904 auch der erste internationale Kongress der Alpengärten statt.

➡ Eigentümer/in: La Rambertia, Société du Jardin Alpin, 1820 Montreux. Kontakt: Walter Jenelten, Goldenpass Postfach 1426, 1820 Montreux. Tel. 021/9898115. Administration: w.jenelten@goldenpass.ch. Garten und Botanik: bruny.m@omnibases.ch. www.goldenpass.ch. Größe: 1 ha. Eintritt frei. Öffnungszeiten: Mitte Juni–Ende September: täglich 9–17 Uhr. Führungen: Nach Voranmeldung in Deutsch und Französisch. Attraktionen: Sammlung von 1000 vorwiegend kalkliebenden Alpenpflanzen. **SBB** Montreux. 🚋 Zahnradbahn bis Rochers-de-Naye. ➡ Beschildert ab Endstation Zahnradbahn. Ca. 5 Min. zu Fuß. 🚗 Bis Bahnhof Montreux. Dann weiter mit Zahnradbahn. ✕ 🍴 ♿

VD 12
Privatgarten Basler
La Cierne, 1658 Rossinière

Das 200-jährige, sonnenverbrannte Maiensäss sieht man schon von Weitem. Das Auto auf einer holprigen Naturstraße abgestellt, geht man die letzten 200 Meter auf einem Trampelpfad über eine Kuhweide. Mitten in der Weide liegt die Hütte und darum herum, die Farbtupfer künden es an: ein Garten. Über diesen Pfad hat Edith Basler all ihre Materialien und ihre Pflanzen getragen oder in der Motorschubkarre geholpert, um diesen Garten anzulegen. Ein Garten mit Stauden, Rosen, Gehölzen, Gemüse und Beeren. Ein großer, voll behangener Aprikosenbaum vor der Hütte verrät: Das Klima, obwohl auf 1300 m ü. M., ist milde hier. Die Pflanzen gedeihen besser als im Stadtgarten, den Edith Basler bis vor einigen Jahren in Bern hatte – und von dem sie schließlich eine Pflanze nach der anderen nach Rossinière rettete. Die schmalen Terrassen haben sie und ihr Mann eigenhändig angelegt. Zur Stabilisierung verwendeten sie Holz oder bastelten selbst Gabionen: Kompostgitter zu Quadern geformt und mit Steinen von der Weide gefüllt. Auf der Holzbank unter einer Pergola überblickt man den Garten, die aus ganz Europa zusammengesuchten Stauden, das kräftig wachsende Gemüse und schließlich die atemberaubende Bergkulisse der Waadtländer Voralpen. Ein bezaubernder Ort.

Foto: Markus Häfliger

➡ Eigentümer/in: Edith Basler, La Cierne, 1658 Rossinière. jardin-denhaut@ swissonline.ch. Größe: 0,1 ha. Eintritt frei. Anmeldung erforderlich. Führungen: Nach Voranmeldung. ➜ Wegbeschreibung bei Anmeldung. Achtung: Der Garten ist nur über eine Viehweide erreichbar. Gutes Schuhwerk ist empfohlen. 🅿 🛈 Die Besitzerin spricht Deutsch. Tipp: Ein Spaziergang durch Rossinière führt an verschiedenen, von außen gut einsehbaren Hausgärten vorbei, zum Beispiel an einem Blumenmeer beim Dorfausgang Richtung Chateau d'Oex auf der linken Seite.

VD 13

Garten Schloss Prangins
Château de Prangins, 1197 Prangins

Bei der Terrassenbrüstung angekommen, sieht man ihn unter sich liegen: Ein immenser Gemüsegarten mit Spalierobst an den Mauern, bunten Gemüsebeeten, niedrigen Buchsbordüren – man kann sich kaum sattsehen. Es ist der größte historische Gemüsegarten der Schweiz und ein Besuch in Prangins für jeden Gartenliebhaber ein Muss. Der Garten wurde 1997 nach alten Plänen wieder hergestellt, in dezentem Barock. Die Gemüsebeete wurden epochengetreu wieder angepflanzt, wozu sehr aufwendige Recherchen betrieben wurden. Einerseits wurden die Tagebücher von Louis-François Guiguer, einem der Schlossbesitzer im 18. Jahrhundert, studiert. Er hatte während mehreren Jahren das tägliche Leben beschrieben und dabei auch den Garten ausführlich abgehandelt. Andererseits stützte man sich auf die Encyclopédie d'Yverdon, ein Lexikon von 1770, und suchte darin nach Pflanzen, die zu dieser Zeit in der Region schon bekannt waren. So wachsen im Garten zum Beispiel die Zuckerwurzel, die Rote Melde oder alte Basilikumsorten. Viel Wurzel- und Suppengemüse wird angebaut – denn der damalige Menüplan bestand aus Brühen jeglicher Art. Ein Spaziergang mit dem Audioguide bringt einem zwanzig im Garten anzutreffende Gemüsesorten näher und im Besucherzentrum gleich neben dem Garten sind Auszüge aus Guiguers Tagebuch zu lesen. Louis-François Guiguer war der dritte Baron auf Schloss Prangins, das in den 1730er Jahren unter seinem Großonkel Louis Guiguer, einem Bankier aus St. Gallen, gebaut worden war. Bereits 1729 soll der Garten entstanden sein, um die Arbeiter auf der Baustelle des Schlosses zu versorgen. Der Garten nahm den Platz ausgedienter Burggräben aus dem Mittelalter ein. Das mag ein Grund für seine besondere, abgesenkte Lage sein. Die Mauern um den Gemüsegarten dienten aber auch als Schutz gegen Tiere, kalte Winde oder Diebe und sorgen für ein gutes Mikroklima. Über den Jahreswechsel 1754 und 1755 residierte Voltaire für einige Monate auf Prangins. Der Gemüsegarten, dem der Schmuck französischer Schlossgärten schon damals weitgehend fehlte, enttäuschte den Philosophen zutiefst. „Prangins ist ein wahrer Palast, aber der Architekt hat den Garten vergessen", schrieb Voltaire in einem Brief. Kurz nach Voltaires Weggang erweiterte der zweite Besitzer, Jean-Georges Guiguer, 1756 die Gartenanlagen und ließ um das Schloss einen Park zum Flanieren anlegen. Dazu gehörte ein Hain mit Linden, die in einer Fünferanordnung, also wie die Punkte auf der Fünfer-Fläche des Würfels, gesetzt wurden. Diese Bepflanzung ist heute wieder hergestellt und neben dem Schloss zu sehen. 1975 schenkten die Kantone Waadt und Genf das Schloss der Eidgenossenschaft. Heute beherbergt es den Westschweizer Sitz des Schweizerischen Nationalmuseums.

➡ Eigentümer/in: Schweizerische Eidgenossenschaft. info.prangins@snm.admin.ch. www.chateaudeprangins.ch. Größe: 0,55 ha. Eintritt frei. Öffnungszeiten: Di–So 10–17 Uhr. Der Garten kann außerhalb der Öffnungszeiten vom Schlossparterre betrachtet, aber nicht betreten werden. Führungen: Audioguide gratis an der Rezeption erhältlich. Verschiedene Führungen auf Anfrage. Veranstaltungen: Frühlingsmarkt und weitere Garten-Veranstaltungen (siehe Website). Attraktionen: Größter historischer Gemüsegarten der Schweiz, Linden in Fünferanordnung. SBB Nyon oder Gland. 🚌 Nr. 805 oder 817 bis „Prangings village" oder „Prangins poste". 🚗 A1 Ausfahrt Nyon oder Gland. Beschildert. 🅿 ✕ 🍴 ♿ ❶ ✿ Shop mit Unterlagen zum Garten.

VD 14
Jardin de la Duche, Bourg de Rive
Rue de Rive, 1260 Nyon

Foto: Markus Häfliger

Am Anfang war die Notwendigkeit eines neuen Parkhauses – und als Nebeneffekt erhielt Nyon einen neuen Park. Einst lagen an diesem Abhang unterhalb des Schlosses Obstgärten, später Schrebergärten. 2006 entstand schließlich eine Tiefgarage und darüber drei Jahre später der Jardin de la Duche. Die Landschaftsarchitektinnen Ruth Vorlet und Paola Alfani haben darin die beiden alten Elemente Obstgarten und Schrebergarten modern interpretiert. An die Familiengärten erinnern die rechteckigen Felder, in denen Stauden, Sträucher, Gemüse mit dekorativem Blattwerk und Reben wachsen. Die einstigen Gartenhäuschen werden durch drei metallene Pergolen repräsentiert. An den Obstgarten erinnern die Mittelstammobstbäume am Rand des Parks. Der markante Zick-Zack-Weg, der das Areal durchschneidet, hat zwei Funktionen: Er verbindet das Schloss mit dem See und verhindert, dass die Erde vom bis zu 37 Grad steilen Parkhaus-Dach rutscht. Südwestlich des Jardin de la Duche geht die Parklandschaft nahtlos in eine andere Epoche über, in den Parc du Bourg de Rive. Das Gelände eines ursprünglichen Landgutes gestaltet die Stadt in den 1950er Jahren zu einem Landschaftsgarten. In der Mitte sprudelt ein künstlicher Bach durch einen Steingarten. Darum herum sind schön gepflegte Blumenbeete, Atlas-Zedern, Tulpenbäume, Magnolien und andere exotische Bäume zu sehen. Wahrzeichen des Parks ist ein großes Blumenmosaik, das jedes Jahr ein neues Thema darstellt.

➡ Eigentümer/in: Stadt Nyon. Kontakt: Espaces Verts et Forêts. Tel. 022/3638381. espaces.verts@nyon.ch. www.nyon.ch. Größe: 0,39 ha und 2 ha. Eintritt frei. Führungen: Nach Voranmeldung. **SBB** Nyon. → Richtung See, unterhalb des Schlosses spazieren. 5 Min. zu Fuß. 🚗 A1 Ausfahrt Nyon. Richtung Parking de la Duche. 🅿 🚻 ♿

Jardin Instinctif
Les Grangettes 28, 1845 Noville

Waadt

Foto: Gérard Bonnet

Kaum zu glauben, dass ein derart kreativer Garten ausgerechnet einer Schaffenskrise zu verdanken ist. Über zwanzig Jahre lang arbeitete der Erzieher Gérard Bonnet nebenberuflich als Reisefotograf. Doch Ende der 1990er Jahre hatte er in der Fotografie seine Inspiration verloren. Auf der Suche nach einer neuen kreativen Tätigkeit kam ihm auch noch eine Naturkatastrophe zu Hilfe: Am 26. Dezember 1999 fällte der Orkan Lothar ein ganzes Waldstück bei Bonnets Haus am See. Für die Aufräumarbeiten benötigte er ein ganzes Jahr; dann begann er, seinen „instinktiven Garten" anzulegen. Erfahrung im Gärtnern hatte er keine. Vermutlich ist gerade dies das tiefere Geheimnis dieses Gartens: dass er sich an keinem Vorbild orientiert. Instinktiv kombiniert Bonnet Pflanzen, Metall vom Schrottplatz und Schwemmholz zu Arrangements und Skulpturen. Diese wiederum bilden gemeinsam eine Landschaft wie aus einem Fantasy-Film: Großblättrige Hostas neben einer ausrangierten Sitzbank aus einem Bahnwagen, Hortensien neben verrosteten Metallträgern. Perfektioniert wird dieser Garten durch seine einzigartige Lage am Genfer See, inmitten des Naturschutzgebietes Les Grangettes. Ein verwinkelter Steg, von Bonnet ebenfalls selber gebaut, verlängert die Gartenlandschaft auf den See hinaus. Tische, auf denen Gratisgetränke stehen, laden zum Picknick ein. Jedes Jahr legt Bonnet, seinen Geistesblitzen folgend, einen Drittel des Gartens neu an – eine Einladung, immer wieder zu kommen.

⇥ Eigentümer/in: Gérard Bonnet, Les Grangettes 28, 1845 Noville. jardininstinctif@ gmail.com. Eintritt frei, freiwilliger Unkostenbeitrag. Öffnungszeiten: 1. April–30. Oktober. Führungen: Auf Französisch und Italienisch. Attraktionen: Picknick-Plätze am See. **SBB** Villeneuve. → Vom Bahnhof die Altstadt Villeneuve in Richtung Wallis durchqueren. 500 m dem Kanal folgen, ins Naturreservat Les Grangettes einbiegen. Nach 500 m beim Beobachtungsturm rechts beschilderter Fußweg Richtung Camping. Gehzeit ca. 30 Min. 🚗 A9 Ausfahrt Villeneuve. Richtung Montreux → Noville. In Noville vor dem Restaurant L'Etoile rechts abbiegen. Bis zum Parkplatz Les Grangettes. Beschilderter Fußweg (ca. 300 Meter). 🅿 🛒 ❶

VD 16
Medizinalpflanzen-Garten Gentiana
Chemin de Vilard, 1854 Leysin

Bis zu 50 Prozent der Medikamente, die in Europa frei verkauft werden, basieren auf der Wirkung von Medizinalpflanzen. Aber wer weiß schon, wie die Trauben-Silberkerze blüht? Oder wie der Meisterwurz aussieht? Im Medizinalpflanzengarten sind 280 Pflanzen zu sehen, die eine Heilwirkung haben. Der Standort könnte nicht besser sein: An einem Südhang mit Blick in die zerklüfteten Täler der Waadtländer Voralpen liegt er, weg von der Zivilisation, umgeben von einem grünen Gehölzgürtel, eine Welt für sich. Der Garten ist in 15 Sektoren eingeteilt, je nach Anwendungsgebiet der Pflanzen. Da gibt es etwa einen Bereich mit Pflanzen gegen Schmerzen, gegen Frauenleiden oder für das Herz. In einem Beet stehen jene Pflanzen, die oft verwechselt werden, weil sie sich ähnlich sehen: etwa der gelbe Enzian, der bei Verdauungsstörungen eingesetzt wird, und der stark giftige weiße Germer. Überall begegnet man den Enzianen, die hier mit 50 verschiedenen Arten vertreten sind. Der Garten wird wissenschaftlich betreut von Professor Kurt Hostettmann, der die Arzneipflanzenforschung in der Schweiz in den vergangenen Jahren stark geprägt hat.

⇥ Eigentümer/in: Stiftung Gentiana, Leysin. Kontakt: Tel. 079/7252620. claude.gaulis@ bluewin.ch. www.gentiana-online.ch. Größe: 0,4 ha. Eintritt: Erwachsene CHF 4.-, Kinder CHF 2.-. Öffnungszeiten: Mai–September Di–So 10–17 Uhr. Führungen: Auf Französisch, Deutsch, Englisch. Mit dem international renommierten Arzneipflanzenforscher Professor Dr. Kurt Hostettmann. Veranstaltungen: Mitte Mai Enzian-Fest, im Juli/August Tage der offenen Türe (siehe Website). Attraktionen: 50 Enzianarten aus der ganzen Welt. **SBB** Leysin-Village. → Ab Bahnhof beschildert. Ca. 15 Min. zu Fuß. 🚗 A9 Ausfahrt Aigle → Richtung Leysin. Am Dorfeingang links zum Sportzentrum. Beschildert. 🅿 🛒 ❶ Die Pflanzen sind auf Französisch und Latein beschriftet. Für die Infotafeln zu den einzelnen Anwendungsgebieten gibt es deutsche Übersetzungen.

Jardin Zen
Chemin de la Biole, 1860 Aigle

Foto: Benoît Lange

Umgeben von der Autobahn, einer Hochspannungsleitung und mehreren Einkaufszentren, bildet der „Jardin Zen" eine kleine Oase im Rhonetal. Der Walliser Fotograf und Geschäftsmann Benoît Lange hat hier 2010 Eindrücke und Mitbringsel seiner vielen Asien-Reisen verarbeitet. Der Garten soll eine Entdeckungsreise durch die fernöstliche Ideenwelt ermöglichen und bietet einen breiten Einblick in die asiatische Gartenkultur. Nicht nur über 120 Pflanzenarten, sondern auch das Steinmaterial für Wege, Treppen und Brücken stammen größtenteils aus Asien. Ein Rundgang führt vorbei an Pagoden, Buddhas und anderen Skulpturen, Teichen und Kanälen, einem Tee-Pavillon aus Bali und einem riesigen „Rad des Lebens", das aus Tibet stammt. Trotz seines Namens enthält der Garten Elemente unterschiedlicher asiatischer Glaubenswelten und Gartenkulturen. 2013 wurde die gepflegte Anlage durch einen Klang-Weg erweitert, auf dem sich Gongs, Glocken, Tamburine und andere rituelle Instrumente ausprobieren lassen. Einen krassen Gegensatz zu dieser meditativen Zone bildet die Glitzer-Fassade von Langes Einrichtungshaus gleich neben dem Garten. Alle Pflanzen sind auf Latein und Französisch beschriftet.

➡ Eigentümer/in: Benoît Lange, Chemin de la Biole, 1860 Aigle. Tel. 024/4667906. jardin@images-atmospheres.ch. www.lejardinzen.ch. Größe: 0,6 ha. Eintritt: Erwachsene CHF 9.-, Kinder ab 6 Jahren CHF 6.-, Spezialpreise für Gruppen. Öffnungszeiten: April–Oktober täglich 13–18.30 Uhr. Führungen: Auf Französisch. Attraktionen: Verschiedene rituelle Instrumente zum Ausprobieren. **SBB** Aigle. 🚌 Nr. 140 bis „Champex". 🚗 A9 Ausfahrt Aigle. Richtung Industriezone. Nach zwei Kreiseln rechter Hand. 💻 ❶ ✿ Shop mit Accessoires. Tipp: Von Aigle ist Les Diablerets nicht weit, ein Bergdorf, indem neben der Talstation der Seilbahn Isenau ein Alpengarten besucht werden kann: www.lestussilages.jimdo.com.

VD 18

Botanischer Garten St-Triphon

Jardin Botanique, 1867 St-Triphon

Foto: Markus Hättiger

Monsieur Aviolat hat kein Haus, kein Auto, keinen Strom, kein Telefon, kein warmes Wasser. Er hat einen Garten und somit alles, was er braucht. In diesem Garten steht auch ein Pavillon, in dem er lebt. Denn am liebsten verlässt er seinen Garten nie, bleibt da, arbeitet darin, erzählt den zahlreichen Besucher etwas von dieser oder jener Pflanze oder auch ein bisschen von seiner eigenen Lebensgeschichte. Der Besuch im Botanischen Garten von St-Triphon gehört zu den außergewöhnlichsten und mitunter auch eindrücklichsten Gartenerlebnissen der Schweiz. William Aviolat, Jahrgang 1932, Gärtner von Beruf, hatte viele Jahre selbstständig gearbeitet, bevor er sich 1972 das erste Stück Land leisten konnte. Es war der Anfang seines Botanischen Gartens, in dem heute 6 000 Pflanzenarten zu sehen sind. Aviolat ließ das Gelände, wie es war, mit seiner eigenwilligen Topographie, den Felsen, den Hängen, den Ebenen. Er, der selbst bisher kaum im Ausland war, vernetzt sich mit Botanikern auf der ganzen Welt. Von Island bis in den Iran tauscht er Samen und Erfahrungen aus. Seine Pflanzensammlungen zeigen Giftpflanzen, Medizinalpflanzen, Kakteen und viele mehr. Darunter sind einige Raritäten zu finden. Die verschiedenen Pflanzenlebensräume sind sorgfältig gestaltet mit Elementen wie Wasserteichen, Baumgruppen, Staudenrabatten und Rasenflächen. Jede Woche legt Aviolat 30 Kilometer mit dem Rasenmäher zurück. Seit er vor über 40 Jahren mit dem Aufbau des Gartens begann, kümmert er sich alleine um die Gartenpflege und die Betreuung der mehreren tausend Besucher, die jedes Jahr in seinen Garten kommen.

⇒ Eigentümer/in: William Aviolat, Jardin Botanique, 1867 St-Triphon www.st-triphon.ch.
Größe: 1,5 ha. Eintritt frei. Öffnungszeiten: Frei zugänglich. Führungen: Auf Franzö-
sisch, spontan vor Ort ohne Voranmeldung. Attraktionen: Große Kakteen-Sammlung.
SBB St-Triphon Village. → Beschildert. 20 Min. zu Fuß. 🚗 A9 Ausfahrt St-Triphon.
Richtung St-Triphon Village. Beschildert. 🅿

VD 19
Rosengarten Schusselé
Chemin des Arnoux 8, 1867 Ollon

Foto: Eric Schusselé

Das Rosenmeer von Viviane Schusselé ist gut hinter dem Haus versteckt. Aber
der Weg dorthin, der durch die von Ramblerrosen stürmisch bewachsenen Bögen führt, verrät, was einen erwartet. 312 Rosensorten blühen hier – alle von
der Gärtnerin fotografiert und in einem Ordner dokumentiert. Die Rosen bilden
einen Teppich rund um die Terrasse und stehen mit Stauden kombiniert in vielen Rabatten. Einige interessante Gestaltungselemente fallen ebenfalls auf, etwa
ein viereckiger, mit Lärchenholz eingefasster Teich. Oder zwei Ahorne mit einem Eibenquader zu Füßen. Viviane Schusselé hat den Garten selbst gestaltet
– und irgendwann flossen noch ein paar Ideen ihres Sohnes ein, der Landschaftsarchitektur studierte. Am Ende des Grundstücks, aus der Distanz nicht
sichtbar, steht man vor einem Bord voller historischer Rosen. Auch wild gewachsene Rosen, so genannte Sämlinge, trifft man viele. Viviane Schusselé

beobachtet gern, wie sich diese entwickeln und was aus ihnen wird. Auch die beiden Losbäume wurden nicht gepflanzt, sondern sind wohl ein Gruß aus Nachbars Garten, passen aber, als hätte man sie extra gesetzt.

➡ Eigentümer/in: Viviane Schusselé, Chemin des Arnoux 8, 1867 Ollon. Tel. 024/4992292. jardinschussele@bluewin.ch. www.jardinschussele.ch. Größe: 0,16 ha. Eintritt frei. Anmeldung erforderlich. Öffnungszeiten: Ende Mai und Juni. Führungen: Auf Französisch und Deutsch. Attraktionen: Über 300 Rosen-Sorten, Mixed Borders, Teich. ➜ Wegbeschreibung bei Anmeldung. 🅿 ♿ Teilweise.

VD 20
Jardin Au Diable Vert
Route de Magny 45, 1880 Bex

Foto: Markus Häfliger

Die französische Redewendung „au diable vert" bedeutet so viel wie „am Ende der Welt". Und so verstehen Magali und Dominique Mottet auch den Namen, den sie ihrer Gartenwelt außerhalb der ehemaligen Salzbergbau-Stadt Bex gegeben haben. Wo sich früher die triste Teerfläche einer Baumschule erstreckte, erschafft das Ehepaar Mottet seit 2004 einen sinnlichen Themengarten nach dem anderen. Dominique Mottet, ein ausgebildeter Geometer, hat sich zum Geobiologen weiter gebildet. Der Garten ist streng nach geobiologischen Prinzipien angelegt. Bevor er eine Pflanze pflanzt, spricht Dominique Mottet mit ihr und ist überzeugt, dass sie ihm den richtigen Standort anzeigt. Einzelne Gartenteile sind nach den Prinzipien der sogenannt heiligen Geometrie gestaltet. Formgehölze, ein Teich, ein großzügiger Gräsergarten auf Sandboden, Skulpturen und alte Bäume formieren sich zu einem harmonischen Ganzen. In einer Ecke wurden die Häuser der Hobbits aus dem Film „Herr der Ringe" nachgebaut. 2013 kam ein Rosengarten in Form einer großen Spirale dazu: Rund 1350 Rosenstöcke sind so angeordnet, dass ganz außen die am wenigsten duftenden Arten stehen. Gegen das Zentrum der Spirale nimmt die Geruchsintensität dann kontinuierlich zu – ein Crescendo der Düfte.

➡ Eigentümer/in: Magali und Dominique Mottet, Au Diable Vert, Route de Magny 45, 1880 Bex. marawa@bluewin.ch. www.marawa.ch. Größe: 1 ha. Eintritt: CHF 5.-. Öffnungszeiten: Täglich 10–12 Uhr und 14–18 Uhr. Sa durchgehend 10–17 Uhr. Führungen: Nach Voranmeldung. Veranstaltungen: Diverse Gartenveranstaltungen (siehe Website). Attraktionen: Rosenspirale mit 150 Rosensorten, Hobbitgarten, Gräsergarten, Keltengarten. **SBB** Bex. ➜ Der Route du Grand-St-Bernard folgen Richtung Lavey. 10 Min. zu Fuß. 🚗 A9 Ausfahrt Bex. Richtung Lavey. Auf der Route de Lavey links in Route de Magny einbiegen. 🅿 🛒 ♿ Teilweise. ❶ ✿

VD 21

Alpengarten La Thomasia
Pont de Nant, Les Plans-sur-Bex, 1880 Bex

Im Schutz der imposanten, 800 Meter hohen Felswand des Grand Muveran liegt der Alpengarten La Thomasia. Er stammt vom Ende des 19. Jahrhunderts, als in der Schweiz viele Alpengärten entstanden, damit den bergverrückten Touristen von damals die Alpenflora erklärt und näher gebracht werden konnte (siehe auch Einführungskapitel Wallis S. 343). Über 3 000 Arten wachsen hier, auf aufgeschichteten Steinhäufen und somit oftmals nahe beim Auge des Betrachters. Es sind Gebirgspflanzen aus aller Welt, dem Himalaja, dem Kaukasus, den Anden und vielen anderen. Man mag sich fragen, wie der Garten zu diesem Namen kam. Bei der Eröffnung des Gartens 1891 wollte man der Waadtländer Familie Thomas ein Denkmal setzen. Über vier Generationen hatte sie sich intensiv mit der Botanik beschäftigt; einige Familienmitglieder haben für den Berner Universalgelehrten und Botaniker Albrecht von Haller Pflanzen gesammelt. Haller war von 1758 bis 1764 Direktor der Salinen in Bex und erforschte die Botanik der Region. Nach dem Besuch des Gartens gibt es für Botanikinteressierte gleich einen weiteren Höhepunkt: Im idyllischen Vallon de Nant, das hier beginnt, wurden einst über 1 000 Arten gezählt.

➡ Eigentümer/in: Kanton Waadt. jardinpontdenant@hotmail.com. Größe: 1 ha. Eintritt frei. Öffnungszeiten: Mai, Juni, September, Oktober Di–So 11–18 Uhr; Juli, August täglich 11–18 Uhr. Führungen: Auf Französisch oder Englisch. **SBB** Bex. 🚌 Nr. 152 bis Les Plans-sur-Bex, „Le Chamois". Beschildert. 20 Min. zu Fuß. 🚗 A9 Ausfahrt Bex → Les-Plans-sur-Bex → Pont de Nant. 🅿 ♿ Teilweise. ❶ Die Pflanzen sind auf Französisch und Latein beschriftet. Gartenführer auf Französisch vor Ort erhältlich.

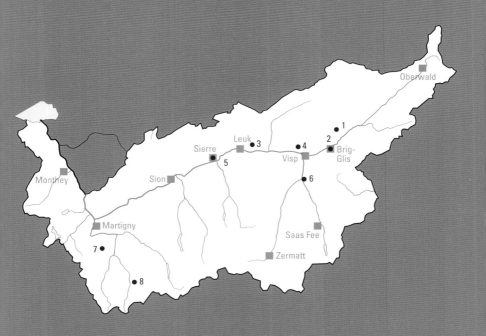

Oberwald

1

Leuk
3

Sierre
4
Visp
2
Brig-
Glis

5

6

Sion

Monthey

Martigny

Saas Fee

7

Zermatt

8

Berge, Täler, Alpengärten

Der Kanton Wallis liegt ganz in den Alpen, besteht also ausschließlich aus Bergen und Tälern. Das Klima ist trocken, Niederschläge sind rar. Die Talsohlen sind schmal und das Haupttal, das Rhonetal, wurde bis zur ersten Rhonekorrektion (1863–1893) immer wieder überschwemmt. All dies sind nicht die einfachsten Voraussetzungen für Gärten und bis heute hat sich im Wallis keine ausgeprägte Gartenkultur entwickelt. Zudem hat sich im Kanton Wallis, anders als in anderen Kantonen, kein ausgeprägtes Patriziat herausgebildet, das ein Erbe an Gartenanlagen hinterlassen hätte.

Im Wallis haben hingegen die Alpengärten ihren Ursprung. La Linnaea in Bourg-Saint-Pierre (siehe VS 8) ist der älteste Garten der Schweiz, der sich der alpinen Flora verschrieben hat. Er wurde 1889 eröffnet. Zwei weitere Alpengärten (siehe VS 1 und VS 7) kamen im Wallis später dazu. Die Alpengärten waren eine Antwort auf die Entwicklung des alpinen Tourismus in der zweiten Hälfte des 19. Jahrhunderts. Viele Touristen entdeckten die Alpen als Reiseziel. Eine Bergbahn nach der anderen wurde eröffnet, um die Sehnsucht der Menschen nach der schönen Bergwelt zu stillen. Die Reisenden sammelten eifrig Pflanzen, um diese bei sich zu Hause in den Garten zu setzen. Einzelne Arten wie das Edelweiß waren schon bald vom Aussterben bedroht.

Mit den Alpengärten sollten bedrohte Arten ein geschütztes Umfeld erhalten und die Touristen für die Ökologie der Alpenflora sensibilisiert werden. Gleichzeitig waren die Alpenpflanzen von steigendem wissenschaftlichen Interesse, das hauptsächlich vom Gärtner und Ehrendoktor Henry Correvon gefördert wurde. Correvon beschäftigte sich mit dem Schutz der alpinen Flora, aber auch mit der Frage, wie sie sich im Unterland akklimatisiert. Bis zu seinem Tod im Jahr 1939 publizierte er über 300 Beiträge in Fachzeitschriften und mehr als dreißig Bücher über Alpenpflanzen.

Die Alpengärten im Wallis liegen mitten in der Bergwelt. Auf Wanderungen lassen sich zudem einige Highlights aus der Pflanzenwelt entdecken. Im Mai sind z. B. die Tulpenfelder von Grengiols zu empfehlen (www.grengiols.ch). Die Grengjer Tulpe, eine Wildform, wächst nur hier, dafür zu Tausenden. Und im Herbst blühen in der Gemeinde Mund die Safran-Äcker (www.prosafrandorf. ch).

Auf Routen entlang der Suonen, der alten Wasserkanäle, lässt sich sehen, wie aufwendig die Weiden und Äcker an den Hängen bewässert werden müssen. Man wandert teilweise direkt an den in den Fels gehauenen oder aus Holzbrettern gefertigten Wasserkanälen entlang (Wandertipps auf www.valais.ch). Heutzutage sind die Leitungen häufig unterirdisch verlegt und die Bewässerung elektronisch gesteuert. Das Wasser aber ist knapp geblieben im Wallis.

VS 1
Alpengarten Aletsch
Pro Natura Zentrum Aletsch, Villa Cassel, 3987 Riederalp

Foto: Pro Natura

Wie schafft es eine Pflanze, in einer engen Felsspalte zu überleben? Wie kann man die Lärche, die Arve und die Fichte voneinander unterscheiden? Der Alpengarten auf der Riederfurka gibt den Besuchern auf solche Fragen eine Antwort. Mit einem Alpengartenführer in der Hand (erhältlich bei der Kasse des Pro-Natura-Zentrums) spaziert man durch den Garten und lernt die Pflanzenwelt des Aletschgebietes kennen. Die über 300 Arten sind in ihren natürlichen Pflanzengesellschaften zu sehen, also immer zusammen mit jenen Arten, mit denen sie sich den Lebensraum in der Natur teilen. Man trifft auf die Felsensteppe, die Bergwiese oder die Zwergstrauchheide und staunt, wie clever sich Pflanzen an die entsprechende Umgebung anpassen. Mit dem Alpengarten möchte Pro Natura, die größte Naturschutzorganisation der Schweiz, den Besuchern die Schönheit des Aletschgebietes näher bringen. Der Aletschgletscher ist mit seinen 23 Kilometer Länge der größte Gletscher der Alpen. Die Region Jungfrau-Aletsch gehört zum Unesco-Weltnaturerbe.

➡ Eigentümer/in: Pro Natura, 4018 Basel. aletsch@pronatura.ch. www.pronatura-aletsch.ch. Größe: 1 ha. Eintritt: Erwachsene CHF 8.-, Kinder (6-16) CHF 5.- Ermäßigung für Familien, Gruppen, Gästekarte, Einheimische. Öffnungszeiten: Mitte Juni–Mitte Oktober täglich 9–18 Uhr. Führungen: Nach Voranmeldung. Veranstaltungen: Kinderfest der Murmeltiere, Casselfest – Tag der offenen Tür, Herbstbrunch. Attraktionen: Paradieslilie, Männertreu, rostblättrige Alpenrose, diverse Enzianarten, Erlebnispfad. **SBB** Mörel. ➡ In Mörel mit der Seilbahn auf die autofreie Riederalp und zu Fuß 30 Min. auf die Riederfurka. 🚗 Im Haupttal des Wallis' bis Mörel. 🅿 💺 🛒 ❶ Führer vor Ort erhältlich.

VS 2
Stockalperschloss Brig
Alte Simplonstrasse 28, 3900 Brig

Foto: Sarah Fasolin

Es war wohl schon im 17. Jahrhundert der bedeutendste Garten im Wallis und ist auch heute noch das Vorzeigeobjekt des Kantons. Dazwischen lagen Jahrhunderte der Veränderung, der Überformung, der Verwilderung. Im 20. Jahrhundert wurde die Anlage zeitweise sogar als Campingplatz genutzt. Von 2000 bis 2002 wurde der Garten schließlich für 3,6 Millionen Franken restauriert. Die heutige, von Kienast Vogt und Partner entworfene Gestaltung, nimmt auf den Erbauer Kaspar Stockalper vom Turm Bezug. Stockalper gehört zu den bedeutendsten Figuren in der Geschichte des Kantons. In verschiedenen Ämtern, dank guten Geschäften und Monopolen hatte sich Stockalper enormen Reichtum angehäuft. Zwischen 1645 und 1671 ließ er sich in Brig seinen Palast bauen, dessen drei hohen Türme seine Macht in alle Richtungen demonstrierten. Die Zahl drei hatte für Stockalper eine große Bedeutung und prägt die ganze Anlage. Der Gebäudekomplex besteht aus drei Einheiten: Schloss, Arkadenhof, altes Stockalperhaus. Und auch der Garten ist in drei Bereiche geteilt: einen Lustgarten, einen Obstgarten und einen Wirtschaftsteil mit Ökonomiegebäuden. Mit dem Bezug auf die Dreieinigkeit wollte Stockalper seine Macht und sein Vermögen religiös absichern. Doch nach ein paar Jahren wurde den Wallisern Stockalpers Dominanz und Reichtum zu viel: 1679 enthoben sie ihn seiner Ämter und konfiszierten einen Teil seines Vermögens. Stockalper floh nach Domodossola, kehrte aber sechs Jahre später nach Brig zurück, wo er 1691 verstarb. Der Garten zeigt heute die Dreiteilung wieder. Im Lustgarten wurde die ursprüngliche Unterteilung mit einer Mittelachse und drei Querachsen wieder hergestellt. Hecken aus Kornelkirschen, Weißbuchen, Scheinquitten und Buchs umranden neu die einzelnen Karrees. Eibenhecken und eine

Reihe Quittenbäume schließen den Lustgarten gegen den Obstgarten hin ab. An der südlichen Abgrenzungsmauer springt der Wuhrbach aus einem Quellbecken und fließt quer durch den Garten. Der dritte Teil des Gartens, der Ökonomiebereich, ist mit einem Pavillon angedeutet. Die ursprüngliche Ausdehnung des Gartens war um einiges größer und umfasste auch einen Teil der heutigen Altstadt. Abgesehen von Ramblerrosen, die eine seitliche Pergola überwachsen, sind im Park auf den ersten Blick wenig Blüten zu sehen. Doch wer neben den Reben die Treppe hochsteigt, erreicht einen schmalen, hübschen Rosengarten mit 30 Duftrosensorten.

→ Eigentümer/in: Stadtgemeinde Brig-Glis. www.stockalperstiftung.ch. Größe: 1,3 ha. Eintritt frei. Öffnungszeiten: Frei zugänglich. Attraktionen: Offener Bach, Wasserelemente, Rosengarten. Im Schlossmuseum Ausstellung zu Kaspar Jodok von Stockalper. **SBB** Brig. → Ab Bahnhof beschildert. 10 Min. zu Fuß. 🚗 Brig bis Parkhaus Weri. ♿ ❶

VS 3
Sortengarten Erschmatt
Kreuzstrasse 7, 3957 Erschmatt

Es begann mit ein paar Erbsensamen, die Roni Vonmoos 1983 von einem Agronomen erhielt. Es handelte sich um die Gommer Suppenerbse, von der kaum mehr Saatgut vorhanden war. Vonmoos solle die Erbse anpflanzen und vermehren. Der Biologe tat wie ihm geheißen, hatte Erfolg und sein Interesse war geweckt. Es kamen weitere Kulturpflanzen dazu, die kurz vor dem Verschwinden waren. Heute sind im Sortengarten Erschmatt seltene Gemüsepflanzen, Blumen und alte Getreidesorten zu sehen. Zudem misst er der Ackerbegleitflora eine besondere Bedeutung bei. Diese Arten, die traditionell mit dem Getreide mitwachsen, sind in der Schweiz wegen der intensiven Nutzung des Ackerlandes stark bedroht. In Erschmatt sieht man zum Beispiel das Blutströpfchen, den Schwarzkümmel oder das stachlige Kammgras. An einem zweiten Standort oberhalb des Dorfes wachsen verschiedene Roggensorten. Der Roggen war einst das Hauptgetreide im Wallis, da er an den trockenen Berghängen gut gedeiht. In diesem zweiten Sortengarten ist also ein Stück alte Walliser Kulturlandschaft zu sehen. Hier wird zudem von Hand gepflügt, gesät und geerntet.

→ Eigentümer/in: Roni Vonmoos, Kreuzstrasse 7, 3957 Erschmatt. Tel. 027/9321519. sortengarten@erschmatt.ch. www.erschmatt.ch. Größe: 0,1 ha. Eintritt frei. Öffnungszeiten: Frei zugänglich. Führungen: Öffentliche Führungen und nach Anmeldung. Veranstaltungen: Demonstration der Aussaat und der Ernte des Roggens, Roggenbrot-Backtage, Verkostung von Produkten aus dem Sortengarten. **SBB** Leuk. 🚌 Nr. 474 bis „Erschmatt, Dorf". → Beschildert. Der Sortengarten liegt im Dorf, der Roggengarten oberhalb des Dorfes. 🚗 Im Haupttal des Wallis' in Leuk Richtung Leukerbad abzweigen, 1 km nach Leuk Richtung Erschmatt. 🅿 Im Dorf. 🛒 ❶ ✿ Saatgut-Verkauf.

VS 4

Heilpflanzengarten Ausserberg
Fischerbiel, 3938 Ausserberg

Ein paar hundert Meter außerhalb von Ausserberg, wo weit und breit kein Haus mehr steht, stößt man in einer Kurve auf einen kleinen, eingefriedeten Heilkräutergarten. Unter einem Weißdornstrauch und einem Ginkgobaum wachsen rund 50 Heilpflanzen, die mit Namensschildern und Hinweisen auf die Heileigenschaften versehen sind. Wie kam es hier zu einem Garten? 1993 wurde er im Rahmen eines neu geschaffenen Kräuterweges angelegt, der heute jedoch nicht mehr als solcher existiert. Einige Jahre kümmerte sich der letzte Bahnhofsvorstand in Ausserberg um den Garten. Heute wird er von zwei Heilkräuterfachfrauen betreut, die im Garten auch Kurse durchführen.

➡ Eigentümer/in: Gemeinde Ausserberg. Kontakt: Rita Huwiler, Naturheilpraktikerin, Brig. Größe: 100 qm. Eintritt frei. Öffnungszeiten: Frei zugänglich. Führungen: Der Garten wird von zwei kräuterkundigen Frauen gepflegt, die Führungen und Heilkräuter-Workshops anbieten. Kontakt Rita Huwiler info@naturita.ch oder Anita Heynen a.heynen @ bluewin.ch. **SBB** Visp. 🚌 Postauto bis „Ausserberg, Dorf". ➜ Von der Haltestelle dorfaufwärts, beim Hotel Sonnhalde rechts Richtung Fischerbiel (Lötschberg-Südrampe). 🚗 Von Visp nach Ausserberg bis Hotel Sonnhalde. 🅿 Im Dorf. 🐎 ♿

VS 5

Schlosspark Mercier
Montée du Château 19, 3960 Sierre

Ein denkbar ungünstiger Ort, um einen Garten anzulegen: ein Gipssteinhügel, einer der trockensten Standorte der Schweiz, wo außer ein paar Wüstenarten kaum etwas wächst. Aber genau hier, oberhalb von Siders, wollen Jean-Jacques und Marie Mercier gleich zu Beginn des 20. Jahrhunderts ihr Schloss bauen und ihren Garten anlegen. Die Merciers waren im 18. Jahrhundert in die Schweiz geflüchtet, da sie als Hugenotten in Frankreich verfolgt wurden. Mit einer Gerberei in Lausanne kam die Familie zu Reichtum und stieg zu einer der größten Industriedynastien der Westschweiz auf. An Vermögen mangelt es also nicht, als die Merciers von 1906 bis 1908 in Siders ihr Schloss im Heimatstil erbauen lassen. Der Landschaftsarchitekt Fernand Correvon ist mit der Gestaltung der Umgebung beauftragt. Sein Vater, der bekannte Gärtner und Botaniker Henry Correvon (siehe VS 8), war schon seit einigen Jahren mit den Merciers bekannt. In seinem Buch „Floraire" schrieb Henry Correvon, er bewundere die Begeisterung von Marie Mercier, einen Garten auf dem Hügel Pradegg anzulegen. Er habe sie in ihrem Vorhaben aber nicht ermutigt. Trotzdem entstand rund um Château Mercier eine mediterrane Gartenanlage mit einem Gemüsegarten, Pergolen, Lauben, einem Landschaftsgarten mit romantischen Ecken und Kleinarchitekturen – und natürlich einem Alpengarten. Verschiedenste Bäume wie Steineichen, Libanonzedern oder Arizonazypressen wurden gesetzt. Um die Pflanzen mit Wasser zu versorgen, leiteten die Merciers Wasser von verschiedenen Quellen aus der Umgebung auf ihr Grundstück. Die Schlossherrin legte oft selbst Hand an im Garten. Fotos aus dem Familienarchiv zeigen Marie Mercier mit Strohhut und ausgeleierter Gärtnerschürze. Bis 1991 blieb das Schloss im Familienbesitz und ging dann als Schenkung an den Kanton. Auf einem Rundgang trifft man als Erstes auf die schmucke Orangerie rechter Hand. Gegenüber zeigt ein Übersichtsplan zum Park, wo man die Grotte findet, wie man zum Turm hoch kommt, wo die Allee Jean-Jacques Mercier liegt und wo es zum Alpengarten geht. Letzterer ist nur noch als Anordnung von Felsblöcken erkennbar. Auch der Rest der Anlage ist eine Mischung aus gepflegten und vergessen gegangenen Teilen. Die Grundstruktur ist jedoch erhalten, was die Entdeckung dieses Parks zu einem Erlebnis macht. Doch was passiert in Zukunft? Über eine lange Treppe durch den Rebberg steigt man wieder ins Städtchen Siders hinunter, wirft einen letzten Blick zurück und wünscht, dieser Garten möge nicht untergehen.

Foto: Sarah Fasolin

➡ Eigentümer/in: Kanton Wallis. Geführt von der Fondation Château Mercier, Case postale 403, 3960 Sierre. fondation@chateaumercier.ch. www.chateaumercier.ch. Größe: 3 ha. Eintritt frei. Öffnungszeiten: Frei zugänglich. Führungen: Drei bis vier öffentliche Führungen pro Jahr, siehe Website. Attraktionen: Pergolen, Kleinarchitekturen. **SBB** Siders/Sierre. ➜ Zu Fuß die Stadt hoch. Beschildert. Ca. 15 Min. Fußmarsch. 🚗 In Siders beschildert. 🅿 🚻 ♿ Teilweise. ❶ Eine Broschüre zum Park (auf Französisch), in der einzelne Pflanzen genauer vorgestellt werden, ist bei der Stiftung erhältlich.

VS 6
Privatgarten Wymann/Hebeisen
Niederried, 3933 Staldenried

Foto: Sarah Fasolin

Mit diesem Garten erfüllt sich Richard Wymann einen Lebenstraum. Als Landschaftsgärtner und Naturgartengestalter wünschte er sich schon viele Jahre ein eigenes Stück Land. Einen Fleck Erde, den er mit seiner Frau in ein pflegeleichtes, essbares Ökosystem verwandeln könnte. Im Kanton Bern, wo er wohnte, wurde er nicht fündig. Im Wallis hingegen fand er eine Parzelle von 8000 qm – nicht zu groß, nicht zu klein, gerade richtig. Da das Grundstück in einer der niederschlagsärmsten Gegenden der Schweiz liegt, brauchte er zum Land auch entsprechende Wasserrechte. Gemeinsam fingen Wymann und Hebseisen an, nahmen Bodenproben und studierten die verschiedenen Standorte innerhalb des Grundstücks. Danach setzten sie eine Hecke, um den Wind zu bremsen, pflanzten Hochstammobst, Nussbäume und Wildobst. Sie ordneten Stauden an und in der Mitte einen Kräutergarten. Einige Prinzipien der Permakultur fanden Eingang und sowieso vieles mehr aus dem Erfahrungsschatz von 40 Jahren Berufstätigkeit als Naturgärtner. Da das Paar nicht neben dem Garten lebt, wählte es bewusst Pflanzen, die ohne ständige Betreuung auskommen. Ihr Ziel ist, einen Garten zu schaffen, der ohne viel Aufwand viel Ertrag gibt.

➜ Eigentümer/in: Richard Wymann und Marianne Hebeisen, Rathausstrasse 12, 3930 Visp. Tel. 079/4499524 oder 033/6541033 abends. richard.wymann@bluewin.ch. Größe: 0,8 ha. Eintritt: Kleine Rundgänge kostenlos. Führungen und Kurse kostenpflichtig. Anmeldung erforderlich. Öffnungszeiten: Mitte Mai–September. Führungen: Nach Voranmeldung. Attraktionen: Seltene Kräuter, viel Wildobst. ➜ Wegbeschreibung bei Anmeldung. 🐈

VS 7
Alpengarten Flore Alpe
Route de l'Adray 17, 1938 Champex-Lac

Foto: Héloïse Maret

Auf einer Bergwanderung nach Champex war es um den welschen Industriel-len Jean-Marcel Aubert geschehen. Er verliebte sich in die malerische Gegend am Champex-Lac im Unterwallis und kaufte ein Stück Land. Das war 1924. Schon wenig später begann Aubert, seinen Traum von einem Alpengarten um-zusetzen. Nach und nach erwarb er mehr Land und ließ den Garten erweitern. Ein großes Anliegen war dem passionierten Berggänger, die Alpenflora der Öf-fentlichkeit näher zubringen. Bereits 1931 machte er deshalb seinen Garten für Besucher zugänglich. Heute kann man auf einer Fläche von 6000 qm über 4000 Pfanzenarten aus verschiedenen Gebirgen der Welt kennenlernen. Der Garten ist idyllisch angelegt, die Wege führen zwischen Steinblöcken und Bächlein zu verschiedenen Lebensräumen wie einer Moorlandschaft, einer Moräne und Trockengebieten. Man trifft dabei auf große Sammlungen von Rhododendren, Primeln, Mansschild und Hauswurz.

➡ Eigentümer/in: Fondation Aubert, Postfach 26, 1937 Orsières. Tel. 027/7831217. info@flore-alpe.ch. www.flore-alpe.ch. Größe: 0,6 ha. Eintritt: Erwachsene CHF 5.-, Kin-der CHF 2.- Vergünstigungen für Familien und Gruppen. Öffnungszeiten: Mai–Oktober täglich von 10–18 Uhr, Juli und August 10–20 Uhr. Führungen: Nach Voranmeldung. Veranstaltungen: Siehe Website. Attraktionen: Jedes Jahr werden neue Skulpturen und Kunstobjekte ausgestellt. **SBB** Orsières. 🚌 Nr. 721 bis „Champex, Lac". ➜ Zu Fuß 5 Min. den See entlang. 🚗 Via Martigny und Orsières nach Champex-Lac. 🅿 Be-schränkt, bei der Talstation der Luftseilbahn La Breya. ❶ ✿

VS 8
Alpengarten La Linnaea
La Linnaea, 1946 Bourg-Saint-Pierre

Er ist der älteste Alpengarten der Schweiz: La Linnaea, benannt nach dem schwedischen Botaniker Carl von Linné (1707-1787), eröffnet am 20. Juli 1889. Federführend bei der Entstehung dieses Gartens war der Waadtländer Botaniker Henry Correvon, der als Alpenflora-Spezialist im In- und Ausland tätig war. Correvon war auch bei der Gründung des Alpengartens Rochers-de-Naye (siehe VD 11) beteiligt und beim Aufbau verschiedener Alpina innerhalb von botanischen Gärten oder Privatgärten. Er gilt deshalb als Gründervater der Alpengärten. In La Linnaea am Grossen Sankt Bernhard wurden mit wenig Mitteln 41 kleinere Steingärten eingerichtet. 1948 wurde der Garten aufgegeben und erst 40 Jahre später wieder in Stand gesetzt und komplett neu konzipiert. Der Schwerpunkt wurde nicht mehr auf einer möglichst großen Sammlung von alpinen Pflanzen gesetzt, sondern auf der Darstellung verschiedener Lebensräume. So lernt man die Pflanzengesellschaften von Felsenbiotopen, Feuchtgebieten und Gletschermoränen kennen. Der Alpengarten ist zugleich eine alpinökologische Forschungsstation der Universität Genf.

➡ Eigentümer/in: Société académique de Genève, Jardin alpin et station de biologiue alpin, 1946 Bourg-Saint-Pierre. Tel. 027/7871117. sacad@unige.ch. www.unige.ch/sciences/biologie/plantsciences/linnaea/. Größe: 11,5 ha. Eintritt frei. Öffnungszeiten: Ende Mai–Mitte Oktober. Führungen: Nach Voranmeldung. SBB Martigny. 🚌 Nr. 211 bis „Bourg-Saint-Pierre, commune". ➜ Bei Dorfausgang rechts abbiegen. Beschildert. 🚗 Via Martigny nach Bourg-Saint-Pierre. 🅿 Außerhalb des Dorfes in der Nähe des Tunnels. 🛒 ❶ Auf Französisch.

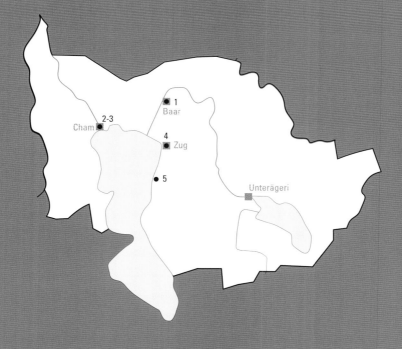

Selten zugänglich: Private Schlossgärten in Zug

Zug ist einer der kleinsten und gilt aufgrund seiner Tiefsteuerpolitik als der wohlhabendste Kanton. Er liegt am Zugersee, im Herzen des Landes. Rund um Villen und Schlösser befinden sich hübsche Gärten, die für Besucher allerdings meist nicht zugänglich sind und deshalb nicht in diesem Gartenführer erscheinen. Drei Gartenperlen sind jedoch an bestimmten Tagen zu besichtigen – wer sich informiert und gut plant, kann auch diese besuchen.

Zum Beispiel die Parkanlage von Schloss St. Andreas, dessen Ursprünge im 14. Jahrhundert liegen. Der Park geht auf Otto Froebel zurück, Sohn des Gartenarchitekten Theodor Froebel, der den angrenzenden Villettepark gestaltet hat (siehe ZG 3). Von 1904 bis 1907 entstand rund um Schloss St. Andreas der Park im englischen Stil mit vielen amerikanischen Gehölzen. Ein besonderes Highlight sind die vielen Rhododendren, weshalb der Garten zu deren Blütezeit jeweils an einem Wochenende im Mai geöffnet wird. Mitte April wird das genaue Datum bekannt gegeben.

Ein weiteres Schmuckstück liegt der Stadt Zug gegenüber und umfasst die Halbinsel Buonas. Die heutige Parkanlage um das Schloss entstand Ende des 19. Jahrhunderts unter dem damaligen Besitzer Karl von Gonzenbach-Escher. Wald, Baumgruppen, große Rhododendren-Flächen, ein verträumter Seerosenteich und viel Kleinarchitektur zeichnen diesen 30 Hektar großen Landschaftspark aus. Er ist jeweils zur Rhododendren-Blüte in der Regel am zweiten und dritten Samstag im Mai öffentlich zugänglich.

Immer am 1. August nachmittags sind der Garten und die historischen Räume des Zurlaubenhofs in Zug zu besichtigen. Die Gartenanlage bei diesem Patriziersitz hat ihre heutige Gestaltung in der zweiten Hälfte des 19. Jahrhunderts erhalten. Ein geometrisches Parterre verbindet Zier- und Nutzgarten miteinander. Viele Rosen, Schmuckbeete mit Buchsbordüren und Formgehölzen zeichnen den Garten aus. Ein besonders hübsches Element an der Seite des Gartens ist ein langer Rosenlaubengang, der von der einmal blühenden Ramblerrose „Dorothy Perkins" in Beschlag genommen wird.

Die genauen Daten für die Besichtigung der Gärten von Schloss St. Andreas, Schloss Buonas und dem Zurlaubenhof sind im Zuger Amtsblatt ausgeschrieben. Dieses erscheint jeweils am Freitag und ist am darauffolgenden Dienstag gratis im Internet zugänglich (www.amtsblatt.ch → Veranstaltungen). Eine weitere Informationsquelle ist Zug Tourismus (www.zug-tourismus.ch).

Privatgarten Stadelmann
Hirssattel 6, 6340 Baar

Foto: Sarah Fasolin

Worin wurzelt das Bedürfnis, einen eigenen Garten zu haben? Bei Mariteres Stadelmann waren es die Rüebli aus Mutters Garten. Als Bergbauerntochter in der Innerschweiz aufgewachsen, musste sie mit 16 Jahren für eine Berufslehre ins Tal ziehen. Das Heimweh war groß und als Trost schickte Mutter ihr Pakete mit Karotten aus dem Garten – weil die von Zuhause so gut schmeckten wie keine anderen. Von da an suchte Stadelmann zu jeder Wohnung, in der sie lebte, auch ein paar Gartenbeete. Seit 1991 wohnt sie in einem Haus mit zugehörigem Land auf dem Hirssattel ob Baar. Ein Besuch in diesem grünen Reich ist eine große Inspirationsquelle für Leute, die einen naturnahen Garten wünschen, in dem möglichst viele Tiere Unterschlupf finden und wo biologisches Gemüse und Früchte wachsen. Mariteres Stadelmann setzt sich seit bald 30 Jahren mit biologischem Gemüseanbau und Naturschutz auseinander. Sie gärtnert konsequent nach der Vier-Felder-Wirtschaft. Seit ein paar Jahren auch in einem Hochbeet, das sie aus Granitstelen selber anfertigte. Und in einem Beet wachsen natürlich auch die Karotten dicht an dicht.

➡ Eigentümer/in: Rosmarie Tödtli. Kontakt: Mariteres Stadelmann. masta@databaar.ch. Größe: 0,14 ha. Eintritt: Kollekte. Anmeldung erforderlich. Führungen: Nach Voranmeldung. Attraktionen: Hochbeet aus Granitstelen. ➜ Wegbeschreibung bei Anmeldung. 🅿 🐕 ♿ Teilweise.

ZG 2

Kräutergarten Kloster Heiligkreuz
Lindencham, 6330 Cham

Groß und im Sommer angenehm duftend liegt der Kräutergarten des Klosters Heiligkreuz in Cham umgeben von Klostermauern. Dass hier nicht nur Gemüse und ein paar Kräuter für die Küche gedeihen, merkt man bald. Rund 90 verschiedene Heilkräuter werden angebaut und im größeren Stil geerntet. Teemischungen, Kräuterkissen, Salben, Tinkturen, Sirup und Badesalz stellen die Schwestern her. Kräutergärten haben in Klöstern Tradition. Das 1862 gegründete Kloster Heiligkreuz legt im Garten jedoch erst seit 1988 einen klaren Schwerpunkt auf Kräuter. Der Input kam von einer Heilkunde-Dozentin. Diese suchte ein Kloster, das einen Kräutergarten nach Hildegard von Bingen anlegen würde und wo sie mit ihren Schülern hingehen könnte. Die Benediktinerin Hildegard von Bingen lebte als Heilkräuterfrau im 12. Jahrhundert und hinterließ mehrere Werke zur Wirksamkeit von Kräutern. Die für den Kräutergarten im Kloster Heiligkreuz zuständigen Schwestern Theresita Blunschi und Marta Divic betreuen auch Praktikanten von der Heilpraktikerschule, die jeweils ein bis zwei Wochen im Kräutergarten mithelfen. Heute sind die Führungen im Klostergarten so begehrt, dass sie jeweils schon zu Beginn der Saison ausgebucht sind.

➡ Eigentümer/in: Kloster Heiligkreuz. kloster.heiligkreuz.cham@bluewin.ch. www.kloster-heiligkreuz.ch. Größe: 0,35 ha. Eintritt frei. Anmeldung erforderlich. Führungen: Nur im Rahmen von Führungen zu besuchen. Attraktionen: Am Gottesdienst von Mariä Himmelfahrt vom 15. August stellen die Schwestern jeweils drei aus gemahlenen Kräutern kreierte Mandalas aus. ➡ Wegbeschreibung bei Anmeldung. 🅿 ✿ Verkauf von Kräuterprodukten im Klosterladen.

ZG 3

Villettepark Cham
Villettepark, 6330 Cham

Was haben sie nicht alles für klingende Namen: Kaukasische Flügelnuss. Kalifornische Weihrauchzeder. Chilenische Araukarie. Eine große Vielfalt an Bäumen begegnet einem im Villettepark in Cham – in einmaliger Lage direkt am See. Ein Park im Stil des englischen Landschaftsgartens, dessen exotischer Baumbestand noch immer an seinen Gestalter erinnert: Theodor Froebel, einer der ersten Kunstgärtner in der Schweiz, hatte den Park in den 1860er Jahren geplant. Damals gehörte das Grundstück dem Zürcher Bankier und Kunstsammler Heinrich Schulthess-von Meiss, der hier seine Villa erbauen ließ. Froebel importierte und züchtete selber Pflanzen und verfügte aufgrund seiner Tätigkeiten in verschiedenen botanischen Gärten über ein großes Pflanzenwissen. Auch in Zürich hat Froebel zu mehreren Villen die Parkanlagen gestaltet (siehe ZH 15). Die Gemeinde Cham konnte Villa und Park schrittweise erwerben und machte sie 1985 der Öffentlichkeit zugänglich. Interessant ist neben den Bäumen und der Gestaltung auch die Feuchtwiese im nördlichen Teil des Parks.

Foto: Claudia End

➡ Eigentümer/in: Gemeinde Cham. markus.schuler@cham.ch. www.cham.ch. Größe: 6,5 ha. Eintritt frei. Öffnungszeiten: Frei zugänglich. Führungen: Nach Voranmeldung. Veranstaltungen: Villette-Fest alle drei Jahre. **SBB** Cham. ➜ Gleich neben dem Bahnhof. Unterführung Richtung See. 🚗 A4 Ausfahrt Cham. Richtung Zentrum. Bei der Kirche oder beim Bahnhof parken. **P** Parkhäuser Lorze oder Mandelhof. ✂ ☕ 🐕 ♿
ℹ Eine Publikation zu den Bäumen im Villette-Park ist bei der Gemeinde Cham gratis erhältlich, ebenso ein Gehölzrundgang zu verschiedenen Bäumen in Cham. Bestellen bei info@cham.ch oder direkt herunterladen von www.cham.ch → Verwaltung → Publikationen.

ZG 4

Rosengarten Guggi
Guggi, 6300 Zug

Das Guggi ist ein Ort voller Romantik. Ein Hügel oberhalb von Zug, der den Blick auf den See, über die Altstadt und bis in die Berner Alpen wandern lässt. Dass hier auch noch ein hübscher Rosengarten anzutreffen ist, macht den Ort perfekt. In einem schmalen Streifen Land zwischen Aussichtshügel und Spazierweg liegt er als Dreieck – eine ungewohnte, aber sich harmonisch in die Landschaft einfügende Form. Eine größere Wachholder- und kleinere Buchs-

Hecken grenzen den Garten an den Seiten ab. Buchsquader strukturieren den inneren Raum, in dem Rosen, Lavendel und einzelne Stauden wachsen. Der Schwerpunkt liegt auf den historischen Rosen, von denen die wichtigsten Kategorien vertreten sind: Gallica, Zentifolien, Moosrosen, Bourbon, Portland, China und Moschata. Entlang des Weges sind einige Wildrosen zu sehen. Der Rosengarten Guggi entstand als Projektidee der Gesellschaft Schweizerischer Rosenfreunde, nachdem 1994 in Zug ein Rosenfest stattgefunden hatte. Es dauerte mehrere Jahre, bis die Finanzierung gesichert, der Standort geklärt und der Unterhalt organisiert war. Die Zuger Rosenfreunde kümmern sich seit Beginn um den Schnitt und die Pflanzung der Rosen. Obwohl nur ein paar Treppenstufen vom Zentrum entfernt, ist der Rosengarten auf dem Guggi noch immer ein Geheimtipp.

Foto: Rosengruppe Zug

➡ Eigentümer/in: Stadt Zug. Größe: 250 qm. Eintritt frei. Öffnungszeiten: Frei zugänglich. Führungen: Nach Voranmeldung bei Zug Tourismus (www.zug-tourismus.ch) Attraktionen: Wunderschöne Aussicht, viele Historische Rosen. Tipp: Kaffeepause im Biohof Zug zwischen Zug und Oberwil b. Zug. Schöne Rosenterrasse mit Blick auf den See. www.biohofzug.ch. **SBB** Zug Postplatz. ➜ Beim Postplatz rechts am Gebäude vorbei. Beschildert. 🚗 A4a Ausfahrt Zug, Richtung Zentrum. Parkhaus Vorstadt. Zu Fuß zum Postplatz. 🐕 ♿ Teilweise. Zugang über Guggiweg. ❶ Bei Zug Tourismus am Bahnhof liegt ein Faltprospekt mit Übersichtsplan und einer Liste der Rosen auf.

Rosengarten Juen
Bruder-Klausen-Weg 4, 6317 Oberwil b. Zug

Als Dank für seine Arbeit als Polier schenkte ihm ein Auftraggeber 1991 ein Rosenseminar beim Rosenexperten Dietrich Woessner in Braunwald (siehe GL 8). Peter Juen ging hin, denn er hatte schon immer mehr wissen wollen über Rosen. Von da an war es um Juen geschehen. Er war derart fasziniert von der Vielfalt und Schönheit der Rose, dass er in seinem Garten immer mehr Stöcke pflanzte. Wenige Jahre später wurde er pensioniert und weil er noch viel tiefer in die Welt der Rosen eintauchen wollte, arbeitete er mehrere Wochen als Freiwilliger beim Rosenzüchter Richard Huber (siehe AG 11). Er mag sie alle: Strauchrosen, Kletterrosen, Bodendeckerrosen. Aber ganz besonders die Beetrosen. Heute lassen sich etwa 350 Stöcke rund um sein Haus zählen.

➡ Eigentümer/in: Peter Juen, Bruder-Klausen-Weg 4, 6317 Oberwil b. Zug. Tel. 041/7101006. Größe: 650 qm. Eintritt frei. Anmeldung erforderlich. Führungen: Nach Voranmeldung. ➜ Wegbeschreibung bei Anmeldung. 🅿 ♿

Entspannung zum Abonnieren.

Unsere Zeitschrift über die schönsten Seiten des Schweizer Landlebens und für die entschleunigte Lebensart. Freuen Sie sich auf wertvolle Gartentipps, köstliche Landfrauenküche, raffinierte Strickideen und faszinierende Porträts bodenständiger Menschen. **Schweizer LandLiebe. Mit Liebe gemacht.**

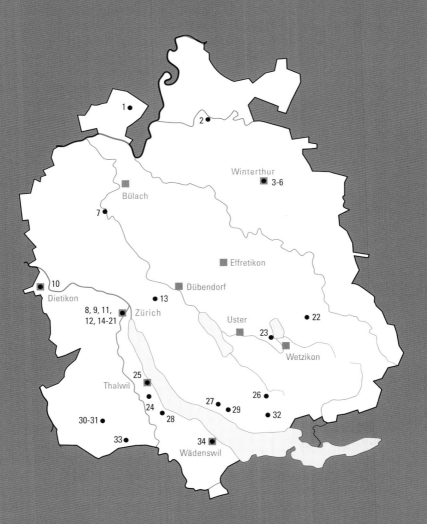

1 •

2 •

Winterthur
● 3-6

■ Bülach

7 •

■ Effretikon

■ Dübendorf

10
● Dietikon

● 13

8, 9, 11,
12, 14-21 ■ Zürich

Uster
■   ● 22

23 ●

Wetzikon

25
●

Thalwil

24 ●

30-31 ●

28 ●

27 ●   26 ●
29 ●   32 ●

33 ●

34 ●
Wädenswil

Urban Gardening und eine Gartenstadt

In den Städten breitet sich seit einigen Jahren eine neue Gartenlust aus. Eine Freude am Gärtnern, ganz egal, ob man im Wohnblock lebt und keinen Quadratmeter Land sein Eigen nennt – irgendwo gibt es immer eine freie Fläche Erde oder Gleichgesinnte, mit denen man ein Gartenprojekt starten kann. So sind in Basel, Bern, Genf und vielen anderen Städten urbane Gärten aufgekommen. Besonders viele sind es in Zürich. Auf der Brache des ehemaligen Fußballstadions Hardturm ist 2011 der „Stadiongarten" entstanden (siehe ZH 12), eine unkomplizierte Möglichkeit für alle Interessierten, ein eigenes Beet zu haben für Gemüse, Blumen und Kräuter. Nicht weit davon entfernt entwickelt sich seit 2013 der Quartiergarten Hard, in dem die Anwohner gemeinschaftlich einen Garten bestellen. Als Gemeinschaft sind auch die Mitglieder von SeedCity organisiert (siehe ZH 11), einem 2010 auf dem ETH-Gelände Hönggerberg angelegten Garten. Mitten im Rotlichtmilieu im Zürcher Langstraßen-Quartier ist 2012 der Brauergarten entstanden, ein mobiler Garten mit Pflanzen in allen möglichen transportablen Behältern. Das Hilfswerk der evangelischen Kirchen Schweiz (HEKS) gründet seit einigen Jahren in Zürich und anderen Städten Gärten für Migrantinnen und Migranten. Viele dieser Projekte sind im Verein „Interkulturelle Gärten" zusammengeschlossen, der ebenfalls erst seit 2010 existiert.

Die Bewegung der urbanen Gärtner hat ihren Anfang in den 1970er Jahren in New York genommen. Die Künstlerin Liz Christy störte sich an einem verwahrlosten Grundstück in der Lower East Side in Manhattan. Zusammen mit ihren Nachbarn räumte sie den Platz, der bis dahin den Drogenabhängigen zum Konsum und den Anwohnern als Abfallhalde gedient hatte. Sie pachteten das Grundstück von der Stadt und gründeten den ersten Community Garden, der noch heute besteht. Die Idee fand Nachahmer in anderen Stadtteilen sowie in anderen amerikanischen Städten und schwappte nach Australien und Europa über, bis schließlich auch in der Schweiz von Urban Gardening die Rede war.

Eine Besonderheit im Kanton Zürich ist auch Winterthur, das als Gartenstadt bezeichnet wird. Anders als viele andere Städte definierte Winterthur bereits 1835 eine grüne Ringzone rund um die Stadt. Dieser Grüngürtel, der anstelle des aufgefüllten Stadtgrabens entstand, stieß direkt an die Parkanlagen der Villen, die wohlhabende Winterthurer außerhalb der Stadt errichtet hatten. Zwar kamen später einige Bauten im Grünring hinzu, doch ist Winterthur eine grüne Stadt mit vielen Gärten und Parks geblieben. Regelmäßig werden spezielle Gartenführungen in Winterthurs Villengärten angeboten (Daten auf www.winterthur-tourismus.ch).

ZH 1
Schaugarten Hauenstein
Imstlerwäg 2, 8197 Rafz

Foto: Sarah Fasolin

Zur größten Baumschule der Schweiz gehört auch ein großer Garten. Obwohl darauf geachtet wird, dass im Schaugarten nur Pflanzen wachsen, die auch im eigenen Gartencenter zu kaufen sind, hat diese großzügige Anlage keineswegs den Charakter einer Verkaufsausstellung. Es ist ein Garten, genauer: Es sind mehrere Gärten. Zuerst gelangt man in einen Bereich voller Rhododendren und weiteren Pflanzen, die saure Böden mögen. Es folgen ein idyllisch angelegter Teich und ein großer Gräsergarten. Im Schatten von Gehölzen wachsen Pflanzen, die gerne auf Sonne verzichten. Schließlich kommt man in den Kiesgarten mit den unterschiedlichsten Koniferen. Beim Rosenlaubengang klettern zehn verschiedene Ramblerrosen über die Bögen. Hier darf man die Abzweigungen in die Gartenzimmer nicht verpassen. Dies sind Themengärten mit unterschiedlichen Schwerpunkten. Der Gartenbauer Kurt Salathé hat die 1976 eröffnete Anlage gestaltet. Dass Gartenliebhaber nicht nur gerne spazieren, sondern auch sitzen und genießen, hat er ebenfalls berücksichtigt und zahlreiche Sitzbänke in den Garten integriert.

➡ Eigentümer/in: Hauenstein AG Baumschulen & Garten-Center, 8197 Rafz. Tel. 044/ 8791122. info@hauenstein-rafz.ch. www.hauenstein-rafz.ch. Größe: 1 ha. Eintritt frei. Öffnungszeiten: Frei zugänglich. Führungen: Nach Voranmeldung. Veranstaltungen: Diverse Veranstaltungen (siehe Website). Attraktionen: Rosenlaubengang, Gräsergarten, 90 ha große Baumschule (ebenfalls zugänglich). **SBB** Rafz. ➔ Vor dem Bahnhof rechts in die Bahnhofstraße einbiegen, dann links. 5-10 Min. zu Fuß. 🚗 A51 Ausfahrt Rafz. Beschildert. 🅿 ✕ ☕ 🐎 ♿ ❶ Das bekannte Hauenstein Pflanzenbuch mit 3 000 Kurzporträts von winterharten Pflanzen ist im Gartencenter erhältlich. ✿

ZH 2
Schlosspark Andelfingen
Schlossgasse 14, 8450 Andelfingen

Foto: Christian Rüegsegger

Dieser Park sollte auf keiner Gartenreise-Agenda im Norden und Osten der Schweiz fehlen. Was macht den Andelfinger Schlosspark aus? Der romantische, mit viel Fürsorge gepflegte Landschaftsgarten mit den verschlungenen Wegen, den Brücken, dem Pavillon? Der Schlosshof mit den vielen Kübelpflanzen? Die Gärtnerei, in der Schnittblumen für das Altersheim wachsen sowie viele Kräuter und eine schöne Salvien-Sammlung? Die Promenade mit der Rebenlaube und dem Buchs- und Eiben-Wäldchen? Es ist das Zusammenspiel all dieser Gartenbereiche, und dass die Idee der Landschaftsgärten des 19. Jahrhunderts so gut nachzuvollziehen ist: eine inszenierte Landschaft, die Gefühle weckt (siehe auch Einführungskapitel Basel S. 48). Die genauen Ursprünge des Parks sind unbekannt, doch einige Merkmale – zum Beispiel die Faszination für exotische Pflanzen – lassen eine Datierung in die zweite Hälfte des 19. Jahrhunderts zu. Damals gehörte das Schloss der Familie von Sulzer-Wart. Die letzte private Besitzerin, die 1923 verstorbene Anna Maria von Sulzer-Wart, war prägend für den Schlosspark. Auf ihre Anweisung entstanden Orangerien, ein Gewächshaus und der Geräteschopf. Sie war es auch, die 1876 den ersten Schlossgärtner anstellte. Christian Rüegsegger, der heute den Park pflegt, ist erst der fünfte. Die meisten bisherigen Gärtner haben die meiste Zeit ihres Berufslebens in den Park investiert – sicher mit ein Grund für den gepflegten Zustand. Ein Gärtner, der stets vor Ort ist, kennt seinen Garten wie niemand sonst.

➡ Eigentümer/in: Gemeinde Andelfingen, 8450 Andelfingen. Schlossgärtner: Christian Rüegsegger, Tel. 052/3172979. kanzlei@andelfingen.ch. www.andelfingen.ch. Größe: 1,5 ha. Eintritt frei. Öffnungszeiten: Tagsüber frei zugänglich. Führungen: nach Voranmeldung. **SBB** Andelfingen. ➡ Ab Bahnhof beschildert. 🚗 A4 Ausfahrt Andelfingen. Beschildert. 🅿 Im Dorf.

ZH 3
Privatgarten von Meiss
Rumstalstrasse 55, 8408 Winterthur

Dieser idyllische Weiher in der Mitte des Gartens mit den Seerosen, dem Rohrkolben – was für ein schönes Werk der Natur! Dann dieser zweite Teich nicht weit davon entfernt. Diese Weiden, die hier wachsen, hängend und aufrecht. Diese Bäume, diese Hecken, diese Wiesen. Der Bach der mitten durch den Garten fließt. Es sieht alles so natürlich aus, so selber entstanden. Aber dann fällt der Blick auf das Foto von 1979. Darauf erkennbar ist das Haus, ein eingezäunter Gemüsegarten, der Bach – und ein großer Acker. Man realisiert: Da war wirklich nichts, als Richard und Maja von Meiss Anfang der 1980er Jahre hierher kamen. Diese lauschige Gartenwelt ist das Werk vieler Jahre Arbeit. Der bestehende Gemüsegarten wurde integriert und beliefert noch heute die Küche. Blickachsen in das friedliche Weihertal, das diesen Garten umgibt, blieben bewusst frei. Einen so großen Garten müsste man eigentlich teilen, fanden von Meiss' schließlich und so wird der Garten seit einiger Zeit im Sommer zum Ausstellungsraum für zeitgenössische Kunstschaffende.

➡ Eigentümer/in: Maja und Richard von Meiss, Rumstalstrasse 55, 8408 Winterthur. Tel. 052/2227061. von.meiss@bluewin.ch. www.skulpturen-biennale.ch; www.galerie-weiertal.ch. Größe: 0,6 ha. Eintritt: Während der Skulpturenausstellung CHF 10.-. Öffnungszeiten: Juni–August: Mi–Sa 14–18 Uhr, So 11–17 Uhr. Mai und September nach Voranmeldung. Führungen: Nach Voranmeldung. Attraktionen: Über 100-jähriges Badehäuschen am Weiher. **SBB** Winterthur Wülflingen. ➡ Ca. 20 Min. zu Fuß bis ins Weiertal. Versch. Möglichkeiten, siehe Website. 🚗 A1 Ausfahrt Wülflingen. Richtung Klinik Schlosstal, Bahnlinie überqueren, bergauf, auf Anhöhe rechts (beschildert mit „Kulturort Weiertal"). 🅿 🍽 ♿ Teilweise. ❸

ZH 4
Pflanzgarten Schloss Hegi
Hegifeldstrasse 125/127, 8404 Winterthur-Hegi

Was eine alte Zeichnung nicht alles bewirken kann! Zum Beispiel anstelle einer grünen Wiese einen 800 qm großen Garten, schön umfriedet mit einem Holzstaketenzaun. Eingeteilt in sechs Pflanzfelder und mit einem Brunnen aus

Cortenstahl in der Mitte. In diesem großen Pflanzgarten neben dem Schloss Hegi sind Mitglieder des Vereins Schloss Hegi ehrenamtlich am Gärtnern. In den Beeten wachsen Gemüse, Kräuter und Beeren, in den Rabatten entlang des Zaunes Blumen. Die Ernte wird verkauft oder in der Schlossschenke verarbeitet. In erster Linie dient der Garten aber der Wissensvermittlung. Besucher können individuell mit einem Transponder durch den Garten spazieren und virtuell ernten. Dazu halten sie das Gerät an die Computerchips, die unter den Pflanzenschildern versteckt sind. Anschließend können sie an einem großen Medientisch mehr über die einzelnen Pflanzen erfahren. Hat man zum Beispiel die Stangenbohne geerntet, erfährt man, dass diese einen Tastsinn hat und die Gravitation wahrnehmen kann. Auf diese Weise will der Verein Schloss Hegi bei den Besuchern die Begeisterung für Natur, Lebensmittel und Garten wecken. So wie bei den Mitgliedern selbst das Feuer entfacht ist, als sie 2009 eine alte Tuschzeichnung von 1880 entdeckten. Darauf ist Schloss Hegi zu sehen – mit einem großen Gemüsegarten, der offenbar irgendwann einmal zu Wiese wurde.

➡ Eigentümer/in: Stadt Winterthur. Betreiber: Verein Schloss Hegi. info@pflanzgarten.ch. www.pflanzgarten.ch. Größe: 800 qm. Eintritt frei. Transponder-Leihgebühr CHF 5.-; Ausleihe in der Schlossschenke (Öffnungszeiten beachten). Öffnungszeiten: Frei zugänglich. Führungen: Nach Voranmeldung. Veranstaltungen: Setzlingsmarkt im Mai. Attraktionen: Großer Touchscreen mit Pflanzenporträts und Gartenthemen. **SBB** Winterthur. 🚌 Nr. 680 bis „Schlossacker". 🚗 A4 Ausfahrt Winterthur-Töss. Richtung Zentrum → Oberwinterthur → Hegi. Auf die Hegifeldstrasse einbiegen und immer geradeaus. 🅿 Im Quartier. ✖ Schlossschenke von Mai bis Oktober geöffnet: Sa 14–21 Uhr, So 11– 19 Uhr. 🐂 ❶

ZH 5
Rosengarten Winterthur
Hochwachtstrasse, 8400 Winterthur

Fast jede Stadt hat eine Garten-Perle, auf die sie besonders stolz ist. In Winterthur ist es der Rosengarten auf dem Heiligberg unweit vom Bahnhof. Ein Gärtner der Stadtgärtnerei kümmert sich vollamtlich um die 3000 Rosenstöcke, die eine Vielfalt von über 300 Sorten zeigen. Schon wenn man sich dem Garten nähert und auf die Anhöhe steigt, wird man an der Hochwachtstrasse von Rosen am Wegrand empfangen. Im Frühling wählt man am besten den direkt aufsteigenden Fußgängerweg, an dem dann Japanische Kirschbäume im rosaroten Blütenkleid Spalier stehen. Anfang des 13. Jahrhunderts wurde auf dem Heiligberg ein Jakobs-Chorherrenstift gegründet. Während der Reformation im 16. Jahrhundert wurde es aufgelöst und ging an die Stadt Zürich. Der Heiligberg erlebte einige Besitzerwechsel, bis die Stadt Winterthur 1961 das Grundstück der Familie Reinhart (Baumwollhandelsfirma Reinhart) abkaufte.

Drei Jahre später ließ die Stadt anlässlich ihres 700-jährigen Bestehens den Rosengarten anlegen. Auf dem Kiesplatz sitzt man unter einer über 200 Jahre alten Stieleiche. Man sieht auf die Stadt, auf das Teehäuschen von 1911, auf die Bronze-Statue „Springendes Pferd" von Hans Eduard Bühler – und auf ein großes, buntes Rosenmeer.

➡ Eigentümer/in: Stadt Winterthur. www.stadtgaertnerei.winterthur.ch. Eintritt frei. Öffnungszeiten: Frei zugänglich. Führungen: Nach Voranmeldung. Attraktionen: Große Rosensammlung. **SBB** Winterthur. → Südlich des Bahnhofs, 10 Min. zu Fuß. 🚗 Anreise mit öffentlichen Verkehrsmitteln empfohlen. 🐎 ♿

ZH 6
Brühlgutpark
Zürcherstrasse, 8400 Winterthur

Der Park habe schon lange in ihm geschlummert, sagte der Landschaftsarchitekt Matthias Krebs in einem Interview vor ein paar Jahren. Immer wenn er seine Großmutter im Altersheim Brühlgut besucht habe, habe er auf den vernachlässigten Park geschaut und gedacht, dieser hätte etwas mehr liebevolle Zuneigung verdient. 2006 bekam das Landschaftsarchitekturbüro Rotzler Krebs Partner den Auftrag für die Umgestaltung des öffentlichen Parks, der aus einem Villengarten aus dem 19. Jahrhundert hervorgegangen war. Während drei Jahren realisierte ein achtköpfiges Team den neuen Brühlgutpark, der mit mehreren Preisen ausgezeichnet wurde. Das Gestalterteam, das seine Büros nicht weit vom Park entfernt hat, wagte eine klare Neuinterpretation. Das Herzstück des Parks ist ein großer, ovaler Rasen, der den Geist des Landschaftsgartens mit den großen Rasenflächen, den sogenannten Pleasuregrounds, aufnimmt. Dieser wird von einem Beton-Ring eingefasst, der unterschiedlich hoch ist und zum Sitzen, Liegen oder Picknicken einlädt. Rund um diese zentrale Fläche sind die alten Bäume, die aus früheren Gestaltungsphasen stammen, integriert und mit Stauden unterpflanzt. Zwischen den Bäumen entstanden verschiedene Nischen mit Sitzbänken, Spielgeräten oder dem Granitbrunnen von 1948, der an die vorletzte Gestaltungsetappe von Gustav Ammann (siehe auch ZH 9) erinnert. Mit ihrer auf wenige Ausdrucksformen reduzierten Gestaltung wollen die Landschaftsarchitekten eine vielfältige Nutzung und Deutung des Parks ermöglichen.

➡ Eigentümer/in: Stadt Winterthur. www.stadtgaertnerei.winterthur.ch. Größe: 0,83 ha. Eintritt frei. Öffnungszeiten: Frei zugänglich. **SBB** Winterthur. 🚌 Nr. 1, 7, 11 bis „Loki". → Bei der Bushaltestelle ein paar Meter zurück gehen. 🚗 Anreise mit öffentlichen Verkehrsmitteln empfohlen. 🐎 ♿

ZH 7
Privatgarten Meier
Sonnenbergstrasse 62, 8172 Niederglatt

Foto: Rudolf Meier

Pflanzen und Gärten waren für den Gartenbauer Rudolf Meier stets mehr als ein Beruf. Sie sind seine Leidenschaft, sein Leben. Rund um sein Haus legt sich ein dichter Gehölz- und Staudengarten, den man auf Granitplattenpfaden erkundet. Sechs Sorten Zaubernuss öffnen hier im Winter ihre Blüten. 80 Sorten Rhododendron und 18 Blüten-Hartriegel blühen im Frühjahr. Meier hatte zehn Jahre nach seiner Lehre als Landschaftsgärtner ein Gartenbaugeschäft gegründet und wenig später eine kleine Baumschule, in der er viele Arten und Sorten seltener Pflanzen testete. Um Pflanzen an ihrem Naturstandort zu betrachten, reiste er um die ganze Welt. Ein Gang durch seinen Garten führt deshalb auch an vielen Raritäten vorbei, etwa den Prachtglocken oder seltenen Baum-Päonien. Unter den Bäumen entdeckt man Zyklamen in sechs Sorten. Dass auch nach über 60 Jahren Gartenfreude noch neue Vorlieben entstehen können, zeigt seine neuste Sammlung: Hostas. Auf einer Gartenreise hat er auf einmal Freude an Hostas bekommen – und anschließend zu Hause im Garten nach passenden Standorten gesucht.

➡ Eigentümer/in: Rudolf und Elsbeth Meier, Sonnenbergstrasse 62, 8172 Niederglatt. Tel. 044/8501562. meier.gaerten@bluewin.ch. Größe: 0,27 ha. Eintritt frei. Anmeldung erforderlich. Führungen: Nach Voranmeldung. Attraktionen: Große Sammlung von Rhododendren, Blumen-Hartriegel, Zaubernuss. ➡ Wegbeschreibung bei Anmeldung.
🅿 🐾 ♿ Teilweise. ✿

ZH 8
MFO Park Oerlikon
James-Joyce-Strasse, 8050 Zürich

Ein grünes Zimmer, das sogar erklettert werden kann: Das ist der bekannte und preisgekrönte Park auf dem Areal der ehemaligen Maschinenfabrik Oerlikon. Der Park, entstanden 2001 bis 2002, entstammt den Köpfen der Planergemeinschaft Burkhardt Partner/ Raderschall Partner und steht wie eine überdimensionierte Pergola inmitten von Industriebauten: ein Stahlgerüst von 100 Metern Länge, 35 Metern Breite und 17 Metern Höhe. Über 1 000 Kletterpflanzen – Clematis, Rosen, Glyzinien, Rostrote Weinrebe, Schlingknöterich und Scheinrebe – klettern daran hoch. Sie zeichnen die hallenartigen Umrisse des Parks mit frischem Grün im Frühling, mit einem Blütenreigen im Sommer und mit gelb-orange-roten Blättern im Herbst. Einzelne Etagen sind darin eingebaut. So kann man die Pflanzenwände aus unterschiedlichen Höhen erkunden und ganz oben erreicht man eine Aussichtsplattform mit Bänken und Liegemöbeln. Und einem Blick über Oerlikon.

➡ Eigentümer/in: Stadt Zürich. www.stadt-zuerich.ch/gsz. Größe: 0,63 ha. Eintritt frei. Öffnungszeiten: Frei zugänglich. Attraktionen: Park-Architektur, viele Kletterpflanzen. **SBB** Zürich-Oerlikon. ➡ Ab Bahnhof Oerlikon Nordausgang beschildert. 5 Min. zu Fuß. 🚗 Anreise mit öffentlichen Verkehrsmitteln empfohlen. 🐎 ♿ Teilweise.

ZH 9
Gustav-Ammann-Park
Langwiesstrasse 34, 8050 Zürich

Verwinkelt, verträumt und nicht ganz einfach zu finden: Der Gustav-Ammann-Park ist ein gut verstecktes Gartendenkmal aus den 1940er Jahren in Zürich-Oerlikon. Er liegt inmitten von Wohnhäusern und ehemaligen Industriegebäuden und erinnert an den Süden, das Tessin. Eine langgezogene Pergola zieht sich den Hang entlang. Granitplattenwege führen zu einem Teich und Sitznischen, die von Bruchsteinmauern umgeben sind. Gustav Ammann, einer der bedeutendsten Schweizer Gartenarchitekten der ersten Hälfte des 20. Jahrhunderts, hatte den Auftrag, hier eine Ferienwelt zu schaffen. Eine heimelige Welt mit südlicher Atmosphäre. Hier sollten sich die Arbeiter der Werkzeugmaschinenfabrik Oerlikon Bührle & Co. während den Arbeitspausen erholen, so die Idee des Patrons Emil Georg Bührle. Am Rande seiner Industriebauten ließ er zu diesem Zweck ein Wohlfahrtshaus mit Wohlfahrtsgarten bauen. Eindrücklich, wie Ammann aus diesem schmalen und ansteigenden Landstreifen einen Park gestalten konnte, der trotz knappem Raum ein Gefühl von Weitläufigkeit vermittelt. Der Garten, der in seiner Art einzigartig ist in der Schweiz and mittlerweile unter Schutz steht, konnte seinen Charakter im Laufe der Geschichte bewahren. 2004/2005 wurde er sanft renoviert.

➡ Eigentümer/in: Rheinmetall Air Defence AG. www.stadt-zuerich.ch/gsz. Größe: 0,3 ha. Eintritt frei. Öffnungszeiten: Tagsüber frei zugänglich. Attraktionen: Pergola-Anlage. **SBB** Zürich-Oerlikon. 🚋 Nr. 11 bis „Regensbergbrücke". 🚌 Nr. 62 bis „Regensbergbrücke". ➔ Über Birchplatz in die Birchstrasse. Dann links in die Langwiesstrasse. 🚗 Anreise mit öffentlichen Verkehrsmitteln empfohlen. 🐕 ♿ Teilweise.

ZH 10
Privatgarten Ungricht
Lindenstrasse 25, 8953 Dietikon

Nach dem Hausbau ließen Annarös und Hans Ungricht das zum Haus gehörende Land gestalten wie damals in den 1980er Jahren üblich: als eine eintönige Fläche von Zwergmispeln und Feuerdorn. Dies erschien Annarös Ungricht irgendwann langweilig und sie riss die ersten Stöcke aus, setzte dafür Stauden, Rosen und Gehölze. Heute ist sie eine leidenschaftliche Gärtnerin und hält ihren gepflegten Hausgarten in Schwung. Eine von Geißblatt und Rosen umrankte Pergola ist der Mittelpunkt des Gartens, der auf zwei Ebenen angelegt ist. Überhaupt die Rosen: Von ihnen gibt es viele, seien es Kletter- oder Strauchrosen. Oder Rosenbäumchen, die inmitten von Lavendelquadern stehen. Damit der Höhepunkt des Gartens nicht schon im Juni überschritten ist, wählt die Gärtnerin vorwiegend Pflanzen mit hübscher Herbstfärbung.

➡ Eigentümer/in: Annarös und Hans Ungricht, Lindenstrasse 25, 8953 Dietikon. Tel. 044/7414940. annaroes.ungricht@vtxfree.ch. Größe: 900 qm. Eintritt frei. Anmeldung erforderlich. Führungen: Nach Voranmeldung. ➔ Wegbeschreibung bei Anmeldung. 🅿 ♿ Teilweise. Tipp: Nur wenige hundert Meter entfernt liegt der Bruno-Weber-Park des 2011 verstorbenen Künstlers Bruno Weber. www.bruno-weber.com.

ZH 11
Gemeinschaftsgarten SeedCity
Wolfgang-Pauli-Strasse, 8093 Zürich

Was dieser Garten nicht alles bietet: Obst von den Bäumen, Beeren von den Sträuchern, Gemüse von den Hügelbeeten und sogar selbst gezüchtete Pilze. Seit 2010 betreiben auf dem Hönggerberg Studierende und Mitarbeiter der Eidgenössisch Technischen Hochschule (ETH), aber auch Anwohner und andere Interessierte einen Gemeinschaftsgarten. Wer Mitglied im Verein SeedCity ist, kann gärtnern und ernten. Was reif ist, wird fair verteilt – so unkompliziert geht das. Damit jemand den Überblick über Baumschnitt, Anbauplan und

Fruchtfolge behält, hat der Verein einen Permakulturgärtner beauftragt, der einmal wöchentlich vor Ort ist und die Mitglieder mit Rat und Tat unterstützt. Der Garten wird biologisch und nach Prinzipien der Permakultur bepflanzt. Ziel ist es, den Garten so anzulegen, dass ein sich selbst regulierendes Pflanzensystem entsteht. Die Pflanzen werden möglichst so kombiniert, dass sie sich gegenseitig vorteilhaft beeinflussen. Zur Permakultur gehört auch ein geschlossener Kreislauf. Im SeedCity-Garten stehen deswegen auch ein Kompost-WC sowie eine Regenwasser-Sammelstelle und ein Solardörrer zum Trocknen von Gemüse und Obst. Ein Garten also, in dem es einiges zu lernen gibt. Zum Beispiel auch, wie man an Baumstämmen Speisepilze zieht – etwa Stockschwämmchen und Austern-Seitlinge.

➡ Eigentümer/in: ETH Zürich. Betreiber: Verein SeedCity. seedcity@ethz.ch. www.seedcity.ethz.ch. Größe: 0,1 ha. Eintritt frei. Spontaner Besuch während den Aktivitätstagen möglich, ansonsten Anmeldung erforderlich. Öffnungszeiten: Aktivitätstage Februar–November: So 15–18 Uhr, Mi 16.30–19.30 Uhr. Führungen: Nach Voranmeldung. Veranstaltungen: Feste, Workshops (siehe Website). Attraktionen: Permakulturgarten, Kompost-WC, Pilzgarten. **SBB** Zürich-Oerlikon. 🚌 Nr. 80 bis „ETH, Hönggerberg". 🚗 Anreise mit öffentlichen Verkehrsmitteln empfohlen. 🅿 🐕 ✿ Auf Anfrage und je nach Verfügbarkeit Verkauf von Pilzrugel (mit Pilzsporen geimpft Holzrugel).

ZH 12
Stadiongarten Hardturm
Sportweg, 8005 Zürich

Es dauerte nicht lange, bis die ersten Kisten bepflanzt waren. Als der Verein Stadionbrache auf dem zur Zeit brach liegenden Gelände des ehemaligen Fußballstadions Hardturm einen Garten eröffnete, kamen sogleich die ersten Anwohner mit Setzlingen, Saatgut und Gießkanne und machten sich ans Werk. Der Verein stellt jedem, der möchte, ein paar Quadratmeter Land und Humus zur Verfügung sowie – wenn vorhanden – Kisten und andere Behälter. Oft bringen die Stadtgärtner aber auch selbst Gefäße mit. Es sprießt in Badewannen, alten Truhen und Fässern. Jeder ist für seine Gartenkisten selbst verantwortlich, Regeln gibt es so wenig wie möglich, dafür ein paar praktische Angebote: Ein Tisch fungiert als Tauschbörse. Wer zu viele Setzlinge gezogen oder viel Saatgut geerntet hat, stellt dies zur allgemeinen Verfügung auf den Tisch. Wer abwesend ist, steckt eine Fahne in seine Kiste und signalisiert damit den anderen, dass seine Pflanzen gegossen werden sollten. In nur einem Jahr haben über 60 Gartenfreudige angefangen, Kräuter, Blumen und Gemüse zu ziehen. Auch Kindertagesstätten und Schulen haben hier ein Stück Garten. Oder Rollstuhlfahrer und ältere Leute, denen der Schrebergarten zu viel wurde. Einige Junggärtner starten im ersten Frühling euphorisch, bauen ein Tomatenhaus und pflanzen an. Doch dann kommen sie auf einmal nicht mehr, der Garten verwahrlost. Im zweiten Jahr fangen sie meist nochmals an, so die Erfahrungen, ebenfalls euphorisch, aber mit mehr Ausdauer. Genau dies sei es, was den Garten ausmache, sagen die Gartenverantwortlichen: die Möglichkeit, experimentieren zu können. Mit Pflanzen, aber auch mit der Frage, wie weit man selbst in der Lage ist, den Garten wirklich zu betreuen.

Foto: Sarah Fasolin

➡ Eigentümer/in: Stadt Zürich. Betreiber: Verein Stadionbrache. stadionbrache@gmail.com. www.stadionbrache.ch. Größe: 3,5 ha. Eintritt frei. Öffnungszeiten: Frei zugänglich. Führungen: Nach Voranmeldung. **SBB** Zürich HB. 🚋 Nr. 4 bis „Zürich, Sportweg". 🚌 Anreise mit öffentlichen Verkehrsmitteln empfohlen. 🅿 🐾 ♿ Tipp: Ein paar hundert Meter vom Stadiongarten entfernt ist im Quartier Hard an der Bullingerstrasse 90 der gemeinschaftlich organisierte Quartiergarten Hard zu sehen. www.quartiergarten-hard.ch.

ZH 13
Privatgarten Bischof
Schützenrütistrasse 30, 8044 Gockhausen

„Das bin ich." Diesen Satz sagt Heidi Bischof, wenn man sie auf die klare Handschrift in ihrem Garten anspricht. Darauf, dass die Materialien konsequent durchgezogen sind: Granitmauern, Kieswege, Granitplatten, Granitbrunnen. Oder auf das deutliche Konzept mit den Farben, den kühlen Tönen blau, weiß, rosa, lila. Oder auf die Formensprache mit den Buchskugeln, den drei wie Wächter nebeneinander stehenden Tannen, dem kugelförmigen Ahorn. Das Landhaus hatte das Ehepaar Bischof von ihren Eltern übernommen. Den Garten hat Heidi Bischof nach dem Einzug neu gezeichnet: vier Gartenzimmer rund ums Haus, wovon eines noch das Rhododendron- und Azaleen-Beet des Vaters ist. Sie legte Schwerpunkte mit Funkien und Farnen an der schattigen Seite des Hauses sowie mit gemischten Rabatten mit Stauden und Rosen an sonnigen Stellen. Zahlreich sind auch die Sitzplätze, die immer irgendwo entweder einen Sonnen- oder Schattenplatz anbieten.

➡ Eigentümer/in: Heidi und Erwin Bischof, Schützenrütistrasse 30, 8044 Gockhausen. Tel. 044/8215282 und 079/4818403. bischof_heidi@gmx.ch. Größe: 680 qm. Eintritt frei. Anmeldung erforderlich. Führungen: Nach Voranmeldung. ➡ Wegbeschreibung bei Anmeldung. 🅿 ☕ ♿

ZH 14
Palais Rechberg
Hirschengraben 40, 8001 Zürich

Foto: Hager Partner AG

Ob man unten steht, mit Blick auf das Parterre und die Terrassen, oder ob man den Garten von oben betrachtet mit dem Stadtpalais als Kulisse – es ist immer ein eindrückliches Bild. Der Rechberggarten gilt als einer der schönsten spätbarocken Gärten der Stadt. Die Grundstruktur entstand in der zweiten Hälfte des 18. Jahrhunderts und geht auf Anna Werdmüller-Oeri zurück, die Tochter des damals reichsten Zürchers und selber erfolgreiche Textilhändlerin. Ein Stich von 1790 zeigt ein prächtiges Schmuckparterre, den Brunnen, die mächtige Mauer als Abschluss des Parterres sowie die Treppen und Terrassen – es wird wohl der imposanteste Zürcher Garten dieser Zeit gewesen sein. Auch wenn es im 19. Jahrhundert einige Veränderungen gab und die Symmetrie insbesondere im Parterre verloren ging, blieben die Hauptelemente des Gartens bestehen. Bei der Sanierung, die 2013 abgeschlossen wurde, ging es dem Landschaftsarchitekturbüro Hager Partner AG darum, den Garten seine 250-jährige Geschichte erzählen zu lassen und trotzdem neue Akzente zu setzen. So sind die Eibenkegel, die Spaliere, Hecken und Kübelpflanzen eine Referenz an den Ursprung im 18. Jahrhundert. Ausdruck der heutigen Zeit sind die Aussichtskanzel aus Rohbeton, die verspielten, an Mikkadostäbe erinnernden Buchsreihen auf der zweiten Terrasse oder die bemalten Pflanzkübel. Auch die Schmuckbeete, die zweimal im Jahr neu bepflanzt werden, orientieren sich nicht an historischen Vorbildern. Hier steht allein die Ästhetik im Vordergrund.

➡ Eigentümer/in: Kanton Zürich. www.stadt-zuerich.ch/gsz. Größe: 0,7 ha. Eintritt frei. Öffnungszeiten: Frei zugänglich. **SBB** Zürich HB. 🚋 Ab Bahnhofplatz Nr. 3 bis „Neumarkt". 🚌 Ab Bahnhofplatz Nr. 31 bis „Neumarkt". 🚗 Anreise mit öffentlichen Verkehrsmitteln empfohlen. 🚽

ZH 15
Rieterpark
Gablerstrasse 15, 8002 Zürich

Auf den Rieterpark ist man in Zürich besonders stolz. Nicht nur, weil er trotz großem Siedlungsdruck seine ursprüngliche Fläche von sieben Hektar bewahren konnte, er ist auch der schönste Landschaftsgarten der Stadt und der Glanz aus dem 19. Jahrhundert ist noch immer spürbar. Villa und Park entstanden ab 1855 im Auftrag des deutschen Seidenhändlers Otto Wesendonck, der einen Teil des Reblandes auf dem Gabler erwarb, um sich in Zürich niederzulassen. Für die Gestaltung des Parks engagierte er den renommierten Gartenarchitekten Theodor Froebel (siehe auch ZG 3). Der Kern der heutigen Anlage geht noch immer auf Froebel zurück. Baumgruppen, ein großzügiger Pleasureground, die nach Süden ausgerichtete Hauptachse mit dem Blick bis in die Glarner Alpen. Beim Spazieren durch den Park wird die Villa je nach Standort von anderen Gehölzkulissen eingerahmt. 1872 wurde die Winterthurer Industriellen-Familie Rieter neue Besitzerin von Villa und Park. Das Grundstück wurde dank Landkäufen stetig erweitert und mit zwei weiteren Villen (Park-Villa und Schönberg) ergänzt. 1945 kaufte die Stadt Zürich das Ensemble und machte den Park öffentlich zugänglich. Nachdem der Sturm „Lothar" 1999 über 50 alte Solitärbäume gefällt hatte, mussten einige Gehölze neu gepflanzt werden. Dabei legte die Fachstelle für Gartendenkmalpflege von Grün Stadt Zürich Wert darauf, dass vermehrt Nadelgehölze nachgepflanzt wurden. Damit das Konzept von Theodor Froebel wieder zum Tragen kam, dessen vor über 150 Jahren gesetzte Nadelbäume von langlebigeren Buchen abgelöst worden waren.

→ Eigentümer/in: Stadt Zürich. www.stadt-zuerich.ch/gsz. Größe: 7 ha. Eintritt frei. Öffnungszeiten: Frei zugänglich. In der Villa befindet sich heute das Museum Rietberg mit Kunstausstellungen (www.rietberg.ch). **SBB** Zürich HB. 🚃 Ab Bahnhofstrasse Nr. 7 bis „Museum Rietberg". → An der Seestrasse liegt Richtung See der Belvoirpark und auf der anderen Strassenseite der Rieterpark. 🚗 Anreise mit öffentlichen Verkehrsmitteln empfohlen. 🚻 🐕 ♿ Tipp: Angrenzend befindet sich die Villa Schönberg, die Fritz Rieter für seine Schwiegermutter bauen ließ. Unter der Terrasse kann man ein spezielles Element der Gartenkunst entdecken: eine vierbogige Tuffsteingrotte. Wer den Park der Villa Schönberg durchquert, stößt auf die ehemalige Orangerie des Rieterparks, in der sich heute ein Bonsai-Garten befindet (Öffnungszeiten auf www.bonsai-atelier.ch).

ZH 16
Belvoirpark
Seestrasse 141, 8002 Zürich

Ein großes Blütenfest findet jeweils zwischen Mai und Juni im Belvoirpark statt. Dann blühen die vielen Iris in über 120 Sorten, von der Miniatur-Iris bis zur hohen Bartiris, ebenso die Pfingstrosen. Im Juli sind es die Taglilien, die zahlreiche Besucher anziehen. Die Irisgärten im Belvoirpark sind erst 1985 entstanden. Sie bilden eine jüngere von vielen Schichten und Veränderungen, die den Charakter dieses Parks ausmachen. Im frühen 19. Jahrhundert ließ das vermögende Ehepaar Escher-Zollikofer Villa und Park mit Seeanstoß bauen. 1853 erbte Sohn Alfred Escher das Anwesen. Er war einer der einflussreichsten Politiker des 19. Jahrhunderts und Gründer diverser Eisenbahnen, der ETH Zürich und der Credit Suisse. Der Park erlitt durch den Bau der Zürichseebahn einen Einschnitt und verlor seinen Zugang zum See. Weitere Bodenverluste entstanden Ende des 19. Jahrhunderts, nachdem Alfred Eschers Tochter den Park einer Stiftung vermacht hatte, die das Belvoir überbauen wollte. Um dies zu verhindern, erwarb ein Initiativkomitee die Anlage und musste dafür einen Teil des Parks als Bauland verkaufen. Große Veränderungen entstanden schließlich im Zuge der ersten nationalen Gartenbauausstellung 1959. Der Belvoirpark – mittlerweile im Besitz der Stadt Zürich – wurde mit dem benachbarten Schneeligut zusammengelegt und in einigen Bereichen neu gestaltet. Aus dieser Zeit sind die Pergola, der Wassergarten und das Rasenrechteck mit den Blumenbeeten erhalten geblieben. Diese wie auch die Schmuckrabatten vor der ehemaligen Villa bringen mit ihrem Wechselflor auch nach der Irisblüte Farbe in den Park.

→ Eigentümer/in: Stadt Zürich. www.stadt-zuerich.ch/gsz. Größe: 5,6 ha. Eintritt frei. Öffnungszeiten: Frei zugänglich. Attraktionen: Irissammlung, Schmuckbeete. **SBB** Zürich HB. 🚃 Ab Bahnhofstrasse Nr. 7 bis „Museum Rietberg". → An der Seestrasse liegt Richtung See der Belvoirpark und auf der anderen Straßenseite der Rieterpark. 🚗 Anreise mit öffentlichen Verkehrsmitteln empfohlen. 🍴 🚻 🐕 ♿

ZH 17
Sukkulenten-Sammlung Zürich
Mythenquai 88, 8002 Zürich

Bei Pflanzenfreunden sollte der Besuch der Sukkulenten-Sammlung in Zürich unbedingt auf dem Gartenreiseprogramm stehen. Sie ist die weltweit bedeutendste Sammlung von wasserspeichernden Pflanzen mit über 6500 Arten aus über 80 Pflanzenfamilien. In sieben Gewächshäusern, Frühbeetkästen und einem Steingarten sind sie ausgestellt. Die international bekannte Sammlung besteht seit 1931, wird wissenschaftlich betreut und von Spezialisten gepflegt. Attraktiv ist die Ausstellung aber nicht zuletzt wegen ihrer sympathischen Art der Wissensvermittlung. Selbst wer das Wort Sukkulente noch nie zuvor gehört hat, kann hier mit geringem Aufwand in die Welt dieser Pflanzen eintauchen. Es empfiehlt sich beim Eingang einen Führer (in Deutsch und Englisch erhältlich) zu erwerben. Darin ist kurz und prägnant das nötige Basiswissen zusammengefasst und schon ist man parat für einen Rundgang. Im Großpflanzenhaus warten ein 80-jähriger Felsenkaktus und im Nordamerikahaus die Bischofsmützenkakteen. Im Madagaskarhaus überraschen jene Exemplare, die aussehen wie Bäume, die Uncarida grandidieri. Klein, aber nicht weniger faszinierend sind die Sukkulenten in den Frühbeetkästen. Hier zeigt sich die Vielfalt der Mauerpfeffer oder der jungen Säulenkakteen.

➡ Eigentümer/in: Stadt Zürich. Kontakt: Sukkulenten-Sammlung Zürich, Mythenquai 88, 8002 Zürich. Tel. 044/4121280. sukkulenten@zuerich.ch. www.stadt-zuerich/sukkulenten. Größe: 0,48 ha. Eintritt frei. Öffnungszeiten: Täglich 9–16.30 Uhr. Führungen: Nach Voranmeldung. Veranstaltungen: Monatliche Sonntagsmatinéen im Winterhalbjahr, Rundgänge mit Kindern, Kakteenmarkt, Abendöffnung für Königin der Nacht. Attraktionen: Artenreichste Sammlung sukkulenter Pflanzen der Welt. **SBB** Zürich HB. 🚋 Ab Bahnhofstrasse Nr. 7 bis „Brunaustrasse". ➡ Durch den Belvoirpark Richtung See. 🚗 Anreise mit öffentlichen Verkehrsmitteln empfohlen. 🅿 🚆 ♿ ❶ ✿

ZH 18
Botanischer Garten Zürich
Zollikerstrasse 107, 8008 Zürich

Unter jeder Kuppel eine andere Welt: tropischer Bergwald, tropisches Tiefland oder ein tropisches Trockengebiet. Und darüber jeweils die unverkennbaren, halbkugligen Glasdächer der Architekten Annemarie und Hans Hubacher, die schon lange zum Wahrzeichen des Botanischen Gartens Zürich geworden sind. Nach einer aufwendigen Renovierung wurden die Schauhäuser 2013 wieder eröffnet und zeigen die Vielfalt der Tropen, zum Beispiel die Pfeifenblume mit ihren riesigen Blüten oder die Ameisen-Akazie, die mit Ameisen in Symbiose lebt (die Ameisen halten schädliche Insekten fern, die Akazie dankt mit

Nektar und Futterkörpern). Das ist aber längst nicht alles, was es im Botanischen Garten Zürich mit seinen über 7 000 Pflanzenarten zu sehen gibt. Ein besonderes Augenmerk gilt den Nutzpflanzen, die in den Sektoren Nutzpflanzen, Mittelmeergarten, Alpengarten und im Tiefland-Tropenhaus zu finden sind. Besonders anschaulich werden auch die Wasserpflanzen gezeigt, die in erhöhten Wasser-Betonbecken wachsen, sodass man zum Beispiel gut beobachten kann, wie sich die Pflanzen unter der Wasseroberfläche bestäuben. Der Garten entstand Anfang der 1970er Jahre in einem ehemaligen Villenpark und wurde vom Zürcher Landschaftsarchitekten Fred Eicher gestaltet. Eicher, der für seine großzügigen und offenen Anlagen bekannt ist, schuf klare Sichtachsen quer durch den Garten, den Teich, verschlungene Wege mit verschiedenen Belägen, je nach Gartenbereich. Durch Eichers Gestaltung wirkt der Garten größer, als er eigentlich ist.

➡ Eigentümer/in: Universität Zürich. botanischer.garten@systbot.uzh.ch. www.bg.uzh.ch. Größe: 5,3 ha. Eintritt frei. Öffnungszeiten: März–September: Mo–Fr 7–19 Uhr, Sa, So 8–18 Uhr. Oktober–Februar: Mo–Fr 8–18 Uhr, Sa, So 8–17 Uhr. Tropenhäuser: Täglich 9.30–16.45 Uhr. Führungen: Jeweils Di 12.30–13 Uhr, April–Oktober jeden 2. Donnerstag Abendführungen 18-19 Uhr. Weitere Führungen nach Anmeldung. Veranstaltungen: Kurse für Kinder und Erwachsene, Frühlingsfest, Tag der offenen Forschungstür Ende April, Obstsortenmarkt Ende Oktober. Attraktionen: Tropenhäuser mit drei unterschiedlichen Klima- und Vegetationszonen. Eine der größten Pelargoniensammlungen Europas, große Sammlung an Wasserpflanzen, Primeln, Nutzpflanzen. Spezielle Ausstellung für Kinder bei den Gewächshäusern. **SBB** Zürich Stadelhofen. 🚋 Nr. 2 oder 4 bis „Zürich, Höschgasse", dann Bus Nr. 33 bis „Botanischer Garten". 🚌 Anreise mit öffentlichen Verkehrsmitteln empfohlen. 🅿 🚻 ♿ ❶ Bei allen drei Eingängen liegen Pläne aus. ✿ März–November. Tipp: An der Pelikanstrasse 40 (Tram Nr. 2 und 9 bis „Zürich, Sihlstrasse") liegt der Alte Botanische Garten „Zur Katz" mit einem historischen Treibhaus und einem Heilpflanzengarten.

ZH 19
Patumbah-Park
Zollikerstrasse 128, 8008 Zürich

Wie ein eiserner Vorhang zog sich 84 Jahre lang ein Zaun quer durch den Garten der Villa Patumbah. Bei einem Landverkauf 1929 war er in zwei Teile geteilt worden. Nach einem jahrzehntelangen Hin und Her zwischen verschiedenen Parteien sind Park und Villa restauriert und seit 2013 öffentlich zugänglich. Zwar sind am Rande des Parks einige Neubauten entstanden. Doch das Herzstück der Anlage, der bretzelförmig verlaufende Rundweg durch den Landschaftsgarten, ist erhalten geblieben. Der Zürcher Karl Grob-Zundel, der mit Tabakanbau in Sumatra sehr reich geworden war, hatte in den 1880er Jahren die exquisite Villa und den Park anlegen lassen. Als Parkgestalter beauftragte er den renommierten Gartenarchitekten Evariste Mertens (siehe auch AG 3 oder GL 1). Gestalterisch besonders betont wird ein großer, gusseiserner Gartenpavillon, den man über eine Rosenbäumchen-Allee erreicht. Beim Brunnenbecken staunt man ob den riesigen Muschelschalen, aus denen die Fontäne aufsteigt. Kein billiger Kitsch – sondern im 19. Jahrhundert eigenhändig vom Bauherrn von Sumatra nach Zürich gebracht.

➡ Eigentümer/in: Stadt Zürich und Privatbesitz. www.stadt-zuerich.ch/gsz. Größe: 1 ha. Eintritt frei. Öffnungszeiten: Tagsüber frei zugänglich. Führungen: Der in der Villa Patumbah eingemietete Schweizer Heimatschutz bietet theatralisch gestaltete Führungen an. www.heimatschutz.ch. Attraktionen: Muschelbrunnen, Gartenpavillon. **SBB** Zürich HB. 🚋 Ab Bahnhofquai Nr. 4 bis „Zürich, Fröhlichstrasse". ➜ In die Karlstrasse einbiegen. Dann links und wiederum erste Straße rechts gehen. Geradeaus weiter. 🚗 Anreise mit öffentlichen Verkehrsmitteln empfohlen. 🚌 ❶ Broschüre über Park Villa Patumbah im Heimatschutzzentrum erhältlich. Öffnungszeiten Heimatschutzzentrum: Mi, Fr, Sa 14–17 Uhr, Do, So 12–17 Uhr. Gruppen nach Voranmeldung. www.heimatschutzzentrum.ch.

ZH 20
Chinagarten
Bellerivestrasse 138, 8008 Zürich

Für Chinesen, die nach Zürich kommen, ist der Besuch des Chinagartens fast eine Pflicht – schließlich gehört er zu den sogenannten Tempelgärten und ist auch in China bekannt. Damit ist der Chinagarten auch für all jene ein Muss, die sich für Gärten in anderen Kulturen interessieren. Man taucht ein in eine andere Welt und um diese zu verstehen, ist es ratsam, den Garten im Rahmen einer Führung kennenzulernen oder am Eingang einen Gartenführer zu erwerben. Dann steht man vor diesem farbenprächtigen Eingangstor, das Zutritt in den von roten Mauern geschützten Garten gewährt. Es gibt eine ungewöhnlich hohe Schwelle zu überschreiten – sie verhindert gemäß der chinesischen Mythologie, dass die bösen Geister, die alle nur schlurfen können, den Garten betreten. Hat man die Schwelle überschritten, ragt vor einem ein großer künstlicher Berg auf – ein Symbol für die Kraft der Natur. Ein kurzer Tunnelgang führt hindurch und am anderen Ende überblickt man den Garten: ein eindrücklicher chinesischer Palast mit Galerie am Wasser. Ein Rundpavillon, eine Bogenbrücke und leicht erhöht in der Ecke ein Sechseckpavillon. Man versteht, weshalb man im Chinesischen einen Garten nicht „anlegt", sondern „baut". Nichts ist dem Zufall überlassen: Der Verlauf der Wege, die Pflanzen, die Dekorationen und Malereien an den Bauten, alles hat eine Bedeutung. Garten, Natur, Chinesische Kunst, Philosophie und Dichtung – all dies kommt hier mitten in Zürich zu einem Gesamtkunstwerk zusammen.

➡ Eigentümer/in: Stadt Zürich. Kontakt: 044/3803151. www.stadt-zuerich.ch/chinagarten. Größe: 0,36 ha. Eintritt: Erwachsene CHF 4.-, Kinder bis 14 CHF 1.-, Vergünstigungen für Gruppen. Öffnungszeiten: Ende März–Ende Oktober: Täglich 11–19 Uhr. Führungen: Nach Voranmeldung. Attraktionen: Chinesische Bauten. **SBB** Zürich HB. 🚋 Ab Bahnhofquai Nr. 4 bis „Zürich, Fröhlichstrasse". ➜ Von der Haltestelle Richtung See gehen. 🚗 Anreise mit öffentlichen Verkehrsmitteln empfohlen. ✗ ♿ Teilweise. ❶ Parkführer bei Kasse erhältlich.

ZH 21
Privatgarten Frei/Schindler
Sempacherstrasse 53, 8032 Zürich

Foto: Herbert Frei

Wer sich zum ersten Mal im Leben mit einem Garten beschäftigt, der erlebt die ersten Jahre meist suchend, nach der Frage des eigenen Stils. Bei Herbert Frei und Silvia Schindler war nach drei Jahren und einer ausgiebigen Englandreise klar, in welche Richtung sich die Gestaltung entwickeln soll: mit Mixed Borders, wie sie in England genannt werden, also Rabatten, in denen Zwiebelpflanzen, Stauden, Rosen und Gräser miteinander kombiniert sind. Vordergrund, Mittel- und Hintergrund sind aufeinander abgestimmt in Höhe und Tiefe. Auch die Wahl der Farben, der Blattstrukturen und der Gründtöne ist nicht dem Zufall überlassen. Dass die Richtung damals 1999 gut gewählt war, zeigt sich heute im stilvollen Garten des Ehepaars. Da die Liegenschaft an einem steilen Südhang steht, wurde der Garten schon im Baujahr 1927 terrassiert. Auf den Ebenen haben die Besitzer verschiedene Gartenkammern gestaltet und die Böschungen als Borders bepflanzt. Pflanzenkenner erkennen seltene

Stauden und Sträucher. Es wird nicht systematisch gesammelt, aber wenn sich die beiden irgendwo in eine Pflanze verlieben, dann bringen sie sie nicht mehr aus dem Kopf, bis sie im Garten steht. Kein Weg ist ihnen zu weit und regelmäßig geht es nach England – dahin, wo ihre Liebe zu Gärten und Pflanzen einst entfacht ist.

➡ Eigentümer/in: Herbert Frei und Silvia Schindler, Sempacherstr. 53, 8032 Zürich. Tel. 044/3805811. herbert.frei@bluewin.ch. www.secretgardens.ch. Größe: 800 qm. Eintritt frei. Anmeldung erforderlich. Tage der offenen Gartentüre sind auf www.secretgardens.ch erwähnt. Führungen: Nach Voranmeldung. Attraktionen: Viele Hellebori, Hosta, Historische Rosen, seltene Gehölze. ➡ Wegbeschreibung bei Anmeldung. **P**

ZH 22
Privatgarten Flöss
Vordergasse 7, 8335 Hittnau

Foto: Sarah Fasolin

Weil es vor vielen Jahren in war, aufs Land zu ziehen, verschlug es Rita Flöss aus der Stadt ins Zürcher Oberland. Das ist aber auch der einzige Modetrend, den sie je mitgemacht, jedoch nie bereut hat. Denn auf dem Land entdeckte sie irgendwann zusammen mit ihrem Mann die Freude an Pflanzen und Gärten. Hinter ihrem Hausteil, der zu einem der im Zürcher Oberland typischen Flarzhäuser gehört, entstand ab 1993 ihr Idyll. Ein Kiesplatz, eine Wiese, auf der bereits eine Lärche und eine Birke standen, ein Gemüsegarten mit Wegkreuz, ein Gewächshaus. Fundstücke von alten Gerätschaften, Steine oder selbst Gezimmertes fanden auch einen Platz. Liebevoll und charmant, aber dennoch klaren

Regeln unterworfen. In diesem Garten kommt kein Gift zum Einsatz. Mit großer Wehmut, aber überzeugt, haben Flöss' den krankheitsanfälligen Buchs entfernt und das Wegkreuz mit Steinen betont. Gejätet wird auch meist nach Plan, von innen nach außen. Die Pflanzen müssen sich selbst behaupten und was nicht kommen will, das kommt eben nicht. Gegossen werden die Kübelpflanzen und allenfalls das Gemüse, der Rest muss seine Wurzeln ausstrecken und selber suchen. Eine weitere Regel: Gartentrends werden ignoriert und keine In-Pflanzen und Mode-Accessoires herangeschafft.

➡ Eigentümer/in: Rita Flöss, Vordergasse 7, 8335 Hittnau. Tel. 044/9502076. Größe: 600 qm. Eintritt frei. Anmeldung erforderlich. ➜ Wegbeschreibung bei Anmeldung. 🅿 🐾 ♿

ZH 23
Privatgarten Heinrich Frei
Aretshaldenstrasse 48, 8607 Seegräben

Wenn man vor diesen weit in die Landschaft greifenden Staudenpflanzungen steht, diesen wogenden Teppichen, die an eine Prärie erinnern, dann merkt man rasch: Hier hat jemand eine besonders geschickte Hand, um stimmungsvolle Gartenbilder zu gestalten. Bilder, die man staunend durchwandert und wo man auf den verschlungenen Wegen immer wieder gerne stehen bleibt, um einfach zu schauen. Auf die Gräser, die Blütenstauden, die Sträucher, die sich ineinander weben, als wollten sie sich niemals trennen. Mal entdeckt man eine kaum bekannte Pflanze, geht nahe hin. Mal schweift der Blick in die Weite zu den Bäumen des alten Obstgartens, der einen weichen Übergang schafft in die umliegenden Felder und den Wald. Es ist der Obstgarten von Heinrich Freis Großvater, der das Land hier einst bewirtschaftet hat. Seit den 1980er Jahren lebt Heinrich Frei mit seiner Familie hier. Im Berufsleben als Jurist mit Gesetzesartikeln beschäftigt, lässt er in der Freizeit die Freude am Gestalterischen zum Zug kommen. Im Winter schafft er Skulpturen aus Stein und Holz. Von Frühling bis Herbst lässt er im Garten Bilder entstehen. Er fing an mit einem Weiher in der Nähe des Sitzplatzes. Es folgten ersten Staudenflächen, Rosen, eine Hecke. Diese ist in all den Jahren so groß und breit geworden, dass er nun einen Tunnel herausgeschnitten und die einzelnen Triebe aufgeastet hat. Weitere Gartenbereiche kamen dazu, eine Genussecke mit Rosenspalier und Obst, ein Kiesgarten und weitere Staudenpflanzungen. Beim Präriegarten zählte er auf die Unterstützung von Staudengärtner Stephan Aeschlimann (siehe BE 6). Weil Heinrich Frei seinen Garten und den Verlauf der Sonneneinstrahlung genau kennt, ja sogar auf den Quadratmeter genau sagen kann, wann wo der letzte Sonnenstrahl hinfällt, gelingt es ihm diese wirkungsvolle Atmosphäre zu schaffen, von der viele träumen.

➡ Eigentümer/in: Heinrich und Beatrice Frei, Aretshaldenstrasse 48, 8607 Seegräben. heinrichfrei@bluewin.ch. Größe: 0,6 ha. Eintritt frei. Anmeldung erforderlich. Attraktionen: Große Staudenpflanzungen, Teich, eigene Kunstwerke, Kiesgarten. ➡ Wegbeschreibung bei Anmeldung. 🅿

ZH 24
Privatgarten Guarisco
Oberriederweg, 8942 Oberrieden

Foto: Doris Guarisco

Doris Guarisco braucht in ihrem Garten Pflanzen, auf die sie sich verlassen kann. Die unkompliziert und robust sind, aber deswegen nicht weniger schön. Denn als Chefredakteurin von „Bioterra", dem auflagenstärksten Gartenmagazin der Schweiz, ist sie beruflich stark eingebunden und der Standort ihres Gartens – ein Kältesee im Winter – macht das Gärtnern nicht einfach. Viele Jahre zog sie Gemüse und Kräuter, träumte von einer kleinen Rosenwelt, aber es schien alles nicht ganz zusammenzupassen. Denn Rosen haben den Ruf, ohne chemische Spritzmittel nicht recht zu gedeihen und dies kam für Doris Guarisco sowieso nicht in Frage. Dass ein Rosengarten auch ohne Spritzkuren möglich ist, lernte sie bei einem Besuch beim Rosenzüchter Richard Huber (siehe AG 11). Seit 1999 ist nun aus ihrem ehemaligen Gemüse- ein Rosengarten entstanden. Mit einem großen Pavillon in der Mitte, der von den Ramblerrosen „Bobby James", „Paul's Himalayan Musk" und „Rambling Rector" erobert wurde.

In den Beeten rund um den Pavillon blühen vor allem Historische Rosen wie Gallica-, Alba-, Damaszener-, Moosrosen und Zentifolien, aber auch moderne Strauch- und Kletterrosen – insgesamt in rund 70 Sorten. Sie teilen sich den Platz mit Pfingstrosen und einer Vielzahl an Stauden und Ziergräsern. Es ist ein ständiges Ausprobieren, welche Pflanzen mit diesem Standort zurecht kommen und welche sich wieder verabschieden. Aber jene die bleiben, sind sichere Werte.

➡ Pächterin: Doris Guarisco, Länzweg 4B, 8942 Oberrieden. Tel. 079/7444972. doris.guarisco@bluewin.ch. Größe: 300 qm. Eintritt frei. Anmeldung erforderlich. Führungen: nach Voranmeldung. Attraktionen: Biologisch bewirtschafteter Rosengarten, 70 Rosensorten. ➡ Wegbeschreibung bei Anmeldung. 🐎 ♿ Teilweise.

ZH 25
Schaugarten Baumann
Zürcherstrasse 63, 8800 Thalwil

Ein Garten, der interessant ist für Leute, die gerade an einem neuen baulichen Gartenprojekt herum studieren. Welcher Bodenbelag soll es sein? Wie würde der Brunnen mit den Ziergräsern im Hintergrund harmonieren? Auf einem Hektar sind verschiedene Sitzplätze, Gartenstile und Wasserelemente zu sehen – nicht mit dem sterilen Charakter einer Verkaufsausstellung, sondern als großer, vielfältiger Garten. Jeder Bereich ist mit einer Nummer versehen. Beim Eingang liegt eine Liste parat, auf der die Materialien zu den einzelnen Nummern angegeben sind. Die Pflanzen sind größtenteils ebenfalls beschriftet. Zur Anlage gehören auch ein Schwimmteich sowie mehrere Kleinbauten.

➡ Eigentümer/in: Baumann baut Gärten, Zürcherstrasse 63, 8800 Thalwil. info@gaerten.ch. www.gaerten.ch. Größe: 1 ha. Eintritt frei. Öffnungszeiten: Mo–Fr 8–17 Uhr, Sa 8–12 Uhr. Bei Anlässen geschlossen. Führungen: nach Voranmeldung. **SBB** Thalwil. 🚌 Ab Thalwil, Zentrum Nr. 142 bis „Thalwil, Böni". 🚗 A3 Ausfahrt Thalwil, Richtung Industriequartier. 🅿 ♿ ❶

ZH 26
Botanischer Garten Grüningen
Im Eichholz 1, 8627 Grüningen

Gleich beim Eingang darf man die Box mit den Broschüren nicht verpassen. Darin liegt ein Gartenführer, der sich sehr gut eignet, um den Garten zu erkunden. So lernt man Sektor für Sektor diese hübsche, auf einem Endmoränenhügel des Linthgletschers gelegene Anlage kennen. Man startet in der Farnschlucht, durchstreift das Moorbeet, begegnet vielen Kiefern, kommt zu den

Iris-, Pfingstrosen- und Strauchrosenbeeten und steigt durch einen Alpengarten. Gleichzeitig gibt der Gartenführer eine sehr gut verständliche Einführung in verschiedene Bereiche der Botanik und das eine oder andere Rätsel wird gelüftet: Weshalb rollen die Farne ihre Blätter langsam auf? Und warum heißt der Katsurabaum auch „Kuchenbaum"? Beim Ein- und Ausgang kommt man beim 2012 neu errichteten Schauhaus vorbei, das an einen Diamanten erinnert. Hier wachsen exotische Nutz- und Zierpflanzen sowie viele Begonien-Arten.

➡ Eigentümer/in: Zürcher Kantonalbank. info@botanischer-garten.ch. www.botanischergarten.ch. Größe: 1,7 ha. Eintritt frei. Öffnungszeiten: 1. April–31. Oktober: Täglich 10–17 Uhr. Führungen: Kostenlose öffentliche Führungen jeweils am 1. Sonntag im Monat, 11 Uhr. Weitere Führungen für Gruppen auf Anfrage. Attraktionen: Schauhaus in Form einer Baumgruppe, viele Großgehölze aus aller Welt. **SBB** Wetzikon. 🚌 Nr. 867 bis „Grüningen, Im Haufland". ➡ Bei der Kreuzung in den Töbeliweg einbiegen. Bis zur Itzikerstrasse gehen, danach beschildert. 🚗 A52 Ausfahrt Grüningen. Beschildert. 🅿 ♿ ❶

ZH 27
Privatgarten Bosshard
Talstrasse 37, 8707 Uetikon am See

Foto: Heinrich Bosshard

Mit den 800 jedes Jahr neu gesetzten Tulpen startet in diesem Garten die Saison. Zwar schwört sich Elisabeth Bosshard jedes Jahr von Neuem, die Tulpenzwiebeln wegen dem großen Aufwand nicht mehr herauszunehmen und im Herbst neu zu arrangieren. Aber sie macht es dann doch wieder. Bei der Gestaltung geht sie nicht gerne Kompromisse ein. Sie kennt ihren Garten seit 23 Jahren, hat ihn zusammen mit dem Gärtner gezeichnet und geplant. Die Beete sind verschiedenen Farbkonzepten zugeordnet und die Pflanzen so gewählt, dass eine Blütenpracht die andere ablöst. Nach den Tulpen oder oft auch gleichzeitig folgen im Moorbeet Rhododendren und Azaleen. Sie werden von Iris und Pfingstrosen abgelöst. Um einen Pavillon wachsen Kamelien und in einer geschützten Ecke neben dem Wintergarten drei hohe Palmen. 140 Rosen drängen sich im Juni in den Mittelpunkt. Mit Phlox, Hibiskus und viel selbst gezogenem Sommerflor geht es langsam dem Herbst entgegen. Bevor der Garten in den Winterschlaf versinkt, zeigt er sein wohl kombiniertes farbiges Herbstkleid. Dann packt die Gärtnerin die Empfindlichen sorgsam mit Jute ein, holt die besonders Heiklen in den Wintergarten und zieht sich selbst ins Haus zurück. Von ganz hinten im Garten grüßen dann die gelben Farbtupfer vom Strauch „Chinesische Winterblüte", der auch bei Eis und Schnee blüht.

➜ Eigentümer/in: Elisabeth und Heinrich Bosshard, Talstrasse 37, 8707 Uetikon am See. Tel. 044/9211262. ebosshard@gmx.ch. Größe: 0,1 ha. Eintritt frei. Anmeldung erforderlich. Führungen: Nach Voranmeldung. Attraktionen: Sehr viele Frühlingsblüher und Rosen, große Palmen. ➜ Wegbeschreibung bei Anmeldung. 🅿 🐎

ZH 28
Privatgarten Roth
Claridenstrasse 8, 8810 Horgen

Dieser Garten setzt sich aus vielen kleineren und größeren Themenecken zusammen: Ein geometrisches Beet mit Buchs, Rosen und Schnittblumen. Ein Steingärtchen entlang der Treppe. Ein Staudenbord, in dem das ganze Jahr hindurch etwas blüht. Ein Seerosenteich. Ein Gräserbereich. Eine Heidekrautdecke unter Gehölz. Ein Farngärtchen. Formgehölze. Ein Parkrosenband. An vielen Ecken sind Clematis anzutreffen, insgesamt 18 Sorten. Verena Roth gärtnert seit über 50 Jahren am Hang rund um ihr Haus und noch immer entstehen neue Ecken. Denn auf ihren vielen Gartenreisen in ganz Europa wird sie immer wieder neu inspiriert. Einige der Pflanzen sind mit ihr nach Hause gereist.

➜ Eigentümer/in: Verena Roth, Claridenstrasse 8, 8810 Horgen. Tel. 044/7255667. vreniroth@bluewin.ch. Größe: 0,1 ha. Eintritt frei. Anmeldung erforderlich. Führungen: Nach Voranmeldung. Attraktionen: 18 Sorten Clematis. ➜ Wegbeschreibung bei Anmeldung. 🅿

ZH 29
Naturgarten Anna-Zemp-Stiftung
Lönerenweg 10, 8708 Männedorf

Ein Ort zum Verweilen. Nicht nur wegen der fantastisch schönen Sicht auf den See, sondern vor allem auch wegen all der lauschigen Ecken und der herzlichen Atmosphäre, die hier herrscht. Da und dort steht ein Stuhl zum Sitzen, aber erst einmal macht man sich auf den Rundgang, der zu verschiedenen Teichen mit allerlei Amphibien führt (sogar die stark bedrohte Geburtshelferkröte hat hier ein Zuhause gefunden), zu Trockenstandorten mit seltenen Pflanzenarten oder zu einer Kräuterspirale. Schließlich erreicht man eine Lichtung zwischen Hecken und Wald, wo Gemüse, Beeren und andere Nutzpflanzen wachsen. Die Stiftung, die den Garten trägt, wurde 1978 von der Naturschützerin Anna Zemp gegründet, die im Huus alle Winde lebte und den Garten in den 1940er Jahren anlegte. Anna Zemp setzte sich für den „Mitweltschutz" ein, wie sie es nannte. Also für den Schutz der belebten und unbelebten Natur gleichermaßen. Dies beinhaltete den Schutz von bedrohten Tieren, aber auch den Schutz der Landschaft oder den Schutz des Menschen vor hoher Lärmbelastung. Rund 450 zum Teil bedrohte Pflanzenarten der einheimischen Flora wachsen in diesem Garten.

➡ Eigentümer/in: Anna-Zemp-Stiftung, Huus alle Winde, Lönerenweg 10, 8708 Männedorf. Tel. 044/9200494. www.anna-zemp-stiftung.ch. Größe: 0,63 ha. Eintritt frei. Öffnungszeiten: April–Oktober Mo–Fr 14–18 Uhr. Für Gruppen über acht Personen Besuche auch außerhalb der Öffnungszeiten möglich. Führungen: Nach Voranmeldung. Veranstaltungen: Verschiedene Kurse für Kinder und Erwachsene (siehe Website). **SBB** Meilen. 🚌 Nr. 920 und Nr. 925 bis „Männedorf, Allmendhof". → Ab Haltestelle der Appisbergstrasse folgen bis Abzweigung Lönerenweg. 🚗 In Männedorf von der Aufdorfstrasse in die Appisbergstrasse einbiegen und bis Abzweigung Lönerenweg folgen. 🅿 🚼 ♿ Teilweise. ❶

ZH 30
Park Seleger Moor
Seleger-Moor-Strasse, 8911 Rifferswil

Es begann mit einem Zufall: Für die Frühjahrsblumenschau in Zürich grub Robert Seleger 1953 im Wald bei Rifferswil eine Föhre mit besonderem Wuchs aus. Dabei erinnerte ihn der Boden an die Rhododendronanbaugebiete in Holland und Norddeutschland. Wenig später kaufte sich der Gartenbauer ein Stück dieses ehemaligen Moorgebietes und pflanzte die ersten Rhododendren. Doch in einem besonders kalten Winter verlor er wenige Jahre später einen großen Teil davon wieder. Dies veranlasste ihn dazu, nach winterharten Sorten zu suchen und diese selber weiter zu züchten. 2000 starb Robert Seleger und hinterließ einen 12 Hektar großen Park mit lichtem Wald, unzähligen Rhododendren und Azaleen. Das Seleger Moor ist heute ein international bekannter Park, der jedes Jahr zur Blütezeit Scharen von Gartenfreunden anzieht. Auf dem Rundgang gelangt man auch zum Farngarten, der mit 60 Sorten und Arten die größte Sammlung der Schweiz beheimatet: Rippenfarn, Perlfarn, Zimtfarn und viele mehr sind hier zu sehen. Eindrücklich ist auch das Scheincalla-Tal: Entlang eines Drainage-Kanals blühen im Frühling jeweils Dutzende dieser Riesenaronstäbe mit ihren bis zu 30 Zentimeter großen Blüten. Im Primel-Tal sorgen verschiedene Schlüsselblumensorten für Bewunderung. Im Sommer legen die Seerosen auf den zahlreichen Weihern einen Blumenteppich aus. Die Seleger Moor Stiftung bewahrt heute das Erbe von Robert Seleger und entwickelt den Park gleichzeitig weiter. Der jüngste Bereich ist der Pfingstrosengarten, der einen Teil der Sammlung des Ehepaars Vogt zeigt (siehe TG 10). Die Saison der Strauchpfingstrosen mit ihren großen Blüten ist zwar kurz, aber imposant.

Foto: Park Seleger Moor

➡ Eigentümer/in: Seleger Moor Stiftung, Postfach, 8021 Zürich. Tel. 044/2785020. info@selegermoor.ch. www.selegermoor.ch. Größe: 12 ha. Eintritt: Erwachsene CHF 10.–, Jugendliche CHF 6.–, Kinder bis 12 Jahre gratis. Vergünstigung für Gruppen. Öffnungszeiten: 1. April–31. Oktober: Täglich 8–18 Uhr. Führungen: Nach Voranmeldung. Attraktionen: Große Rhododendrensammlung, größter Farngarten der Schweiz, Strauchpfingstrosensammlung. **SBB** Affoltern am Albis. 🚌 Nr. 223 und 225 bis „Rifferswil, Seleger Moor". 🚗 A4 Ausfahrt Affoltern am Albis. Richtung Mettmenstetten → Rifferswil. Beschildert. 🅿 ☕ 🛒 ♿ ❶ ✿

ZH 31
Park und Schaugarten Gärtnerei Blattgrün
Allmendstr. 1, 8911 Rifferswil

Gleich neben dem Seleger Moor liegt ein verwunschener Park in einem lichten Wald mit Weihern, Hecken, Bäumen, vielen Rhododendren und Staudenpflanzungen. Der Park gehörte zu einer ehemaligen Baumschule, die in den 1970er Jahren gegründet worden war. 2010 haben der Landschaftsarchitekt Fredy Ungricht und die Staudengärtnerin Elisabeth Jacob das Gelände übernommen und entwickeln es seither weiter – immer in starker Anlehnung an seine eigene Geschichte. In der ehemaligen Baumschule hat Elisabeth Jacob ihre Gärtnerei Blattgrün eingerichtet, in der sie sich vorwiegend auf Schattenstauden konzentriert. Hier zeigen Beispiel-Beete, wie man schattige Standorte im Garten attraktiv bepflanzen kann.

➡ Eigentümer/in: Fredy Ungricht, Elisabeth Jacob, Allmendstr. 1, 8911 Rifferswil. Tel. 044/2412766 und 079/6782178. info@gaertnerei-blattgruen.ch. www.gaertnerei-blattgruen.ch. Größe: 1,2 ha. Eintritt: Kollekte. Öffnungszeiten: April–Ende Oktober: Fr/Sa 9–18 Uhr oder nach Vereinbarung. Führungen: Nach Voranmeldung. Attraktionen: Große Vielfalt an Schattenpflanzen, Park mit Rhododendren, Moorteiche. . **SBB** Affoltern am Albis. 🚌 Nr. 223 und 225 bis „Rifferswil, Seleger Moor". ➔ Der Seleger-Moor-Strasse folgen. Beschildert. 15 Min. zu Fuß. 🚗 A4 Ausfahrt Affoltern a. A. Richtung Rifferswil. Beschilderung „Park Seleger Moor" folgen. In Albisstrasse „Gärtnerei Blattgün" beschildert. 🅿 🚗 ♿ Teilweise. ✿ Tipp: Im nahegelegenen Hausen am Albis ist auch der kleine, aber hübsche Rosengarten der Baumschulen Reichenbach zu sehen. www.baumschulen-reichenbach.ch.

ZH 32
Schaugarten Pflanzenschau
Grüningerstrasse 100, 8634 Hombrechtikon

Nebst Bäumen und Sträuchern in natürlichem Wuchs begegnet man in diesem Garten den unterschiedlichen Formen, zu denen sich Gehölze erziehen lassen: Säulen-, Schirm-, Kasten-, Kegel- oder Spalierform. So geschnittene Gehölze sind in vielen Gärten wichtige Strukturelemente. Der 2006 angelegte Garten der Baumschule Pflanzenschau AG zeigt verschiedene dieser Gestaltungsmöglichkeiten mit Form- und anderen Gehölzen. Ein Rundgang führt den Besucher über geschwungene Kieswege zu mehreren Gartenräumen. In einem großen Pfingstrosenkreis stehen sechs Meter hohe, von Rosen und Jungfernreben umrankte Säulen. Es folgen ein mediterraner Garten, ein Silbergarten oder eine Ecke mit kleinkronigen Bäumen. Den Schwerpunkten der Baumschule, den japanischen Ahornen und Magnolien, begegnet man im ganzen Areal. Informationstafeln geben Pflanz- und Pflegetipps oder erklären, weshalb es Gehölze gibt, die ihre Astenden hängen lassen wie zum Beispiel die

Trauerweide. Durch eine große Sammlung von Findlingen aus aller Welt kommt man wieder zum Ausgangspunkt zurück. Hier liegen auch Übersichtspläne auf, die den Weg an den nahegelegenen Lützelsee zeigen, ein Naturschutzgebiet.

Foto: Pflanzenschau AG

➡ Eigentümer/in: Pflanzenschau AG, Grüningerstrasse 100, 8634 Hombrechtikon. Tel. 055/2444546. info@pflanzenschau.ch. www.pflanzenschau.ch. Größe: 0,85 ha. Eintritt frei. Öffnungszeiten: Frei zugänglich. Führungen: Nach Voranmeldung. Veranstaltungen: Gartenfestival jeweils Anfang Juni. Attraktionen: Große Sammlung von Findlingen, viele Formgehölze und japanische Ahorne. **SBB** Bubikon, Feldbach oder Stäfa. 🚌 Diverse Busse bis „Hombrechtikon Post" oder „Hombrechtikon Krone". ➡ In die Grüningerstrasse einbiegen. Ab Haltestelle 20 Min. zu Fuß. 🚗 Zwischen Hombrechtikon und Grüningen direkt an der Straße. 🅿 🛒 ♿ ❶ ✿

ZH 33
Schaugarten ehemaliges Kloster Kappel
Kappelerhof 5, 8926 Kappel am Albis

Das Kloster Kappel ist schon lange kein Kloster mehr. Im Zuge der Reformation im 16. Jahrhundert wurde es aufgehoben und wird heute von der reformierten Kirche als Seminarhotel und Bildungshaus benutzt. Die eigene Gärtnerei kommt einem Klostergarten aber sehr nahe: Sie produziert Gemüse und Früchte für die Küche und Blumen zur Dekoration der Gebäude. Und auch wenn der Garten primär auf den Nutzen ausgerichtet ist, hat der Zierwert eine große Bedeutung. Denn von der Restaurantterrasse sieht man nicht nur auf das Alpenpanorama, sondern auch direkt auf den Garten. Die Blumenrabatten – eine Mischung aus Stauden und Sommerflor – blühen von Frühling bis

Herbst. Ein besonderer Höhepunkt ist die Mohn-Blüte im Mai. Auch die Gemüsebeete werden mit Blumen geschmückt. Tagetes wächst zwischen Wirz, zu Füßen der Tomatenstöcke blüht Ziertabak. 40 Tomatensorten sind hier jedes Jahr zu sehen. Nebst dem eigentlichen Garten sind rund um das Kloster weitere lauschige Plätze zu finden: Wildblumenwiesen, ein von Rosenbäumchen umsäumter Kiesplatz, große Dahlienfelder oder der ehemalige Kreuzgang.

➡ Eigentümer/in: Evangelisch-reformierte Landeskirche Kanton Zürich. garten@ klosterkappel.ch. www.klosterkappel.ch. Größe: 2 ha. Eintritt frei. Öffnungszeiten: Frei zugänglich. Führungen: Öffentliche Führungen März–Oktober immer am 1. Freitag im Monat um 17 Uhr. Attraktionen: 40 Tomatensorten, Laufenten, Heilpflanzengarten, Blumen-Mischkulturen. **SBB** Baar. 🚌 Nr. 280 bis „Kappel a. A., Kloster". 🚗 A4 Ausfahrt Affoltern a. A. Richtung Mettmenstetten → Rossau → Uerzlikon. Am Dorfende links bis Kloster Kappel. Von Baar her kommend beschildert. 🅿 ☕ 🐴 ♿ Teilweise. ➊ Tipp: In Uerzlikon ist an der Kappelerstrasse 16 ein kleiner, aber ideenreicher Schaugarten des Naturgartenbauers Pirmin Rohrer zu sehen. Er zeigt, wie moderne Gartenbauelemente attraktiv mit Wildpflanzen kombiniert werden können.

ZH 34
Gärten der ZHAW
Grüental, 8820 Wädenswil

Foto: Erich Stutz

Der Campus Grüental in Wädenswil ist bei vielen Gartenfans bekannt. Hier findet nicht nur jedes Jahr der beliebte Pflanzen-Spezialitätenmarkt statt, hier gibt es auch viel zu sehen und zu lernen. Das Institut für Umwelt und Natürliche Ressourcen der Zürcher Hochschule für Angewandte Wissenschaften

(ZHAW) beschäftigt sich im weitesten Sinn mit Gartenthemen. Diverse Gärten zu unterschiedlichen Themen sind auf dem Campus zu sehen. In jedem steht eine Informationssäule, an der die Idee des Gartens erklärt wird und wo Arten- und Sortenlisten aufliegen. Mit dem so genannten Auftakt wird man empfangen. Hainbuchen-Elemente und Gräser strukturieren einen Kiesplatz, wo man sich in einer der Sitznischen schon ein erstes Mal ausruhen könnte. Weiter geht's zum Beispiel in den weitherum bekannten Gräsergarten. Hier sind Zwiebelblumen, Blütenstauden und Ziergräser stimmungsvoll miteinander kombiniert. Linker Hand ist unter den Bäumen der Pilzgarten versteckt, in dem im Herbst Austernseitlinge, Lungenseitlinge, Stockschwämmchen und Nameko-Pilze aus Holzstämmen sprießen. Nun gelangt man in den Pfingstrosengarten mit einer Sammlung von 250 Arten und Sorten aus China, Japan, Europa und Amerika. Ganz in der Nähe findet man die Staudenmischpflanzungen. Dabei handelt es sich um mehrere von der ZHAW erarbeitete Pflanzkonzepte, die sich für öffentliche Grünanlagen eignen, da sie wenig Pflege brauchen und dennoch sehr ansprechend aussehen. Gewisse Pflanzenkombinationen sind so ausgetüftelt, dass sie pro Jahr und pro Quadratmeter nur sieben Minuten Pflegeaufwand benötigen. Im Hexengarten ist nun sicher Zeit für eine Ruhepause. Hier sind nicht nur Pflanzen zu sehen, denen man in früheren Zeiten besondere Fähigkeiten zusprach. An der Info-Säule lassen sich Geschichten zu einzelnen Pflanzen abspielen. Sitzen, hören und innehalten, bevor es weitergeht in den Sortenschaugarten mit den alten Gemüsesorten und den Heilpflanzen. Der neuste Garten im Campus Grüental ist das angrenzende „Gräserland". Hier stehen die Gräser nicht nur optisch im Mittelpunkt, sondern es wird deren kulturhistorische und wirtschaftliche Bedeutung thematisiert. Im Bereich „7 Gräser, die die Welt veränderten" trifft man auf Reis, Papyrus, Zuckerrohr, Bambus usw. Mit der eigens entwickelten App „iGräser" für das eigene Smartphone lernt man die 111 häufigsten Gräser zu bestimmen. Und es sind jene Ziergräser zu sehen, die sich in Wädenswil in Bezug auf Winterhärte und Standfestigkeit bewährt haben. Auch eine neue Form des Sichtschutzes ist hier zu sehen: eine Hecke aus hoch wachsenden Stauden. Gut möglich, dass Sie bei Ihrem Besuch bereits einem weiteren neuen Garten begegnen. Oder einem neuen Versuchsfeld. Forschungs- und Lehrinstitutionen sind dynamische Orte.

➡ Eigentümer/in: Zürcher Hochschule für Angewandte Wissenschaften ZHAW, Institut für Umwelt und Natürliche Ressourcen IUNR, Postfach, 8820 Wädenswil. Tel. 058/9345959. info.iunr@zhaw.ch. www.iunr.zhaw.ch/exterior. Größe: 8 ha. Eintritt frei. Öffnungszeiten: Tagsüber frei zugänglich. Führungen: Gratis-Führungen zu diversen Themen jeden 1. Montag im Monat 16 Uhr (November–März) oder 17 Uhr (April–Oktober). Individuelle Führungen auf Anfrage. Veranstaltungen: Pflanzen-Spezialitätenmarkt am Samstag vor dem Muttertag. Attraktionen: Gräser- und Pfingstrosensammlung, Pilzkulturen, verschiedene Staudenpflanzungen. **SBB** Wädenswil. 🚌 Nr. 123 oder 126 bis „Hochschule". 🚗 A3 Ausfahrt Wädenswil. Beschildert. 🅿 ✗ ♨ 🐕 ♿ Teilweise. ❶ Tipp: Auf dem Weg nach Wädenswil kann auf der Halbinsel Au ein hübscher Bauerngarten besucht werden. Er liegt gleich neben dem Restaurant „Halbinsel Au".

«Jetzt geht im Garten
allen ein Licht auf.»

Sabine Reber

Giardina
Leben im Garten

Messe Zürich
www.giardina.ch

Bezaubernde
Inspirationen für
Ihre Gartenträume

Pflanze
deinen Traum

Wyss GartenHaus

Wichtige Gartentermine auf einen Blick

Januar

✿ Luzerner Orchideentage, Luzerner Garten, Ebikon LU (letztes Januar-Wochenende), www.orchideenschau.ch

März

✿ Gartenmesse Giardina, Zürich, www.giardina.ch
✿ Luzerner Tulpenschau, Luzerner Garten, Ebikon LU (März bis Mai), www.tulpenschau.ch
✿ Internationale Orchideenschau, Winterthur ZH, www.faszination-orchideen.ch
✿ Kamelienfest, Parco delle Camelie, Locarno TI, www.ascona-locarno.com

April

✿ Berner Graniummärit (Geranienmarkt), www.bernergranium-maerit.ch
✿ Tulpenfest Morges VD (Ende März bis Mitte Mai), www.morges.ch/tulipe
✿ Tomatensetzlingsmarkt, Stadtgärtnerei Zürich, www.stadt-zuerich.ch/gruenagenda
✿ Kräutertage, Gärtnerei Neubauer, Erlen TG, www.neubauer.ch
✿ Berner Wildpflanzenmärit (Wildpflanzenmarkt), www.wildpflanzenmaerit.ch

Mai

✿ Setzlingsmarkt Pro Specie Rara, Schloss Wildegg AG, www.prospecierara.ch
✿ Iris- und Tagliliengarten (über 400 Irisarten Anfang Mai bis Mitte Juni, über 200 Taglilienarten Juli bis Mitte August), Château de Vullierens VD, www.jardindesiris.ch
✿ Garte-Läbe-Ausstellung, Guntershausen TG (in den ungeraden Jahren), http://gartelaebe.mbbraendle.ch
✿ Frühlingsmarkt, Botanischer Garten Freiburg, www.unifr.ch/jardin-botanique
✿ Thuner Wildpflanzenmärit (Wildpflanzenmarkt), Thun BE, www.thun.ch
✿ Fuchsien-Ausstellung, Rosshäusern BE, www.fuchsien.ch
✿ Spezialitätenmarkt (alte, seltene Pflanzen), Wädenswil ZH, www.event.zhaw.ch/
✿ Kräuter- und Wildpflanzenmärt, Escholzmatt LU (1. Samstag nach Muttertag), www.biosphaere.ch
✿ Gartenfest bei Schutz, Filisur GR (am Muttertag; Alpenpflanzen), www.schutzfilisur.ch
✿ Jardins en Fête, Château de Coppet VD, www.jardinsenfete.ch
✿ Tag der ungewöhnlichen Pflanzen, Château de Vaumarcus NE, www.neuchateltourisme.ch
✿ Zierpflanzenmarkt Pro Specie Rara, Stadtgärtnerei Bern in der Elfenau, www.prospecierara.ch

Juni

✿ Gartenausstellung mit Pflanzenmarkt auf dem Kardenhof, Kerzers FR (1. Wochenende im Juni), www.blumenflair.ch
✿ Fête de la Rose et des plantes parfumées, Romainmôtier VD, www.romainmotier.ch

- Festival des Roses, Estavayer-le-Lac FR (erste Juni-Hälfte, in den ungeraden Jahren), www.festivaldesroses.ch
- Les Herbettes en Fête, Charmey FR (Pflanzenmarkt), www.herbettesenfete.ch
- Gartenfestival Rosengarten Schloss Haldenstein GR (in den geraden Jahren), www.schlossgarten.ch
- Rosenfest Hausen am Albis ZH, www.rosenfest.ch
- Pflanzenraritätenmarkt St. Urban LU (in den ungeraden Jahren), www.st-urban.ch
- Kakteenmarkt Zürich, www.stadt-zuerich.ch/sukkulenten
- Concours international des roses nouvelles, Genf, www.ville-geneve.ch
- Rosen- und Kulturwoche, Bischofszell TG, www.bischofszellerrosenwoche.ch
- Botanica (Woche der Botanischen Gärten), ganze Schweiz, www.botanica-week.org
- öga, Fachmesse der Grünen Branche, Oeschberg, Koppigen BE (in den geraden Jahren), www.oega.ch

Juli
- Heilkräutertage Ballenberg, Hofstetten BE, www.ballenberg.ch
- Passiflora-Ausstellung, Thayngen SH, Anfang Juli, www.passiflora.ch

August
- Wyss Gartentage, Wyss Samen und Pflanzen, Zuchwil SO, www.wyssgarten.ch
- Luzerner Orchideentage, Luzerner Garten, Ebikon LU (letztes August-Wochenende), www.orchideenschau.ch

September
- Dahlienschau Tamins GR, Wieland Blumen und Gartenbau (bis Anfang Oktober), www.wieland-tamins.ch
- Dahlienschau Lützelflüh BE, Gärtnerei Waldhaus (bis Anfang Oktober), www.gaertnerei-waldhaus.ch

Oktober
- Floralies Sierroises, Château Mercier, Sierre VS (Blumenausstellung in den ungeraden Jahren), www.floralies-sierroises.ch

Gartennetzwerke

- Deutschschweiz allgemein: www.offenergarten.ch
- Schaffhausen und Hegau (D), „Grenzenloses Gartenerlebnis": www.schaffhauserland.ch
- Genf, „Offene Gärten": www.jardinsouverts.ch
- Region Bodensee, „Garten-Rendezvous Bodensee": www.tourismus-untersee.ch
- Nationale Sammlungen von Obst, Reben, Beeren, Kartoffeln, Gemüse: www.cpc-skek.ch

Allgemein

Bundesamt für Bauten und Logistik, Bundesgärtnerei (Hg.), Die historischen Gärten des Bundesamtes für Bauten und Logistik, Bern 2013

Bützer Hans-Peter, Unterwegs in Schweizer Parks und Gärten, Bern 1980

Dupont-Looser Elsbeth/Gysling-Looser Verena, Gartenreisen. Öffentlich zugängliche Gärten in der Schweiz, Basel 2009

Gesellschaft Schweizerischer Rosenfreunde (Hg.), Rosa Helvetica. Jubiläumsschrift 50 Jahre Gesellschaft Schweizerischer Rosenfreunde, Jahresblatt 25/2009, Neuhausen am Rheinfall 2009

Gesellschaft für Schweizerische Kunstgeschichte/Nationale Informationsstelle für Kulturgüter-Erhaltung (Hg.), Häuser und Gärten in der Stadt und auf dem Lande, Bern 1996

Gremaud Colette, Botanische Gärten der Schweiz, Bern 2007

Hager Guido, Über Landschaftsarchitektur, Ostfildern 2009

Hauser Albert, Bauerngärten der Schweiz, Zürich 1976

Heyer Hans-Rudolf, Historische Gärten der Schweiz, Bern 1980

Historisches Lexikon der Schweiz, Stiftung HLS, www.hls-dhs-dss.ch

Nationale Informationsstelle für Kulturgüter-Erhaltung (Hg.), Gartenräume – Gartenträume, NIKE-Bulletin 1-2/2006, Bern 2006

Pöppelmann Christa, Hier wächst die Hoffnung! Von der Laubenkolonie zum Guerilla-Garten, Hildesheim 2012

Ruoff Eeva, Gartenführer der Schweiz. Geschichte, Gärten von heute, Sehenswürdigkeiten, Zürich 1980

Schweizer Heimatschutz (Hg.), Pflanzensammlungen, Schulthess-Gartenpreis 2001, Zürich 2001

Schweizer Heimatschutz (Hg.), Alpengärten – Jardins alpins, Schulthess Gartenpreis 2007, Zürich 2007

Schweizer Heimatschutz, Rosengärten, Schulthess-Gartenpreis 2003, Zürich 2003

Sigel Brigitt / Waeber Catherine / Medici-Mall Katharina (Hg.): Nutzen und Zierde. Fünfzig historische Gärten in der Schweiz, Zürich 2006

Stiftung Archiv für Schweizer Gartenarchitektur und Landschaftsplanung (Hg.), Vom Landschaftsgarten zur Gartenlandschaft. Gartenkunst zwischen 1880 und 1980 im Archiv für Schweizer Gartenarchitektur und Landschaftsplanung, Zürich 1996

Von Trotha Hans, Garten Kunst. Auf der Suche nach dem verlorenen Paradies, Berlin 2012

Weilacher Udo / Wullschleger Peter, Landschaftsarchitekturführer Schweiz, Basel 2002

Wimmer Clemens Alexander, Geschichte der Gartentheorie, Darmstadt 1989

Aargau

Simmen-Kistler Gabriela, Das Benediktinerinnenkloster Fahr, Schweizerische Kunstführer GSK, Gesellschaft für Schweizerische Kunstgeschichte (Hg.), Bern 2011

Stöckli Peter Paul, Die Gärten der Villa Boveri in Baden, in: Mitteilungen der Schweizerischen Gesellschaft für Gartenkultur, Heft 3, 1999

Stöckli Peter Paul, Verschiedene Beiträge zur Restaurierung des Neugartens von Wildegg, in: Der Gartenbau, Nr. 41, 1998

Stöckli Peter Paul, Wurzeln der Landschaftsarchitektur im Aargau, in: anthos Zeitschrift für Landschaftsarchitektur, Nr. 4, 2004

Appenzell Ausserrhoden und Innerrhoden

Häne Roman, Gärten im Appenzellerland, Waldstatt 2010

Witschi Peter, Von der freien Kunst des Heilens, in: Schweizer Monatshefte, Nr. 961, Mai 2008

Basel-Stadt und -Landschaft

Frei-Heitz Brigitte / Nagel Anne, Landschaftsgärten des 19. Jahrhunderts in Basel und Umgebung, Baden 2012

Heyer Hans-Rudolf, Brüglingen, Schweizerische Kunstführer GSK, Gesellschaft für Schweizerische Kunstgeschichte (Hg.), Bern 1977

Heyer Hans-Rudolf, Schloss Ebenrain in Sissach, Schweizerische Kunstführer GSK, Gesellschaft für Schweizerische Kunstgeschichte (Hg.), Bern 1992

Piano Renzo, Fondation Beyeler. Ein Haus für die Kunst, Basel 1998

Schweizer Heimatschutz (Hg.), Die Kunst des Spazierens. Ermitage Arlesheim, Schulthess Gartenpreis 2006, Zürich 2006

Bern

Arioli Richard, Schlosspark Oberhofen, Schweizerische Kunstführer GSK, Gesellschaft für Schweizerische Kunstgeschichte (Hg.), Bern 1986

Fischer Beat / Mathis Thomas / Möhl Adrian (Hg.): Erdbeerbaum und Zaubernuss. Pflanzengeschichten aus dem Botanischen Garten Bern, Bern 2006

Hess Rosmarie, Schloss Oberhofen am Thunersee, Schweizerische Kunstführer GSK, Gesellschaft für Schweizerische Kunstgeschichte (Hg.), Bern 1994

Stadtgärtnerei Bern (Hg.), Parkführer Bern. Ein Wegweiser zu 38 Gärten, Parks und Grünräumen, Bern 2012

Freiburg

Waeber Catherine, Die Zisterzienserabtei Hauterive, Schweizerische Kunstführer GSK, Gesellschaft für Schweizerische Kunstgeschichte, Bern 2009

Genf

Amsler Christine / Bovay Isabelle / Thomaïdes Miltos (Hg.): Jardin, jardins. 3 siècles d'histoire des jardins à Genève, Gollion 2008

Best-Mast Verena / Best Rémy, Das Landgut La Gara in Jussy, in: Domus Antiqua, Nr. 45, Mai 2007

Best-Mast Verena, La Gara: un jardin en mouvement, in: Schweizerische Gesellschaft für Gartenkultur (Hg.), Gartenbiografien: Orte erzählen, Topiaria Helvetica, Zürich 2013

Daune Laurent (Hg.): Parcs et jardins. Promenades autour de Genève, Haute école de paysage, d'ingénierie et d'architecture de Genève, Genf 2012

Roguet Didier, Conservatoire et Jardin botaniques de la Ville de Genève, Genf 1990

Glarus

Davatz Jürg, Der Freulerpalast in Näfels, Glarus 1995

Davatz Jürg, Mollis, Schweizerische Kunstführer GSK, Gesellschaft für Schweizerische Kunstgeschichte (Hg.), Basel 1976

Davatz Jürg, Glarner Heimatbuch, Band Geschichte, Glarus 1980

Graubünden

Schweizer Heimatschutz (Hg.), Zauberhaft und zeitlos. Gärten im Bergell, Schulthess Gartenpreis 2009, Zürich 2009

Terra Grischuna (Hg.), Gärten und Parkanlagen, Terra Grischuna, Nr. 4/2006, Chur 2006

Luzern

De Kegel Rolf et al., Das Herrenhaus Grafenort, Schweizerische Kunstführer GSK, Gesellschaft für Schweizerische Kunstgeschichte (Hg.), Bern 1996

Fässler Doris et al., Schloss Meggenhorn, Meggen, 1986

Gut Othmar, Kein Geld für ein Gartendenkmal, in: Der Gartenbau, Nr. 35, 2003

Marti Hans, Altishofen 1190–1990, Altishofen, 1996

Neuenburg

Duckert-Henriod Marie-Marguerite / Mulhauser Blaise / Perrochet Stéphanie, Neuchâtel, cité des arbres, Neuchâtel 2002

Jelmini Jean-Pierre, Neuchâtel 1011–2011, Ville de Neuchâtel, 2010

Kaeser Marc-Antoine / Ramseyer Denis, Laténium. Archeologiepark und -museum, Neuchâtel, Hauterive 2011

Wullschleger Peter, Der Garten der Villa Jeanneret-Perret, in: Spechtenhauser Klaus/Rüegg Arthur (Hg.): Maison Blanche. Charles-Edouard Jeanneret, Le Corbusier, Basel 2007

Nidwalden und Obwalden

Omachen Peter, Engelberg: Klosterkirche und Klosterhof – Aussenrestaurierung, in: Kultur- und Denkmalpflege in Obwalden, Nr. 6, Sarnen 2011

Schaffhausen

Wiesli Emil (Hg.), Historische Gärten im Kanton Schaffhausen, Schaffhausen 2004

Schwyz

Bamert Markus / Riek Markus (Hg.), Herrenhäuser in Schwyz, Bern 2012

Solothurn

Abegg Philipp / Bürgin Georges / Rutishauser Samuel / Stocker Matthias, Industrieensembles und Parkanlage „Bally" in Schönenwerd, Schweizerische Kunstführer GSK, Gesellschaft für Schweizerische Kunstgeschichte (Hg.), Bern 2005

Carlen Georg, Gartendenkmalpflege in Solothurn, in: Der Gartenbau, Nr. 19, 1990

De Vigier Jeanette / Fetzer Simone: La famille de Vigier à Soleure et leur Sommerhaus, Gstaad 2009

Otter Bruno / Mensens Jörg / Fischer Charlotte, Gartenpark am Goetheanum, Dornach 2009

Schleich Elisabeth, Schloss Waldegg, in: Der Gartenbau, Nr. 47, 1985

Spycher Hanspeter, Ein Versuch in Gartenarchäologie. Der Barockgarten von Schloss Waldegg bei Solothurn, in: Der Gartenbau, Nr. 19, 1990

Tessin

Città di Lugano (Hg.), Lugano nel verde. Parchi, giardini e boschi, Lugano 2012

Thurgau

Amt für Denkmalpflege des Kantons Thurgau (Hg.), Bauerngärten im Thurgau, Frauenfeld 2005

Gügel Dominik / Egli Christina (Hg.), Arkadien am Bodensee. Europäische Gartenkultur des beginnenden 19. Jahrhunderts, Frauenfeld 2005

Oberle Elisabeth / Früh Margrit, Die Rosen der Kartause Ittingen, Warth 1997

Uri

Furrer Benno, Die Bauernhäuser des Kantons Uri, Schweizerische Gesellschaft für Volkskunde, Basel 1985

Kreis Georg (Hg.), Mythos Rütli, Zürich 2004

Waadt

De Capitani François / Amsler Christophe et al.: Geschichte entdecken, Schweizerisches Landesmuseum, Prangins 1998

Wallis

Ruedin Pascal, Le Château Mercier, Sierre 1998

Schöpfer Marie-Claude: „[...] plateas et hortos fac elegantes" oder die Wiederherstellung der verlorenen Ehre des Schlossgartens, Schriften des Stockalperarchivs in Brig, Heft 45, Brig 2013

Zürich

Bänziger Kathrin, Gartenstadt Winterthur. Ein Führer durch Winterthurs Gärten, Pärke und Grünräume, Winterthur 2010

Grün Stadt Zürich (Hg.), 12 Gärten. Historische Anlagen in Zürich, Zürich 2004

Moll Claudia, Zürich. Ein Begleiter zu neuer Landschaftsarchitektur, München 2006

Rüegsegger Judith / Spaltenstein Alfred, Der Schlosspark Andelfingen, Schweizerische Kunstführer GSK, Gesellschaft für Schweizerische Kunstgeschichte (Hg.), Bern 1998

Stoffler Johannes, Gustav Ammann. Landschaften der Moderne in der Schweiz, Zürich 2007

Schweizer Heimatschutz (Hg.), Brühlgutpark Winterthur, Schulthess Gartenpreis 2011, Zürich 2011

Schweizer Heimatschutz (Hg.), Fred Eicher - Landschaftsarchitekt, Schulthess Gartenpreis 2004, Zürich 2004